TRANSLATED SERIES ON
**INTERNATIONAL
CULTURAL HERITAGE LAW**

THE SETTLEMENT OF INTERNATIONAL
CULTURAL HERITAGE DISPUTES

Alessandro Chechi

文 化 遗 产 国 际 法 律 译 丛
丛书总主编：程乐　　［英］David Machin　　李俭　　［法］Anne Wagner

国际文化遗产
争端解决

［瑞士］亚历山德罗·切奇／著
程乐　王敏　孙钰岫　裴佳敏／译

中国民主法制出版社
全国百佳图书出版单位

图书在版编目(CIP)数据

国际文化遗产争端解决/(瑞士)亚历山德罗·切奇
(Alessandro Chechi)著;程乐等译.—北京:中国民
主法制出版社,2021.9
(文化遗产国际法律译丛)
书名原文:THE SETTLEMENT OF INTERNATIONAL
CULTURAL HERITAGE DISPUTES
ISBN 978-7-5162-2574-5

Ⅰ.①国… Ⅱ.①亚… ②程… Ⅲ.①文化遗产—国
际争端—研究—世界 Ⅳ.①D912.104

中国版本图书馆 CIP 数据核字(2021)第 067573 号

The Settlement of International Cultural Heritage Disputes was originally published in English in 2014. This translation is published by arrangement with Oxford University Press. China Democracy and Legal System Publishing House is solely responsible for this translation from the original work and Oxford University Press shall have no liability for any errors, omissions or inaccuracies or ambiguities in such translation or for any losses caused by reliance thereon.

图书出品人:刘海涛
出 版 统 筹:乔先彪
责 任 编 辑:逯卫光　庞贺鑫

书名/国际文化遗产争端解决
作者/[瑞士]亚历山德罗·切奇(Alessandro Chechi)/著
　　　　程　乐　王　敏　孙钰岫　裴佳敏/译

出版·发行/中国民主法制出版社
地址/北京市丰台区右安门外玉林里 7 号(100069)
电话/(010)63055259(总编室)　63058068　63057714(营销中心)
传真/(010)63055259
http:// www. npcpub. com
E-mail:mzfz@ npcpub. com
经销/新华书店
开本/16 开　710 毫米 × 1000 毫米
印张/23.75　**字数/**369 千字
版本/2021 年 8 月第 1 版　2021 年 8 月第 1 次印刷
印刷/三河市宏达印刷有限公司

书号/ISBN 978-7-5162-2574-5
定价/78.00 元
出版声明/版权所有,侵权必究。

"文化遗产国际法律译丛"编委会

　　近代历史表明,为应对文化遗产的消亡,连续几代人投身于文化遗产保护工作。当下,文化遗产消亡原因的复杂性和范围以叙利亚历史名城阿勒颇在战争中被毁、廷巴克图古籍手稿和陵墓的被毁坏、从大洋洲至欧洲的语言逐渐消亡以及拉丁美洲和亚洲考古遗址的被盗等为代表。目前受到威胁的文化遗产的表现形式及其多样性,已经存在数百年,甚至数千年。过去的几十年预示着一种新的紧迫感和一股齐心协力的推动,那就是,从地方政府到国际组织都通过法律和公共政策来解决这些问题。本系列丛书的目的在于深入思考法律在文化与文化遗产领域的作用,推动不同地区和学科间相关政策讨论和学术交流。

　　亚历山德罗·切奇(Alessandro Chechi)的著作反映了当下国际法反复出现的主题——实现法律规范有效实施的重要性。在过去四十年中,在文化遗产法律领域,有太多的规范性法律文件,涵盖了文化表现形式的各个方面。切奇的著作关注于物质文化遗产,揭示了在解决该领域内的一切争议时,国际法和国内法、国际公法和国际私法规则之间的长期相互作用。

　　本书对文化遗产法律领域作出了两个突出贡献,第一个贡献在于例证了规范的制定、实施和争端解决之间密不可分的联系。切奇概述了解决此类争端的现有国际和区域途径,以及司法机关以外的解决争端的方法。接着,他评估了成立专门国际文化遗产法院的可能性,并提出了他所称的更加"实际"的建议选项,以鼓励现有法庭更好地理解、发展和应用治理类似争端的关键原则。这促成切奇的第二个贡献,其涵盖了物质文化遗产保护的有关原则。虽然他在著作伊始着重概述了关键问题与主体,但是他最突出的贡献也许在于他概述的国际法中涵盖了文化遗产的"共同裁决规则"。他认为,正是这些称之为特别法的规定成为未来有效解决任何长期文化遗产争端的基础。

弗朗西斯科·弗朗西奥尼(Francesco Francioni)

安娜·维尔多雅克(Ana Vrdoljak)

致　谢

　　对我来说,本书的写作已经成为一段十分丰富的经历。我十分感谢欧洲大学学院舒心惬意的氛围,以及在这个过程中我所认识的人。我真诚地感谢弗朗西斯科·弗朗西奥尼(Francesco Francioni)教授对我博士学位论文的指导,它是本书的基础。在博士学位论文写作期间,他为我提供了持续的投入和启发性的指导。我还要感谢安娜·维尔多雅克(Ana Vrdoljak)教授所提供的积极、宝贵的意见以及无尽的鼓励。

　　我还要感谢以其他方式对本书作出贡献的人。里卡尔多·帕沃尼(Riccardo Pavoni)和恩斯特·乌尔里希·彼得斯曼(Ernst-Ulrich Petersmann)对我的书作了评价,让我形成自己的观点。马克·安德烈·雷诺(Marc-André Renold)的见解有助于本书的完善,在他的支持和鼓励下,我前往瑞士日内瓦大学的艺术法律中心工作。在这里,我着手做了很多新项目并结束了本书的写作。对于欧洲大学学院的各位教授和宾客,我要感谢布鲁诺·德·威特(Bruno De Witte)、皮埃尔·玛丽·迪普伊(Pierre-Marie Dupuy)、费德里克·伦泽里尼(Federico Lenzerini)、罗杰·奥基夫(Roger O'Keefe)、特里萨·奥唐奈(Therese O'Donnell)、克里斯汀·奥登达尔(Kerstin Odendahl)以及图里奥·斯科瓦齐(Tullio Scovazzi)。从他们身上,我获得了关键的灵感。本书得以成型和出版还要感谢在欧洲各地会议上倾听我汇报展示的各位学者,他们对我的观点进行回应,并予以评价。我要特别感谢安妮·劳尔·班德尔(Anne Laure Bandle)、拉斐尔·康泰尔(Raphaël Contel)、谢维欧·费拉利(Silvio Ferrari)、诺曼·帕尔默(Norman Palmer)、库尔特·希尔赫(Kurt Siehr)、尤里·斯托亚诺夫(Yuri Stoyanov)、夏洛特·伍德海德(Charlotte Woodhead)以及珍妮特·厄尔夫(Janet Ulph)。

　　欧洲大学学院文化遗产工作组的同事和好友对本书的建议助我进一步完善了观点。他们分别是:安德雷杰·雅库波夫斯基(Andrzej Jakubowski)、卢卡斯·李新基(Lucas Lixinski)、珍妮·玛丽·帕纳托普洛斯(Jeanne-Marie Panayotopoulos)、罗伯特·彼得斯(Robert Peters)以及艾米·斯特雷克(Amy

Strecker）。我很感谢欧洲大学学院的其他朋友：诺贝托·努诺·安德拉德（Norberto Nuno Andrade）、丹妮尔·博尔赫斯（Danielle Borges）、马尔科·博塔（Marco Botta）、艾琳娜·布里兹奥利（Elena Brizioli）、鲁斯·格比克皮（Ruth Gbikpi）、蒂莫·希勒（Timo Hiller）、拉沙德·伊巴多夫（Rashad Ibadov）、埃杜恩·伊莱索斯（Edurne Iraizoz）、尼古拉斯·基里亚库（Nikolas Kyriakou）、马赛厄斯·莫塞尔（Mathias Möschel）、萨曼塔·莫拉·里贝罗（Samantha Moura Ribeiro）、埃马努埃拉·奥兰多（Emanuela Orlando）、塞尔吉·帕多斯·普拉多（Sergi Pardos Prado）、伊达·普格利斯（Ida Pugliese）、奥雷利昂·拉卡（Aurelien Raccah）、马丁娜·斯伯恩鲍尔（Martina Spernbauer）、卢西奥·托梅·费泰拉（Lucio Tomé Feteira）、马里奥·维奥拉（Mario Viola）以及瓦伦蒂娜·法尔科（Valentina Falco）。我不能忘记感谢我工作以外的朋友们：迪亚戈（Diego）、伊丽莎贝塔（Elisabetta）、弗朗西斯卡（Francesca）、马尔科（Marco）、尼古拉（Nicola）以及拉斐尔（Raffaele）。虽然我们相距很远，但是在过去的几年他们仍然很关心我。我也很感谢国际创价学会的朋友给予的无尽鼓励。其中，我要特别提及戴萨库（Daisaku）、朱丽安娜（Giuliana）、朱塞佩（Giuseppe）以及莱昂纳多（Leonardo）。

此外，我要感谢匿名评审专家阅读我的初稿，并给予尖锐、建设性的评价与建议。我还要感谢牛津大学出版社录用这本书稿，并整理出版。

我还要特别感谢艾德里安娜（Adriana），她的爱与耐心成为我快乐与力量的独特源泉。

最后，诚挚感谢我的家人，卢西亚诺（Luciano）、马丽娜（Marina）、瓦莱里奥（Valerio）以及葆拉（Paola）。没有他们的爱，这项工作不可能开始。我把此书献给我的家人。

目 录

CONTENTS

第一章　**引言**　_ 001

第一节　文化遗产法的不完善性　_ 001
第二节　改善文化遗产领域的争端解决方式　_ 003
第三节　分析范围　_ 004
第四节　本书架构　_ 006

第二章　**本书的两个基本概念**　_ 009

第一节　了解文化遗产　_ 009
第二节　界定文化遗产争端的来源和类型　_ 034

第三章　**审查现行法律制度**　_ 064

第一节　法律框架　_ 064
第二节　可用的争端解决手段　_ 132
第三节　后退一步：避免争端的策略　_ 182

第四章　**文化遗产领域的争端解决：选择激进的改革，或加强现有的
争端解决手段**　_ 197
简介：碎片化和扩散背景下的文化遗产争端解决　_ 197
第一节　设立国际文化遗产法院　_ 201
第二节　通过互通互鉴解决文化遗产纠纷　_ 215

第五章　**文化遗产服务中的互通互鉴和共同的裁决规则：走向新的分类法**　_ 241

简介：选择互通互鉴和共同的裁决规则：新的特别法的出现　_ 241
第一节　与国际法一般原则相对应的共同的裁决规则　_ 246

第二节　与现行或正在形成的规则相对应的共同裁决规则　_ 270

第三节　实施共同裁决规则　_ 288

第六章　**结论**　_ 301

参考书目　_ 308

案件索引　_ 342

法律文件索引　_ 356

缩略语表　_ 364

第一章
引 言

第一节　文化遗产法的不完善性

　　人们十分迷恋艺术与文化。自古以来,各国一直珍藏物质文化遗产,运用于现有文化、在博物馆展出、专家记录、个人收藏以及经销商和拍卖行的买卖交易。尽管遗产珍藏之风弥漫,但是近年来对文化遗产的完整性和保护的威胁成倍增加。例如,在武装冲突期间,历史建筑、纪念碑和文物的毁坏;在和平年代,艺术珍宝很可能会被人类干预破坏。诸多实例提醒我们,为满足经济发展与人口增长的需求,大规模的公共工程可能会给文化资产带来多种危险。此外,非法买卖已经达到了前所未有的程度,而文化物件归还①原有国以及水下文化遗产的无管制打捞已成为激烈辩论的主题。

　　遗憾的是,文化遗产法所提供的保护并不完全令人满意。现有常规法律文件由于存在重大弱点而受影响,因为它们不溯及既往,时常不能自动执行,并且规定含糊或笼统。此外,在国家时效性的法律制度、善意辩护评估和建筑遗产保护中,许多规则各不相同。而且,各国所采取的刑事处罚轻微,因此,对艺术品盗窃和抢劫的威慑力很小。然而,国际文化遗产保护法律的最大弱点是欠缺有力的执法机制。现有的条款既不能提供足够的控制体系确保规范适用的一致性,也没能设立任何专门法庭。因此,争端应通过政治或外交谈判解决;如果这种方法行不通,可以诉诸传统的争端解决方式,包括在国内法庭或现有国际法院进行的调解、仲裁和诉讼。

---

　　① "返回"(return)、"归还"(restitution)与"遣返"(repatriation)将会互换使用。但是,需要注意,科瓦尔斯基(Kowalski)指出三者的区别:"归还"的处理方法适用于战争期间的掠夺、盗窃、违反国家法律赋予该国文物所有权以及所有基于剥夺时生效的不道德法律的遗产转移;"遣返",是指在领土被割让或多民族国家瓦解的情况下,重建一国或族裔群体文化遗产的完整性;"返回"是对殖民国家带走或非法出口文物的主张。W. W. Kowalski, 'Types of Claims for Recovery of Lost Cultural Property' (2004) Vol. 57 No. 228 *Museum* pp. 85-102.

　　这种解决文化遗产争端的特定方式并非没有问题。问题之一是,最终的解决基本上取决于选择的法庭和适用的法律。这不仅存在采纳裁决不一致的风险,还会有可能成为不好的先前判例。另一个风险在于,各国或国际的审裁员①在没有正式交流联系的情况下,可能会导致法律发展支离破碎、司法解释各异的问题。

　　然而,最大风险在于文化遗产的"人文维度"在裁决过程中可能被忽视,即文化遗产因其象征、情感、宗教与历史特点而在个人和民族中所唤起的特殊感受。在任何情况下,无论是否以武力或欺骗手段获取有关的艺术品,这种人文维度都举足轻重。例如,希腊人认为,英国应该归还希腊在大英博物馆展出的帕特农神庙大理石,因为这些大理石体现了希腊精神,并且把现代希腊人与其祖先联系起来。② 此外,与犹太人大屠杀有关的案件显示,对许多幸存者或其后代而言,恢复第二次世界大战之前属于他们或其家庭的东西是一项神圣的职责,因为它将现在与战前的时光联系在一起。③ 同样,许多土著群体要求归还文物和人类遗骸,因为它们构成了其身份的基本要素。剥夺此类群体类似的文化遗产的行为会被认为是整个族群及其成员个人无法容忍的罪行。④

　　文物本身的确没有价值,但从某种意义上来说,它们不能仅通过物理特征来定义。文物的价值在于个人和社会团体对其赋予的历史、科学、教育、美学或金钱等层面的意义。正是因为这些层面的价值,艺术品和古董吸引了博物馆观众、各个机构、各个国家及其他利益相关者的兴趣。有人认为,文物是有关人类历史的信息库。另一些人认为,文物可以表达宗教或精神特征。还有人说,在金钱层面,文物可以被视为与任何其他商品一样的动

---

　　① "审裁员"一词的使用将贯穿本书,本书中用于指称任何被一或多诉讼当事人委托对一国或国际争端作出裁决的人或机构。作为通用表述,它涵盖了司法和非司法(或准司法)争端解决手段,例如各国和国际的常设或临时法院及仲裁法庭。

　　② G. W. Trampitsch, 'The Parthenon Marbles from the British Museum and the Greek Claims for Restitution', < http://www. culture-and-development. info/issues/marbles. htm >,于 2013 年 9 月 12 日访问。

　　③ J. Anglim Kreder, 'The Holocaust, Museum Ethics and Legalism' (2008) Vol. 18 *Review of Law and Social Justice* pp. 1-43, 4-5.

　　④ F. Lenzerini, 'The Tension between Communities' Cultural Rights and Global Interests: The Case of the Māori Mokomokai', in: S. Borelli and F. Lenzerini(eds), *Cultural Heritage, Cultural Rights, Cultural Diversity. New Developments in International Law* (Leiden/Boston: Martinus Nijhoff Publishers, 2012), pp. 157-77.

产。因此,遗产的价值在于其关联性。① 这就解释了为什么涉及文物的争端更容易出现,而且比一般商品更加难解决。②

第二节　改善文化遗产领域的争端解决方式

　　已有众多研究者探究了文化遗产这个话题。其中,有些学者通过法律、政治和历史多学科相结合的方法来研究这一领域。③ 另一些著作对现有法律制度及其发展进行了详细分析,尽管详细程度和创新程度各不相同。④ 然而,大部分学者聚焦于归还及其他具体问题,包括战时保护、与犹太人大屠杀有关的艺术品、水下文化遗产和土著人民的诉求。⑤ 从这些研究所考虑的争端解决的程度上来说,他们关注了在确保被盗或被掠夺的艺术品归还方面,诉讼之外的争端解决方式所扮演的角色。⑥

　　在我看来,文化遗产争端的解决方式所存在的问题尚未得到全面解决。因此,我决定研究这个话题。本书系统地考察了与物质文化遗产有关的各类争端,为更有效、更一致的争端解决体系提供一个富有建设性和想象力的

---

　　①　L. Lixinski, *Intangible Cultural Heritage in International Law* (Oxford : Oxford University Press, 2013) , p. 3. See also S. Harding, ' Value, Obligation and Cultural Heritage ' (1999) Vol. 31 *Arizona State Law Journal* pp. 291-354 ; and J. Ulph and I. Smith, *The Illicit Trade in Art and Antiquities* (Oxford/Portland : Hart, 2012) , pp. 13-14.

　　②　W. A. Landes and R. A. Posner, ' The Economics of Legal Disputes over the Ownership of Works of Art and Other Collectibles ' , in : V. A. Ginsburgh et al. (eds) , *Economics of the Arts : Selected Essay* (Amsterdam/New York : Elsevier, 1996) , pp. 177-219.

　　③　See, e. g. A. F. Vrdoljak, *International Law, Museums and the Return of Cultural Objects* (Cambridge : Cambridge University Press, 2006).

　　④　See, e. g. I. A. Stamatoudi, *Cultural Property Law and the Restitution of Cultural Property : A Commentary to International Conventions and European Union Law* (Northampton : Edward Elgar Publishing, 2011) ; C. Forrest, *International Law and the Protection of Cultural Heritage* (London/New York : Routledge, 2010).

　　⑤　See, e. g. S. Dromgoole, *Underwater Cultural Heritage and International Law* (Cambridge : Cambridge University Press, 2013) ; B. Schönenberger, *The Restitution of Cultural Assets* (Berne : Stämpfli, 2009) ; W. Sandholtz, *Prohibiting Plunder. How Norms Change* (New York : Oxford University Press, 2007) ; R. O ' Keefe, *The Protection of Cultural Property in Armed Conflict* (Cambridge/New York : Cambridge University Press, 2006) ; and N. Palmer, *Museums and the Holocaust : Law, Principles and Practice* (Leicester : Institute of Art and Law, 2000).

　　⑥　I. Fellrath Gazzini, *Cultural Property Disputes : The Role of Arbitration in Resolving Non-Contractual Disputes* (Ardsley : Transnational Publishers, 2004).

方案。追求有效性是为了确保文化遗产的特殊性得到考虑;保持一致性在防止相同或类似的问题得到不同的处理上很有必要。

本书的核心问题是,争端解决方式的改进是否可以加强文化遗产的保护以及增强管理文化遗产的法律框架。基于这一考虑,我参考了大量的资料:(1)分析解决物质文化遗产国际争端所涉及的实质性和程序性问题,以界定现有法律和制度框架的局限性;(2)研究可能的实然法和应然法解决方案,以克服现有的缺点;(3)解释现有法律文书所体现的原则以及各国和各非国家实体在国际惯例中制定的规则如何,以及在多大程度上有助于争端的正规解决和法律的健全发展。

本书的主要观点认为,文化遗产领域的各利益相关者不应满足于临时决策,无论这些决策合理性如何,因为保护文化遗产物品中的非物质和象征价值需要的不仅仅是明确且可执行的裁决。争端的解决方式需要考虑和协调所涉及的各种道德、历史、政治、文化、金融和法律问题。

这些前提和目的清晰地表明,本书不仅限于法律分析。原因之一是文化政策问题不能单凭合理的依据来解决。如下文所示,文化遗产具有各种各样的情感和象征意义,这些可以用法律术语来描述,但法律术语无法完全表达清楚。因此,本书也会关注所探讨的各种争端类型的道德维度。这种道德影响,除其他外,源于丢失的情况和文化遗产购买者的勤勉程度。此外,分析不仅限于现行法律,而是将考虑目前的演变趋势。① 这种分析方法能够突出建设性合作关系的优点。实际上,通过从对抗过程和对实证法的严格适用转向更加注重信息交流、协商、建立共识和分享的模式,可以更好地照顾到文化资产相关的各种利益。

第三节　分析范围

社会通常将争端视为应避免的事件。然而,争端不应被视为一种病态或异常现象,而应该被视为任何健康法律体系不可或缺的现象。之所以如此,是因为司法职能不仅仅是将现有规则适用于事实。规则不可能涵盖所

---

① T. Scovazzi, '*Diviser c' est détruire*: Ethical Principles and Legal Rules in the Field of Return of Cultural Properties' (2010) Vol. 94 *Rivista di diritto internazionale* pp. 341-95.

有可能发生的事件,任意一个意外事件都可能会导致引用多种法律制度加以防范。各主体的争论点在于适用哪些规范以及规范的要求或许可是什么。随之而来的结果是对关键规范适用范围的界定或修改。因此,争端是规范性变革的动力。确切地说,争端解决程序可以调整适用规则;扩大(或缩小)其适用的范围;确定新内容的属性,使其更强(或更弱)、更清晰(或更模糊)、更具体(或更笼统)、更多(或更少)处于例外之中。① 文化遗产法也不例外。因此,本书的核心论点是,通过改善争端解决方式的运作,文化遗产法可得以发展。

基于这一研究背景,需要先界定以下章节中分析的争端类型。这些争端有:(1)由于战争、占领或殖民或在此期间,从个人、土著人民、私人或公共机构处获得的文物的返还争端,尤其是关于犹太人大屠杀文物的争端;(2)从个人、团体、公共机构盗窃,从考古遗址进行非法挖掘(或非法保留合法挖掘物),违反国家法律的出口所导致的在和平时期被移走文物送回的争端;(3)关于归还土著人民祖传土地的争端;(4)无论是出于类似战争的情况或故意攻击,还是出于如投资项目的实施等的非暴力程序,关于保护不动产的争端。将可移动文物的归还和不可移动遗产的保护一起处理的原因在于,许多案件涉及建筑物和古迹中的破碎文物。此外,本书的分析将包括有关水下沉船和考古遗址中打捞的物品归还诉求。因为,当今科学技术的进步使得人们可以获得位于海洋最深处的遗产。

还需要说明的两点是:首先,本书并不局限于在国际法院提起诉讼的主权国家之间的争端。国际惯例表明,大部分争端都是在国内法院提起诉讼或通过司法以外的手段在庭外解决,而且诉讼当事人往往是非国家实体。但可以肯定的是,只要提出国际文化遗产法的问题,"国内"案件②就会被拿来探讨。其次,本书采用实用主义的方法解决归还要求可以追溯多长时间,以及谁能够或应该拥有文物的问题。一方面,在许多情况下,尝试重写历史并返还过去被拿走的文物是没有意义的。另一方面,有人认为,返还要求是合法的,如果满足下列条件,返还要求不应该被拒绝:(1)有证据表明所请求的物体被武力、不平等条约、盗窃或欺骗等非法方式转移,即使当时的法律没有认定这种行为非法;(2)存在一个"文化情境",使得文物可以在这个情

---

① Sandholtz, *Prohibiting Plunder*, pp. 3-4, 6(n 10).

② J. P. Fishman, 'Locating the International Interest in Intranational Cultural Property Disputes' (2010) Vol. 35 *Yale Journal of International Law* pp. 347-404.

境下得以返还,如自然人、法人或集体的遗产(无论是纪念碑、遗址还是收藏品),集体可以是一个国家或国家的某个社区;在这种情境下,根据适用的国家立法,文物可以得到保护,但不必向公众或专家公开,或者根据文物来源国的文化和信仰系统,即使各仪式可能会导致文物的消耗或破坏,文物仍可以用于这些仪式中。① 换句话说,本书并不主张大规模返还或是清空世界各个伟大的博物馆。相反,本书支持的返还是指,可以弥补过去的错误和威慑当前的抢劫、非法挖掘和盗窃。当然,鉴于历史进程中各国边界的变化,另一个问题在于确定一个国家是否拥有要求文物返还的权利。这个问题的解决需要逐个考察各历史案件,包括文物来源的人群、制造文物的人、文物制造的目的和地点,以及文物获得的方式。

▋第四节　本书架构

本书基于对实践的实证观察,从国际法的角度讨论可能影响解决物质文化遗产争端的问题。通过对可能涉及这些争端的客体文物(文化遗产)和主体(利益相关者和审判员)的谨慎考察,结合对现有法律框架的深入研究,这些问题得以界定。这种因果分析方法,一方面可以勾勒文化遗产法可能发展的方向,另一方面可以支持利益相关者和审判员都应该了解文化资产所包含的非经济价值的观点。

在此介绍性章节之后,本书的结构如下。

第二章界定了研究的范围,分为两节。第一节考察了与艺术、文化兴趣发展相关的历史见解,定义了"文化财产"和"文化遗产"的概念。然后,本节讨论了"文化遗产"和"人类文化遗产"概念的一些含义。此外,本节还着眼于文化与人权之间的关系,以说明人权在物质遗产争端方面可能发挥的作用。实际上,国内和国际呈现的各种法律的发展表明了文化与人权之间的这种共生关系,并阐明了文化遗产保护已成为人权问题。第二节提供了适

---

① 从这个意义上来说,Merryman 认为,如果出现以下情况,某些可移动遗产(文化上不可移动的物体)不应被用于交易:(1)物体来源的文化和信仰体系仍然存在;(2)根据该信仰体系的文化,文物的产生是用于宗教或仪式;(3)如果返还文物,该文物将再次被用于这些情境。J. H. Merryman, 'A Licit International Trade in Cultural Objects' (1995) Vol. 4 *International Journal of Cultural Property* pp. 13-60, 23.

合本书研究目的的"国际争端"的定义。完成对文化遗产领域的主要参与者的界定之后,本节还描述了利益冲突的多样性和复杂性以及实践中存在的争端类型。

第三章分为三节,旨在对争端解决研究的相关组成部分进行概述。第一节描述了可能适用或阻碍可移动文物争端裁决的国内法律,例如出口法和反扣押法。此外,结合在联合国教科文组织领导下所采纳的条约,本节分析了争端解决程序如何适用于文化遗产争端。最后,这一节还考察了现有法律制度,讨论了主权豁免原则和国家责任问题。对主权豁免原则的探讨具有重要意义,因为最近的一些争议促使反扣押法的通过,并引发了对扣押外国所有文物的豁免权的法律基础、适用范围和限制的各种质疑。第二节分析了现有的司法措施和非司法措施。首先,本节讨论了国内裁决是否可以成为防范和解决文化遗产争端的有效途径。然后,探讨了国际法院的作用。对法庭的选择并非任意为之,而是基于这些法庭在此类争议中的实际和潜在的裁决参与程度。最后,本节调查了非司法争议解决技术的作用。该调查强调,仲裁和调解等机制在处理文化遗产有关争议方面具有必要的灵活性。第三节描述了一些避免争端的策略以及国家之间和各博物馆之间合作的实例。

为了回应上文所述的研究问题,第四章讨论了两种选择。第一节,考察了建立一个对文化遗产争端拥有专属管辖权的全新国际法院或改善现有某一法院体制的可行性。结论是,这一做法暂时不可行。第二节,研究了现有的争端解决方式和交流互鉴的过程。这是指各国或国际的、同一法律制度内外抑或是司法体系内外的审判员为了应对争端所呈现的各个问题而相互引用和借鉴裁决的做法。本节研究了法律和事实的交叉互鉴,并讨论了其优点和缺点,质疑了这一过程的适用是否与法官的作用协调一致,也质疑了现有决策过程的有效性和一致性是否可以通过裁决者自主建立的全球联络得到改善。结论是,这种"内生"选择可以形成一个有效且连贯的框架,以便妥善解决文化遗产争端。

第五章考察了这种联络的实质。从本质上讲,它总结了文化遗产领域利益相关者的外交、立法、行政及合同实践,以明确表达一套文化敏感规则,这套规则被称为"共同裁决规则"。首先,本章解释了这种文化敏感规则的性质和起源,强调了这套共同裁决规则并不是新的规则种类,而是与国际法的一般原则(本章第一节)或现行的国内和国际法律规范、形成的原则和标准(本章第二节)相一致。然后,本章作出假设,如果裁决者越来越多地采用这套共同裁决规则来处理文化遗产纠纷,可能会逐渐发展一种"跨国文化遗产法"。通过突出文化遗产的独特性以及排除将涉及普通货物正常商业交易所制定的规范不加批判地应用于文化遗产相关争议的情况,这种新的法律可能有助于确立法律统一性。第三节提出了两个相互关联的建议,以便运作这套共同裁决规则,从而加强交流互鉴。这两项动议都是基于事实情况并与联合国教科文组织有关。最后,本章探讨了通过交流互鉴的共同裁决规则流通的理论。我在此强调通过合作防止文化遗产流失的目标构成了共同裁决规则的基本原则。

在此之后的第六章就是结论部分。

第二章
本书的两个基本概念

第一节 了解文化遗产

一、引言

艺术和文化可以追溯到很久以前。如果我们把文化视为制作图画和雕塑、竖立庙宇和纪念碑或者表演和发展传统和仪式等活动,那么有史以来的人们都拥有文化活动。事实上,人类最早的物质表达和知识表达源于原始人类。的确,"在人们写书或雕刻铭文之前,人早就能画画了"。① 相反,如果我们认为文化指的是某种奢华的艺术,能够在博物馆展出的东西,抑或是用作装饰的漂亮物件,那么我们必须意识到文化在近期才得以发展。

最初,绘画、雕像和建筑没有被视为艺术品,而是被作为具有明确功能的物件。当时的人们认为原始艺术可以抵御自然力量。古埃及人搭建金字塔并用日常物品装饰墓室,因为相信死去的国王会在来世使用这些物品。在古希腊,艺术家们被赋予了创立纪念碑和设计艺术品的任务,用以庆祝政治权力和民主的辉煌和高贵。艺术从宗教和政治功能中得以解放发生在公元前 5 世纪末,在那时,艺术家们对自己的艺术有了意识感知,富人们也开始对他们的作品本身感兴趣。在基督教胜利后,粉碎任何偶像和神灵的图像被看作是虔诚的职责。奇怪的是,在罗马时代,艺术家们为旅行者、纪念品收藏家再现了基督教胜利后消失的希腊艺术雕像,并用作花园和公共浴池的装饰品。在中世纪时期,对自然的表现和过去的遗迹被视为对世俗世界的反映或对精神领域的消遣。②

---

① S. G. F. Brandon, *Man and God in Art and Ritual:A Study of Iconography,Architecture and Ritual Action as Primary Evidence of Religious Belief and Practice*(New York:Scribner,1975), pp. 3-4.

② E. H. Gombrich, *The Story of Art*(London:Phaidon,1998), p. 39.

文艺复兴时期出现了一种新的艺术观念。在这个时期,文物开始被珍视,它们不再被视为对现实的模仿,而是被视为艺术家的创造。人们认为艺术品象征的价值超越了那些普通工艺品,而且艺术作品成就了其创作者,使他们成为英雄或天才。因此,从 15 世纪开始,艺术越来越吸引学者,艺术家也获得了荣耀和特殊的社会地位,因为整个欧洲的富裕家庭和法院使用他们的作品来建立和维护荣誉及声望:搭建建筑物、建造墓穴、订购壁画、请艺术家描绘人物肖像以永久保持一个人的名声。从 17 世纪后期开始,艺术开始为罗马天主教会提供宗教服务,例如,向无法阅读的人传授教义。建筑师、画家和雕塑家被要求通过对珍贵的石头、黄金和灰泥的浮夸使用和展示来改造教堂。同样,国王和王子发现了艺术具有展现和加深王权的力量。启蒙运动进一步增强了艺术和艺术家的重要性。因为艺术成为人类天赋和创造力的最伟大的产物,艺术获得了更高的地位。在 19 世纪后期,整个欧洲博物馆文化的蓬勃发展使得以往的遗物得以收集,这不仅是因为好奇心或美感,而是用作证词和研究对象。①

在过去三十年中,"非物质文化遗产"这一短语越来越多地关注保护某一个特定的社会生活和思考方式的非物质文化表现形式。这种关注点的转变见证了把文化作为一种进化概念的认知,一种以人类为中心的,属于全人类的社会建构的遗产,②其中包括一系列的价值观:文化(其欣赏和保护促进了当地、区域和国家层面的独特性);教育(历史环境是人类祖先及其社会发展的主要信息来源);经济(通过鼓励发展旅游业,或通过吸引喜欢在愉快的环境中生活和工作的人,文化资产可以对经济发展作出重大贡献);娱乐(历史环境在提供人们的娱乐和享受方面发挥着重要作用);审美(考古和历史建筑对城市景观和乡村景观的审美水平作出了重大贡献)。③

今天,人们对艺术品和纪念碑的共同兴趣体现在:有成千上万的博物馆、数万个经销商和画廊、数万名收藏家、数百万博物馆参观者、数个大学艺术与法律系、专业期刊、详细的立法框架、各国家和国际机构、各国际公约、大量的企业和个人的时间和金钱都花费在制作、寻找、获取、保存、研究、展

---

① Gombrich, *Story of Art*, p. 307(n 2).

② D. Lowenthal, *The Heritage Crusade and the Spoils of History* (Cambridge: Cambridge University Press, 1998), pp. 3, 10.

③ T. Loulanski, ' Revising the Concept for Cultural Heritage: The Argument for a Functional Approach' (2006) Vol. 13 *International Journal of Cultural Property* pp. 207-33, 214.

示和欣赏文物上。这些证据都表明人们关心文化遗产。①

从上述的对艺术和文化的崇拜和逐渐浓厚的兴趣中,可以得出两个明显的结论。第一,文化资产不能完全等同于普通商品,因为它们是人类创造力的结果,表达了与普通商品可能具有的商业价值不同的含义。第二,不断发展的复杂法律框架涉及以下五个主要领域:(1)在武装冲突和占领期间以及冲突后,为保护文化遗产做好武装冲突准备;(2)在发生武装冲突时,返还被盗的文物;(3)返还因盗窃、非法挖掘和非法贸易而丢失的陆地和水下遗址文化资产;(4)和平时期,对建筑遗产的保存和保护;(5)保护与物质和非物质文化遗产有关的人权。

以下调查旨在概述"文化财产"和"文化遗产"概念的意义和主要内涵。对文化遗产与人权之间关系的分析有助于全面了解与争端有关的问题和困境,这是本书的研究目标。

二、文化财产的定义

什么是文化财产?人们可能会说,文化财产包含了滋养和丰富生活的每一件艺术品,它们可以激发学习和研究热情。因此,似乎任何手工艺品都可以归为这一类别。然而,大多数人仅将有限范围的物件标记为文化财产,特别是那些因其突出价值或对一个国家具有真正重要性而与普通商品相区别的物件。

各个国家文化遗产立法采用的定义各异,有的使用非常概括的语言,有的根据某些标准对受保护的内容进行具体说明。所使用的术语反映了不同的意识形态方式,而标准则涉及合格的历史、科学或艺术价值或利益;涉及年代或文物所属时期、风格或环境因素。同样,国际条约缺乏明确且全球一致的定义。在国际法律背景下"文化财产"的首次(用英文)表述是在1954年,这个表述采用了联合国教科文组织颁布的《关于发生武装冲突情况下保护文化财产的公约》(1954年《海牙公约》)②的表述。这一新概念涵盖了值得保护的文物的广泛且综合的特点,因为文物值得保护是因为它们本身固

---

① J. H. Merryman, 'The Public Interest in Cultural Property' (1989) Vol. 77 *California Law Review* pp. 339-64, 343-44.

② 14 May 1954, 249 UNTS 240. The Convention was completed by the Protocol for the Protection of Cultural Property in the Event of Armed Conflict (First Protocol-14 May 1954, 249 UNTS 358) and Second Protocol to the Hague Convention for the Protection of Cultural Property in the Event of Armed Conflict (Second Protocol-26 March 1999, 38 ILM 769 (1999).

有的价值,而不是因为它们易受伤害而值得保护。① 1954 年《海牙公约》将文化财产定义为"对各国人民的文化遗产具有重大意义"的不动产或动产。②然后,它提供了一份未穷尽的类别清单,包括宗教遗址和世俗遗址、考古遗址、建筑群、收藏品、手稿、书籍和档案。相比之下,早期的国际法律文件并未包含将艺术品和古物与其他财产相区别的精确术语。两者是根据其用途加以区分的。1907 年《关于陆战法规和习惯的海牙第四公约》所附《章程》(简称 1907 年《海牙章程》)第 56 条提到,"市政[和]……致力于宗教、慈善和教育、艺术和科学的机构的财产,……历史遗迹、艺术与科学作品"。③ 同样,联合国教科文组织《教育、科学和文化物品进口协定》(《佛罗伦萨协定》)提道,"艺术品和收藏家收藏的具有教育、科学或文化特点的作品"。④联合国教科文组织《关于禁止和防止非法进出口文化财产和非法转让其所有权的方法的公约》(以下简称 1970 年联合国教科文组织《公约》)⑤认为,"财产基于宗教或世俗,由各国指定,对考古学、史前史、历史学、文学、艺术或科学具有重要意义",以及包含第 1 条所罗列的各类别。此外,1970 年联合国教科文组织《公约》第 4 条通过各种关联因素对可能成为国家遗产的文物进行了界定。⑥ 联合国教科文组织 1972 年通过的《保护世界文化和自然遗产公约》⑦第 1 条认为文化遗产包括以下要素:纪念碑(建筑作品、纪念性雕塑和绘画作品、考古性质的元素或结构、铭文、窑洞以及从历史、艺术或科学的角度来看具有突出普世价值的特色的组合);建筑群(从历史、艺术或科学的角度来看,由于其建筑结构、其同质性或其在景观中的位置,具有突出普世价值的独立的或互相关联的建筑群);遗迹(人类的作品或人类创造和自然相结合的作品以及从历史、美学、民族学或人类学的角度来看具有突出

① F. Francioni, 'A Dynamic Evolution of Concept and Scope: From Cultural Property to Cultural Heritage', in: A. A. Yusuf (ed.), *Standard-Setting in UNESCO, Normative Action in Education, Science and Culture* (Vol. I, Leiden: Martinus Nijhoff and UNESCO Publishing, 2007), pp. 221-36, 225.

② Art. 2.

③ 18 October 1907, 1 Bevans 631.

④ 22 November 1950, 131 UNTS 25, Annex B.

⑤ 17 November 1970, 823 UNTS 231.

⑥ "本公约缔约国承认,……属于以下类别的财产构成各国文化遗产的一部分:(1)由有关国家的国民个人或集体才智创造的文化财产,以及居住在该领土内的外国国民或无国籍人在该国境内创造的对该国具有重要意义的文化财产;(2)在各国领土内发现的文化财产;(3)经该财产国籍国当局同意的考古、民族或自然科学任务所获得的文化财产;(4)成为自由商定交换主体的文化财产;(5)作为礼物收到的或经该财产原产国当局的同意合法购买的文化财产。"

⑦ 16 November 1972, 1037 UNTS 151.

普世价值的考古遗址的区域）。1995 年，国际统一私法协会通过了《关于被盗或者非法出口文物的公约》（1995 年国际统一私法协会《公约》）。① 它所涵盖的类别与 1970 年联合国教科文组织《公约》确定的类别相同，但不包括国家指定的类别。②

当欧洲经济共同体在起草《关于文化产品出口的 3911/92 号法规》③以及《关于返还从成员国境内非法转移的文物的 93/7 指令》（简称 93/7/EEC 指令）④时，同样也存在概念定义的问题。众所周知，这些法规的颁布旨在共同努力反对 1993 年 1 月 1 日对成员国之间的内部边界的废除。内部市场的全面发展阻止了对从某一成员国转移到另一成员国的文化产品实行边境管制的做法。⑤ 它们提供了相同的附件，其中文化产品的定义是通过最低年限和经济价值来得以确定的。但是，《关于文化产品出口的 3911/92 号法规》和《关于返还从成员国境内非法转移的文物的 93/7 指令》都没有界定"文物"和"国宝"这两个术语的含义。目前，《关于文化产品出口的第 116/2009 号法规》（原为《关于文化产品出口的 3911/92 号法规》）第 1 条规定，欧洲联盟（欧盟）各成员国有权将更多或更少数量的产品指定为"文物"。

虽然这些法律文件的主体不同，但它们都有一些共同之处：文件旨在提高各国对文物的保护意识并强调文物与普通商品不同的特殊性。此外，每项多边协议都根据其通过时的政治关切提供了适时的定义。毫无疑问，即使这些定义不是相互矛盾的，这样做可能带来多种解释的危险。鉴于此，一些学者认为，国际法律文件没有对所保护的利益有一个同质的和普遍接受的定义以及没有指导解读诸如文化财产这样的核心概念的一些原则，这是很危险的。⑥ 另一些学者反而认为，在国际层面存在多种定义并不妨碍对有

---

① 24 June 1995, 34 ILM 1322(1995).

② Art. 2.

③ OJ L 395/1, 31 December 1992, repealed and replaced by Council Regulation 116/2009 on the Export of Cultural Goods of 12 December 2008(OJ L 39, 10 February 2009).

④ OJ L74/74, 27 March 1993.

⑤ 内部市场是欧盟（EU）的政策之一，没有内部边界，人员、货物、服务和资本可以自由流动。1993 年，当内部市场成为现实并且《欧盟条约》生效时，欧洲经济共同体（EEC）被重新命名为欧洲共同体（EC）。相应地，1957 年制定的《欧洲经济共同体条约》成为《欧洲共同体条约》。《欧盟条约》被修订，但是没有被《里斯本条约》（OJ C 306/01, 2007 年 12 月 17 日）所取代。《欧洲共同体条约》已于 2008 年成为《欧洲运行条约》（OJ C 115/47, 2008 年 5 月 9 日）。

⑥ J. Blake, 'On Defining the Cultural Heritage' (2000) Vol. 49 *International & Comparative Law Quarterly* pp. 61-85, 62-3.

资格获得法律保护的利益和价值的确认。①

根据上述分析,可以根据三个可替换的标准确定文化财产。第一,它必须对各国人民的遗产或特定国家或社区的遗产具有"重要性",是对其文明、成就和信仰的表达,是历史、艺术、象征和科学价值观的载体。第二,文化财产必须专门注册。② 第三,文化财产必须在特定的年限和/或市场价值门槛范围内。

三、从文化财产到文化遗产

应用于文物时,"财产"一词会带来严重的问题。第一,它限制了对可移动或不可移动的有形物品的保护范围,因此排除了非物质遗产。第二,它强调了私有制以及领土所属国的专属主权利益。因此,"财产"一词隐含着以疏远、剥削、处置和排除他人使用或从中受益的能力的形式进行控制(*jus utendi et abutendi*)。第三,"财产"一词的使用产生了一个严重的矛盾:它涉及独家所有者对一个物品权利的认可,同时,它要求适用可能限制此类权利的特定规范,并将访问和控制权与所有权分开。第四,虽然艺术品具有文化和经济价值,兼具文化和经济功能,③但对于那些反对文物"商品化"的人来说,使用"财产"一词令人反感。④ 这些人认为市场价值的归属使得艺术品转变为仅仅可以在国际市场上买卖的商品,而不适当考虑其内在的非经济价值。⑤ 此外,艺术品交易的反对者认为,艺术品商品化带来了一个有害后果,即艺术市场中的供需法则影响了对某一物体或某类物体的保护。例如,市场控制下的贬值可能导致国家放松适用于某类物体的保护制度。相反,艺术品交易的支持者认为,艺术品商品化是一件好事,因为这会使得遗产的价值高于其自身,以至于无法因被忽视或遗嘱等方式遭到破坏,从而有利于遗产保护。大量证据表明,罪犯所带来的损害正滋养着贪婪的艺术市场,因

---

① M. Frigo, 'Cultural Property v. Cultural Heritage: A "Battle of Concepts" in International Law?' (2004) Vol. 86 *International Review of the Red Cross* pp. 367-78, 376.

② See, e. g. the List set under the WHC (WHC List). Francioni, 'A Dynamic Evolution', p. 225(n 8).

③ Loulanski, 'Revising the Concept', p. 209(n 5).

④ L. V. Prott and P. J. O'Keefe, ' "Cultural Heritage" or "Cultural Property"?' (1992) Vol. 1 *International Journal of Cultural Property* pp. 307-20, 311.

⑤ J. H. Merryman, 'A Licit International Trade in Cultural Objects' (1995) Vol. 4 *International Journal of Cultural Property* pp. 13-60.

此,这一观点值得商榷。① 此外,艺术品在市场中的销售价格波动往往与作品的审美价值或历史关注点无关。另外,价格上涨有时只会带来一波赝品伪造的浪潮,随之而来的是整体贬值。

20 世纪下半叶,"文化财产"这一表述被"文化遗产"这一概念所取代。"文化遗产"这一概念首次出现在 1954 年《海牙公约》②中,但仅在《保护世界文化和自然遗产公约》中得到发展。"文化遗产"概念不仅仅是术语表述的变化,而是拓展了之前把文化财产作为主要经济性质的私人权利(或主权)的物品的狭隘概念。"文化遗产"的目标是将艺术和文化转变为集体利益。考虑到《保护世界文化和自然遗产公约》的适用是由于保护尼罗河谷流域(受阿斯旺高坝建设的威胁)以及佛罗伦萨和威尼斯(受巨大洪水威胁)古迹的客观要求而引起的,这一目标变得更加清晰了。国际社会(不仅包括各个国家,还包括各非国家实体和个人志愿者们)迅速对此类紧急情况作出回应,并协助有关国家,以保护部分"人类沟通遗产中最宝贵的明珠"。③ 因此,致力于发展国家间合作的第一要义旨在为具有普世价值的突出遗迹提供援助和保护。④

"文化遗产"一词的引入也源于最初保护理论的转变。把古迹和艺术品二分为"财产"(物理可感)和"文化"(无形)两个方面,这种物理实体保护已不再充分。典型"财产"即有形方面,表示了拥有文物的可能性,侧重于文物的物理完整性,并表明可流通的资产代表着其储存的经济价值。"文化"方面是任一文物所体现的象征和科学价值,与其具有的审美价值和货币价值无关。"财产"方面伴随"文化"方面得到补充。因此,文化遗产概念的引入使得保护范围扩展到文化资产的物理结构之外,涵盖了其无形的人文维度,即其储存的是对个人和民族来说的宝贵意义,它作为其身份基础,及其祖先、社会和环境生活见证。⑤ 此外,"文化遗产"一词的引入使得国际保护的

① Prott and O'Keefe, '"Cultural Heritage" or "Cultural Property"?', p. 311(n 24).
② "确信文化财产的破坏……意味着对全人类文化遗产的破坏……;因为保护文化遗产对世界各国人民都非常重要"(序言);"为了实现本公约的目的,'文化财产'一词应包括(1)对每个民族文化遗产都非常重要的动产或不动产"……(第 1 条).
③ Appeal of René Maheu, former Director-General of UNESCO, 2 December 1966, < http://unesdoc. unesco. org/Ulis/cgi-bin/ulis. pl? catno = 59339&set = 48BFFC51_3_404&gp = 0&lin = 1 >, accessed 8 September 2013.
④ F. Francioni, 'Thirty Years On: Is the World Heritage Convention Ready for the 21st Century?' (2002) Vol. 12 Italian Yearbook of International Law pp. 13-38.
⑤ Loulanski, 'Revising the Concept', p. 213(n 5).

范围扩展到历史文物、纪念馆和遗址以外的文化表现形式。因此,它逐渐包括非物质遗产和文化认同。保护非物质遗产的第一步是在 1976 年完成的,当时联合国教科文组织采纳了《关于人民大众参与文化生活并对之作出贡献的建议》。文件肯定了:

> 文化不仅仅是精英生产、收集和保存的知识和作品的积累,以将其置于所有人的触及范围之内;……文化是……在同一时间对知识的获取、对生活方式的需求以及沟通的需要。

1982 年,联合国教科文组织在墨西哥城召开了世界文化政策大会(MONDIACULT)。会议通过了墨西哥城《文化政策宣言》,该文件将文化定义为"描述一个社会或社会群体的独特精神、物质、智力和情感特征的整个综合体。它不仅包括艺术与文字,还包括生活方式、人类基本权利、价值体系、传统和信仰"(序言)。随着 1989 年所通过的《关于人民大众参与文化生活并对之作出贡献的建议》以及对 1993 年发起的"人间国宝"计划和 1998 年发起的"宣布人类口述遗产和非物质遗产代表作"计划两个方案的实施,联合国教科文组织逐渐朝着这个定义的方向前进。这些进步推动了其他国际法律文件也开始采纳"文化遗产"这一术语,如《世界文化多样性宣言》、[1]《保护非物质文化遗产公约》[2]以及《保护和促进文化表现形式多样性公约》。[3]

最后,值得强调的是,文化遗产概念的使用使人们接受,古代文明的遗迹、古物、遗骸以及传统和习俗都是过去遗留下来的珍贵且不可替代的资源,因此,为了子孙后代,这些资源应该得到保护和呵护。[4] 普罗特(Prott)和奥基夫(O'Keefe)认为,从这个角度来看,文化遗产"使人们对传世的东西有所感知,关心和珍惜这些东西……今天,人们普遍认为其有义务将这些遗产传承给目前数量正不断增加的继承者"。[5] 因此,文化遗产的概念在其时间维度上扩大了受益者的圈子和团结的概念。有时,每一代人都是共同文化遗产的使用者和保卫者,因此应该把它完好如初地传给后代。如上所述,《保护世界文化和自然遗产公约》推动了国际合作体系,在这种体系中,为了

---

① 2 November 2001,41 ILM 57(2001).

② 17 October 2003,UNESCO Doc. 32C/Resolution 32.

③ 20 October 2005.

④ Prott and O'Keefe,' "Cultural Heritage" or "Cultural Property"?',p. 307(n 24).

⑤ Prott and O'Keefe,' "Cultural Heritage" or "Cultural Property"?',p. 311(n 24).

整个人类的利益,各国承诺为子孙后代保护其领土内的文化奇迹。① 然而,继承世界文化遗产的想法涉及诸多问题。其中之一是,各国所作的关于何物值得保护的决定。因此,国家政策可能与其他各国、国际组织或非政府组织的观点相冲突。例如,保护"具有突出普世价值"的遗迹的一般利益可能与领土国订立投资合同以在纪念碑所在地区进行开采活动的利益相冲突。

四、人类共同遗产

众所周知,人类共同遗产的概念已经出现,该概念认可了不同于并超越国家利益的共同利益的存在,也认可了规范超越国家管辖且满足各方利益的某些空间或资源的使用(或利用)的必要性。这一概念已在法律框架中得到体现,其中包括海床、洋底及其底土的环境资源②、南极洲③、外层空间和月球④。关于月球,《月球公约》表明"月球及其自然资源是人类共同的遗产",并且"月球不受通过使用、占用或其他方式的任何主张的国家擅自占有"。⑤其中,第 3 条规定,月球表面及其以下不得"成为任何国家、国际政府间组织或非政府组织、各国家组织或非政府实体或任何自然人的财产"。国际法也将海洋排除在财产权之外。由此,皮埃尔·玛丽·杜普伊(Pierre-Marie Dupuy)将《联合国海洋法公约》中人类共同遗产的制度化定义为"实现人类的全球利益"的最重要例子。⑥ 关于海床和洋底超出国家管辖范围(下文由该区域指代),《联合国海洋法公约》第 136 条规定:"该区域及其资源是人类共同遗产。"第 137 条强调:

> 任何国家不应对该区域的任何部分或其资源主张或行使主权或主权权利,任何国家或自然人或法人,也不应将"该区域或其资源的任何部分据为己有。任何这种主权和主权权利的主张或行

① See Preamble,2nd,6th and 7th recitals and Art. 4.

② United Nations Convention on the Law of the Sea(UNCLOS),10 December 1982,21 ILM 1261 (1982).

③ Antarctic Treaty,1959,402 UNTS

④ See Treaty on Principles Governing the Activities of States in the Exploration and Use of Outer Space,including the Moon and Other Celestial Bodies(Outer Space Treaty-1966,610 UNTS 205)and the A-greement Governing the Activities of States on the Moon and other Celestial Bodies(Moon Treaty-1979,1363 UNTS 3).

⑤ Arts 11(1)and 11(2).

⑥ R. -J. Dupuy,La communauté internationale entre mythe et l' histoire(Paris:Economica-UNESCO,1986),p. 160.

使,或这种据为己有的行为,均应不予承认。对该区域内资源的一切权利属于全人类,由管理局代表全人类行使。①

至关重要的是,《联合国海洋法公约》《月球公约》以及联合国的其他文件重申共同遗产概念的四个基本含义:(1)它不能被擅自占用;(2)它要求建立一个国际管理系统,其中所有用户(国际社会)都有权分享和使用;(3)它的保护应该出于和平的目的;(4)它隐含着对利益的积极分享。正是通过这些标准,"全球公地"才能成为人类共同遗产的例子。②

然而,正如一些学者所指出的那样,人类共同遗产的概念不适用于文化遗产,因为它不能满足上述基本要素。③ 实际上,这一概念并未出现在文化遗产条约中。因为虽然月球和海洋代表真正的共同资源,例如,月球不仅是宗教信仰或浪漫依恋的对象,月球还通过它的引力调节海洋潮汐以及许多人类活动,而文化遗产却有所不同。文化资源不在国家管辖范围以外的空间(除了位于国际水域的历史残骸),但是归属于领土国的主权或私人或公共组织的财产权所有。因此,基于人类共同遗产概念的主张可能与某一文物所源自的社会或无论是个人、法人、社区还是国家的所有者的竞争利益相冲突。④ 这一问题可以根据《保护世界文化和自然遗产公约》来解释。如上所述,该公约明确保留了对所列遗迹的国家主权和私有财产权的规定。⑤ 因此,鉴于不排斥主权,人类共同遗产的概念只意味着,为了整个国际社会的利益,保护措施由领土国执行。换句话说,各国被视为其管辖范围内资产的监护人或保管人。此外,《保护世界文化和自然遗产公约》不会授予任何国际机构对文化资产的所有权。实际上,它没有规定建立强有力的执法机构。还应该考虑到,《保护世界文化和自然遗产公约》中没有迹象表明,缔约国有责任与其他缔约国共享位于其领土内的财产。⑥ 最后,把人类共同遗产概念

---

① On the International Seabed Authority see Arts 156-185 UNCLOS.

② K. Baslar, *The Concept of the Common Heritage of Mankind in International Law* (The Hague: Martinus Nijhoff Publishers, 1998) pp. 79-116. See also C. C. Joyner, 'Legal Implications of the Concept of the Common Heritage of Mankind' (1986) Vol. 35 *International & Comparative Law Quarterly* pp. 190-9.

③ Frigo, 'Cultural Property v. Cultural Heritage', p. 377 (n 21); Blake, 'On Defining the Cultural-Heritage', p. 69 (n 20); and Baslar, *The Concept of the Common Heritage*, p. 296 (n 43).

④ D. Gillman, *The Idea of Cultural Heritage* (Leicester: Institute of Art and Law, 2006), p. 9.

⑤ 《保护世界文化和自然遗产公约》第 3 条规定:"每个缔约国……识别和划定其境内的不同财产";第 6 条第 1 款强调,该公约尊重"在其领土上拥有文化和自然遗产的国家的主权"以及"国家立法所赋予的财产权";第 11 条第 3 款规定:"将某一财产列入世界遗产名录需要得到有关国家的同意。"

⑥ Baslar, *The Concept of the Common Heritage*, pp. 298-304 (n 43).

适用于文化遗产的另一个问题是,鉴于这个概念已经变得无所不包,很难限制和界定这个概念是什么或不是什么。如上所述,这一概念已被用于各种专业领域。对该概念范围缺乏共识削弱了将其定义为具有特定和详细法律要求的国际原则的努力。① 鉴于这些考虑,似乎在文化遗产问题上执行人类共同遗产概念方面存在着难以克服的困难。② 需要重申的是,该概念只能带有纯粹的哲学或政治含义:它只能强调国际社会对保护和享受文化遗产的共同利益。③ 因此,只有在阻止对特定的艺术作品或纪念碑的破坏、抢劫、衰变或符合所有人的利益的观念下,呼吁保护人类共同文化遗产才可能有用。从这个意义上讲,1978 年莎朗·威廉姆斯(Sharon Williams)已经考虑到,“人类共同遗产的概念……为各国单独或集体采取的一系列措施提供了良好的基础”。④

鉴于其复杂性,有人提出,在不能满足人类共同遗产原则的四个基本要素的情况下,保护文化遗产的问题应该归入“人类共同关切”的概念。⑤ 这个概念出现在 20 世纪 90 年代,当时通过了解决全球环境问题的主要条约。“人类共同关切”这一概念体现了普遍团结,强调了后代的利益,体现了国际社会的基本价值观。此外,共同关切的概念并不意味着世界的资源必须“授予”国际社会,或者遵循合理利用和公平分享利益的原则。⑥ 它也没有财产的内涵。因此,这一概念意味着,整个国际社会是资源保护和利用的利益攸

---

① Baslar, The Concept of the Common Heritage, pp. 108-9 (n 43).

② Baslar, The Concept of the Common Heritage, pp. 83-4 (n 43).

③ Baslar, The Concept of the Common Heritage, pp. 64-5 (n 43); and F. Francioni, ' The Evolving Framework for the Protection of Cultural Heritage in International Law ', in: S. Borelli and F. Lenzerini (eds), *Cultural Heritage, Cultural Rights, Cultural Diversity. New Developments in International Law* (Leiden/ Boston: Martinus Nijhoff Publishers, 2012), pp. 3-25, 18.

④ S. Williams, *The International and National Protection of Moveable Cultural Property: A Comparative Study* (Dobbs Ferry: Oceana Publications, 1978), pp. 201-2.

⑤ Baslar, *The Concept of the Common Heritage*, p. 116 (n 43). “认知所有权”的概念构成了人类共同遗产原则的另一种选择。这个概念是指“对由任何对该地方有价值的人或团体所声称的对文化遗迹[或物品]的关联或兴趣……”。这些兴趣和关联主要指的是精神维度和对某些财产或空间产生的认同感。它们提供了与过去的联系感,成为了社区身份认同的重要参照点。W. E. Boyd, ' “Rigidity and a Changing Order . . . Disorder, Degeneracy and Daemonic Repetition”: Fluidity of Cultural Values and Cultural Heritage Management ', in: C. Mathers et al. (eds), *Heritage of Value, Archaeology of Renown: Reshaping Archaeological Assessment and Significance* (Gainesville: University of Florida Press, 2005), p. 43, cited by J. Carman, *Against Cultural Property* (London: Duckworth, 2005), p. 111.

⑥ A. A. Cançado Trindade, ' International Law for Humankind: Towards a New Jus Gentium. General Course of Public International Law ' (2005) Vol. 316 *Collected Courses of the Hague Academy of International Law* pp. 9-440, 385.

关方。换句话说,共同关切的概念可被视为使各国的国内管辖范围内的干预形式合法化的法律基础。① 对于已经认识到这一原则的领域之一,即具有突出普世价值的文化遗产属于《保护世界文化和自然遗产公约》的适用范围,的确如此。即使该公约不影响领土国对《保护世界文化和自然遗产公约》清单上所列遗迹的主权,该国也不能援引所保护领域的例外来证明对此遗迹的任何使用或规制可能会损害其突出的普世价值。各国所保护领域必须为具有如此突出普世价值的财产的保护和享有的利益让路。在 190 个缔约国家中,②可以有把握地说,国际社会几乎全部接受了这一限制。③ 尽管如此,人类共同关切仍然是一个没有精确定义的"法律概念萌芽"。因此,目前尚不确定这一概念何时以及如何能够成为具体法律权利和义务积累的集合。④

五、从文化遗产到文化权利

为了有机会建立切实有效的机制,预防和解决有形资产争端,并消除现有手段的不足之处,有必要更多地了解与文化遗产有关的人权的内容和动态。⑤

文化遗产不能孤立于人权之外。对联合国教科文组织法律文件的强制性审查也揭示了文化遗产与人权法律之间的共生关系。这一点应该不足为奇,因为正如弗朗西斯科·弗朗西奥尼(Francesco Francioni)所说,如果文化遗产"代表了一个社会超越其偶然存在的象征性连续……,尊重文化遗产的义务与尊重人权的义务密切相关"。⑥ 这位作者还指出:

> 至于文化遗产代表了一个社区或群体所认为是其历史和身份

① F. Francioni, 'International Law for Biotechnology: Basic Principles ', in: F. Francioni and T. Scovazzi(eds), *Biotechnology and International Law* (Oxford/Portland: Hart Publishing, 2006), pp. 1-28, 3, 8-9, 15.

② As of September 2013.

③ Francioni, 'The Evolving Framework ', pp. 19-20(n 50).

④ Baslar, *The Concept of the Common Heritage*, p. 314(n 43).

⑤ 对于人权与动产保护的关系,参见 R. O'Keefe, 'Tangible Cultural Heritage and International Human Rights Law ', in: L. V. Prott, R. Redmond-Cooper and S. Urice (eds), Realising Cultural Heritage Law. Festschrift for Patrick O'Keefe (Pentre Moel: Institute of Art and Law, 2013), pp. 87-95; and A. F. Vrdoljak, 'Human Rights and Illicit Trade in Cultural Objects ', in: Borelli and Lenzerini(eds), Cultural Heritage, Cultural Rights, Cultural Diversity, pp. 107-40(n 50).

⑥ F. Francioni, 'Beyond State Sovereignty: The Protection of Cultural Heritage as a Shared Interest of Humanity' (2004) Vol. 25 *Michigan Journal of International Law* pp. 1209-29, 1221.

的一部分的实践、知识和代表的总和,这个群体的成员有权获取、履行和享受这种文化遗产,无论是个人还是集体,这是不言而喻的。①

同样,罗杰·奥基夫(Roger O'Keefe)强烈赞同:

> 与许多其他国际法律权利一样,人类物质遗产中最富有、最能引起共鸣的元素的持续存在是一种社会公益;如果人类文化的物质方面的复杂性使我们与动物王国的其他部分不同,看到这种物质文化更具价值的经久不衰的所赋予的权利保障,完全可以说是人类的卓越。②

因此,如果物质文化遗产表达了其所归属的人的身份认同,那么对文化认同和文化权利的保护应该被视为中心因素,同时也应被视为文化遗产保护的关键。按照这样的逻辑,那些寻求文化认同的人应该有能力恢复其遗产中最重要的物品。实际上,文物的非法贸易往往涉及侵犯个人或群体的权利。因此,那些揭示其创造者的文化认同、文物创造的目的人群的文化认同或特定身份和历史与他们联系在一起的物品,始终应该被返还。

在以种族来界定对手的群体间的武装冲突中,蓄意破坏纪念馆和历史文物的事件,为有关物质和非物质遗产之间以及人权与文化认同之间的内在关联提供了有力佐证。③ 另一个例子是返还请求,其中文化认同的观点被视为恢复某个物品和生活社区之间的文化和情感联系的必要一点。例如,1983 年,希腊前科学文化部部长梅莲娜·梅尔库丽(Melina Mercouri)对帕特农神庙大理石的归还发出了强烈的呼吁。她把这些大理石形容为希腊的灵魂,她还说道,这些大理石应该回到希腊,因为它们本身就是希腊的体现;它们体现了希腊的精神;将现代希腊人与其祖先联系起来。④ Afo-A-Kom 的案例也具有象征意义。高约 1.5875 米的 Afo-A-Kom 木制雕塑对喀麦隆的 Kom

---

① F. Francioni, 'Culture, Heritage and Human Rights: An Introduction', in: F. Francioni and M. Scheinin(eds), *Cultural Human Rights* (Leiden/Boston: Martinus Nijhoff Publishers, 2008), pp. 1-15, 6.

② O'Keefe, 'Tangible Cultural Heritage', p. 87(n 58).

③ See the analysis by F. Lenzerini, 'The Role of International and Mixed Criminal Courts in the Enforcement of International Norms Concerning the Protection of Cultural Heritage', in: F. Francioni and J. Gordley(eds), *Enforcing Cultural Heritage Law* (Oxford: Oxford University Press, 2013), pp. 40-64.

④ G. W. Trampitsch, 'The Parthenon Marbles from the British Museum and the Greek Claims for Restitution', available at < www.culture-and-development.info/issues/marbles.htm > accessed 12 September 2013.

部落居民来说是神圣的。1966 年,Afo-A-Kom 雕像被盗,通过走私贩运至纽约,并卖给了艺术品经销商。雕塑的失踪对此部落人民产生了深远影响。他们精神生活中不可或缺的一部分消失了。1973 年,当一位 Kom 部落的学者在美国达特茅斯学院发现这尊雕塑时,喀麦隆政府立即发出归还请求。在激动人心的新闻发布会上,喀麦隆驻华盛顿大使馆的文化专员解释说,Afo-A-Kom 雕像"超越了金钱的度量。它是 Kom 部落的核心,团结着整个部落,是民族的精神,支撑着每一个人民。它不是用于买卖的艺术品,也不可能是"。[①] 物质和非物质元素之间共生辩证的例子,解释了专门考虑手工艺品与社区和民族认同之间的情感联系的原因。[②] 因此,非洲栖息地、西方纪念馆以及拉丁美洲的金字塔不再仅仅被视为人类遗产的象征,还应被视为其固有的非物质价值的载体。在宗教艺术方面更为突出。像天主教会中圣徒的遗物等神圣的物体,是信仰系统的核心,因为它们被用于仪式中,这要求它们受到特别的敬畏,这些神圣的物体与敬拜者有着深刻的精神联结。因此,在买卖神圣的手工艺品的情况下,转移的不仅仅是经济价值,而且还包括物品所代表的象征价值和文化价值的转移。[③] 同样,在盗窃的情况下,受害者失去的东西超过了盗贼获得的东西。[④] 因此,文化遗产保护与人权法之间的共生有助于重申动产遗产对个人和社区的重要性以及非法贩运文化财产的有害影响。[⑤]

基于这一点,文化权利中的一些关键方面将得以考察。然而,本研究并不打算探讨文化权利的本质和作用。[⑥] 本书的重点在于说明与文化有关的人权在争端预防和争议解决问题上可能发挥的作用。在此,需要强调的是,文化权利是过渡性司法举措的重要组成部分。因为对大规模侵犯人权的遗产的补救也包含了归还和修复文化财产。换句话说,归还和修复是过渡性司法的核心,因为这些举动包含了承认过去的错误以及重构个人和群体身

---

① J. H. Merryman and A. E. Elsen, *Law, Ethics and the Visual Arts* (London/New York: Kluwer Law International, 2002), p. 267.

② D. Shapiro, 'Repatriation: A Modest Proposal' (1998-1999) Vol. 31 *New York University Journal of International Law and Politics* pp. 95-108, 98-9.

③ Carman, *Against Cultural Property*, p. 73 (n 52).

④ J. Farouky, 'Spirited Away: Art Thieves Target Europe's Churches', *Time*, 10 January 2008.

⑤ Vrdoljak, 'Human Rights and Illicit Trade', p. 124 (n 58).

⑥ On this see, e. g. Francioni and Scheinin (eds), *Cultural Human Rights* (n 60).

份认同。① 2005 年,东帝汶真相、接纳与和解委员会报告为这一关系提供了重要例证。② 委员会建议印度尼西亚政府:

> 针对目前在国外的东帝汶手工艺品、文件以及与文化有关的材料的遣返方案,并邀请拥有这些物品的政府、机构和个人将文物返还东帝汶,以协助保护、发展和传播东帝汶文化,根据《经济、社会及文化权利国际公约》第 15 条。③

此外,国内法院和国际机构的实践表明,将归还请求与人权法的统一规则联系起来是适当的,即使这些规则并不能确切地保护所请求的修复利益。这允许通过使用与被指称侵犯的价值相关的维护规范来建立一种间接保护。④ 换言之,诉诸人权法,有可能……,这些机构为权利持有人提供司法途径,并有权下达命令或至少可以建议以返还的形式赔偿。⑤ 此外,还必须指出,过去几年通过的所有文化遗产文件都始终包括一项条款,根据该条款,任何人不得援引文化多样性侵犯国际法所保障的人权。⑥ 因此,国际人权法要求根除以其与文化遗产或文化权利的关系为由的歧视和有辱人格的做法。

(一)文化权利的法律地位

莱尔·瓦萨克(Karel Vasak)将人权分为三类:第一类是公民权利和政

---

① T. O'Donnell,'The Restitution of Holocaust Looted Art and Transitional Justice:The Perfect Storm or the Raft of the Medusa?'(2011)Vol. 22 *European Journal of International Law* pp. 49-80.

② 东帝汶"真相、接纳与和解委员会"于 2001 年成立,并于 2002 年开始运作,直至 2005 年解散。它是一个由七名委员领导的独立当局,其任务是调查 1974 年至 1999 年期间的真相,为不太严重的犯罪提供便利的社区和解,并报告其工作和调查结果,提出建议。< http://www. cavr-timorleste. org/en/index. htm > ,accessed 6 April 2013.

③ Recommendation 3. 7. 6, 11, < http://www. cavr-timorleste. org/chegaFiles/finalReportEng/11-Recommendations. pdf > ,accessed 6 April 2013.

④ F. Lenzerini,'Conclusive Notes:Defining Best Practices and Strategies for Maximizing the Concrete Chances of Reparation for Injuries Suffered by Indigenous Peoples', in:F. Lenzerini(ed.), *Reparations for Indigenous Peoples. International and Comparative Perspectives* (Oxford:Oxford University Press, 2007), pp. 605-22,614-15.

⑤ See Vrdoljak,'Human Rights and Illicit Trade',pp. 139-40(n 58);and O'Keefe,'Tangible Cultural Heritage',p. 94(n 58).

⑥ See,e. g. Art. 4 UDCD;Art. 2 of the 2003 UNESCO Convention for the Safeguarding of the Intangible Cultural Heritage;Art. 2 of the 2005 UNESCO Convention on the Protection and Promotion of the Diversity of Cultural Expressions;and Art. 46 of the 2007 United Nations Declaration on the Rights of Indigenous Peoples.

治权利;第二类是经济和社会权利;第三类是团结权利。第一类包括生命权、自由权、人身安全权、财产权、思想自由权、宗教权和表达权。它们基于自由的概念,并提供保护措施,免受国家的胁迫或压迫。第二类包括获得健康和幸福生活水平的权利、接受教育的权利以及参与社区文化生活的权利。它们建立在平等的基础上,并保证积极获得必要的服务、货物和机会。第三类包括发展权、自决权和不受歧视的自由。[1] 这些权利的独特之处在于它们超越了国家框架,并扩展到个人和群体。

一方面,这种分类存在很大争议。唐纳利(Donnelly)认为,通过区分核心群体的"基本"权利,例如生命权和自由权,其他的人权就会被贬值。危险在于,即使享有"基本"权利,人们仍然会过着堕落的生活,无法表达想法、选择宗教信仰、参与政治、获得教育等。因此,第一类权利不足以充分保护人的尊严以及惩罚(或防止)违法行为(这是人权法的主要目的),也没有有效实现其他人权。[2] 这与世界文化与发展委员会得出的结论相同。[3] 在报告《我们创造性的多样性》中,委员会明确表示经济发展不仅涉及对商品和服务获得,而且包括人民有权通过享受文化权利选择有价值的共同生活方式。

另一方面,对国际人权法的考察表明,如果与公民、政治、经济和社会人权相比,文化权利的范围、法律内容、可执行性和可诉性都未得到充分的研究。在国家实践中可以看到这种忽视。人们很难找到一个包含和全面处理文化权利的国家宪法。国际条约中也不找不到。文化权利的零星分散在各条约中。这些片段揭示了,文化是每个人都有权参与和享受与日常生活相关的事物。因此,文化权利具有某种法律地位。但是,各条约不承认文化权利是自由权利。可以说,这意味着,即使人权话语是第二次世界大战结束后发展起来的,作为国际社会希望通过建立联合国实现新秩序的基本组成部分,文化权利也没有被视为与维护和平和加强国家间团结的公民权利和政治权利一样重要。由此,布鲁诺·德·维特(Bruno De Witte)坚称:"尽管近

---

① K. Vasak, 'Pour une troisième génération des droits de l'homme', in: C. Swinarski (ed.), *Essays on International Humanitarian Law and Red Cross Principles in Honour of Jean Pictet* (The Hague: Martinus Nijhoff Publishers, 1984), pp. 837-45.

② J. Donnelly, *Universal Human Rights in Theory and Practice* (Ithaca: Cornell University Press, 1989), pp. 37-45.

③ 世界文化与发展委员会于 1992 年由联合国和联合国教科文组织成立,其任务是编写一份关于文化与发展之间相互作用的政策导向性报告,作为新政策的基础。World Commission on Culture and Development, *Our Creative Diversity*, 1996, pp. 281-84.

年来人权概念在国际法和国内法方面取得了令人瞩目的进展，……这种人权革命对承认文化权利的影响……仍然存在争议和激烈的争论。"①姆克维斯特（Almqvist）强调，文化权利被理解为剩余的范畴。一方面，它们被视为主要属于少数民族和土著社区成员的权利，并被认为有理由赋予这类群体保护其文化特性的权利，这些群体的生存受到多数派势力的威胁。另一方面，只有在必须确定某些习俗是否会影响人类福祉或被确认为歧视性待遇时，国际人权法才会关注文化。②

　　几乎无可争议的是，各国对促进文化权利和保护文化遗产负有主要责任。这意味着，根据具体情况，各国有避免干涉自由行使权利的消极义务，也有采取措施保障享有权利的积极义务。特别是，立法和行政当局以及国内法院应促进群体和个人的政治、经济和法律参与，并允许立法以修订和豁免。此外，充分保护文化权利需要可及、透明且有效的问责机制，以确保权利得到尊重、保护和实现，以及受害者可以获得补救。这种补救可以采取多种形式，包括对严重和系统性违法行为的调查、对受害者的损害赔偿、归还、赔偿和不再发生的保证。③ 对个人和群体来说，当受国际保护的人权方面受到侵犯时可以采取哪些措施和补救办法，取决于有关国家所签署的条约及该国的国家层面的执行情况。例如，如果某国立法机构将基于条约的人权制定为国家法律，则可以提供国家补救办法。因此，如果符合适用的常设规则，国家法律允许个人和团体通过国内法院执行受国际保护的人权。此外，例如欧洲人权法院和美洲人权法院等各种机构拥有管辖权，可以决定某国违反有关条约，并裁定或命令一种或多种形式的赔偿，包括归还。当然，任何索赔必须满足一些可否受理的正式要求，包括事先用尽国内补救办法的规则。这规定，侵犯个人权利的指控只有首先提交给违法行为发生国主管法院，才可向国际裁决机构提出指控。④

---

① B. De Witte, 'Law and Cultural Diversity: A Troublesome Relationship-Introduction', in: Y. Donders et al. (eds), *Law and Cultural Diversity* (Utrecht: Studie-en Informatiecentrum Mensenrechten, 1999), pp. 1-6, 2-3.

② J. Almqvist, *Human Rights, Culture, and the Rule of Law* (Oxford: Hart Publishing, 2005), pp. 1-3, 21-2.

③ M. Ssenyonjo, *Economic, Social and Cultural Rights in International Law* (Oxford/Portland: Hart Publishing, 2009), p. 403.

④ C. P. R. Romano, 'The Rule of Prior Exhaustion of Domestic Remedies: Theory and Practice in International Human Rights Procedures', in: N. Boschiero et al. (ed.), *International Courts and the Development of International Law* (The Hague: T. M. C. Asser Press, 2013), pp. 561-72.

(二)通过国际人权条约界定文化权利

《联合国宪章》(*Charter of the United Nations*)仅包含一些关于文化发展合作的一般性参考,①而《世界人权宣言》②则包括一项说明文物与人权之间关系的条款:"(1)每个人有权单独拥有财产以及与其他人共同拥有财产。(2)任何人不得被任意剥夺其财产。"③它还包含文化权利和人类尊严概念之间的联系:"每个人……有权获得……经济、社会和文化权利,与其尊严和人格的自由发展密不可分。"④此外,它还指出,每个人都有权自由参加社区的文化生活。⑤《世界文化多样性宣言》的序言明确了关于"充分落实人权"的承诺,并且援引 1970 年联合国教科文组织公约以及《保护世界文化和自然遗产公约》作为"与文化多样性和行使文化权利有关"的法律文件。此外,附件二所列的实施《世界文化多样性宣言》的主线之一包括"保护和加强文化……遗产的政策和战略"以及"打击文化产品的非法运输"。2003 年联合国教科文组织《关于蓄意破坏文化遗产问题的宣言》(*the UNESCO Declaration Concerning the Intentional Destruction of Cultural Heritage of* 2003)⑥也值得关注。作为对阿富汗境内巴米扬大佛被毁事件的回应,该文件将人权与每个国家的责任联系起来,以保护其境内对整个人类具有重要意义的文化遗产。⑦ 序言的第五段叙述证明了这一点,写道:"文化遗产是社区、群体和个人文化认同以及社会凝聚力的重要组成部分,因此对其蓄意破坏可能对人类尊严和人权产生不利影响。"原则九强调:"各国认识到有必要尊重与严重侵犯人权行为刑事定罪和国际人道主义法有关的国际规则,特别是当蓄意破坏文化遗产与这些侵犯行为有关时。"

提出文化权利目录的第一个区域法律文件是《美洲人权与义务宣言》。⑧特别是,第 13 条规定:"每个人都全参与社区文化生活,享受艺术智力进步

---

① Charter of the United Nations(26 June 1945)59 Stat 1031,TS 993,Arts 13,55,and 57.

② UN General Assembly(UNGA)Res. 217A(Ⅲ),10 December 1948,UN Doc. A/810(1948).

③ Art. 17.

④ Art. 22.

⑤ Art. 27.

⑥ 17 October 2003.

⑦ Francioni, 'Culture,Heritage and Human Rights' (n 60).

⑧ OAS Res. XXX(1948),reprinted in Basic Documents Pertaining to Human Rights in the Inter-American System,OAS/Ser. L/V/I. 4 Rev. 9(2003).

带来的好处。"相比之下,《美洲人权公约》①完全忽视了文化权利。1988 年通过的《美洲人权公约关于经济、社会和文化权利领域的附加议定书》(*the Additional Protocol to the American Convention on Human Rights in the Area of Economic, Social and Cultural Rights*)填补了这一空白。② 同样,《保护人权和基本自由的欧洲公约》(*the European Convention for the Protection of Human Rights and Fundamental Freedoms*)③不包含任何有关文化权利的具体规定。文化权利的保护是通过第 14 条的不歧视条款体现的,其中提到的一些要素(语言、宗教、国籍或社会出身)可被视为文化权利。1952 年,《保护人权和基本自由的欧洲公约》得到了改进,通过了关于财产保护的第 1 号议定书第 1 条,并于 2000 年通过了关于普遍禁止歧视的第 12 号议定书。根据本书研究的目的,有必要把重点放在《经济、社会及文化权利国际公约》《公民权利及政治权利国际公约》(*the International Covenant on Civil and Political Rights*)以及《联合国土著人民权利宣言》(*the United Nations Declaration on the Rights of Indigenous Peoples*)上。

1.《经济、社会及文化权利国际公约》

《经济、社会及文化权利国际公约》④是联合国保护文化权利最全面的条约。公约的核心是第三部分,其中概述了所保护的具体实质性权利。被作为文化权利的人权有:(1)受教育权;⑤(2)参与文化生活的权利;⑥(3)享有科学进步及其应用的权利;⑦(4)享有保护隶属所有人的任何科学、文学或艺术作品所带来的精神和物质利益的权利;⑧(5)科学研究和创造活动的自由。⑨

第 15 条第 1 款第 1 项关于参加文化生活的权利是一个非常笼统和模糊的观点。字面解读或查阅工作文件对理解这一规定的确切含义都没有多大

---

① 22 November 1969, 1144 UNTS 123.

② 17 November 1988, OAS TS No. 69, 28 ILM 156(1989). See Art. 14(1)(a).

③ 4 November 1950, ETS No. 005.

④ 16 December 1966, 993 UNTS 3.

⑤ Arts 13-14.

⑥ Art. 15(1)(a).

⑦ Art. 15(1)(b).

⑧ Art. 15(1)(c).

⑨ Art. 15(3).

帮助。① 经济、社会、文化权利委员会于 2009 年颁布的第 21 号一般性意见（the General Comment No. 21）充实了这一权利的规范性内容。② 对该文件的深入分析超出了本书的研究范围,实际上,对关键段落的考察就已足够。

至于"文化生活"的概念,经济、社会、文化权利委员会赞同"包含人类生存所有表现形式的广泛、包容的概念"。③ 委员会提供了一份在这一定义下的"表现形式"的非穷尽性清单:

> 生活方式、语言、口头和书面文学、音乐和歌曲、非语言交流、宗教或信仰系统、仪式和典礼、体育和游戏、技术或生产方式、自然和人造环境、食物、衣服和住所以及艺术、习俗和传统,个人、个人群体和社区通过这些传统和习俗表达他们的人文性及所赋予生存的意义,并建立他们的世界观,这些世界观代表了与影响其生活的外部力量的相遇。④

就缔约国的义务而言,第 21 号一般性意见通过区分尊重、保护和履行的义务澄清了缔约国义务的具体义务内容。⑤ 各国有不干涉行使文化习俗和获取文化物品和服务的消极义务,以及确保参与、促进和促进文化生活以及获取和保存文化产品的先决条件的积极义务。⑥ 更具体地说,经济、社会、文化权利委员会确认缔约国有义务"在战争与和平时期以及在发生自然灾害时,尊重和保护各种形式的文化遗产"。⑦ 有趣的是,经济、社会、文化权利委员会引用了《世界文化多样性宣言》第 7 条以强化这一说法:

---

① L. Pineschi,'Cultural Diversity as a Human Right? General Comment No. 21 of the Committee on Economic, Social and Cultural Rights', in: Borelli and Lenzerini(eds), *Cultural Heritage*, *Cultural Rights*, *Cultural Diversity*, pp. 29-53(n 50). 此外,随后通过的各条约既未促进对参与文化生活权利保护,也未改善参与文化生活权利的实质内容。参见 Art. 5(e)(vi) of the Convention on the Elimination of All Forms of Racial Discrimination(21 December 1965,660 UNTS 195); Art. 13(c) of the Convention on the Elimination of All Forms of Discrimination against Women(18 December 1979,1249 UNTS 13); Art. 17(2) of the African Charter on Human and Peoples' Rights(1981,1520 UNTS 217); Art. 31 of the Convention on the Rights of the Child(20 November 1989,1577 UNTS 3); and Art. 30 of the Convention on the Rights of Persons with Disabilities(13 December 2006,2515 UNTS 3).

② General Comment No. 21: Right of Everyone to Take Part in Cultural Life, UN Doc. E/C. 12/GC21,21 December 2009. On the CESCR, see Ch. III, Part B,s 4. 2. 3.

③ Para. 11.

④ Para. 13.

⑤ Para. 48.

⑥ Paras 6,48-54.

⑦ Para. 50(a).

文化遗产作为人类经验和愿望的记录,必须被保存、发展、丰富并传承给子孙后代,以鼓励各种多样性的创造,激发文化之间的真正对话。这些义务包括对历史遗迹、纪念碑、艺术品和文学作品等的护理、保护和修复。

一般性意见还指出,当个人或社区因其无法控制的原因无法利用其掌握的手段实现参与文化生活的权利时,缔约国必须提供"旨在保护和恢复文化遗产的方案"。① 在这方面,一般性意见补充到,文化商品"具有经济和文化的维度,传达了身份、价值和意义",因此"不应该仅关注其经济价值"。② 此外,经济、社会、文化权利委员会认为,这一权利"可以由独立的个人、与他人有联系的个人或在社区或团体中的个人行使"。③ 一般性意见强调:

根据《经济、社会及文化权利国际公约》和其他关于人权和文化多样性保护的国际法律文件,委员会认为,《经济、社会及文化权利国际公约》第 15 条第 1 款第 1 项至少要求创造和改善一个环境的义务,在这个环境中,个人、与他人联合的个人、或在一个社区或群体内的个人可以参与他们选择的文化,义务包括以下核心内容:……(1)采取立法和任何其他必要步骤,以保障不受歧视且性别平等……;(2)尊重每个人认同或不认同自己在一个或多个社区的权利及其改变选择的权利;(3)尊重和保护每个人参与自己的文化习俗的权利,同时尊重人权,特别是尊重思想、信仰和宗教自由;观点和言论自由;使用其所选择的语言的权利;结社自由和和平集会;选择和建立教育机构的自由。④

总之,第 15 条第 1 款第 1 项规定了包括属于非主要群体的每个人进入博物馆和类似机构的纪念碑、文化空间和艺术品的权利。⑤

联合国人权理事会(the United Nations Human Rights Council)也关注参

---

①　Para. 54(b).

②　Para. 43.

③　Para. 9.

④　Para. 55.

⑤　This is confirmed by paras 32,36 and 49(b)and(d)of General Comment No. 21.

与文化生活的权利。在第 6/1 号决议①和第 6/11 号决议②中,联合国人权理事会确认了《经济、社会及文化权利国际公约》第 15 条与文化遗产保护之间的联系。前一项决议强调,"[在武装冲突局势中],对文化财产的破坏或任何其他形式的损害可能损害文化权利的享有,特别是《经济、社会及文化权利国际公约》第 15 条"。③ 此外,联合国人权委员会强调,"武装冲突期间保护文化财产有助于对每个人充分享受参与文化生活的权利作出贡献"。④

《经济、社会及文化权利国际公约》展现了诸多重大问题。第一个问题与诸多规范的模糊性和程序性(而非规定性)本质有关。可以说,通过为《经济、社会及文化权利国际公约》条款提供动态解释的范围,条款的普遍性和广泛性延长了该公约使用的时间。但是,这确实给监管机构带来了沉重的负担,监管机构的核心作用不可避免地转变为制定和界定规范的内容。第二个问题涉及《经济、社会及文化权利国际公约》的具体执行标准,其第 2 条第 1 款提道,"逐步"实现该公约的权利。这一标准反映出,公约起草人承认大多数缔约国在批准后都无法立即或在短时间内实现所有经济、社会和文化权利。第 2 条还要求各国"采取行动",以"通过一切适当手段"实现"最大可用资源"的有关权利。但是,并没有提供针对判断所采取措施的充分性或确定一个国家的最大可利用资源的有关指导。因此,"逐步实现"的标准成了《经济、社会及文化权利国际公约》的一个漏洞,使各国能够将缺乏资源作为不履行其义务的理由。⑤ 然而,尽管各国可以在选择最适当的手段以履行其成果义务时行使自由裁量权,但是这种自由不是无限的。实际上,经济、社会、文化权利委员会保留了最终决定关于是否采取所有"适当"措施以真正履行第 15 条第 1 款第 1 项规定的义务的权力。此外,必须强调的是,虽然根据《经济、社会及文化权利国际公约》第 15 条第 1 款第 1 项对依赖资源的国内措施与积极义务的符合性进行评估是困难的,但当缔约国的义务仅仅

---

① Res. 6/1 of 27 September 2007 on the 'Protection of Cultural Rights and Property in Situations of Armed Conflict ', < http://ap. ohchr. org/documents/alldocs. aspx? doc _ id = 13360 >, accessed 24 September 2013.

② Res. 6/11 of 28 September 2007 on the 'Protection of Cultural Heritage as an Important Component of the Promotion and Protection of Cultural Rights', < http://ap. ohchr. org/documents/alldocs. aspx? doc_id = 13381 >, accessed 24 September 2013.

③ Preamble, 8th recital.

④ Para. 4.

⑤ Ssenyonjo, *Economic, Social and Cultural Rights*, pp. 50-65 (n 81).

是禁止妨碍行使权利的行为(消极义务)时,就变得很简单了。①

有关《经济、社会及文化权利国际公约》第15条第1款第1项所规定的参与文化生活的权利所存在的困难可以与第15条第2款中规定的科学和文化的保护、发展和传播目标一起进行分析。文化保护要求各国承认其管辖范围内所有文化的存在,以保护个人选择、表达和发展其文化的自由。因此,保护文化的义务要求各国保证在没有歧视的情况下平等对待所有文化。此外,它要求各国根据《经济、社会及文化权利国际公约》第15条的规定承担的义务有两个方面。首先,他们必须维护和保护位于其管辖范围内的人造环境和可移动的手工艺品,作为促进本国公民文化生活的一个组成部分。其次,他们也有责任为全人类的利益保护这些资产。② 然而,许多《经济、社会及文化权利国际公约》缔约国未采取适当措施以消除融合自己和其他文化的限制和阻碍。例如,各国未能履行以下方面的积极义务:(1)承认国境内存在不同的少数群体或土著人民;(2)促进这些群体的文化认同;(3)尊重和防止对享受国民人口文化权利所必需的权利和自由的干涉;(4)保护文化遗产,打击(并阻止)抢劫、伪造、非法出口和销毁材料的行为。③ 相应地,《经济、社会及文化权利国际公约》第15条在各种情况下被援引,以敦促国家采取行动保护物质文化遗产。④ 1993年,经济、社会、文化权利委员会呼吁意大利加强对国家遗产的保护,以免遭破坏和盗窃。⑤ 1994年,时任联合国秘书长柬埔寨人权状况专门代表把对吴哥窟的掠夺视为有关《经济、社会及文化权利国际公约》第15条第1款第1项的问题。⑥ 1995年,经济、社会、文化权利委员会谴责伊拉克在1991年后摧毁属于宗教团体和少数民族的文化资产的行为。⑦ 2011年,根据《经济、社会及文化权利国际公约》第15条第1款第1项,经济、社会、文化权利委员会重点关注阿富汗所承担的义务。委员会指出,在过去几十年中,阿富汗的许多文化遗产遭到破坏、抢劫、毁灭或仅仅在没有保护的情况下默默衰退。委员会建议阿富汗政府采用"全面的国家文化

---

① O'Keefe, 'Tangible Cultural Heritage', p. 88(n 58).

② R. O'Keefe, 'The "Right to Take Part in Cultural Life" under Article 15 of the ICESCR' (1998) Vol. 47 *International & Comparative Law Quarterly* pp. 904-23, 909.

③ B. Murphy, 'Museums(Re)mediating History' (2006) No. 3 ICOM News pp. 4-5.

④ See O'Keefe, 'Tangible Cultural Heritage', p. 91(n 58).

⑤ UN Doc. E/1993/22, para. 186.

⑥ UN Doc. E/CN./4/1994/73 of 24 February 1994(paras 118-22).

⑦ UN Doc. E/1995/22, para. 136.

政策,确保尊重……文化遗产和多样性",还加强了"对历史古迹和考古遗址的登记和保护方面的现行做法,并努力实现从阿富汗非法出口物品的归还"。①

2.《公民权利及政治权利国际公约》

《公民权利及政治权利国际公约》②第27条是保护普遍适用少数群体权利的第一项规定。它写道:"与其他成员一起,种族、宗教或语言的少数群体……不得被剥夺享受自己的文化、信奉和实践自己的宗教、使用自己的语言的权利。"但是,《公民权利及政治权利国际公约》将某一特定群体的保护权交由有关国家自行决定。这是因为每个国家都有权确定一个群体是否属于第27条③所规定的范围。此外,对于第27条来说,为了使群体能够充分享受其文化,应当使各群体能够主张归还具有代表性的文化资产。然而,这一条款的措辞限制性很强,没有提及财产权,因而阻碍了这类索赔。④

尽管如此,在许多关于文化遗产的案例中都引用了《公民权利及政治权利国际公约》第27条。例如,《公民权利及政治权利国际公约》的监督机构人权委员会在向澳大利亚询问"关于保护土著人民宗教、文化和祖传遗址的安排的信息"时,引用了这一条款。⑤ 日本札幌地方法院也裁决了有关的案例。案件的起因是,作为日本土著阿伊努人的土地所有人拒绝同意其土地被用作建设一座工业水坝。当北海道发展局试图夺取他们的土地时,他们提出了诉讼。札幌地方法院宣布政府试图没收其土地的行为是非法的,并认为大坝建设项目将对阿伊努人的生活、宗教及文化习俗产生负面影响。因为被没收的土地是阿伊努人的神圣之地,这块土地上有两个对了解阿伊努人的历史很重要的堡垒。在法院裁决过程中,根据日本宪法和《公民权利及政治权利国际公约》第27条,札幌地方法院承认阿伊努人是日本的土著少数民族,他们有权享有自己的文化。⑥

----

① UN Doc. E/2011/22, para. 109. On the situation in Afghanistan, see also UNGA Res. 55/243 of 9 March 2001, which characterized as a human rights issue the destruction and looting of shrines, rel-ics, and monuments by the Taliban. See further UNGA Res. 53/165 of 9 December 1998 (para. 16); UNGA Res. 54/185 of 17 December 1999 (para. 16); and UNGA Res. 55/119 of 4 December 2000 (para. 19).

② 16 December 1966, 999 UNTS 171.

③ A. F. Vrdoljak, *International Law, Museums and the Return of Cultural Objects* (Cambridge: Cambridge University Press, 2006), pp. 177-78.

④ Vrdoljak, *International Law*, pp. 177-78 (n 126).

⑤ UN Doc. CCPR/C/69/L/AUS, 25 April 2000, para. 8.

⑥ M. Levin, 'Japan: Kayano et al. v. Hokkaido Expropriation Committee (the Nibutani Dam Decision) 27 March 1997' (1999) Vol. 38 *International Legal Materials* pp. 394-96. 最终,由于法院适用行政诉讼法,原告实质性救济的诉求(撤销政府的征用令)被驳回。因此,大坝得以建成。

3.《联合国土著人民权利宣言》

《联合国土著人民权利宣言》①标志着土著人民逐渐从国际法的"受害者"转变为"执行者"。因此,土著人民追求权利认可的需求受到强烈抵制的时代已经过去了。②

《联合国土著人民权利宣言》承认土著人民对文化遗产的整体概念化。实际上,土著人民的观点渗透进入了土地、不可移动和可移动遗产、物质和非物质的元素。特别是,土著社区与其世代生活的土地之间的关系超出了所有权。为此,《联合国土著人民权利宣言》第25条规定:"土著人民有权保持和加强其与世代拥有或以其他方式占有和使用的土地、领土、水域、沿海和其他资源的独特精神关系。"更重要的是,《联合国土著人民权利宣言》承认了土著人民的法律人格,并对其针对礼仪用品和人类遗骸权利的获取和/或归还以及自决作出了深远的保障。然而,《联合国土著人民权利宣言》属于通常所说的软法,缺乏约束力,而这会使得这些权利的保护受到严重损害。

为了达成本研究的目的,有必要关注两个关键条款,即第11条和第12条第1款。第12条第1款写道:

> 土著人民有权展示、实践、发展和传授他们的精神和宗教传统、习俗和仪式;有权维护、保护和私下访问宗教和文化场所;有权使用和控制其礼仪用品的权利;有权把遗骨送回原籍。

这一规定很重要,因为它强调土著人民如果无法获得这些仪式所必需的物品,就不能享有与"其精神和宗教传统、习俗和仪式"有关的权利。但是,第12条并未赋予土著人民要求返还原物的权利,而是重申各国的核心作用:"通过与有关土著人民共同制定的公平、透明和有效的机制,各国应设法获取和/或归还其拥有的礼仪用品和人类遗骸。"同样,第11条第2款表明,"针对未经事先同意或违反法律、传统和习俗而被剥夺的文化、知识、宗教和精神财产,各国应通过与土著人民一道为包括返还在内的有效机制提供补救"。遗憾的是,该表述似乎表明,归还对土著人民重要的物品并不是一项自治权利,而是一国与有关社区之间谈判的可能结果。

---

① 13 September 2007, ILM 1013(2007).

② M. Barelli, 'The Role of Soft Law in the International Legal System: The Case of the United Nations Declaration on the Rights of Indigenous Peoples' (2009) Vol. 58 *International & Comparative Law Quarterly* pp. 957-83, 957.

第二节　界定文化遗产争端的来源和类型

一、引言

通过国际法的视角,上述分析描述了"文化财产"和"文化遗产"这两个术语的本意和引申义。此外,上文也表明,文化遗产的范围正在不断扩大,而且有关文化的物质层面:文化遗产法已经开始关注对嵌入这种表现形式的文明的保护,即某个团体或国家的成就、价值观和信仰。反之,证据表明,人权法在文化遗产话语中起着关键作用。更具体地说,文化遗产与人权法之间的联系使得权利人和义务承担者能够重新被定义。实际上,人权法强调,国家不是唯一的权利人,并且规定个人和集体的利益与所有相关利益相关者主张如何共存、和谐一致。①

通过盘点这些发现,本节有两个目标。首先,探讨合适的"国际争端"定义的边界是什么。其次,关注争端方、争端和争端背景,即分歧的主体、争端发生的情境以及所涉及的实质性问题。

二、什么是"国际争端"?

在法律话语中,应用于各争端的形容词"国际"通常指两个方面。第一个方面是指,争端必须涉嫌违反国际公法。需要区别的是,涉及违反国际私法规定的争议也可能被认为是"国际性的"。第二个方面涉及诉讼当事人。在国际法中,当争端涉及至少两个国家时,争端被定义为"国际性的"。但是,其他主体可以成为争端方。因为在过去的一百年里,建立在威斯特伐利亚"共存国际法"的权力导向教条基础上的国际社会结构已朝着"合作法"的方向发展。这意味着,一方面,各国不再只关心维护主权免受国际干涉,而是越来越多地通过各条约和国际组织进行积极合作;另一方面,在国际舞台上出现多种其他主体。如今,国际法在不同程度上赋予了各国际组织、各非政府组织和个人的权利和义务。这些主体正在逐步补充各国的各种职能,国际法院和法庭越来越多地认可其行动和主张。通过国际刑事法庭,个人

---

① Vrdoljak, 'Human Rights and Illicit Trade', pp. 139-40 (n 58).

可以因其行为而被追究责任。各个国际组织、非政府组织、企业和个人可以就主权国家的非法行为所造成的损害主张赔偿。多项条约制度允许各国际组织对涉嫌未能遵守国际协定的国家提出法律主张，并启动补救程序。因此，在涉及权利和义务的情况下，各国家、自然人或法人或团体之间的争端可认定为"国际性的"。在法律话语中，非同一国家的实体之间的争端可认定为"跨国性的"。国际法院前法官菲利普·杰赛普（Philip Jessup）认为，"跨国"这一表达方便使用，因为它包括"规范了超越国界的行动或事件的所有法律……那么，跨国情况可包括个人、各企业、各国、各个国家组织或其他团体"。① 他还表示，"国际"一词具有误导性，因为该表述体现出"人们只关心一个国家与其他国家之间的关系"。②

　　"争端"一词表示从单纯的口头争议到激烈的斗争在内的任何形式的纷争。布莱克法律词典（第八版）（*Black's Law Dictionary* 2004）将"争端"定义为"冲突或争论，尤指引起特定诉讼的冲突或争论"。国际常设法院（the Permanent Court of International Justice）和国际法院在各种情形下处理"争议"存在的问题。在开创性的 Mavrommatis 案件中，国际常设法院认为："争端是指当事人之间在法律或事实问题上的分歧、法律观点或利益的冲突"。③ 这一定义既适用于国际争端，也适用于国内争端，因为它不仅包括被另一方拒绝的一方的具体主张，而且还包括可能仍处于萌芽阶段、尚未用法律术语明确在具体主张中规定的差异。④国际法院将"争端"一词定义为"双方就某些条约义务的履行或不履行问题持有明显相反意见的情况"。⑤ 此外，国际法院确定了若干最低标准确定一个可诉讼的争端是什么。首先，争端的存在需要双方之间进行一定程度的沟通。但是，判例法表明，双方事先沟通可以有效减少争议的发生：

　　　　仅仅证明存在争端是不够的，仅仅是否认……证明其不存在，
　　也不足以表明这种情况的双方利益是冲突的。必须表明，一方的

---

①　P. C. Jessup, *Transnational Law* (New Haven : Yale University Press, 1956), p. 2.

②　Jessup, *Transnational Law*, p. 1 (n 133).

③　*Mavrommatis Palestine Concessions* (Greece v. Great Britain), Series A, No. 2, 1924, 11.

④　C. P. R. Romano, *The Peaceful Settlement of International Environmental Disputes : A Pragmatic Approach* (The Hague/Boston : Kluwer Law International, 2000), p. 7.

⑤　*Interpretation of Peace Treaties with Bulgaria, Hungary and Romania*, Advisory Opinion of 30 March 1950, ICJ Reports 1950, pp. 65, 74.

主张得到另一方的积极反对。①

未能回应对方的法律论据和主张并不排除存在争端。② 其次,通过司法手段解决争端的前提是存在"合法"争端。在这方面,《联合国宪章》第 36 条规定:"一般而言,法律争端应由国际法院的当事方提交。"《关于解决国家与其他国家国民之间投资争端公约》第 25 条规定:"〔国际投资争端解决中心(International Centre for Settlement of Investment Disputes,ICSID)〕的管辖权应延伸至由投资直接产生的任何法律纠纷。"争端的法律性质不取决于案件的实际情况,而是取决于提出的诉求类型和所援引的时效。虽然可以通过依赖道德标准或指出其缺乏政治智慧来应对协议的违反,但如果诉求是基于条约、立法或其他法律来源,或如果寻求了恢复原状和损害赔偿等法律补救措施,则争端只能被鉴定为是合法的。这意味着诉讼人很大程度上掌握着将争端作为法律问题提出的权利。③ 最后,在国际法院判例法中,如果当事人之间的冲突与他们的关系有某种实际关联,并且不是纯粹的假设,那么争议就能够得到司法解决。在理论上澄清法律问题不是国际裁决的任务。这并不是说一方必须采取具体行动,或者争端必须升级到某种程度的对抗,而只是说它必须与诉讼当事人有直接利害关系。④

总之,本书使用术语"国际争端"和"跨国争端"可互换地指出两个或多个行为者之间关于事实、法律或政策问题的任何具体分歧或非强制性冲突,无论是国家、私人行为者或其他非国家行为者,其中一方的要求或主张遭到另一方的拒绝、反诉或否认,并在国内法院、国际法庭、仲裁庭或通过任何现有的非司法争端解决手段方式提起诉讼。⑤

三、在文化遗产领域利益有关的行为主体

正如所示,人们对艺术品和纪念馆有着广泛的共同兴趣。各国、博物馆、个人、艺术品经销商、拍卖行和其他"战斗员"都同意保护过去遗迹的总

---

① *Certain Property* (*Liechtenstein v. Germany*), Preliminary Objections, Judgment of 10 February 2005, ICJ Reports 2005, 6, para. 23.

② C. Schreuer, 'What is a Legal Dispute?', in: I. Buffard et al. (eds), *International Law between Universalism and Fragmentation. Festschrift in Honour of Gerhard Hafner* (Leiden/Boston: Martinus Nijhoff Publishers, 2008), pp. 961-79, 964-5.

③ Schreuer, 'What is a Legal Dispute?', p. 970 (n 139).

④ Schreuer, 'What is a Legal Dispute?', p. 970 (n 139).

⑤ Romano, *The Peaceful Settlement* (n 136).

体目标。尽管存在这种共性,利益相关者的利益可能会发生冲突。关于确保保护所有者财产权、物品的物理完整性以及教育、研究和宗教目的的可获得性的最佳方式,可能会发生争端。[1] 因此,似乎可以肯定地说存在许多参与者使文化遗产保护和争端解决变得复杂化的情况。

下文分析了可能涉及国际文化遗产争端的各利益相关方。我们将特别关注他们的利益和目标。这种关注的原因在于,利益相关者的动机自然形成了他们对文化遗产争端的立场以及他们对争端解决机制的偏好。实际上,虽然某些利益可能不相容,但其他利益可能并不相互排斥。因此,在前一种情况下,司法裁决在理论上构成了适用于诉讼当事人的唯一途径,在后一种情况下,争端更容易适用于非对抗性和合作性(庭外)手段。

(一)国际社会

如今的国际法正在见证对某些社会利益(或"全球公共产品")的广泛共识,[2]即不能让各国单独或相互间自由处理基本价值观。作为所有国家关切的问题,这些都得到国际法的承认和认可。这些社会利益包括国际社会对人权和环境保护、消除贫困、核武器扩散以及最近的文化遗产保护的关注。[3]所有这些公共产品的共同点是通过承认超越国家利益和权力的具体问题而确定的。国际社会对环境的关注令人印象深刻地说明了各国如何无法应对诸如臭氧层消耗或全球变暖等威胁。在这些情况下,所涉及的问题不仅仅是一个国家造成的损害邻国的跨界损害,而是对所有人类生存的威胁。[4] 由于这些原因,目前的国际法经常提到"人"(或"人类")作为不同领域的权利主体。但是,在讨论争端预防和争端解决问题时,人类是一个难以处理的实体。之所以如此,是因为法律主体通常被视为权利和义务的承担者,并被赋予行为能力。然而,人类没有能够在国家或国际裁决者面前追求其利益的代表。因此,为了实现人类的法律代表制度似乎还有很长的路要走,从而使

---

① L. V. Prott, 'Problems of Private International Law for the Protection of the Cultural Heritage' (1989) Vol. 217/V Collected Courses of the Hague Academy of International Law pp. 215-317, 235.

② 'Symposium: Global Public Goods and the Plurality of Legal Orders' (2012) Vol. 23 European Journal of International Law pp. 643-791.

③ F. Francioni, 'Public and Private in the International Protection of Global Cultural Goods' (2012) Vol. 23 European Journal of International Law pp. 719-30.

④ B. Simma, 'From Bilateralism to Community Interest in International Law' (1994) Vol. 250 Collected Courses of the Hague Academy of International Law pp. 217-384, 233-9.

迄今为止所承认的权利能够得到适当的维护。①

　　或者,国际法通常将全球利益的保护委托给"国际社会"。国际社会的概念于 1945 年开始变得更加稳固,当时《联合国宪章》宣布了许多指导当代世界秩序的基本原则,同时确定了超国家利益的集体化。② 联合国大会和安全理事会经常在决议中使用这一术语。同样,在联合国教科文组织主持下缔结的一些公约涉及国际社会对于世界遗产的保护。③ 国际法院在其声明中经常提及它。④ 保护国际社会的利益也是联合国设立特别刑事法庭的基础,以起诉被控在前南斯拉夫和卢旺达犯下种族灭绝罪、危害人类罪和战争罪的人。⑤ 此外,有人指出,国际社会的概念激发了普遍义务和强制法概念的发展,即对保护国际社会根本利益至关重要的更高类别的规范。⑥ 总之,这个实体通常被描述为一种超越个别国家或超越国家当局的合法利益存储库。因此,今天似乎国际社会能够在任何双边或多边法律关系中作为一种"第三方"进行干预,导致国内管辖权的保护不能阻止其行动。换句话说,一个有义务追随当代世界问题并充当基本利益捍卫者的国际社会的存在目前几乎被视为一个事实。⑦ 然而,这些考虑因素不足以肯定国际社会是一个能够采取行动以解决文化遗产领域复杂问题的实体。主要原因是它缺乏代表性和组织结构。联合国大会和联合国教科文组织大会等机构无法填补这一空白。因此,国际社会不能作为法律制定的推动力量。用皮埃尔・玛丽・杜普伊(Pierre-Marie Dupuy)的话说,"国际社会必须被视为法律所虚构……考虑到法治社会的双重含义……和反权力的行为,以便掌权者不会利用它来反对社区利益"。⑧

---

① Cancado Trindade, 'International Law for Humankind', pp. 324-33 (n 53).

② P. S. Rao, 'The Concept of International Community in International Law: Theory and Reality', in: Buffard et al. (eds), *International Law*, pp. 85-105, 93 (n 139)

③ See Art. 6 WHC.

④ See, e. g. *United States Diplomatic and Consular Staff in Tehran* (*United States of America v. Iran*), Judgment of 24 May 1980, ICJ Reports 1980, 43; and *Barcelona Traction, Light and Power Company, Limited* (*Belgium v. Spain*), Judgment of 5 February 1970, ICJ Reports 1970, 3.

⑤ 前南斯拉夫问题国际刑事法庭由联合国安理会 1993 年 5 月 25 日第 827 号决议成立。卢旺达问题国际刑事法庭由联合国安理会 1994 年 11 月 8 日第 955(1994)号决议成立。

⑥ Rao, 'The Concept of International Community', pp. 86-7(n 148).

⑦ C. Tomuschat, 'Obligations Arising for States Without or Against Their Will' (1993-IV) Vol. 241 *Collected Courses of the Hague Academy of International Law* pp. 199-374, 239.

⑧ J. -M. Dupuy, 'L' unité de l' ordre juridique international' (2000) Vol. 297 *Collected Courses of the Hague Academy of International Law* pp. 9-490, 268.

（二）国际组织

国际组织履行各种职能。它们在问题识别、谈判和监管制度的发展中发挥催化作用。他们还通过提供合规程序或非司法预防方式或解决争端手段来支持条约法的实施。联合国为解决争端提供了广泛的程序。委员会、个别调解员、秘书长以及安全理事会或其他机构设立的非正式谈判机制利用事实调查、斡旋、调解和外交谈判等方式。然而，联合国在解决争端方面的作用过于复杂，无法在此进行总结。然而，必须提及其主要机构之一即联合国大会的作用。它在归还问题上发挥了核心作用。自 20 世纪 70 年代非殖民化进程开始以来，每两年，大会通过决议，鼓励将文化材料归还新独立国家。这些决议已从无条件呼吁演变为合作文书。这些肯定了国际合作的有益影响；主张通过双边协议归还文物；邀请各国采取措施，禁止和防止非法贩运，并成为 1970 年联合国教科文组织《公约》和 1995 年国际统一私法协会《公约》的缔约国。①

联合国教科文组织的任务是"通过教育、科学和文化促进各国之间的合作，促进和平与安全，以增进对《联合国宪章》确认的司法、法治以及人权和基本自由的普遍尊重"。② 联合国教科文组织通过涵盖广泛问题的各种文书来实现这些目标。值得注意的是，这些法律文书，包括建议、宣言和公约，主要履行三项主要职能。首先，它们具有宣告功能，因为呈现了存在的法律状态。其次，他们澄清了具有约束力的文书的内容和含义。最后，诸如建议等方案性行为规定了应采取的国家行动（立法和政策）的原则和规则。③ 联合国教科文组织一直积极处理文化财产归还问题。在这方面，联合国教科文组织促进文化财产归还原属国或返还非法占有文化财产政府间委员会（ICPRCP）④促进了包括保护、编制清单、实施实物识别标准以及传播信息的活动。然而，对于本书的目的，值得注意的是，尽管联合国教科文组织为强调对文化财产的破坏、掠夺和非法贩运的关切作出了贡献，但它作为解决文化遗产争端的阵地并没有起到决定性的作用。各国在这一领域赋予权力时

---

① 见《关于返还或归还原产国文化财产的决议》（联合国文件 A/67/L.34，2012），其中列出了自 1973 年 12 月 18 日第 3187（XXVIII）号决议以来的有关决议（联合国文件 A/RES./3187，1974）。

② Art. I, UNESCO Constitution（4 UNTS 275），16 November 1945

③ N. Schrijver, 'UNESCO's Role in the Development and Application of International Law: An Assessment', in: Yusuf, *Standard-Setting in UNESCO*, pp. 365-84, 382（n 8）.

④ 根据 1978 年 10 月 24 日至 11 月 28 日联合国教科文组织大会第二十届会议通过的第 4/7.6/5 号决议设立。

非常谨慎。因此,联合国教科文组织促进文化财产归还原属国或返还非法占有文化财产政府间委员会不得不局限于通过合作促进争端解决。

世界银行是另一个在文化遗产领域活跃的国际组织。它承认文化是经济和社会发展进程中的一个重要因素,各国维持其遗产的能力是国际关注的问题。这是因为世界银行的项目可能会影响文化遗产的保护。保护物质文化资源的政策已经在世界银行的一些运营法规中被编纂,并反映在每个项目开发之前的影响评估中。例如,关于"物质文化资源"的强制性保障政策 OP 4.11 要求通过协商程序在早期阶段评估物质文化资产(动产或不动产)的潜在风险,原则上该协商程序向受项目影响的有关团体、有关政府当局和非政府组织开放。[1]

(三)国家

国家在国际文化遗产法领域是主要参与者。条约和软法律文书是通过国家间谈判制定的,而国家行动对于通过国内立法和程序、监测和报告活动、司法适用和制裁等方式来实施文化遗产法至关重要。

说到这里,有必要关注各国对文化遗产依恋的根本原因。这对于了解各国为何经常参与文化遗产争端至关重要。

第一个原因是意识形态。就文化物品的非法流动问题而言,有必要回顾"来源"国和"市场"国之间的区别。[2] 虽然许多国家可能同属于两个群体,但这两个类别准确地反映了当前国际艺术贸易的动态。[3] 来源国有丰富的文化资源。这些国家的重点是保护文物和保护国家遗产的完整性。因此,来源国采取制定法规等措施以避免文化资源的移出。出于同样的原因,

---

① World Bank, *Culture and the Corporate Priorities of the World Bank*, *Report on Progress from April 1999 to December* 2002, February 2003. 另见"Akwé:Kon-关于文化影响评估的自愿准则",该评估涉及拟议在圣地和传统上由土著和当地社区占据的土地上进行,或可能对这些发展所产生的影响。这些准则于 2004 年由生物多样性公约秘书处颁布。

② 这项研究借鉴了"来源"国(也称为"出口"国家)和"市场"国家(也称为"进口"国家)之间的区别,J. H. Merryman, 'Two Ways of Thinking about Cultural Property' (1986) Vol. 80 *American Journal of International Law* pp. 831-53.

③ 第三类包括"过境"国家(地区),即来自邻国的物品然后出口到市场国家的国家(地区)。例如,各种高级走私案件显示瑞士、泰国或香港作为过境门户所扮演的角色。这些国家(地区)采用了各种机制,以便可以连同合法的出口文件从"原产地"一起发运,后者可用于向买家出售。这个著名的例子是来自古典世界的考古物品,这些物品可能出现在伦敦或纽约市场上,看似完全合法的瑞士出口文件,以及来自"瑞士绅士的私人收藏"的额外信息。S. Manacorda and D. Chappell, 'Introduction', in: S. Manacorda and D. Chappell(eds), *Crime in the Art and Antiquities World. Illegal Trafficking in Cultural Property* (New York/Dordrecht:Springer, 2011), pp. 1-15,6.

他们坚持要求归还在战争、殖民占领时被抢劫的,或者因盗窃或非法贩运而被移走的资产。来源国声称与他们所要求归还的材料有文化、精神和情感联系,因为它们对于民族认同很重要。相比之下,市场国家的文化资产很少。尽管他们同意来源国关于保护文物的物理完整性的总体目标,但市场国家仍然认为自由贸易是促进艺术品交流和国际市场繁荣的唯一手段。当然,他们承认非法贸易引发的问题。然而,他们反对就过去转移的资产提出归还要求。此外,贸易支持者批评来源国使用文化和文物来建立国家意识形态或国家意识。他们认为,使用这一论点是人为的,因为它将艺术和古物转化为政治工具,受到政府一时兴起的摆布。① 的确,在某些情况下,民族主义政府和独裁者歪曲了文化记录,以刺激种族、宗教或种族暴力或巩固现状。但是,不能否认文化遗产是国家身份的核心。事实是,自 19 世纪初以来,各国都将自己的身份建立在国家宝藏或重要的历史偶像上。没有必要回溯太久来寻找其他例子。例如,在第二次世界大战结束后,各国利用代表性文物和文化共性(语言、宗教和传统)作为支持或使自决和独立的要求合法化的手段或创造有凝聚力的民族认同的方式。②

各国对文化遗产的依恋的第二个原因涉及主权和领土原则。根据这些原则,每个国家都有权对领土内的资源实行完全控制。因此,各国可以要求遣返文化资产,因为这些资源是他们有权控制的。因此,许多国家制定了旨在保护被认为对国家遗产重要物品的立法。但是,在某些情况下,即使与民族文化无关,国家也禁止出口艺术品。③

主权原则可能产生其他不正当的结果,以下情节可以说明。2000 年,渔民在印度尼西亚领海的爪哇岛找到了一种宝藏。宝藏由红宝石、蓝宝石和带有阿拉伯铭文以及中国商品的玻璃饰品制成。考古学家对这一发现感到

① J. Cuno, *Who Owns Antiquity? Museums and the Battle Over Our Ancient Heritage* (Princeton: Princeton University Press, 2008), p. 11.

② 涉及匈牙利圣斯蒂芬王冠的插曲是一个例证。自从 1256 年以来,这个王冠象征着上帝和匈牙利之间的联盟,匈牙利国王不会被认为是合法的君主,除非王冠被置于他们的头上。在第二次世界大战结束时,王冠被交给美国官员,担心它将落入苏联军队的手中。根据 1978. P. J. O'Keefe, 'Repatriation of Sacred Objects' (2008) Vol. 13 *Art Antiquity and Law* pp. 225-43,王冠归还匈牙利。

③ 参考,例如,案件 *Jeanneret v. Vichey* (541 F. Supp. 80, 84, S. D. N. Y. 1982;在意大利的国家遗产中包括马蒂斯肖像,但审理案件的法庭强调马蒂斯肖像与意大利没有特别关系);*Ministre de la culture* 诉 *Consnty Genty* (Conseil d'Etat, 1987 年 10 月 7 日;法国当局拒绝元朝时期的中国罐子出口许可证);和 *Pagenstecher v. Provincia Autonoma di Bolzano* (Consiglio di Stato, 1989 年 1 月 24 日;意大利禁止出售一批法国印象派绘画,此私人收藏家在意大利居住 20 年后,希望将其返还给英国)。

非常兴奋,因为带有阿拉伯文铭文的物体表明该地区与穆斯林土地的接触可能比以前认为的时间更早。不幸的是,印度尼西亚政府忽视了考古学家把宝藏放在一起的建议并选择拍卖 90% 的宝藏。①

相比之下,涉及水下文化遗产的其他案例表明,主权国家的利益可能与商业救助公司、收藏家、拍卖商甚至业余爱好者的利益相竞争,从而为诉讼带来新的机会。这是由技术进步推动的,这种技术进步导致了海床前所未有的可及性。从 1985 年②发现的泰坦尼克号残骸中恢复人工制品开始,目前的做法提供了各种涉及国家的争端的实例。③ 沿海国通常主张在其管辖水域内防止未经许可的救助的权利,而如果货物被认为是文化遗产的一部分,则船舶和货物的原产国(如果不同)可以要求拥有此沉船。应该强调的是,各国主张的所有权并不总是容易的。大多数困难都发生在超出领海界限的遗物上。④ 意大利和保罗盖蒂博物馆之间关于"胜利青年"(*Victorious Youth*)的持续争议是一个例证。1964 年,意大利渔民在亚得里亚海发现的公元前 4 世纪和 2 世纪之间的某个时期的青铜雕像于 1977 年被保罗·盖蒂博物馆收购。这一事件的争议点是这座雕像是否在国际水域被发现以及博物馆的收购是否真诚。正是出于这个原因,意大利和保罗盖蒂博物馆于 2007 年达成的双边协议没有提及这一文物。他们都同意将谈判推迟到刑事调查结束。但案件处于停滞状态。2012 年 5 月,*Tribunale di Pesaro* 的一名预审法官(*giudice delle indagini preliminari*)裁定,"胜利青年"被非法出口并下令立即没收和归还。但是,美国当局是否会执行没收令仍有待观察。⑤

---

① C. Leow, 'Treasure from a Shipwreck off Java up for Auction', *International Herald Tribune*, 15 October 2006.

② J. A. R. Nafziger, 'Cultural Heritage Law: The International Regime', in: J. A. R. Nafziger and T. Scovazzi(eds), *The Cultural Heritage of Mankind*(Leiden/Boston: Martinus Nijhoff Publishers, 2008), pp. 145-247, 178-81.

③ See, e. g. *Sea Hunt Inc. v. Unidentified Shipwrecked Vessel or Vessels*(*Juno* and *La Galga* case, 221 F. 3d 634, 4th Cir. 2000), and *Subaqueous Exploration & Archaeology*, *Ltd. v. The Unidentified, Wrecked and A-bandoned Vessel*(577, F. Supp. 598, D. Md. 21 December 1983). The case of the 19th century Chinese vessel *Tek Sing* was settled out of court. See C. Forrest, 'Strengthening the International Regime for the Prevention of the Illicit Trade in Cultural Heritage'(2003) Vol. 4 *Melbourne Journal of International Law* pp. 592-610, 596

④ A. Strati, *The Protection of the Underwater Cultural Heritage: An Emerging Objective of the Contemporary Law of the Sea*(Leiden: Martinus Nijhoff Publishers, 1995), p. 352

⑤ For an in-depth analysis of this case see A. Lanciotti, 'The Dilemma of the Right to Ownership of Underwater Cultural Heritage: The Case of the "Getty Bronze"', in: Borelli and Lenzerini(eds), *Cultural Heritage, Cultural Rights, Cultural Diversity*, pp. 301-26(n 50). See also J. Felch, 'Italian Court Upholds Claim on Getty Bronze', *Los Angeles Times*, 4 May 2012.

关于管理具有文化重要性的遗址的争议通常会引起国际间、政府间和地方当局利益之间的冲突。科隆大教堂的情况很有趣。这个哥特式建筑的杰作于 1996 年被列入世界遗产名录，但随后于 2004 年被列入濒危世界遗产名录。世界遗产委员会采取这一步骤不仅因为德国当局没有指定缓冲区，尽管委员会在世界文化遗产清单登记时提出了此要求，还因为市政府已批准在大教堂附近建造一座复杂的摩天大楼。①

这些和其他案例提醒我们，各国政府（和地方当局）非常关切联合国教科文组织所给予的重视。他们意识到旅游业的增长②以及声望和知名度所带来的经济利益。③ 与此同时，这些案件很重要，因为它们涉及一个微妙的问题，即经济增长是否应该优先于保护世界文化遗产。或者，换句话说，现代性和装饰的紧迫需要与古代纪念碑和自然奇观的保护是否能够得到调和。例如，城市地区的新发展提高了人民的生活水平，为持续发展奠定了基础。然而，伴随着土地价值的上升和高密度城市化的压力可能导致历史遗产的受损和传统结构的破坏。总而言之，有一种风险是，项目的实施没有考虑到赋予该环境的实质内容和文化特性。可以说，如果要求法官就此类争端作出裁决，他应该试图调和利益和价值。④

---

① 2006 年，随着城市决定缩小建设计划，大教堂被从濒危世界遗产名录中删除。另见德累斯顿易北河谷的文化景观（2004 年被列入世界文化遗产名单，但由于在其中心部位建造了一条四车道桥梁后便失去了其"突出的普遍价值"，因此在 2009 年被除名。见第 33COM 7A. 26 号决定，WHC-09/33. COM/20，2009 年 7 月 20 日）。

② 最近的统计数据表明，在世界遗产名单中列出的文化财产使旅游业发展规模增加了约 30%。M. Macchia, ' La tutela del patrimonio culturale mondiale: strumenti, procedure, controlli ', in: L. Casini(ed.), *La globalizzazione dei beni culturali*(Bologna: Il Mulino, 2010), pp. 57-85, 61.

③ 与此同时，各国担心将文化财产列入"濒危世界遗产名录"时会失去面子。W. S. Logan, ' Closing Pandora's Box: Human Rights Conundrums in Cultural Heritage Protection ', in: H. Silverman and D. Fairchild Ruggles(eds), *Cultural Heritage and Human Rights* (New York: Springer, 2007), pp. 33-52, 48.

④ 在这一点上，澳大利亚高等法院的判例法很有意思。在英联邦诉塔斯马尼亚案（[1983]46 联邦法律报告 1）中，该法案涉及世界遗产名单中的"塔斯马尼亚荒野国家公园"，它认为"澳大利亚接受[世界遗产]公约规定的义务就足以建立英联邦的权力使法律履行义务"。因此，塔斯马尼亚州无法修建一座大坝。在理查森诉联邦法案（[1987—1988)164 联邦法律报告 261）中，法院强调，在"公约"对一国生效时，有义务确保世界人权公约第 4 条下的保护；因此，在正式确定文化遗址之前。在昆士兰诉联邦（[1989]167 联邦法律报告 232）中，其关注将昆士兰州一个地区列入世界遗产名单，高等法院认定世界遗产名单的义务适用，无论该财产是否包括在世界遗产名单中。它指出，"作为文化或自然遗产一部分的财产的地位来自其质量，而不是来自相关缔约国或世界遗产委员会的评估"。因此，"财产未被列入世界遗产名录这一事实并不能确定该财产除了包含在目录中的'结果'外，没有'突出的普遍价值'"。

（四）非国家行为者

如上文所强调的,文化遗产法主要依赖于政府和国际组织的政治、立法和行政权力。但是,如上所述,在这一国际法领域,国家不再是唯一的行为者。相反,各国受内部和外部压力的影响越来越大,有时需要让位给许多非国家实体。这些不同的利益相关者声称要尊重他们的利益,并将辩论扩展到非法律论点。鉴于文化遗产法是一个情感与所涉及的经济利益同等重要的领域,这应该不足为奇。

1. 博物馆

博物馆在艺术世界中发挥着重要作用:它们为了社会的利益而保留了人类的文化遗产,并确保了艺术品的物质保护和展示,以供公众享受和教育,同时保护了国家遗产的完整性免受分散的危险。

这些功能不容易协调。成千上万的艺术作品证明了这一点,这些作品没有展出,但在博物馆藏品中被遗忘。虽然很难获得准确的数据,但可以肯定地说,大多数博物馆最多只展出其总持有量的一半。卢浮宫的情况是具有代表性的:博物馆在其馆藏中列出的 380000 件物品中只有 35000 件是永久展示的。[1] 隐藏宝藏背后的原因是缺乏资金、展览空间或策展利益,也有购买记录的缺乏。[2] 在这些情况下,博物馆更喜欢在仓库中保留这种"隐藏的遗产",以避免法律索赔。缺乏出处的原因在于这些收藏的起源。通过战争或殖民扩张获得的战利品以及被盗或非法出口的艺术品,博物馆收藏了许多藏品。

鉴于上述情况,博物馆面临有关艺术品的归还请求也就不足为奇:(1)在武装冲突期间抢劫的物品;(2)从考古遗址偷窃、非法出口或挖掘的物品;(3)合法取得,但违反艺术家的意愿而展示的作品。[3] 博物馆根据不同的论点反驳了这些要求。除了历史原因(战争中被掠夺的文物在收购时是合法的;文物的创造者不是索赔人的祖先),博物馆认为,(主动)遣返主要文物将

---

① A. Natali, 'Maxi ingorgo nei piccoli Uffizi', *Il Sole 24 Ore*, 19 July 2009.

② D. Alberge, 'Curators Rubbish Minister's Vision of "Hidden Heritage"', The Times, 27 January 2005.

③ *Troughear v. Council of the City of York* (2005, unreported),一辆古董摩托车的捐赠者发现它在整个博物馆 40 年的占有期间从未展出过,并且已经被拆为其他展品的配件。Cited in N. Palmer, 'Repatriation and De-accessioning of Cultural Property: Reflections on the Resolution of Art Disputes' (2001) Vol. 54 *Current Legal Problems* pp. 477-532, 481.

创造一个先例,这会清空世界上的很多大博物馆。① 这些恰恰是帕特农神庙大理石案件中的关键论点。帕特农神庙大理石像是所有文化遗产纠纷中最著名的,对于那些主张归还艺术珍宝的人来说,也是最具象征价值的一个。② 此外,博物馆提出的论点是,向发展中国家遣返文物可能会破坏文物的安全性或限制文物对公众的开放性。事实上,在帕特农神庙大理石的案例中,文物的教育意义、流通以及对公众的开放程度等似乎都因它们被保存在大英博物馆而受到青睐。然而,这种立场可以被批评为等于说文化物品只有在有财富的地方才能得到妥善保护。博物馆也有法律依据。通常,它们依赖所有权,善意取得,或依据限制公共收藏品的艺术品销售的法定措施,③或禁止扣押艺术品,或对法律行为的行使施加时间限制。关于这些策略,有趣的是,随着《1998 年华盛顿会议关于被纳粹没收的艺术品归还原则》的通过,44个国家正式接受了与大屠杀有关的索赔应根据每一案件的案情来解决,而不是根据技术辩护的观点。④ 今天,法律专家和犹太团体指出,在许多情况下,不仅博物馆不遵循它们自己的指导方针(这些准则敦促博物馆坦诚提供来源信息,帮助人们追溯有争议的艺术品的历史),它们还试图阻止索赔人提起诉讼,将他们起诉到法院,并要求法官宣布博物馆是合法所有者。⑤ 实际上,很多拥有有争议艺术品的博物馆都采取了主动行动,以"平息所有权",以防可能的归还请求。玛莎·内森(Martha Nathan)的继承人对底特律

① In this respect, see the Declaration on the Importance and Value of Universal Museums and the commentaries by C. K. Knox, 'They've Lost Their Marbles:2002 Universal Museums' Declaration, the Elgin Marbles and the Future of the Repatriation Movement' (2005-6) Vol. 29 *Suffolk Transnational Law Review* pp. 315-36; and K. Opoku, 'Declaration on the Importance and Value of Universal Museums: singular Failure of an Arrogant Imperialist Project', *Modern Ghana*, 27 January 2013, < http://www. modernghana. com/news/441891/1/declaration-on-the-importanceand-value-of-univers. html >, accessed 15 September 2013.

② K. Fitz Gibbon, 'The Elgin Marbles: A Summary', in: K. Fitz Gibbon (ed.), *Who Owns the Past?: Cultural Policy, Cultural Property, and the Law* (Brunswick: Rutgers University Press, 2005), pp. 109-21, 119.

③ 至少在一些大陆法系统(例如意大利、法国和西班牙)中,这种限制的原因在于博物馆藏品属于不可告人的领域公众。相比之下,在英格兰,大英博物馆、大英图书馆、泰特美术馆和国家美术馆受到特定立法行为所规定的禁止处置。B. Schönenberger, *The Restitution of Cultural Assets*, (Berne: Stämpfli, 2009), p. 161.

④ 原则 8 规定:"如果发现被纳粹没收但未随后被归还的战前艺术品的所有者或其继承人,可以迅速采取措施,以实现公正和公平的解决方案,这可能会根据特定案件的事实和情况而有所不同。"

⑤ P. Cohen, 'Museums Faulted on Restitution of Nazi-Looted Art', *The New York Times*, 30 June 2013.

艺术学院博物馆和托莱多艺术博物馆提起的诉讼就说明了这一点,它们分别馆藏着梵高的《两个挖掘者》(*Les Bêcheurs*)和高更的《塔希提岛街景》(*Tahiti Street Scene*)。① 经过两年半的深入联合研究显示,内森自愿出售这些画作,两家博物馆分别提起法律诉讼,寻求法庭的宣告性判决,它们认为博物馆是这些画作合法的所有者。② 纽约现代艺术博物馆和索罗门·R. 古根海姆基金会,采用了与《红磨坊》(*Le Moulin de la Galette*)和《牵马的男孩》(*Boy Leading a Horse*)相同的策略。2007 年,它们向纽约南区地方法院提起诉讼,寻求宣告性判决,朱利叶斯·舒普斯(Julius Schoeps)是德国犹太银行家和艺术收藏家保罗·冯·门德尔松·巴托尔迪(Paul von Mendelssohn-Bartholdy)的侄子,他无资格得到绘画,因为这些不是在纳粹胁迫下出售的。③ 博物馆人员表示,他们只有在仔细研究了一项索赔并得出结论认为该索赔没有根据后,才会诉诸程序策略,如援引时间限制。④

2. 拍卖行和艺术品经销商

拍卖行和经销商等艺术品贸易专业人士是促成文化遗产领域争论形成的非国家行为者。历史表明,这些专业人士在艺术市场中发挥了相关作用,成为通过提供作品、组装展览、保存和研究作品来推动艺术交易的强大动力。⑤ 不出所料,艺术品市场成员坚持文化自由贸易原则,反对艺术富国通过的出口限制法律的严格性及其过于宽泛的适用范围。他们认为,市场国家不仅应该避免执行来源国的出口限制,而且还应该鼓励艺术富国消除这种限制,并使被盗或非法出口的古董的所有权和交易合法化。⑥ 此外,他们声称,这种保护措施有助于滋生而不是减少黑市及其相关的非法活动。因此,艺术贸易专业人士经常发现自己与来源国和考古学家及艺术史学家等

---

① *The Detroit Institute of Arts v. Claude George Ullin* (E. D. Mich. 2007) and *The Toledo Museum of Art v. Claude George Ullin* (477 F. Supp. 2d 802).

② 但是,任何博物馆都没有对所有权作出任何宣告性判决。The Detroit Institute of Arts/Toledo Museum of Art, Press release, 'Nathan Heirs Drop Claims on Paintings in Toledo and Detroit Museums', 10 May 2007.

③ See A. Feuer, 'A Lawsuit Will Determine the Fate of 2 Picassos', *The New York Times*, 18 December 2007.

④ Cohen, 'Museums Faulted on Restitution', (n 181).

⑤ P. Marks, 'The Ethics of Art Dealing' (1998) Vol. 7 *International Journal of Cultural Property* pp. 116-27.

⑥ E. A. Posner, 'The International Protection of Cultural Property: Some Skeptical Observations' (2007) Vol. 8 *Chicago Journal of International Law* pp. 213-33, 229-230.

专业人士发生冲突。① 涉及被盗或非法出口文物的法律纠纷的经销商的行为往往加剧了这些摩擦。他们依靠一般占有法下的权利和所有权或保密的专业职责,经常拒绝返还要求。美国文化政策委员会就是这种立场的一个极端例子。该委员会成立于 2001 年,旨在通过游说放宽限制从来源国收集和出口古物的法律来增加古物经销商和收藏家的利益。②

　　另一个需要考虑的方面涉及道德准则。这些目的旨在让公众对艺术商人同意遵守的标准放心,最重要的是提供行为标准,使其成员能够应对处理艺术品时可能出现的各种问题;特别是,这些守则要求报告可疑报价并采取有效预防措施,防止非法古物进入市场。虽然道德规范可能是艺术市场上有用的限制因素,但这些规范似乎并不多,通常模棱两可或含混不清,往往既不遵守规则也不强制执行。③ 结果,不诚实和不道德行为的例子比比皆是。例如,舒尔茨(Schultz)案件④审判的证据显示,纽约最著名的艺术品交易商之一弗雷德里克·舒尔茨(Frederick Schultz)与一名英国小偷和一名埃及盗墓者合作,将古董从埃及走私并带到美国转售。奇怪的是,舒尔茨不仅是曼哈顿艺术画廊的老板,他还是国家古代、东方和原始艺术经销商协会的主席。此外,他还担任克林顿政府文化财产咨询委员会的顾问,在那里他反对更严格的文化物品贸易规则。其他案例表明,这些道德准则的许多条款经常被狭隘地解释,或者专业人士通常愿意利用所起草的规范。案件涉及

---

　　① 在美国,有影响力的艺术品交易商社区已经多次反对向外国提供越来越多的援助。在续签美国-塞浦路斯协议时,将古钱币列入指定的考古材料清单,引起了硬币交易商和收藏家群体的强烈反对。2007 年,古钱币收藏家协会向美国国务院提起诉讼,要求公开有关意大利、中国和塞浦路斯进口限制请求的文件。他们声称这些请求的处理方式存在违规行为(*Ancient Coin Collectors Guild v. US Department of State*, No. 1;2007 Civ. 02074, D. D. C. 2007 filed Nov. 15,2007)。同样,自 2006 年以来,艺术品交易商的游说延迟了美国国务院关于中国要求美国限制进口 1911 年之前生产的中国古物和民族特色物品的行动。The Memorandum of Understanding between the US and China was concluded on 14 January 2009. J. Kahn, 'Coin Collectors Sue US State Department Over Import Rules', *The New York Times*, 17 November 2007.

　　② 据说美国国会议员在制定有关伊拉克考古问题的政策和法规时,于 2003 年 2 月会见了五角大楼和美国国务院的代表。据称,美国文化政策委员会游说"一个明智的后萨达姆文化管理机构",并要求文物"获得出口许可"。原因是只有通过表面上合法手段获得的物品才能很容易地展示和陈列。G. Elich, 'Spoils of War:The Antiquities Trade and the Looting of Iraq', < http://www. globalresearch. ca/articles/ELI401A. html > ,accessed 15 September 2013.

　　③ P. Gerstenblith, 'Controlling the International Market in Antiquities:Reducing the Harm, Preserving the Past' (2007-2008) Vol. 8 *Chicago Journal of International Law* pp. 169-95,192.

　　④ *United States v. Schultz*,178 F. Supp. 2d 445 (S. D. N. Y. 3 January 2002), aff'd,333 F. 3d 393 (2nd Cir. (NY)10 June 2003).

1984 年《艺术品国际贸易管制业务守则》(《英国法典》)。它声明:

> 英国美术和古董贸易的成员承担……在有合理理由相信以下
> 的情况下,不得进口、出口或转让此类物品的所有权。A. 卖方尚未
> 确定该物品的良好所有权……;B. 从该国购买或出口的进口物
> 品……违反该国的法律;C. 从官方挖掘、遗址或纪念碑不诚实或非
> 法获取进口物品或源自非法、秘密或非正式场所的进口物品。①

该条款为苏富比拍卖公司(Sotheby)提供了一条涉及一些阿普利亚花瓶
争端的逃离途径。此拍卖行收到了著名专家出具的证据,证明这些花瓶很
可能属于非法挖掘。尽管如此,苏富比拍卖公司认为专家所提供的证据难
以让人凭借“有合理的条款相信”这些花瓶来自任何官方或非官方网站,因
此继续进行销售。② 关于 *Sevso Treasure* 的案件采用了同样狭义的《英国法
典》解释。③ 苏富比拍卖公司高管决定接受一系列罗马银珠宝,这是对几个
国家当局以及保存艺术品盗窃记录的各种组织的质询(相反,虽然佳士得拍
卖行首先得到该宝藏,但却拒绝进行拍卖,因为对其合法来源产生怀疑)。
可以认为苏富比拍卖行在本案中没有履行《英国法典》规定的义务,因为从
官方或非官方考古遗址抢劫的物品不太可能被登记。第三个案件涉及公元
前二世纪的柬埔寨铜钟。荷兰博物馆协会伦理委员会并不反对布拉班特博
物馆购买铜钟。然而,在这样做时,委员会无视联合国教科文组织专家和柬
埔寨国家博物馆的相反意见,因为柬埔寨法律禁止出口这种类型的钟。④ 此
外,其他例子表明,大多数这些守则缺乏执法机制,并且专业组织不愿意或
无法制裁其成员。举例来说,国际博物馆协会(ICOM)没有多少选择来制裁
违反其博物馆道德准则的行为。这些被简化为采用“命名和羞辱”的方法,
即披露一些违反某些反道德行为的机构身份。在这种情况下,据报告显示

---

① Art. 2 (emphasis added) . See < http://www. parliament. the-stationery-office. co. uk/pa/
cm199900/cmselect/cmcumeds/371/0052308. htm > , accessed 15 July 2013.

② P. Watson and C. Todeschini, *The Medici Conspiracy* (New York : Public Affairs, 2006) , p. 26.

③ *The Republic of Croatia and Others v. The Trustee of the Marques of Northampton* (203 A. D. 2d
167). *Sevso* 这个名字指的是其中一件作品上刻有罗马所有者的名字。在另一个案例中,巴尔的摩艺
术博物馆拒绝购买 *Kandisky* 画作,因为有证据表明纳粹分子偷了它。但巴塞尔艺术品经销商恩斯
特·贝耶勒(Ernst Beyeler)对于购买这幅画并拒绝原主人继承人的归还要求毫无顾忌。M. -
A. Renold, 'Stolen Art : The Ubiquitous Question of Good Faith ', in : International Bureau of the Permanent
Court of Arbitration(ed.), *Resolution of Cultural Property Disputes* (The Hague : Kluwer Law International,
2004), pp. 251-63, 260.

④ Nafziger, ' Cultural Heritage Law ', p. 243 (n 166).

被盗或非法出口材料的博物馆可以由 ICOM 道德委员会强制与索赔国进行双边谈判,以便找到索赔的友好解决方案。① 也显示出一些弱点。虽然由于使用了"尽其所能"这一短语而鼓励最低程度的专业责任,但它没有提到出口许可证,也没有提到要遵守法律。此外,根据国际古代艺术经纪人协会的道德准则第 8 条规定,它提供的唯一制裁是取消成员资格。②

3. 艺术收藏家和个人所有者

收藏家是艺术市场的必要参与者,因为他们控制了大部分供应。一般而言,个人业主不会从欣赏挂在客厅的作品中获得实用性。收藏家的活动主要是商业活动。这就是艺术收藏家,无论是私人收藏家还是企业收藏家,都希望能够在艺术品中自由交易的原因。就像艺术品经销商和拍卖商一样,他们倾向于强调产权的重要性,包括购买、出售和出口艺术品的权利。③ 在大多数市场国家,收藏家与博物馆有着重要的共生关系,为博物馆馆藏提供不断的物品流。④

涉及收藏家和个人所有者的争议的异质性是巨大的,主要类别是盗窃引起的所有权纠纷。在这些情况下,归还要求通常是针对拥有者的,可以是知识渊博的或一无所知的买家。同一枚硬币的反面是收藏家自己鼓励可疑和非法行为。作为艺术品的消费者,它们助长了非法贩卖艺术品。⑤ 由于基于初步有效合同的所有权转让,也产生了针对收藏家的所有权纠纷,例如在第三帝国统治期间通过强制转移从犹太人手中抢劫财产。个人和国家都不能主张大屠杀掠夺艺术中的权利或利益,否则就是赞同纳粹政权犯下的严重错误,⑥并从受害者的痛苦中获利。⑦

就收藏家的所有权而言,财产权的享受可能与各国的政策目标相冲突,并且取决于所涉及物品的重要性以及是否符合公众的一般利益。实际上,

---

　　① See < http://icom. museum/the-vision/code-of-ethics > , accessed 15 July 2013. See also Carman, *Against Cultural Property* , 25(n 52).

　　② See < http://www. iadaa. org/en/about-us > , accessed 15 July 2013.

　　③ J. A. R. Nafziger, R. K. Paterson and A. D. Renteln, *Cultural Law. International, Comparative and Indigenous* (Cambridge:Cambridge University Press, 2010) , p. 208.

　　④ Merryman, ' A Licit International Trade' , p. 32(n 25).

　　⑤ Nafziger, Paterson and Renteln, *Cultural Law* , p. 209(n 198).

　　⑥ O. C. Pell, ' Using Arbitral Tribunals to Resolve Disputes Relating to Holocaust-Looted Art' , in:International Bureau of the Permanent Court of Arbitration (ed.), *Resolution of Cultural Property Disputes* , pp. 307-26, 315(n 194).

　　⑦ N. Palmer, ' Memory and Morality:Museum Policy and Holocaust Cultural Assets' (2001) Vol. 6 *Art Antiquity and Law* pp. 259-92, 291.

当由公共机构持有时,该艺术品的象征和文化价值观增强了该物品所代表的社区意识。相反,当同一艺术品落入私人手中并且拒绝公共访问时,其无形价值不会累积到它所衍生的社区,而是归于私人所有者。在这些情况下,私人所有权代表了集体(文化和艺术)价值的专有占用。[1] 在其他情况下,财产权的行使可能会与国家立法发生冲突。例如,许多国家(地方当局)制定了有关保护位于城市地区的建筑纪念碑或历史建筑物的法律,禁止对其进行改动或要求采取保护措施。许多艺术品丰富的国家规定,将文物转移或出售到国外须经国家授权,从而限制了所有权这一最基本权利的行使。但是,如果持有人没有表明有意将物品转移或出售到国外,所有权法往往不适用。然而,有必要考虑一个问题,即国家规范中所体现的国家利益是否以及在多大程度上应该胜过个人的财产权。欧洲人权法院在著名的贝耶勒(Beyeler)案件中的判决说明了这种冲突。[2]

1977 年,瑞士艺术品经销商和收藏家恩斯特·贝耶勒(Ernst Beyeler)通过中间代理人皮埃尔杰利先生从维鲁西奥先生手中购买了梵高绘画肖像《年轻农民的画像》。该画作之前曾被意大利当局根据 1939 年第 1089 号法律第 3 条宣布为具有"历史和艺术价值"的作品。根据这一声明,画作所有人有义务通知意大利文化遗产部任何有意转让的消息,以使该部能够行使优先购买权。Verusio 先生宣布将梵高作品出售给意大利部门。但是,它提到了 Pierangeli 先生的名字作为合同的另一方,却没有提到贝耶勒先生。贝耶勒告诉意大利部门,他只是在 1983 年才成为这幅画的真正买家,那时佩吉古根海姆博物馆表明了购买它的意图。与此同时,贝耶勒询问意大利部门其是否打算行使优先购买权。该部门宣布打算在 1988 年行使这一特权。但是,该部门只按照 1977 年销售价格的金额赔偿贝耶勒。贝耶勒不满意大利部门的决定,他在意大利法院的所有相关案件中对此提出了质疑,但都没有成功。1996 年,贝耶勒向欧洲人权法院提起诉讼,声称意大利法院的裁决违反了《欧洲人权公约》第 1 号议定书第 1 条规定的财产权,该议定书保障所有权的和平享有。2000 年 1 月 5 日,欧洲人权法院裁定意大利违反了第 1 号议定书第 1 条。特别是,欧洲人权法院谴责意大利当局的不公正态度,意大利当局等了数年才决定行使优先购买权。[3] 法院

---

[1] Carman, *Against Cultural Property*, p. 74 (n 52).

[2] *Beyeler v. Italy*, Application No. 33202/1996, 5 January 2000.

[3] 申请人关于梵高绘画与意大利之间缺乏真正联系的论点并未给法院留下深刻印象。意大利政府认为有必要在公共利益的基础上获得这幅画,即意大利博物馆缺乏梵高画作。*Beyeler*, para. 84 (n 204).

认定,对申请人施加高额罚款方面(意大利支付的赔偿金远低于佩吉古根海姆博物馆购买画作时支付的价格),意大利为确保完全遵守管理文物销售的规则在实施处罚时,未能在申请人和平享有财产的权利与国家利益之间取得平衡。①

4. 土著居民

几个世纪以来,土著居民培养了他们的精神、文化价值观和传统,并保持和培育了他们的环境。随着 16 世纪欧洲殖民统治的到来,殖民者开始被剥夺了本土居民的资源和文化创造,本土居民被迫从他们的土地上流离失所,委身于保留地,在政治上被边缘化,并被强迫融入与他们自己截然不同的社会。土著居民开始通过建立国际联盟来对抗欧洲殖民者。然而,直到 20 世纪中叶,国际社会才接收到他们的申诉。在此之前,土著居民的申诉完全被忽视,因为国际法认为民族国家拥有独家权力。现在,他们的要求和主张是国际法的推动力。②

国际和国内实践提供的几个例子,表明土著居民的遗产保护已成为一个紧迫的问题。为了理解这些群体的利益,有必要回顾一下,土著社区支持一个涵盖土地、不动产和可移动遗产以及有形和无形要素文化实现整体概念化。从本质上讲,土著文化源于特定的环境条件,并在其对土地及其资源的使用,以及代代相传的传统艺术、信仰和价值观的具体知识应用中得到表达。③ 因此,土著居民与其传统土地和自然资源的关系对于维护和保存文化和特征至关重要。因而,国内和国际司法惯例强调土著居民保留占有权或归还其祖传土地的必要性,是毫不奇怪的,因为这是实施其传统活动,如狩猎、捕鱼和利用现有的自然资源的决定性先决条件,并且有助于有效享受生命权和保护其文化特征。④ 鉴于这种整体概念化,返还要求不仅仅是针对一

---

① A similar case was decided in France: *Agent Judiciare Du Tresor v. Walter*, *Cour de Cassation*, 29 February 1996, JCP 1996, II, 22672. For an analysis see T. P. Ramier, 'Agent Judiciaire du Trésor v. Walter; Fait du Prince and a King's Ransom' (1997) Vol. 6 *International Journal of Cultural Property* pp. 337-42.

② M. Åhrén, 'Protecting Peoples' Cultural Rights: A Question of Properly Understanding the Notion of States and Nations?', in: Francioni and Scheinin(eds), *Cultural Human Rights*, pp. 91-118 (n 60).

③ P. -T. Stoll and A. von Hahn, 'Indigenous Peoples, Indigenous Knowledge and Indigenous Resources in International Law', in: S. von Lewinski(ed.), *Indigenous Heritage and Intellectual Property* (The Hague: Kluwer Law International, 2004), pp. 5-43, 14-16.

④ See, e. g. the IACtHR judgment *Yakye Axa Indigenous Community v. Paraguay*, 17 June 2005, Series C No. 125, para. 157(c).

个或多个国家的私人主张,而是可以被视为旨在明确承认自决权利的主张。① 换句话说,土著居民提起的法律诉讼最终有助于获得对其文化以及个人和集体文化权利的承认和尊重。《联合国土著人民权利宣言》已经了解到上述情况。它考虑到土著居民"维护、保护和发展其文化的过去、现在和未来表现形式的权利,例如考古和历史遗址、人工制品、设计、仪式、技术以及视觉和表演艺术和文学"。② 但是,在许多国家,关于返还和赔偿的政策和决定可能是出于政治动机,目的是否定土著居民的自治和政治存在。例如,虽然国家可以采取外交或法律行动以获得符合国家(或民族主义)目的的艺术品的归还,但它可能拒绝要求可以加强特定社区身份的物品归还。因此,国家政府的利益可能与土著居民的利益相冲突。

为了本书研究的目的,土著居民的申诉可分为两大类。首先,关于归还对他们的政治、宗教或文化生活重要的土地以及保存和传播其传统知识上面存在争端。鉴于土著居民与其土地之间的特殊关系,这些申诉旨在获得归还而不是赔偿就不足为奇了。③ 其次,土著居民要求归还传统文物。除了这些征用是不公平这一明显原因,还因为它们是由欧洲定居者在同化和征服政策的背景下实施的。土著居民的申诉基于这样一个事实,即公开展示古生物和人种学材料及其他遗迹与他们的信仰体系在三个主要方面形成鲜明对比:这些物品(1)仅供社区的某些成员看见和使用,例如长者、巫师或治疗师,或仅在特定时期看到和使用;(2)未经工匠或社区的知情和

---

① F. Francioni, 'Reparation for Indigenous Peoples: Is International Law Ready to Ensure Redress for Historical Injustices?', in: Lenzerini(ed.), *Reparations for Indigenous Peoples. International and Comparative Perspectives*, pp. 28-45(n 73).

② See Art. 11(1)DRIP.

③ F Francioni, 'Reparation for Indigenous Peoples',28(n 210). *Nulyarimma v. Thompson* 和 *Buzzacott v. Hill*(Federal Court of Australia,1 September 1999,39 ILM 20(2000)),一起被审判,这两例案件有关政府部长、议会成员和英联邦已经或打算将土著居民作为种族或种族群体进行根除的指控。特别是,Nulyarimma 诉 Thompson 一案中的上诉人声称,1998 年的土著产权修正案等于种族灭绝,因为它严重限制了土著澳大利亚人的土地所有权、生计和精神健康。四名申请人前往堪培拉的一名地方法官发出逮捕实施种族灭绝罪的总理、副总理、参议员和众议院议员的逮捕令。地方法官拒绝签发申诉。Buzzacott v. Hill 案件涉及一项罢工诉讼的动议,其代表阿拉伯纳人对英联邦、外交和贸易部长以及环境部长提起诉讼,因为他们拒绝将阿拉伯纳人民的传统土地列入教科文组织世界遗产名单。他们声称这种行为构成种族灭绝罪。他们的论点是,由此产生的采矿和相关活动将威胁到土著人民的传统生活方式。他们通过进行世界遗产申请寻求强制政府保护土地的命令。法院承认种族灭绝罪是国际法的强制性规范,澳大利亚是《防止及惩治灭绝种族罪公约》(1948 年 12 月 9 日,78 UNTS 277)的缔约国,但最终驳回了这些指控。因为澳大利亚没有通过立法将种族灭绝定义为国内法下的刑事犯罪。

同意而暴露;(3)应根据有关社区的传统使用,即使这需要使用、消费或销毁。① 这些表明,国家和收藏家的收购决定了相关文物所包含的文化价值的消亡。②

许多拥有大量土著部落的国家通过颁布具体的法规来处理这类申诉,从而产生了归还或赔偿的权利。尽管如此,国际惯例表明,这些群体在努力发表意见时经常面临严峻的障碍。一个原因当然是缺乏财政资源,另一个原因是现有的争端解决程序造成的困难。这些机制侧重于与土著人民信奉的整体文化概念化相抵触的专有利益。由于这些原因,似乎有必要建立有效和敏感的机制,以便在"未经他们的自由、事先和知情同意或违反其法律、传统和习俗的情况下"从殖民地人民手中取回文物。③ 这些手段应成为更广泛的立法框架的一部分,承认土著居民的自治,经济、社会和文化发展以及对文化遗产的整体解释的权力。④

5. 非政府组织

正如所强调的那样,当前全球化时代的标志之一是从由有限数量的政府行为者组成的国际体系转变为一个新的体系,其中许多非国家实体是权利和义务的承担者。这方面值得注意,因为它强调民间社会可能在承认和促进一般公共利益方面发挥关键作用。这并不等于说民间社会可以被视为积极的利益相关者。当然,民间社会可以通过影响或侮辱国家、市政当局和博物馆等行为来发挥作用。⑤ 但是,由于缺乏程序法所要求的直接利益,公众没有代表,在法庭诉讼中被听取意见的可能性往往很小。然而,值得考虑的是,非政府组织,当代民间社会可以采取的形式之一,现在被广泛认为是主要行为者和不具代表性或代表性不足的立场代表。

从广义上讲,国家或国际非政府组织参与法律诉讼的理由可分为两个相互关联的主题:第一,限制国家主权;第二,维护"分散"(或"集体")利益。就前者而言,非政府组织审查涉及一般利益和初级产品的国家决策程序,因为政府经常指导其决策以牺牲非经济目标为代价追求经济利益。至于分散

---

① Stoll and von Hahn, ' Indigenous Peoples, Indigenous Knowledge ' , pp. 14-15(n 208).

② Carman, *Against Cultural Property*, p. 76(n 52).

③ Art. 11 DRIP.

④ Vrdoljak, *International Law*, p. 302(n 126).

⑤ 归还帕特农神庙大理石的英国委员会是一个奇怪的例子。其成立于 1983 年,该委员会提出将大理石归还给英国公众,并对大英博物馆和英国政府的受托人施加压力。

利益的保护,非政府组织在动员和达成共识方面发挥了重要作用。这些利益的共同之处在于,通过承认影响大部分民间社会的具体问题来确定这些利益。它们与属于受限制的自利和贸易驱动主体的利益不同,例如国家和法人或自然人。

从实际的角度来看,非政府组织试图以三种方式限制国家主权并维护分散利益:(1)通过影响国家当局的政策和行为;(2)通过拟订软法律规范来解决或克服现有法律框架的某些弱点;(3)通过为司法解决争端提出非对抗性替代解决方案。就与国家当局的关系而言,非政府组织可以在两个层面采取行动。在国内层面,非政府组织可以顺利接受多边法律制度,并调查批准和实施工作。在国际层面,非政府组织的运作可以直接针对国家、政府间实体或其他非国家行为者采取行动。在这方面,值得注意的是,国家法院和国际法庭逐步提高了非政府组织的法律地位。许多国家法律制度中的传统立场仍然是提出申诉的一方或多方必须表明他们的利益已经或可能遭受损害,超出了一般公众所接受的偏见范畴。但是,各种国内法院都愿意承认非政府组织的地位(作为当事方),理由是当公共损害、公共错误或基本权利受到侵犯涉及影响不确定数量的人时,传统观点无法合理适用。① 因此,越来越多的国家和国际非政府组织,作为民间社会的代表被允许向一些法院和法庭提交"法庭之友"简报。②

有趣的是,关于向利比亚归还一块被称为 *Cyrene of Cyrene* 的大理石雕塑的争议一直是司法承认意大利非政府组织所发挥作用的例子。③ 意大利和利比亚政府就归还雕像的条款达成了一致意见,于 1998 年和 2000 年签署

---

① T. A. Mensah, 'Using Judicial Bodies for the Implementation and Enforcement of International Environmental Law', in: Buffard et al. (eds), *International Law*, pp. 797-816, 806 (n 139).

② 术语"法庭之友"(amicus curiae)用于描述不是诉讼当事人但对该主题事项有浓厚兴趣的个人或实体。E. Savarese Savarese, '*Amicus Curiae* Participation in Investor-State Arbitral Proceedings' (2007) Vol. 17 *Italian Yearbook of International Law* pp. 99-121. 请愿人提交"法庭之友"简报的程序权利已被确认为由于受到公正审判的权利而产生,例如:在 Art. 6 ECHR 或 Art. 14 ICCPR 中。See *Aguas del Tunari S. A. v. Republic of Bolivia*, ICSID Case No. ARB/02/3, NGO Petition to Participate as Amici Curiae, 29 August 2002, paras 47-48.

③ *Associazione nazionale Italia Nostra Onlus v. Ministero per i beni e le attività culturali et al.*, Tribunale Amministrativo Regionale (TAR) del Lazio (Sez. II-quarter), No. 3518, 28 February 2007, *Guida al diritto-Il Sole 24 Ore*, 2007, No. 21, 91-9. Decision confirmed in appeal (*Consiglio di Stato*, No. 3154, 23 June 2008). For a comment see A. Chechi, 'The Return of Cultural Objects Removed in Times of Colonial Domination and International Law: The Case of the Venus of Cyrene' (2008) Vol. 18 *Italian Yearbook of International Law* pp. 159-81.

了两项协议。然而,在 2002 年,意大利历史、文化和环境遗产最古老的协会意大利诺斯特拉(*Italia Nostra*)对意大利文化遗产部提起诉讼,试图阻止归还。一审法庭和上诉法院驳回了被告的论点——意大利诺斯特拉协会因不是诉讼当事人,故而无权提起诉讼。初审法庭指出,根据其授权,①意大利诺斯特拉协会被允许提起法律诉讼,目的是保护文化资产,并挑战任何可能危及国家遗产完整性的行政行为。此外,法庭强调,诸如获取和割让文物等事项不属于国家的专属权限。相反,保护国家遗产的必要性并不排除非国家实体的合作贡献。②

在文化遗产领域,有许多活跃的国际非政府组织。国际古迹遗址理事会(International Council for Monuments and Sites,ICOMOS)、国际博物馆协会(International Council of Museums,ICOM)和国际法协会(International Law Association,ILA)③是最重要的。

国际古迹遗址理事会是一个旨在保护世界历史古迹和遗址的专业组织,它直接参与了联合国教科文组织文化条约的实施。④ 国际古迹遗址理事会还是西太平洋委员会的三个咨询机构之一。⑤ 因此,国际古迹遗址理事会负责评估缔约国对世界遗产名单的提名,并编写关于世界遗产名单上所列遗产的保护状况的报告。⑥ 国际博物馆协会处理博物馆关注的从安全到非法贩运文物的问题,其《道德准则》为博物馆的专业实践和表现设定了标准,反映了国际博物馆界普遍接受的原则。⑦ 此外,国际博物馆协会执行联合国教科文组织博物馆计划的一部分,并通过一些特设委员会的工作、⑧红色名

---

① The Statute of the *Associazione Italia Nostra* was approved with decree of the Ministry of Cultural Heritage of 19 October 1999.

② See also the case *Association action culturelle v. le Ministre de la culture et de la communication*, *Tribunal administratif de Paris*, No. 0701946, 18 December 2009. 在这里,为了归还珍贵的手稿,法庭承认韩国协会合法地在法国法院采取行动。

③ 自 1988 年以来,国际法协会的文化遗产法委员会就涉及文化遗产的法律问题开展了各种项目。这些举措中最著名的是起草《保护水下文化遗产公约》,该公约于 2001 年被联合国教科文组织通过。

④ See < http://www. icomos. org/en/what-we-do/involvement-in-international-conventions > , accessed 18 July 2013.

⑤ Arts 8(3),13(7),and 14(2)WHC.

⑥ See < http://www. icomos. org/en/what-we-do/involvement-in-international-conventions/world-heritage > , accessed 18 July 2013.

⑦ See < http://icom. museum/the-vision/code-of-ethics > , accessed 15 July 2013.

⑧ See < http://icom. museum > , accessed 20 July 2013.

录的出版、①研讨会的组织和在尚未批准的国家推广 1970 年《教科文组织公约》和 1995 年《国际统一私法协会公约》等形式参与打击非法贸易的斗争。虽然国际博物馆协会的标准缺乏法律强制性,但它们作为一种软法运作,其说服性质因国际博物馆协会本身的地位而得到提高。最后,国际博物馆协会打算在解决归还要求方面发挥作用。马孔德面具(Makonde Mask)案例提供了一个例子。这枚面具于 1984 年从坦桑尼亚国家博物馆和其他文物一起被盗。1990 年,面具被日内瓦巴伯穆勒博物馆的专家识别。博物馆立即通知国际博物馆协会,并确认愿意归还该物品。然而,双方无法就所有权问题达成协议。这还要感谢国际博物馆协会的斡旋,双方于 2010 年 5 月签署了关于向坦桑尼亚国家博物馆捐赠马孔德面具的协议。② 更重要的是,2011 年,国际博物馆协会与世界知识产权组织(WIPO)的仲裁与调解中心合作,启动了艺术与文化遗产调解计划。③ 向国家、个人、机构和世界博物馆提供了解决争端的模型,例如:其收藏中材料的来源、保管和所有权,并承诺提供创造性的可以根据当事方的需要和案件的实际情况进行调整的解决方案和补救措施,这些可能无法通过法院诉讼获得。④

6. 投资者

在涉及外国投资的争议中,文化遗产可能看起来很奇怪。然而,在考虑文化遗产保护和争端解决问题时,必须考虑到投资者的利益。对以下案例的分析表明,保护投资者权利的制度可能与世界遗产公约制度相冲突。换句话说,保护具有突出普遍价值的财产的普遍兴趣可能与开采活动或开发

---

① 红色名录对世界上最脆弱地区的濒危类考古物品或艺术品进行了分类,以防止它们被出售或非法出口。For the database of the ICOM Red List see < http://icom. museum/programmes/fighting-illicit-traffic/red-list/ > ,accessed 15 September 2013.

② See ICOM,Press release,'Makonde Mask-Signing of an Agreement for the Donation of the Makonde Mask from the Barbier-Mueller Museum of Geneva to the National Museum of Tanzania',10 May 2010, < http://archives. icom. museum/press/MM_PressFile_eng. pdf > ,accessed 22 September 2013.

③ See ICOM,'ICOM and WIPO to Join Forces in Cultural Heritage and Museum Fields',3 May 2011, < http://icom. museum/press-releases/press-release/article/icom-and-wipo-to-join-forces-in-cultural-heritage-and-museum-fields > ,accessed 15 September 2013.

④ S. Theurich,'Designing Tailored Alternative Dispute Resolution in Intellectual Property:The Experience of WIPO',in:J. De Werra(ed.), *Resolution of Intellectual Property Disputes* (Geneva:Schulthess, 2010) ,pp. 175-93;and A. Chechi,'New Rules and Procedures for the Prevention and the Settlement of Cultural Heritage Disputes:A Critical Appraisal of Problems and Prospects',in:F. Lenzerini and A. F. Vrdoljak (eds) *International Law for Common Goods:Normative Perspectives on Human Rights,Culture and Nature* (Oxford:Hart Publishing,forthcoming).

项目的行为相冲突。因此,鉴于保护世界遗产公约财产的基本义务和世界遗产公约清单的范围不断扩大,①每当投资项目和活动在保护区内或附近实施时,例如城市的历史中心或自然保护区,就会出现纠纷。这些通常会让投资者质疑管理文化遗产保护的国内措施。然而,应该指出的是,投资者与其他利益相关者相比具有特权,因为投资协议的性质和结构通常会对其权利提供广泛的保护,例如对可赔偿征收概念的广泛理解。实际上,国内法规经常受到质疑,因为它们被视同征用,因此侵犯了投资者的权利。

目睹投资者利益与文化遗产保护之间冲突的主要案例是仲裁南太平洋地产(中东)有限责任公司诉阿拉伯埃及共和国。② 该案涉及埃及与香港公司南太平洋地产(中东)有限责任公司(SPP)于 1974 年签署的合同。合同涉及在吉萨金字塔开发一个旅游村。在批准投资项目后,埃及申请将该区域添加到世界遗产名单。1978 年,由于对该项目的强烈反对,埃及政府终止了合同并废除了相关立法,这将对金字塔遗址产生严重的不利影响。索赔人向国际投资争端解决中心对埃及政府提起仲裁诉讼,要求赔偿违反协议的损失和没收合同权利的损失。埃及争辩说,它的行动是 1974 年被世界遗产中心批准过的。法庭判给外国投资者赔偿金。但是,南太平洋地产(中东)有限责任公司的赔偿权仅限于在世界遗产清单中登记该遗产之前的预计利润。这意味着国际投资争端解决中心接受了世界遗产中心所主张的义务高于投资规则,并承认必须对投资协议进行限制性解释,以履行保护世界遗产的义务。法庭表示,“从国际法的角度来看,假定延续索赔人的活动干扰该地区的古物可被视为非法”。③

这种方法反映在 *Parkerings Compagniet AS* 诉立陶宛共和国案件中。④ 此案件源于维尔纽斯市(位于立陶宛)发起的一项公共招标,旨在建立一个综合停车系统,以控制交通和保护城市历史悠久的老城区的完整性,该城市自 1994 年以来一直被列入世界遗产中心名单。维尔纽斯市与挪威公司 Parkerings-Compagniet AS 签订了合同。然而,由于技术困难、立法变化和越来越多的公众反对,市政当局终止了合同。随后,维尔纽斯市与一家荷兰公司签订

---

① 截至 2013 年 9 月,该名单包含 981 处财产,包括位于 160 个缔约国的 759 处文化遗产,193 处自然遗产和 29 处文化与自然双重遗产。

② Case No. ARB/84/3, Award on the Merits of 20 May 1992.

③ Case No. ARB/84/3, para. 154. For a comment see P. J. O'Keefe, 'Foreign Investment and the World Heritage Convention' (1994) Vol. 3 *International Journal of Cultural Property* pp. 259-66.

④ Case No. ARB/05/08, Award of 11 September 2007.

了另一份合同。因此,Parkerings 向 ICSID 法庭提出索赔。它声称立陶宛违反了最惠国条款,因为给予荷兰投资者优惠待遇。法庭驳回了 Parkerings 的诉讼请求,因为它发现其项目很可能影响该市历史悠久的旧城区,而荷兰公司的计划规模较小,对大教堂广场的保护没有影响。出于这个原因,两个竞争对手处境不同。值得注意的是,法庭确定市政当局表达的文化问题是客观理由,从而排除了对荷兰竞争对手的歧视性对待。

相反,国际投资争端解决中心裁决了 Compañiadel Desarrollo de Santa Elena S. A. 诉哥斯达黎加一案,①该案件起源于哥斯达黎加对美国投资者所拥有地区的征收,投资者打算在该地区开发一个旅游综合体。然而,哥斯达黎加政府通过征用土地来扩大自然公园,一片富含生物多样性的大片雨林,它随后被列入世界遗产清单。国际投资争端解决中心根据房产的公平市场价值向投资者赔偿。在这样做时,国际投资争端解决中心重申,国际法允许东道国出于公共目的,在不给予及时、充分和有效赔偿的情况下征用外国所有的财产。有关地区被征用为合法和值得称赞的公共目的这一事实并不影响要支付的赔偿性质或措施。② 在我们看来,这一案例表明,非经济方面的关切需要时间才能完全纳入并与更成熟的投资法规范相平衡。

涉及澳大利亚卡卡杜国家公园的争议是另一个众所周知的案例,证明投资项目可能对文化遗产产生恶劣影响。但是,应该指出,没有外国投资者参与此案。该项目由澳大利亚政府授权,由澳大利亚能源资源有限公司(ERA)管理。卡卡杜国家公园于 1981 年首次列入世界遗产名单,随后在 1987 年和 1992 年因其生态和文化价值而扩大和重新登记,因为它包括 Mirrar Gundjehmi 原住民族的传统土地。当非政府组织和 Mirrar 民族谴责在公园内开铀矿的提议所产生的潜在威胁时,争议就爆发了。他们声称,该矿产将对该地区的生态完整性、现有的考古和岩石艺术遗址以及 Mirrar 居民与土地的传统关系产生不可逆转的影响。世界遗产委员会承认卡卡杜国家公园可能面临的威胁,并威胁澳大利亚将该遗址列入濒危世界遗产名录。委员会最终敦促澳大利亚当局和 ERA 暂停该项目。③ 目前,卡卡杜国家公园的

---

① Case No. ARB/96/1, Final Award of 17 February 2000.

② Case No. ARB/96/1, para. 71.

③ WHC Committee, Report, 22nd Session (30 November-5 December 1998), WHC-98/CONF. 203/18, 29 January 1999, 16-19. See in particular Annex VI. 1, Presentation by Professor Francesco Francioni concerning the World Heritage mission to Kakadu National Park(Australia), 26 October-1 November 1998, 114-17.

自然和文化价值得到了很好的保护。该矿项目处于备用状态,并于1999年底开始进行环境监测。澳大利亚政府还宣布,未来的业务将符合1999年7月向世界遗产委员会提交的承诺。该解决方案表明世界遗产中心的有效性和世界遗产的成功保护取决于委员会通过将有关各方聚集在一起来调解所涉及的不同利益的能力。①

遗憾的是,没有列入世界遗产名单的有价值的财产不能从这种保护中受益。塔拉(Tara)和Mes Aynak两地对文化遗产的威胁证明了这一点。关于塔拉考古景观的争议发生在爱尔兰政府和当地社区之间,爱尔兰政府批准了一个修建高速公路的计划,但该高速公路会将塔拉遗址切断,而当地社区正在准备申请将该遗址列入世界遗产名单。②

马来西亚历史救济组织(Malaysian Historical Salvors, MHS)与马来西亚政府之间的争端揭示了另一种类型的争端,特别是在国家和商业勘探者之间进行搜索和获取历史沉船的事件。③ 一位英国投资者准备收回位于马六甲海峡的木质货船戴安娜中的宝藏,该货船于1817年沉没。戴安娜货船的打捞工作几乎花费四年时间。MHS发现并拯救了近24000件未损坏的中国蓝白瓷器,这些瓷器于1995年以约298万美元的价格拍卖。根据合同条款,马来西亚政府将保留与民族文化相关的文物,而其他物品将在荷兰阿姆斯特丹的佳士得拍卖。马来西亚政府承诺MHS可以得到70%的销售收入,但MHS只收到约40%,并对保留的挽救物品的数量提出质疑。在通过马来西亚国内法院审理损害赔偿的尝试失败后,MHS根据马来西亚—英国双边投资条约转向ICSID仲裁。MHS称,被告违反了有关保护投资和征收的条约规定。被告质疑ICSID法庭没有管辖权,因为争议不涉及投资。该索赔被驳回的理由是索赔人的活动不符合ICSID公约中规定的投资定义。独任仲裁员的结论是,合同不是一项投资,因为它可能给东道国带来的好处只是文化和历史性质。④ MHS根据ICSID公约第52(1)(b)条向ICSID申请撤销裁决,理由是法庭未能"对其所赋予的争议行使管辖权……[ICSID公约]以及

---

① *Australia's Commitments:Protecting Kakadu. Progress Report to the Bureau of the World Heritage Committee*(15 April 2000), issued by the Australian Government as a result of the Decision of the 3ʳᵈ Extraordinary Session of the WHC Committee of 12 July 1999.

② For an overview see < http://www.hilloftara.info >, accessed 15 September 2013.

③ *Malaysian Historical Salvors SDN, BHD v. The Government of Malaysia*, Case No. ARB/05/10, Award on Jurisdiction of 17 May 2007.

④ Paras 133 and 138.

大不列颠联合王国政府之间的协定条款……和马来西亚政府促进和保护投资法"。① 特设委员会在2007年5月17日取消了该法庭的裁决,理由如下:(1)未考虑并适用马来西亚与联合王国之间以广泛和包含的术语界定"投资"的协定;(2)解释所谓的对东道国经济发展的贡献条件,以排除小额捐款和文化及历史性贡献;(3)没有考虑到ICSID公约的准备工作,特别是得出的结论与起草人拒绝投资的决定不一致。② 这意味着将来可能会在MHS或其他打捞公司的要求下建立一个新的ICSID法庭,一方面要保护文化遗产利益,或者更确切地说,对历史沉船的打捞和保护,另一方面,要促进外国投资的兴趣。③

7. 科学界

考古学家、民族学家、人类学家、艺术史学家和保护者等专家所扮演的角色很有意思。他们不反对机构间或政府间的易货贸易或文物贷款,但他们积极反对艺术品贸易。他们认为,艺术市场会导致盗窃、非法出口、抢劫考古遗址和伪造艺术品。只有消除贸易才能真正促进文化遗产的保护。他们的逻辑很简单,如果收藏家不希望拥有艺术品而经销商不处理文物,就没有市场;如果没有市场,古物的非法贩运就会消失,反过来,也没有学者以外的任何人的激励。④

贸易支持者和科学界的另一个摩擦是,科学界厌恶艺术市场,因为艺术市场关注艺术作品的所有权、价值和美学。相反,在艺术史学家、考古学家和人类学家中,人们致力于通过物理保存来保护物体信息。考古学认为没有语境的物体实际上无用。很明显,如何使用花瓶,在什么场合和由谁使用花瓶,大大增加了我们对人类语境的理解。⑤ 通过细致的地层挖掘实现遗址的教育和科学价值:遗址是物质文化的复合体,包括建筑、陶器、宗教和艺术品、日常生活工具、珠宝、书面文字和墓葬。这些遗骸保留在连续的层中,记录了文化随时间的演变。通过对与建筑和景观特征相关物体的科学挖掘过

---

① *Malaysian Historical Salvors SDN , BHD v. The Government of Malaysia* , Case No. ARB/05/10 , Decision on the Application for Annulment of 16 April 2009 , para. 1.

② Para. 80.

③ On this relationship see V. Vadi , ' Culture , Development and International Law : The Linkage between Investment Rules and the Protection of Cultural Heritage ' , in : Borelli and Lenzerini (eds) , *Cultural Heritage* , *Cultural Rights* , *Cultural Diversity* , pp. 413-34 (n 50).

④ C. Renfrew , ' Collectors Are the Real Looters ' (1993) Vol. 46 *Archaeology* pp. 16-17.

⑤ Prott and O'Keefe , ' " Cultural Heritage " or " Cultural Property " ? ' , p. 308 (n 24).

程中的原始背景仔细分析,考古学家可以与许多不同领域的科学家合作,重建一个场地居住的每个时期的文化。这使我们能够理解该文化的各种特征。没有两个遗址或物品是相似的,并且每个遗址或物品只能通过它们在未受干扰的环境中与其他物品和结构的关联来完全解释。[①] 因此,从他们的角度来看,秘密挖掘无论是由专业的盗墓者(或在意大利被称为 *tombaroli*)、业余寻宝者,还是当地贫困的猎人所实施的,都是无关紧要的。所有人都同样对考古记录的损害感到内疚。此外,贸易反对者认为,艺术品经销商和拍卖行有特殊的责任,因为他们的做法可能会掩盖物品的真实来源,从而有利于窃贼和犯罪组织利用艺术品交易洗钱。他们认为,如果没有某种形式的严格监管,艺术市场就永远不会有透明度。

　　与人们的期望相反,这些专家在文化遗产争议方面的作用并不是微不足道的。当然,人们可以考虑关于艺术品真实性和归属的合同索赔的判例法。这些案件涉及评估该物品的专家与基于这种评估进行购买的个人或交易商之间的冲突。除了这类纠纷,科学界对属于部落社区的文物和遗骸的研究、保护和展示也是诉讼的另一个来源。当然,专家的工作对于研究和记录墓穴、文物、考古遗址和人体组织中包含的信息是基本的,这一点不容置疑。科学信息对于理解我们共同的过去非常重要,而不仅仅是特定国家公民祖先的生活。但是,科学家的利益不应该超越国家和社区在文化材料的遣返和完整性方面的利益。将对原社区具有文化价值的物品归还给研究人员或对其进行实物保护是站不住脚的。吸引博物馆、收藏家和科学家兴趣的大部分内容都不是宝贵的财富,而是艺术家或工匠在日常生活、丧葬仪式或其他仪式中使用、消费甚至销毁的物品。考虑一下祖尼人,美国西南部的美洲土著部落的战争之神。这些圆柱形木制雕塑旨在暴露在空气中,以便它们可以作为宗教物品履行任务,即作为部落的守护者,直到被新的部分代替。因此,暴露于大气条件下的分解对于它们的功能是必要的。[②] 另一个有趣的例子是萨尼石碗。它是由一位农民发现的,并最终被温哥华的西蒙弗雷泽大学博物馆与萨尼奇土著文化协会达成协议,以防止从加拿大出口。根据协议,博物馆将所有权转让给协会,同时保留监护权。但是,如果协会希望就展览、仪式用途或其他目的达成协议,协议规定可以临时拆除石碗。

---

　　① 美国诉 Schultz,美国考古研究所、美国人类学协会、美国考古学会、历史考古学会和美国国际古迹和遗址理事会委员会提交的支持美国政府的简报,9—10。

　　② Gillman,*The Idea*,p. 70(n 45)。

问题出现了,如果根据萨尼的传统使用石碗,可能会遭受严重损坏,例如将其置于火中进行清洁。出现的问题是博物馆馆长是否有权拒绝开放石碗,或者他们是否有权就石碗的处理和使用向协会提出建议。[①]

(五)物品的利益

许多作者建议将艺术品本身的利益置于利益相关者的利益之下。这意味着人工制品和纪念碑不应被视为仅仅是"对象",而应被视为有权获得特定保护和保护权利的"主体"。[②] 这个建议并不意味着具有挑衅性。例如,在希腊,帕特农神庙大理石自 19 世纪以来一直被人格化。这种希腊国家的想象力反映在当前的官方言论中,该言论声称要求他们返回祖国的是大理石本身,以及谈论被监禁的大理石的悲伤和伤感的非官方话语。这种话语意味着人工制品不仅仅是祖先的重要功绩。他们自己就是祖先。[③] 此外,在不同意西方财产概念的社会中,并不排除艺术品可能被赋予法人资格。这得到了许多判决的支持,其中所声称的动产被理解为合法行为者。在归还战争之神的情况下,丹佛艺术博物馆正式承认,祖尼人认为战神对其宗教表现至关重要,而不仅仅是一个象征或艺术品。[④] 在 *Mullick v. Mullick* 中,枢密院认为印度教家庭偶像不仅仅是动产,而是被视为神圣或由上帝制造。因此,它不能由所有者拥有或处理,因为她以与处理普通商品相同的方式感到高兴。因此,它被视为一项法律实体,其本身有权履行义务,并有权在法庭上拥有自己的利益。[⑤] *Milirrpum* 案中采用了类似的尊重遗产的态度。[⑥] 法官考虑了澳大利亚原住民与其部落土地的关系,并承认他们不相信土地属于他们,而是他们属于土地,并且是由他们的精神祖先托付给他们的,因此他们有对它的具体职责和对其进行的仪式。

---

① O'Keefe,'Repatriation',p. 236(n 163).

② See E. Hoxhaj,'The Protection of Cultural Property:"The Right of Stones and Monuments"',in:E. R. Micewski and G. Sladek(eds),*Protection of Cultural Property in the Event of Armed Conflict-A Challenge in Peace Support Operations*(Vienna:Austrian Military Printing Press,2002),pp. 46-8.

③ Y. Hamilakis,'Responses'(2007)Vol. 14 *International Journal of Cultural Property* pp. 160-2.

④ 1978 年,Zuni 领导人要求遣返他们的战神,理由是:(1)没有人有权将这些战神从他们的神社中移走;(2)被移除的战神被视为被盗或非法移除;(3)战争之神需要在正在进行的 Zuni 宗教中回到适当的位置。到 1995 年,美国博物馆和私人收藏家归还了大约 80 名战神。See Gillman,*The Idea*,p. 70(n 45).

⑤ (1925)LR LII Indian Appeals 245,cited in Prott and O'Keefe,'"Cultural Heritage" or "Cultural Property"?',p. 310(n 24).

⑥ *Milirrpum v. Nabalco Pty. Ltd*(1971)17 FLR 141,cited in Prott and O'Keefe,'"Cultural Heritage" or "Cultural Property"?',p. 310(n 24).

考虑到有争议物品利益的建议唤起了约翰·H.梅里曼（John H. Merryman）提出的"面向物品的方法"。① 根据这位作者的说法，除了追求"获取"和"真实"之外，"保存"的价值至关重要，因为艺术有利益不会有风险。这可能证明从原始背景中转移艺术品是合理的。我想到了各种各样的例子。1940年，加拿大政府允许审理一些属于波兰的艺术珍品范畴的案件。这些物品在德国侵略军占领之前就从克拉科夫的一个博物馆里搬走了。这些宝物于1960年归还波兰。② 1998年，为了应对在阿富汗的持续破坏和抢劫，北方联盟和塔利班一起要求瑞士的阿富汗基金会帮助建立一个流亡博物馆。自2000年10月以来，根据与联合国教科文组织达成的协议，在瑞士布本多夫成立的阿富汗流亡博物馆成为收集该国物质文化零散部分的储存库。③ 最后，在20世纪90年代，比利时特尔武伦中非皇家博物馆（RMCA）反对将民族志物品归还刚果民主共和国金沙萨博物馆，理由是返还的作品没有任何价值。由于国家无法保证妥善保管，因此作品无法挽回地遭到恶化，或者最终落入其他国家的私人收藏中。④

涉及土著居民文物的案件挑战了以物品的利益为核心的保护方式的有效性。事实上，部落艺术不应该根据博物馆标准"保存"或被博物馆观众"赞赏"。如上所述，根据原产地的习俗，它被构思和精心用于仪式和庆典。因此，独立于人类及其历史来定义艺术或文化时，以物品为中心的方法似乎不合理。为了文物而不是为了对其有意义的人民进行保护是毫无意义的。⑤

---

① J. H. Merryman, 'The Nation and the Object' (1994) Vol. 3 *International Journal of Cultural Property* pp. 61-76, 64-5.

② J. Greenfield, *The Return of Cultural Treasures* (Cambridge: Cambridge University Press 2007), p. 386.

③ 阿富汗流亡博物馆于2007年关闭，当时收集了大部分藏品，< http://www. unesco. ch/af-ghanistanmuseum >，于2013年9月15日访问。

④ 1976年RMCA归还的许多物品随后因主席离开引起的政治动荡而被盗，Mobutu. G. Gryseels, 'Assuming Our Responsibilities in the Present' (2004) No. 1 *ICOM News* p. 8.

⑤ Loulanski, 'Revising the Concept', pp. 215-16 (n 5).

第三章
审查现行法律制度

第一节　法律框架

一、引言

自 19 世纪末以来,人们已采用了几种法律工具来保护文化遗产。在国家层面,几乎所有国家都颁布了承认文化物品特殊性的法律,并决定是否应在何种程度上以及以何种形式和内容对这类物品进行具体的法律制度管理。这些国内监管制度的内容各不相同,但具有一些共同特征:它们旨在保护文化遗产免遭非法贩运,并提供比通常适用于普通财产的制度更多的保护性和较少的贸易导向的规则。① 在国际层面,区域和国际组织已通过规则和原则采取行动,因为人们认为国内法不足以应对这一特定领域的各种挑战。这一渐进过程的结果是,关于文化遗产的国际法已成为国际法的一个独特领域。

本章的第一部分旨在准确地研究该制度的组成部分,并确定其优点和缺点。首先,它将研究适用于可移动艺术品的国内法,而这些国内法通常在归还案件中岌岌可危。接下来,它将转向国际文化遗产文书,以审查可用的争端解决条款。本章的最后部分将讨论有关国家豁免权和责任等有争议的问题。

二、国内立法

许多国家制定了旨在保护被视为国家重要遗产的文物的立法。此类立法可以采取多种形式,从严格的国家控制到分散的、区域管理的法律,并

---

① G. Carducci, 'The Growing Complexity of International Art Law: Conflict of Laws, Uniform Law, Mandatory Rules, UNSC Resolutions and EU Regulations', in: B. Hoffman (ed.), *Art and Cultural Heritage: Law, Policy and Practice* (Cambridge: Cambridge University Press, 2006), pp. 68-85, 69-70.

可以行使各种职能:(1)通过规范国家优先购买权来控制文化资产的转让;(2)通过识别和登记一个或多个清单来控制属于国家遗产的文化物品在国家内的位置;(3)划定区域用以保护遗产,以防止对古迹和遗址的更改或破坏,同时也能防止对古迹和遗址附近区域的破坏;(4)定期检查和限制私人文化财产的使用;(5)要求采取保护措施;(6)规范公众或学者的出入;(7)监督挖掘活动;(8)对偶然发现的所有权奖励机制进行规范;(9)建立行政和刑事制裁;(10)履行国际义务。此外,可移动文化财产还受其他不同专业法律学科的约束,包括财产法、合同法、保险法、版权法、税法和行政法。

为了研究解决国际文化遗产纠纷的问题,本部分将重点介绍有关可移动艺术品的国内规则。原因有两个:第一,因为绝大多数跨国争端是由于违反这些规则引起的;第二,因为这些规则不仅具有减少艺术品非法贩运的作用,而且还具有限制文物合法流通的作用。值得强调的是,在国际层面,艺术品的流通已作为提高学者和公众的获取途径的中心地位,而在国家层面,艺术品流通仍然被视为基本保护目标的一个方面。①

(一)文物所有权和文物出口的法律

世界各地的来源国都试图通过执行特定立法来制止非法贩运可移动文化物品。尽管这些法律因国家而异,但它们倾向于两种形式。第一,继承法规定某些类别的文化物品的所有权归属国家。国家并不是代表真正所有者的监护人或保管人,而是作为专属所有者。因此,这类立法可能要求文化遗产的发现者向国家报告,如果发现者未报告,则国家可以将其没收。这意味着未经许可移走古物的人被视为小偷,并且该古物是被盗的财产。这些法律的主要功能是通过使掠夺的古物无法出售来阻止考古现场被秘密挖掘。从逻辑上讲,他们还旨在从随后的购买者那里收回赃物,并惩处罪犯。

第二,禁止或限制文化物品出口的规范。与继承法相比,出口管制不影响物权,因为其根本目的是防止艺术品和古物外流。出口管制不仅适用于列入国家遗产的文物,而且还适用于颁布出口管制时属于私人所有的物品。这种类型的规则包括三个子类别。第一个子类别是完全禁止出口(禁运法),通常包括国家优先购买权。在这种情况下,文化物品属于公共领域或

---

① L. Casini, 'I beni culturali e la globalizzazione', in: L. Casini (ed.), *La globalizzazione dei beni culturali* (Bologna: Il Mulino, 2010), pp. 11-26, 21.

公共场合,其结果是不可剥夺的(额外商业性)且不受法规时效性约束。[1] 第二个子类别包括完全禁止出口"国宝",以及对其他艺术品的出口许可证的要求。此类法规还赋予公共权力机构优先购买产品并出口的权利,以防止非法出口。第三个子类别包括自由许可制度,在该制度下,广泛类别的艺术品的出口需要出口许可证,尽管国家当局可以行使购买被视为国宝的物品的权利。

继承法与出口法规之间形式上的区别是至关重要的,因为只有前一类享有域外效力。正如约翰·H. 梅里曼(John H. Merryman)所断言,"这是国际私法的一项既定原则,即各国将在司法上执行外国私法权利"。[2] 此类权利包括国内法赋予国家的所有权。[3] 这主要源自以下事实,盗窃被普遍认为是一种犯罪,应受到刑事制裁。[4] 因此,遗产因盗窃而变得一贫如洗的国家被视为被剥夺的个人收藏家。相反,在没有条约或法规的情况下,一国没有义务承认和执行另一国的出口条例。换句话说,尽管来源国可以合法地制定出口管制法,但它们不能为市场国创造一项国际义务来承认和执行这些措施。[5]

---

① 在意大利公共教育部长诉科隆纳·迪·夏亚亲王(1892 *Clunet*,973;1894 *Clunet*,311)一案中,意大利未成功地从法国人那里取回 Barberini 藏品,这与意大利关于不可转让性的立法背道而驰。另见 *Duc de Frias* 诉 *Baron Pichon* 案(塞纳法庭,1885 年 4 月 17 日,1886 年,*Clunet* 593)。它涉及一件银首饰,被西班牙法律承认是不可转让的,但后来被盗并随后卖给了法国的皮琼。塞纳河民事法庭认为,仅适用法国关于不可剥夺性的规则,而不适用西班牙的规则,并且由于根据法国法律货物不可剥夺,因此承认了 Pichon 的所有权。

② 作者警告说,尽管该规则得到了普遍认可,但仍受保护诚信购买者的国家规则的约束。J. H. Merryman,'Cultural Property,International Trade and Human Rights'(2001)Vol. 19 *Cardozo Arts & Entertainment Law Journal* pp. 51-67,58.

③ 美国法院长期以来一直认为,对于根据所有权法将所有权归外国所有的物件的归还要求将是"兑现的"(取决于时效期限和善意购买者的权利)。L. M. Kaye,'Art Wars:The Repatriation Battle'(1998-1999)Vol. 31 *New York University Journal of International Law and Politics* pp. 79-94,80,referring to e. g. *United States v. McClain*(545 F. 2d 988(5th Cir.),*reh' g denied*,551 F. 2d 52(5th Cir. 1977)),and *Kunstsammlungen zu Weimar v. Elicofon*(478 F. 2d 231(1973);536 F. Supp. 829(E. D. N. Y. 1981),*aff' d*,678 F. 2d 1150(2d Cir. 1982)).

④ J. H. Merryman,'A Licit International Trade in Cultural Objects'(1995)Vol. 4 *International Journal of Cultural Property* pp. 13-60,18-19.

⑤ See e. g. *King of Italy and Italian Government v. Marquis de Medici Tornaquinci and Christie's*(1918,34 TLR 623).该案涉及美第奇家族收集的可追溯到 11 世纪至 18 世纪的文件。其中大约一半是国家财产。这些藏品被非法出口到英国,并在佳士得拍卖行出售。应意大利政府的要求,法官下达了禁止出售文件的禁令。但是,该禁令并未涵盖非意大利财产的文件,这些文件随后在拍卖会上出售。对出口限制不可执行规则的批判性分析,参见 J. Gordley,'The Enforcement of Foreign Law',in:F. Francioni and J. Gordley(eds),*Enforcing Cultural Heritage Law*(Oxford:Oxford University Press,2013),pp. 110-24.

传统上,不愿接受出口法律的域外性案例是新西兰总检察长诉奥尔蒂斯案(*Attorney General of New Zealand v. Ortiz*)。① 奥尔蒂斯的问题是毛利人为艺术品——一对雕刻的门板,据称是从新西兰出口的,违反了新西兰法律,并卖给了伦敦一家拍卖行的藏家。新西兰政府提起诉讼,要求予以追回,并称其是所有者,根据国家立法有权拥有该艺术品。两个主要问题是:(1)根据所称事实,索赔人是否已根据新西兰法律获得所有权;(2)如果是,该外国法律规定是否可以由英国法院执行。初审法院维持了原告诉请的案件:斯当葛顿(Staughton J.)裁定,非法出口后所有权自动转移给了新西兰,并且英国法院将根据英国的公共政策承认这种所有权。上诉法院推翻了该决定,并裁定新西兰政府没有获得所有权,因为这些物品在离开该国之前并未被扣押。在向上议院提出进一步上诉后,维持上诉法院的裁决仅基于新西兰未能确立其对雕刻品的权利或所有权:基于对新西兰法规的正确解释,没收不是自动的,但只有在实际扣押了有关物体之后才能发生。重要的是,上议院没有就是否应以外国法律或公法为理由执行该法规的问题进行讨论。上诉法院丹宁勋爵认为,根据国际法,没有一个国家拥有超越其本国边界的主权;因此,任何法院都不会执行外国法律,以允许外国在其权限范围之外行使这种主权。据此,他申明,英国法院不能直接或间接地接受外国君主提起的诉讼,以执行其刑罚、税收或"其他公共法律"。他解释说,"其他公共法律"一词必须理解为包括禁止艺术品出口的立法。②

与人们所期望的相反,继承法与出口法规之间的区别是模糊的。这是由于以下事实,艺术富国提出了归还的请求,即宣布未经许可转移未出土的考古材料即构成盗窃,并且在同一基础上将其出口法视为所有权法,以便获得外国的援助。因此,来源国提出的归还要求通常基于所有权而不是非法出口。即使所请求的物品从未真正属于申诉国也是如此,因为通巴洛利从未知地点掠夺的考古材料就是这种情况。但是,申诉国仅作简单的所有权声明是不够的。因此,法官被要求通过审查所涉国家立法的性质和措辞来

---

① [1982]3 QB 432,*rev'd* [1983]All ER 432,*add'd* [1983]2 All ER 93. 该案之所以怪异,是因为该艺术品被出售的原因是,世界上最重要的古物收藏家奥尔蒂斯先生的女儿被绑架了,他正在出售一部分藏品来筹集赎金。事实证明,其他商品的销售筹集了足够的资金,因此他决定在这种情况下不出售危及预期利润的雕刻品。

② 值得注意的是,丹宁勋爵([1982]3 Al ER 432,第434-5页)引用了意大利国王和意大利政府诉 *Marquis de Medici Tornaquinci* 佳士得(1918,34 TLR 623)的裁决,以及未涉及艺术品出口的案件:Paley Paley Olga 诉 Weisz 等人([1929]1 KB 718,[1929]All ER 513)。

表征这一主张。那么,他可能会或可能不会采用原告的主张。举例来说,美国法官在决定归还债权以核实麦克莱恩理论是否得到满足时,必须仔细审查所涉外国立法的性质和措辞。在麦克莱恩,几家美国艺术品交易商因处理被盗的墨西哥文物而被定罪,并为随后的刑事审判确立了重要标准。根据麦克莱恩理论,只要美国能够证明以下事实,就可以认为该物品在美国被盗:(1)该物品是在其当前边界内发现的;(2)有关的立法明确规定,即使没有实物占有,国家也应拥有这类物品的所有权,而且在该物品被移出该国时,该法律是有效的;(3)外国法律没有违反美国的正当程序概念。[1] 因此,至关重要的是,各国必须对考古物品的国家所有权提供明确的法律规定。由于这些法规必须在外国法院的追回程序中适用,因此关于建设问题外国法官不应被指控。可以很容易地预见到应用麦克莱恩理论的困难,对于已经被非法发掘的文物,证明其来源于现代国家的政治边界内或在特定日期之后被发掘可能非常困难。[2]

(二)协助执行外国法律的法律

联合国教科文组织《关于禁止和防止非法进出口文化财产和非法转让其所有权的方法的公约》(1970 年《联合国教科文组织公约》)第 3 条将"非法进口……所产生的文化财产有悖于其缔约国根据本公约通过的规定"定义为"非法"。尽管措辞通俗易懂,但它是 1970 年《联合国教科文组织公约》中争议最大的条款之一。关于该公约对进口国承担的义务的程度,存在不同的看法。帕特里克·奥基夫(Patrick O'Keefe)坚持认为,根据第 3 条,在本国法律中,当出口国禁止其出口时,缔约国必须"非法"进口人工制品。他认为,公约第 3、6、7 和 13 条支持这种解释。[3] 实际上,来源国法律的效力在很大程度上取决于目的地国是否存在适当的立法措施。但是,并非所有国家都采取了此类措施。这是由于以下事实,文化物品的进口损害了外国的

① *United States v. McClain*,545 F. 2d at 1001-1002. See P. Gerstenblith, 'The McClain/Schultz Doctrine:Another Step against Trade in Stolen Antiquities' (2003)13 *Culture without Context*, < http://www. mcdonald. cam. ac. uk/projects/iarc/culturewithoutcontext/contents. htm >, accessed 12 September 2013. 麦克莱恩主义(及其后代)反映在 1995 年《统一私法公约》第 3 条第 2 款规定:"在与发掘所在国的法律一致的情况下,被非法挖掘或合法挖掘但非法保留的文物应视为被盗。"

② 参见秘鲁政府诉约翰逊(720 F. Supp. 810,CD Cal. 1989)一案,地方法院在该案中认定,秘鲁有关涉嫌出口的法律不够具体,不足以赋予国家所有权,而原告无法证明有关物体来自秘鲁。

③ P. J. O'Keefe, *Commentary on the UNESCO 1970 Convention on Illicit Traffic* (2nd edn., Leicester:Institute of Art and Law,2007), pp. 41-3.

继承权而不是本国的继承权。澳大利亚是一个例外。尽管它不是主要的艺术市场国家,但澳大利亚是来自其邻国的物品的中转站。澳大利亚政府在1986年通过了《保护性文化遗产保护法》之后,于1989年将其加入1970年《联合国教科文组织公约》的文书交存。该法令规定,进口原产国法律禁止出口的物品属于犯罪。①

在世界最大艺术市场所在地美国,②有四项立法值得一提。其中,只有《哥伦布前纪念碑或建筑雕塑或壁画的进口条例》③似乎执行了1970年《联合国教科文组织公约》第3条。该法规禁止将有限种类的物品进口到美国,也就是说,所有物品都是哥伦比亚前印第安人文化的产物,并且已经非法出口。根据规定,必须扣押这些物品并将其归还其原产国。但是,该法规的局限性在于,适用范围之内的物品只能由美国当局识别,并且要求原籍国承担有关归还物品的所有费用。④

《国家被盗财产法》(*The National Stolen Property Act*, NSPA)是一项联邦刑事法规,禁止运输、传输、转让、收据、拥有、隐藏、储存、以货易货、出售或处置价值超过5000美元的被盗商品。如果商品已越过本州或美国边界,并知晓他们已经在国外被盗。⑤ 如果违反NSPA,美国政府可以对违法者施加严厉的刑事处罚,并对被盗财产进行物有所值的没收诉讼。该法令适用于外国明确声明属于国家遗产的物品,因此无须在美国盗用该财产以使NSPA发挥作用,并且被盗财产的合法所有人是外国的事实具有对NSPA下的起诉没有影响。因此,NSPA(如国内法院所解释的那样)有可能在美国承认来源国的政策和继承法并在其范围内产生域外效力,而不管美国是否与这些国家或地区签订了双边协议。通过将交易偷窃的艺术品定为犯罪,NSPA有助于减少市场需求,并为破坏性掠夺考古遗址提供了经济犯罪诱因。除开创性的麦克莱恩案外,舒尔茨案还证明了美国有能力根据NSPA起诉贩运被盗

---

① 这项立法允许在2011年3月将一些铜器归还柬埔寨。这些物品从坟墓中被抢掠并非法出口到澳大利亚,并在eBay上出售。教科文组织促进文化财产返还其原籍国或在非法划拨情况下归还的政府间委员会,秘书处报告,第十七届会议,CLT-2011/CONF. 208/COM. 17/2REV,2012年5月,附件。

② See S. Urice and A. Adler, 'Unveiling the Executive Branch's Extralegal Cultural Property Policy' University of Miami Legal Studies Research Paper No. 2010-20, < http://papers. ssrn. com/sol3/papers. cfm? abstract_id = 1658519 >, accessed 15 September 2013.

③ 19 USC § § 2091ff(1972).

④ See §2091 and §2093(b).

⑤ 18 USC § §2314-2315(1976).

考古文物的人。① 在这种情况下,被告被判有罪,罪名是串谋收受在国家间和外国商业中违反 NSPA 运送的被盗财产。概括地说,法院将 1983 年的埃及相关法律解释为所有权法,并得出结论认为,NSPA 适用于违反外国继承法而被盗的物品。因此,它清除了美国法律用于执行外国法律的方式。

《考古资源保护法》(*The Archaeological Resources Protection Act*, ARPA)② 保护至少有 100 年历史的联邦和印第安人土地上的考古资源。为了实现这些目标,它把非法挖掘以及违反 ARPA 的挖掘或转移考古资源的行为定为犯罪。有趣的是,虽然 ARPA 的通俗语言及其立法历史宣告了 ARPA 的目的是保护源自美国的考古资源,但自 1996 年以来,联邦律师至少四次将 ARPA 应用于从国外盗窃的考古资源:第一次涉及被盗的手稿;③第二次是古代花瓶;④第三次是秘鲁的手工艺品;⑤第四次是亚洲古物。⑥

第四个需要审查的立法是《文化财产公约执行法案》(*Convention on Cultural Property Implementation Act*, CCPIA)。⑦ 美国通过该法案实施了 1970 年的《联合国教科文组织公约》。CCPIA 的主要目的是对文化财产实行进口管制,并协助 1970 年《联合国教科文组织公约》的其他缔约国追回文化财产。特别是,CCPIA 允许美国政府根据《联合国教科文组织公约》的另一方的要求,对被盗和非法出口的考古或人类学材料实行进口限制。任何指定或被盗的财产都将根据治安法官或法官的手令予以扣押和没收。如果拥有人败诉,如果该国同意承担返还的所有费用,则政府将财产退回原籍国。CCPIA 仅规定民事没收文化材料,没有刑事处罚。实际上,CCPIA 是一项进口法,而不是刑法。文化财产咨询委员会负责审查进口禁令是否合规,并且必须确定:

---

① *United States v. Schultz*, 178 F. Supp. 2d445 (S. D. N. Y. 3 January 2002), *aff' d*, 333 F. 3d 393 (2nd Cir. (NY) 10 June 2003). 也可参见 *United States v. An Antique Platter of Gold* (991 F. Supp. 222 (S. D. N. Y. 1997), *aff' d*, 184 F. 3d 131 (2d Cir. 1999)).

② 16 USC §§ 470aa-470mm, of 1979.

③ *United States v. Melnikas*, 929 F. Supp. 276 (S. D. Ohio 1996). 手稿符合 ARPA 中"考古资源"的定义,是具有 100 多年的历史和科学兴趣的项目(16 USC § 470bb)。

④ *United States v. An Archaic Etruscan Pottery Ceremonial Vase C. Late 7th Century*, BC, No. 1; 96-cv-09437 (S. D. N. Y. 24 March 1997).

⑤ M. Glod, 'Arlington Man Pleads Guilty to Selling Protected Artifacts', *Washington Post*, 25 September 2003.

⑥ E. Wyatt, 'Four California Museums Are Raided', *The New York Times*, 25 January 2008.

⑦ 19 USC §§ 2601-2613, of 1983.

"(一)缔约国的文化遗产受到缔约国考古或人种学资料掠夺的危害;(二)缔约国已采取符合[1970年教科文组织]《公约》的措施来保护其文化遗产;(三)适用进口限制……在防止严重抢劫情况上将产生重大好处……(四)进口限制的适用……符合国际社会出于科学、文化和教育目的而在国家之间交换文化财产的普遍利益。"①

然后,文化财产咨询委员会向美国国务院提出有关进口禁令请求的行动建议,在适当的情况下,可以与请求国订立双边协议,也称为谅解备忘录。② 双边协议最多可持续五年,只要满足CCPIA要求的条件即可无限期续签,并且仅适用于指定的文化材料。③

在1970年《联合国教科文组织公约》获得批准之后,英国于2003年通过了《处理文化物品(犯罪)法》。奇怪的是,该法案并未通过以保证执行《联合国教科文组织公约》的规定。英国政府感到满意的是,现有立法在这方面已足够。相反,该法案旨在通过制定新的罪名来补充和加强《联合国教科文组织公约》的执行。这就使得那些处理在英国境内或境外被非法移走或挖掘的物品("受污染的文物")成为非法行为,而被侵权的法律是国内的还是国外的则无关紧要。它不适用于博物馆盗窃或生效之前非法挖掘的物品。④

瑞士通过颁布《文化财产转让法》(*Loi sur le Transfert des Biens Culturels*, LTBC)实施了1970年《联合国教科文组织公约》。⑤ 这项符合1970年《联合国教科文组织公约》的法律的目标是"帮助保护人类文化遗产,防止盗窃、抢劫和非法进出口文化财产"。⑥ 该立法提供的执法协助基于以下四种方式:(1)双边协议;(2)对国家博物馆官员和艺术品交易商采取更加严格的关心;(3)在刑事事项上的新的国际合作;(4)加强对自由港的管制。⑦ LTBC第7条规定,只要满足以下条件,瑞士联邦理事会可与其他1970年《联合国教科

① 19 USC § 2602(a)(1).

② 19 USC § 2602.

③ 19 USC § § 2602(e) and 2604.

④ Department of Culture, Media and Sport, *Report of the Advisory Panel on Illicit Trade*, 2000.

⑤ *Loi sur le Transfert des Biens Culturels*, No. 444.1, 20 June 2003.

⑥ LTBC, Art. 2(2).

⑦ M. -A. Renold, 'Le droit de l'art et des biens culturels en Suisse: questions choisies' (2010) Vol. 129 *Revue de droit suisse* pp. 137-220, 182.

文组织公约》缔约国缔结关于进口和返还文化财产的双边条约:(1)该协议适用于对有关国家遗产具有重要意义的物品;(2)外国法律限制此类物品的出口;(3)必须在对等的基础上实施控制。因此,违反了出口法规的外国都可以归还财产,而不管其拥有者的善意如何,以及瑞士《民法》规定的五年采购期。这意味着瑞士政府在执法方面提供的协助并不取决于相关的外国法律是否将所有权转让给了外国。关于诚信,LTBC 不仅对购买者而且对他们的代理商都施加了高标准的尽职调查义务。第 16 条规定,如果交易商或拍卖商对这些物品的出处有任何疑问,则不能进行任何艺术品交易。因此,负担不仅在购买者的肩膀上,而且在商人的肩膀上。LTBC 的另一个重要方面则是将自由港纳入法律范围。LTBC 第 19 条第 3 款规定,储存到自由港的文化物品可以进口到瑞士。这意味着艺术品可以根据现有的双边协议接受海关管制和归还程序。① 除了 LTBC,瑞士政府还朝着规范艺术品交易迈出了一步,即通过了新的海关法。② 根据这项新法律,文化物品属于“明智的机械人”的定义范畴,为此提供了特定的规则。特别是,仓库管理员必须保留详细的库存,并且必须随时允许海关控制。③

(三)归还土著人民遗产的法律

从 20 世纪 90 年代起,一些国家通过了专门的文书,以方便返还土著人民的文化遗产。总的来说,这一过程导致人们承认土著人民遭受了重大文化损失,文化遗产是土著人民自决权的重要组成部分。④ 这些法律框架具有三个基本特征:(1)它们受到国际法发展的启发;(2)它们认识到,土著人民在其遗产中的利益必须优先于其科学和教育重要性;(3)它们旨在通过合作和创新伙伴关系促进物品的返还。实际上,这种立法鼓励博物馆和其他机构与土著人民对话。这使土著群体可以直接参与归还过程以及与他们的遗产有关的所有策展决定。⑤

---

① LTBC, Art. 9.

② *Ordonnance sur les douanes*, No. 631. 01, 1 November 2006.

③ 海关法第 184 条规定,清单中的每个物品都必须包括原产国(原产地)证明、价值和有权处置有关财产的人员的地址。

④ A. F. Vrdoljak, *International Law, Museums and the Return of Cultural Objects* (Cambridge: Cambridge University Press, 2006), p. 275.

⑤ J. A. R. Nafziger, ' Cultural Heritage Law: The International Regime ', in: J. A. R. Nafziger and T. Scovazzi (eds), *The Cultural Heritage of Mankind* (Leiden/Boston: Martinus Nijhoff Publishers 2008), pp. 213-4.

　　加拿大是唯一一个拥有大量土著人民而又没有原住民方面立法的国家。无论如何,加拿大依靠的是原住民团体、博物馆与管理当局之间的协议程序,该程序由《加拿大博物馆与原住民特别工作组报告》指导。① 相反,美国拥有最全面的国家立法,即《美国原住民坟墓保护和遣返法案》(*the Native American Graves Protection and Repatriation Act*,NAGPRA)。② 本质上,此立法赋予了公认的土著群体所有权,并控制着在联邦和部落土地上发现的遗骸和文物。NAGPRA 框架的基本前提是承认美国原土著部落和夏威夷原住民享有其文化遗产的权利高于科学界和博物馆界的利益。因此,NAGPRA 规定对文化材料和人类遗迹的出处和返还进行调查。为此,法律要求联邦机构和由联邦政府资助的博物馆提供美国原土著遗迹和物品的清单。完成后,必须将清单通知给土著人民团体。关于归还的请求,土著人民团体必须提出初步证据,证明该机构没有在有权转让该物品的个人或团体自愿同意的情况下获得该物品的所有权。然后,负担转移到控股机构,以证明其具有合法的占有权。NAGPRA 还对未经许可的挖掘和从联邦和部落土地上转移遗迹和相关物品的行为提供刑事制裁。为了监督这些措施的执行,NAGPRA 成立了一个审查委员会。自引入以来,NAGPRA 在促进土著团体、博物馆和联邦机构之间的磋商、合作与共同协议,以及解决对土著文化的利益至关重要的归还问题方面发挥了重要作用。③ 它成功的主要原因几乎可以肯定地在于:首先,NAGPRA 不受时效法规的限制;其次,申诉人的权利不取决于特定物品的出处,而更多地取决于物品本身的性质。但是,该行为受到两个重大障碍的限制:(1)NAGPRA 仅涉及联邦认可的部落;(2)该法案仅限于联邦机构和由联邦政府资助的博物馆。因此,它不涵盖私人收藏中或位于美国管辖范围之外的文物。④

　　自 20 世纪 90 年代以来,澳大利亚的博物馆界自愿选择与土著人民进行对话。这一过程在 2005 年达到高潮,即采用了一套原则和指南,不断进行文化持续责任(the Continuous Cultures Ongoing Responsibilities,CCOR)。CCOR 呼吁博物馆承认当代土著文化习俗及其返还和土地所有权的合法性。它还申明,博物馆必须尊重澳大利亚土著人的文化和知识产权及其习惯做法。

---

①　Canadian First Nations Sacred Ceremonial Objects Repatriation Act,RSA,Ch. F-14(2000).

②　25 USC § 3001 et seq. (2007)1990.

③　Nafziger,'Cultural Heritage Law',pp. 215-6(n 36).

④　Vrdoljak,*International Law*,pp. 278-81(n 35).

但是,CCOR 的效力受到其自愿性的限制:澳大利亚博物馆受道德约束而不是法律义务约束。这表明澳大利亚博物馆界和澳大利亚政府的承诺有限。无论如何,CCOR 承认博物馆仅是本土文化材料的保管人,并规定可以在不提及法定所有权的情况下将人类遗迹和神圣材料返还。①

(四)返还大屠杀相关艺术的法律

关于第二次世界大战期间掠夺的艺术品归还的国内立法也值得考虑。1945 年之后,为在国内实施 1943 年《伦敦宣言》②而通过的关于废除文物交易的特设法规并非总能取得预期的结果。这些法律通常被终止,提出索赔的通常期限为二到六年。例如,1947 年 12 月废除了 1945 年《关于归还被掠夺财产的瑞士法令》。此外,人们对这些法律进行了严厉的管理。例如,根据 1946 年的奥地利法律,不希望在遭受迫害的国家居住并仍在奥地利居住的犹太幸存者发现,联邦纪念碑局的官员要求他们捐赠有价值的艺术品,作为获得剩余物品出口许可证的条件。③

目前,已有实践表明,尽管有这些法律,大屠杀幸存者及其家人即使要找到被抢劫的艺术品,也仍然面临着重重的法律障碍,难以取回被掠夺的艺术品。例如,2006 年的一桩诉讼案就证明了这一点,当时奥地利克雷姆斯市拒绝了归还纳粹 1938 年扣押的两幅画的请求,并以奥地利的法律不适用于省或市拥有的财产为理由。④

英国议会于 2009 年制定的《大屠杀(文化物归还)法》有所不同。⑤ 在英国,即使事实证明在战时被盗,博物馆也禁止从其藏品中移走任何艺术品。如果掠夺品咨询委员会(Spoliation Advisory Panel)推荐,则该法律使国家博物馆和美术馆可以出售并归还纳粹时代被盗的艺术品。⑥ 但是,该法案自通过之日起 10 年内失效(第 4 条第 7 款)。这使国家政治博物馆可以有相当长的时间审议索赔条件是否合理。

前面的例子很自然地导致了为建立特别赔偿委员会而制定的法规的考

---

① Vrdoljak, *International Law*, pp. 285-6 (n 35).

② *Declaration of the Allied Nations against Acts of Dispossession Committed in Territories under Enemy Occupation or Control*, London, 5 January 1943, (1943, 8, Department of State Bulletin 21), signed by 17 governments and by the Comité National Français.

③ *Maria Altmann v. Republic of Austria*, 317 F. 3d 954, at 960(9th Cir. 2002).

④ K. Siehr, 'Chronicles' (2007) Vol. 14 *International Journal of Cultural Property* pp. 477-557,556.

⑤ See < http://www. legislation. gov. uk/ukpga/2009/16/contents >, accessed 15 September 2013.

⑥ See Ch. III, Part B, s 5. 3.

虑。华盛顿原则推动了这种立法。[①] 这些原则虽然不具有约束力,但要求"公正和公正的解决方案",并向各国施加道义上的压力,以识别和宣传被盗艺术品并协助其返回原始所有人。原则 10 规定,"应建立委员会或其他机构,以查明纳粹没收的艺术品并协助解决所有权问题"。已经在德国、法国、荷兰、奥地利以及如上所述的英国设立了特别委员会。所有这些非司法机构都已取得了重大的成就,即使其决定仅仅是不具约束力的建议。这样做的重要性在于,这些委员会通常有权基于道义或道德理由提出返还的建议,例如通过提及损失的情况,前所有人的命运以及索回被掠夺的物品的努力水平。

(五) 反扣押法令

申诉人在寻求归还文物时可能会遇到的法律障碍包括给予暂时从国外借来的物品免于扣押的法律规定。保护借来的艺术品免遭扣押已成为博物馆的主要关注点。各种争议已明确表明,此类展览面向公众以及不可避免地要对潜在申诉人进行审查。实际上,这些法律的通过主要是由于越来越多的法律纠纷。在实践中,似乎存在两种主要情况。第一种情况是个人申诉人在借用国提出所有权诉讼时发生的。[②] 在这种情况下,申诉人的行为基于艺术品从他们或他们的祖先手里被盗,通常是东欧共产主义政权或纳粹政权下令没收的结果,以及后来的任何转渡都无法取消原始所有权。如果申诉人是国家,则该诉讼基于所有权法。第二种情况是,出借人的债权人已经对出借人作出判决,试图通过扣押出借人位于借用国的资产来执行该判决。在这种情况下,第三方申诉人可以依靠国际规则,在该国法院的协助下执行外国判决,以获得可以在判决前或判决后执行的附加措施。[③] 在这两种情况下,都在借用国提出申诉,因为在借出国无法采取行动或执行。

因此,反扣押法的目的是双重的:(1)防止借用国法院以与借出协议无关的理由扣押借来的艺术品;(2)克服博物馆和收藏家不愿将其艺术品借给外国司法管辖区的心理,促进国家间艺术品交流。

---

　　① 会议是在美国的倡议下于 1998 年 12 月举行的,目的是找到纳粹掠夺的文化财产问题的一般解决方案。

　　② L. M. Kaye,'Art Loans and Immunity from Seizure in the United States and the United Kingdom'(2010)Vol. 17 *International Journal of Cultural Property* pp. 335-59,353.

　　③ N. Palmer,'Itinerant Art and the Architecture of Immunity from Legal Process:Questions of Policy and Drafting'(2011)Vol. 16 *Art Antiquity and Law* pp. 1-23,5-6.

迄今为止,只有少数国家通过了反扣押法。① 不足为奇的是,这些国家具有举办艺术展览的传统,国际借贷的法律安全是这些国家的中心问题。的确,国际展览的成功已成为国际博物馆界的命脉,而国际展览的成功取决于艺术借贷人对他们的艺术品将被安全退还的保证。

俄罗斯和英国之间关于"来自俄罗斯:莫斯科和圣彼得堡的法国和俄罗斯大师油画1870—1925"展览的讨论就充分说明了这些方面。俄罗斯几乎取消了与伦敦皇家艺术学院的交易,因为担心在布尔什维克革命期间被没收的艺术品的所有者的后代可能会寻求收回其财产。直到英国议会通过立法赋予该藏品免于扣押之前,讨论一直处于僵局。② 俄罗斯当局的担心并非没有根据。在20世纪90年代,布尔什维克没收的许多艺术品都是激烈的司法纠纷的对象。1993年,法国国民伊琳娜·舒基纳(Irina Shchukina)是俄罗斯商人兼艺术收藏家谢尔盖·伊万诺维奇·舒金(Sergei Ivanovich Shchukin)的女儿,在法国法院提起诉讼,要求从冬宫和普希金博物馆借阅法国的马蒂斯画作。她认为,布尔什维克的国有化是盗窃,因此在法国必须无效。作为回应,俄罗斯为自己和所涉的两个俄罗斯博物馆主张主权豁免,后者反过来认为文化交流的利益应胜过"无礼的"主张。法国法院驳回了该诉讼,并确认了俄罗斯联邦主权豁免的效力。③

这个例子表明,反扣押立法涉及两个明显的问题:(1)不得就借出的物件进行司法程序;④(2)用来制止文化物品非法贸易的法律文书和人权立法

---

① 已颁布反扣押法的国家包括澳大利亚、法国、德国、瑞士、荷兰、英国和美国。加蒂尼(A. Gattini),"根据对国家文化财产贷款的限制措施获得的国际习惯法豁免的性质",刊载于:I. Buffard et al. (eds), *International Law, between Universalism and Fragmentation. Festschrift in Honour of Gerhard Hafner*(Leiden/Boston:Martinus Nijhoff Publishers,2008), pp. 421-40,425-6。

② Tribunals,Courts and Enforcement Act 2007, Pt 6, ' Protection of Cultural Objects on Loan ', <http://www. legislation. gov. uk/ukpga/2007/15/contents > ,accessed 15 September 2013. M. Stephens, ' A Common Thief Does Not Obtain Ownership of Stolen Goods, and It Is No Different When the Thieves Are the Bolsheviks', *The Art Newspaper*,31 January 2008.

③ *Shchukin v. le Centre National d' Art et de Culture Georges Pompidou and Others*(TGI,1eme Ch. ,1 Sect. ,16 July 1993). 舒金家族的继承人在2000年继续寻求正义,当时舒金的孙子要求罗马地方法官扣押一本在罗马借来的马蒂斯画作。展览被取消,这幅画在意大利法官举行第一次听证会之前返回俄罗斯。希尔(Siehr),《编年史》,第9 147(n 44)。同样失败的是舒金的孙子,他试图在洛杉矶县艺术博物馆(Los Angeles County Museum of Art)借书时从普希金博物馆(Pushkin Museum)收回一些艺术品。C. 雷诺兹,"诉讼试图阻止LACMA的普希金表演",《洛杉矶时报》,2003年7月16日。

④ M. Weller, ' Immunity for Artworks on Loan? A Review of International Customary Law and Municipal Anti-Seizure Statutes in Light of the *Liechtenstein* Litigation' (2005) Vol. 38 *Vanderbilt Journal of Transnational Law* pp. 997-1024,1013.

的效力受到损害。

反扣押法令不仅促进了文化交流,而且损害了申诉人的所有权,也损害了他们诉诸法院的权利。实际上,国际艺术品出借案件中的申诉人实际上没有机会对出借实体的所有权提出异议,也没有机会在出借之前对授予反扣押豁免权提出异议。① 这就引出了几个问题:为什么豁免的授予不取决于对出借人所有权合法性的评估? 为什么不允许申诉人在出借时诉诸物品所在国的法院,即使它不同于与所有权问题联系最紧密的国家。② 对于在迫害和受害情况下被盗的文物,如纳粹掠夺的艺术品和被转移的土著人民的遗产,是否应将法定豁免排除在外?③ 颁布反扣押法的国家是否还应采取替代诉讼的适当争端解决手段,以弥补对权利人权利的削弱?④

欧洲人权法院在列支敦士登的汉斯-亚当二世亲王诉德国一案的裁决中对这些问题进行了答复。⑤ 尽管反扣押立法的合法性不成问题,但欧洲人权法院的决定是有意义的,因为它首先认为,"对于申请人而言,有可能在德意志联邦共和国提起诉讼以质疑没收措施的有效性和合法性"和"申请人的要求的事实依据与德国管辖权之间的联系"是"偶然的"。然后,法院裁定德国法院宣布申请人的诉讼不可受理的决定不被认为是不相称的,因为这并未损害申请人诉诸法院的权利的实质。⑥ 换句话说,欧洲人权法院认为,这种"偶然的联系"(即出借)减轻了《欧洲保护人权和基本自由公约》第6(1)条

---

① M. Weller, 'The Safeguarding of Foreign Cultural Objects on Loan in Germany' (2009) Vol. 14 *Art Antiquity and Law* pp. 63-77 ,67-8.

② 即使允许申诉人将案件提交借出国法院,他们也可能无法胜诉。如果该法院赞同所在地(借出国)的法律冲突规则,则它将适用其反扣押立法,从而禁止对出借方提出所有权要求。Weller, 'The Safeguarding', p. 70(n 54).

③ 除了得克萨斯州的法律外,大多数反扣押法令都没有区分被盗物品和其他物品。Palmer, 'Itinerant Art', p. 10(n 49).

④ Palmer, 'Itinerant Art', p. 18(n 49).

⑤ 2001年7月21日第42527/98号申请。此案涉及彼得·范·拉尔(Pieter van Laer)的一幅画,该画是从捷克共和国借给德国的。这幅画是第二次世界大战后由捷克斯洛伐克政府从王子的父亲手中没收的。申请人指称违反了《欧洲保护人权和基本自由公约》第6(1)条(诉诸法院的权利)和《欧洲保护人权和基本自由公约》第1号议定书第1条(财产权),由于德国法院的决定,宣布他的赔偿要求不予受理。

⑥ *Prince Hans-Adam II*, Application No. 42527/98 , paras 67-70. 根据1954年10月23日《关于终止占领制度的议定书》附表四修正的《关于战后和占领的解决问题的公约》(1952年5月26日)第3条,德国的所有诉讼都被剥夺了管辖权,该条款禁止德国今后对盟国为战争赔偿目的而利用德国外部资产提出任何异议。

所规定的申诉人担保的分量。① 这表明优先考虑国内反扣押法的基本目的,但以诉诸司法的权利为代价。

第二个关键问题是,反扣押法令似乎与为遏制文物非法贸易而制定的法律文书所产生的国家义务不符。换句话说,对借出的文物享有豁免权的法定保证可能会与条约义务相抵触,条约义务要求各国归还被错误劫持的物品。例如,1995 年《统一私法协会公约》授予盗窃文物的受害人直接的诉权,②而在非法出口的情况下也赋予各国类似的诉权。③ 如果有人认为本公约不允许任何保留,④似乎国内反扣押法所赋予的豁免权就与这种权利相抵触。同样,法定授予的豁免权可能与 1970 年《联合国教科文组织公约》第 7 条规定的归还程序有冲突。实际上,该规定不排除可以提出归还从国外借来的艺术品,这些艺术品先前是从另一缔约国盗窃或非法出口的。⑤ 关于从一个成员国领土上⑥非法出口的文物归还的第 93/7 号指令 65 确认有责任归还已从欧洲联盟(EU)成员国领土上非法转移的文物,⑦并有权请求成员国被请求成员国的主管法院对拥有人或持有人提起诉讼,⑧并将"为第三者实际持有文化物体的人"定义为持有人。⑨ 第 93/7 号指令还邀请成员国当局进行合作以"预防……采取任何逃避返还程序的行为"。⑩ 就像欧盟的主要法律一样,第 93/7 号指令是根据《欧洲联盟运作条约》⑪第 288 条在国家法律命令中实施的,它优先于国内法。这意味着实施第 93/7 号指令的法定文书应优先于国内的反扣押法令。因此,如果一个成员国根据国内法规对借出的艺术品给予豁免,并且该艺术品属于该指令的适用范围,则该成员国

---

① 4 November 1950, ETS No. 005. 欧洲人权法院一再申明,诉诸法院的权利不是绝对的,可能会受到限制。但是,欧洲人权法院必须感到满意的是,所施加的限制不会以损害权利的本质的方式或程度限制或减少留给个人的访问权。此外,如果限制不追求合理的目的,并且所采用的手段与要实现的目的之间不存在合理的比例关系,则该限制将与第 6 条第 1 款不兼容。如果该限制符合这些原则,则不会违反第 6 条第 1 款。See *Waite and Kennedy*, Application No. 26083/94, 18 February 1999, para. 59.

② Art. 3.

③ Art. 5.

④ Art. 18.

⑤ Weller, 'The Safeguarding', p. 74 (n 54).

⑥ OJ L74/74, 27 March 1993.

⑦ Art. 2.

⑧ Art. 5.

⑨ Art. 1(7).

⑩ Art. 4(5).

⑪ OJ C 115/47, 9 May 2008.

有义务将该物品退还至被非法移走的欧盟国家。这种直截了当的情况受到两个规定的干扰:第 93/7 号指令的第 1(2)条将非法移走的文化物品定义为在出于展览目的的合法临时出口期结束时未归还的文化物品;以及 TFEU 第 167(2)条规定,"联盟采取的行动应旨在鼓励会员国之间的合作,并在必要时支持和补充其行动……非商业文化交流"。鉴于必须根据欧盟主要法律来解释,因此有理由认为"在减少另一成员国临时艺术品借入的情况下,缩小第 93/7 号指令的适用范围"。① 2003 年 7 月 22 日关于在欧洲联盟执行冻结财产或证据的命令的理事会框架决定 2003/577/JHA 对此观点提供了支持。② 它规定,成员国应在另一方的刑事诉讼框架内承认并执行另一成员国司法当局发出的冻结令,冻结令涉及"非法贩运包括古董和艺术品在内的文化产品"。③ 具体而言,发布冻结令是为了确保证据或随后没收财产。但是,《框架决定》第 7 条规定,"在执行国法律下存在无法执行冻结令的豁免或特权的情况下",可以拒绝承认或执行冻结令。总而言之,在欧盟范围内,似乎优先考虑国内反扣押法令的宗旨。

各个国家已经解决了欧盟和国际法规定的国家义务的相容性以及博物馆以不同方式签订的合同约定的问题。在某些国家,豁免权是自动授予的,借入方或出借方无须采取任何行动。例如,《纽约艺术和文化事务法》自动适用,而无须向行政机构正式申请。只要借给非居民且展览是非商业性的,它将免予扣押向纽约机构提供的任何临时借出的文物。取而代之的是,在许多国家/地区,法律要求向政府机构申请批准预期归还的文物,在某些情况下,关于借出物品的法律依据,该条件取决于借物人的核实以及借出人的证明。在美国,1965 年的《联邦从没收中获得豁免权法》保护从任何外国带入美国进行临时性、非商业性展览的物品不受约束。如果美国当局确定该笔文物具有文化意义并符合国家利益,则可享有豁免权。在德国,一旦主管当局发布了"具有法律约束力的返还承诺",就不得采取归还、滞留和扣押的法律行动。但是,德国法律要求提前公布要借出的物品,以便有时间提出反对意见。1994 年的法国法律和 2007 年的瑞士法律要求相同的条件。④ 尤其是,瑞士法律对返还保证的发布要遵守特定条件,即"文化财产的进口不是

---

① 　Weller, ' The Safeguarding' , p. 73 (n 54).

② 　OJ L 196, 2 August 2003, 45-55.

③ 　Arts 1 and 3.

④ 　See the comparative survey in N. van Woudenberg, *State Immunity and Cultural Objects on Loan* (Leiden/Boston: Martinus Nijhoff Publishers, 2012).

非法的"和"没有人通过异议主张对文化财产的所有权"。在联邦公报中公布了要求返还保证的要求,其中包含对要借出的文化材料及其来源的精确描述,以允许第三方提出申诉。如果自请求发布之日起30天内未提出异议,则只要资产位于瑞士,就不会采取任何行动。① 在英国,2007年《法庭、法院和执行法》第134条旨在避免被掠夺或被盗的艺术品通过国际租借进入国内贸易,②而第135(1)条规定:

> "虽然物件在本节中受到保护,但它可能不会被扣押或没收……除非(a)根据或通过联合王国法院的命令扣押或没收,并且(b)法院被要求根据或履行使欧共体义务或任何国际条约。"

(六)评估

许多人对文物非法贩运激增所带来的危险的法律应对相当失望。③ 无论多么详尽、严格或经过深思熟虑,国家法律都无法阻止或制止对文化遗产的掠夺。这种情况的唯一例外似乎是关于归还祖先土地和对土著人民具有宗教和礼仪意义的物品的国内措施。如上所示,这些特殊的法律制度由于有效地利用了沟通、谈判和协议而构成了有效手段。相比之下,涉及纳粹掠夺艺术品案件的归还运动并不总是产生预期的结果。主要原因是,这种措施(如果可用)不会自动搁置可能破坏归还要求的程序规则,例如保护诚信拥有者或禁止法律诉讼的程序规则。这就是为什么律师经常建议其客户庭外和解。④

---

① LTBC,Arts10-13.

② 仅当艺术品被"批准"的博物馆(即可以证明以下事实的博物馆)带到英国进行临时公共展示时,才可以"保护"其艺术品:(1)其进行"尽职调查"的程序符合国际标准;(2)遵循英国文化、媒体和体育部于2005年发布的《关于博物馆、图书馆和档案馆收集和借用文化资料的尽职调查指南》;(3)符合《2008年文化遗产保护贷款(出版和提供信息)条例》的要求。根据该法案,要求借贷机构至少在物品进入英国之日前4周发布有关任何借出物品的详细信息。该信息将使对这些物品中可能有兴趣的任何人在物品到达英国之前就对其提出疑问,以避免被掠夺或被盗的艺术品通过国际租借进入英国。

③ See e. g. E. A. Posner, 'The International Protection', of Cultural Property:Some Skeptical Observations' (2007) Vol. 8 *Chicago Journal of International Law* pp. 213-33; and D. Lowenthal, 'Why Sanctions Seldom Work:Reflections on Cultural Property Internationalism' (2005) Vol. 12 *International Journal of Cultural Property* pp. 393-423.

④ D. Lowenthal, 'Recovering Looted Jewish Cultural Property', in:International Bureau of the Permanent Court of Arbitration(ed.), *Resolution of Cultural Property Disputes* (The Hague:Kluwer Law International,2004), pp. 139-157,156.

可以由以下原因来解释各国对剥削其遗产和非法贩运所采取的法律对策不足。第一，国内法律不是追溯性的。第二，由于出口法规的广度和严格性，通常难以执行。除了发展中国家这样的来源国往往太穷而无法执行出口管制和执行所有权立法的事实之外，没有政府能够在该国的每一个考古现场派出警察以警示掠夺者，也不能监视每个过境点以实施出口管制。正是由于这些原因，自由贸易的支持者认为，限制性的国内法律制度是将贸易推向地下的原因。在供应和价格方面，自相矛盾的是，减少文物的供应应提高价格，但较高的价格将增加掠夺古物的动机。正如昆汀·伯恩·萨顿（Quentin Byrne-Sutton）所言："因此，我们到达了一个荒谬的境地，法规为它寻求消除的东西提供了支持。"①第三，对现行的国内规则的遵守没有得到充分的补偿。需要考虑机会发现的问题。在正常的农业和建筑活动过程中发现了很大一部分考古资源。有证据表明，缺乏令人满意的奖励制度以及在考古评估后对发现者的经济活动造成的破坏，通常会导致他们在黑市上销毁或处置此类物品。还可以考虑到秘密挖掘者的存在。尽管知道自己的活动是非法的，但他们坚信自己正在履行某种崇高的职责，因为发现的任何东西都被视为其合法文化遗产的一部分。一位意大利盗墓贼对此表达了矛盾的看法："让我们的遗产，我们的意大利历史像这样消失，让我感到很难过……但是对我或对我的同胞来说别无选择。我们必须要养家糊口。"②第四，只要货源国不能有效地控制和约束市场的需求方，采取的无论是严厉的还是自由的措施都是不会成功的。经验证据证明愤世嫉俗的交易商和肆无忌惮的博物馆策展人经常进行交易，并允许未经证实出处的物品增加其收藏数量。另外，司法实践表明，只要有掠夺和走私的收益，总会有人愿意冒被捕的风险。③ 除非采取预防措施并加大执法力度，否则不大可能减少非法文物贸易。为了使法律制度的威慑作用最有效，侦查的风险以及惩罚的确定性和严重性必须很高。轻罚对艺术品盗窃和抢劫几乎没有威慑力。④ 第

---

①　Q. Byrne-Sutton, *Le Trafic International des Biens Culturels Sous l'Angle de Leur Revendication par l'Etat d'Origine: Aspects de Droit International Prive* (Zürich: Schulthess, 1988), 1.

②　C. Ruiz, 'My Life as a Tombarolo', *The Art Newspaper*, March 2001.

③　对英格兰 Tokeley-Parry 的定罪（*R. v. Tokeley-Parry* [1999] Crim. L. R. 578（CA））和他在美国的对手舒尔茨都带有症状。

④　See S. Mackenzie, *Going, Going, Gone: Regulating the Market in Illicit Antiquities* (Leicester: Institute of Art and Law, 2005), p. 21, pp. 243-6; and P. Gerstenblith, 'Controlling the International Market in Antiquities: Reducing the Harm, Preserving the Past' (2007-2008) Vol. 8 *Chicago Journal of International Law* pp. 169-95, 194.

五,国内法没有为解决文化遗产纠纷规定具体程序。这是由于以下事实:文化商品被视为普通商品(即可以将补偿作为一种可以接受的救济形式的替代品),①而进行欺诈、盗窃、非法出口或其他侵权行为的个人被视为可以通过国内刑事法律起诉的普通犯罪分子。

前面关于国内立法的讨论自然会引出一个关键问题,即贸易自由化是否会影响来源国制定的保护措施的实施和效果。世界贸易组织②和欧盟分别通过关贸总协定和《欧洲联盟运作条约》在各自权限范围内管理商品的自由贸易和禁止出口限制。这些条约规定了自由贸易的例外情况,以确保文化财产的保护。③ 但是,这些例外并不是指"文化财产"或"文化遗产"的广义概念,而是指"国宝"的限制性概念。根据这些例外,保护"国宝"的出口管制不会违反欧盟或世界贸易组织成员的条约义务,而对不符合"国宝"定义的物品的出口限制是无效的。这种待遇在于此类物品的特殊地位:这些例外承认各国有权规范这一敏感的公共利益领域。从这个角度来看,马尔科姆·罗斯(Malcolm Ross)指出,文化遗产被孤立为"可以与欧盟的目标相适应的、值得保护的问题"。④ 遗憾的是,迄今为止,欧洲法院或世贸组织争端解决机构尚未就"国宝"的定义作出任何解释。当出现关于文化例外的解释案例时,将会出现一些不可避免的问题。假设有一位意大利收藏家因未经出口许可将他的戈雅画作送往西班牙而被起诉。收藏家是否可以争辩说意大利出口管制的实施违反了《欧洲联盟运作条约》规定的意大利义务,因为这幅画不是意大利国宝? 另外,假设意大利根据指令93/7寻求从西班牙归还同一幅画作。即使欧洲文化遗产不符合"国宝"的定义,意大利也会对意大利的文化遗产出口实施限制吗?⑤ 关于"国宝"定义的含义问题,许多学术贡献很有启发。欧洲法院前法官皮埃尔·佩斯卡托(Pierre Pescatore)表示,

① Nafziger, 'Cultural Heritage Law', p.196(n 36).

② See the General Agreement of Tariffs and Trade(GATT) and the General Agreement on Trade in Services,respectively Annex 1A and Annex 1B of the Agreement Establishing the World Trade Organization (WTO Agreement),15 April 1994,1867 UNTS 3.

③ Arts XX(f) of GATT and Art. 36 TFEU.

④ M. Ross, 'Cultural Protection:A Matter of Union Citizenship or Human Rights?', in:N. A. Neuwahl and A. Rosas(eds), *The European Union and Human Rights*(The Hague/Boston:Martinus Nijhoff Publishers,1995), pp. 235-48,238.

⑤ J. H. Merryman, 'A Licit International Trade in Cultural Objects', in:K. Fitz Gibbon(ed.), *Who Owns the Past?:Cultural Policy, Cultural Property, and the Law*(Brunswick:Rutgers University Press, 2005), pp. 269-89,281-2. 同样的问题可以比照适用于世贸组织两个国家之间的文化产品转让。

"必须严格解释禁止出口管制的规则中的例外情况"。根据他的说法,例外的目的不是维护国家遗产的全部,而是维护其"基本和根本要素"。① 安德里亚·比昂迪(Andrea Biondi)表示:"只有当该物品具有突出的艺术重要性时,它才可以被视为'国宝',而不论其与某个国家的联系如何。"②一个相关的问题涉及谁有资格评估一个物品是否属于"国宝"。从理论上讲,"文化物品"或"国宝"的定义应保留在国家权限之内。诸如专门部门或市法院之类的国家机构似乎能够确定哪些资产对国家的历史和遗产有重要意义。

三、解决争端的国际私法层面

虽然研究文化遗产方面的国际公法与私法之间的关系超出了本书研究的范围,但以下部分将考虑国际私法规则在多大程度上影响了有关可移动艺术品的争端的解决。为了说明国际私法中一些最麻烦的规则,③这项分析始于对著名的塞浦路斯 Autocephalous 希腊东正教教堂诉戈德堡(Goldberg)案的审查。④

(一)法律冲突问题的例子:戈德堡案

戈德堡(Goldberg)案与 1974 年土耳其入侵后,藏于塞浦路斯帕纳伊亚·卡普尼卡里亚教堂的四幅六世纪马赛克作品被窃有关。马赛克作品一直隐藏在德国,直到 1988 年 7 月,艺术品交易商佩格·戈德堡(Peg Goldberg)在日内瓦机场的自由港地区购买它们时才被发现。因此,塞浦路斯教堂找到了马赛克作品。1988 年初,教堂为戈德堡提供了购买价的补偿,以换取他们的归还。她拒绝了,因此教会指示其律师提起诉讼。最终,马赛克作品被归还给原告。

---

① P. Pescatore, 'Le commerce de l'art et le Marché commun' (1985) *Revue Trimestrielle de Droit Europeen* pp. 451-62, 455.

② A. Biondi, 'The Merchant, the Thief and the Citizen: The Circulation of Works of Art within the EU' (1997) Vol. 34 *Common Market Law Review* pp. 1173-88, 1181.

③ 国际私法包括每个国家制定的国内规则,以帮助国内法官决定他们是否具有管辖权,在存在"外国"成分的案件中,这是适用的法律。该要素可能与诉讼的当事人、事实或对象有关。相反,当案件的所有主要特征都在当地时,法院将通过适用法律即国内法对案件进行裁决。L. Collins et al. (eds), *Dicey and Morris on the Conflict of Laws*(Vol. 1, 11th edn, London: Stevens, 1987), pp. 3-4. 国际私法一词在大陆法系国家中使用,而在普通法国家中,首选"法律选择"和"法律冲突"。这些将在整本书中互换使用。

④ *Autocephalous Greek Orthodox Church of Cyprus v. Goldberg*, 717 F. Supp., 1374, S. D. Ind. (1989), aff'd, 917 F. 2d 278, 7th Cir. (1990).

与这起案件有关的三个不同司法管辖区:塞浦路斯(文物被盗前所在地)、瑞士(事件发生地)和印第安纳州(被告的住所国以及诉讼时的文物所在地)。根据塞浦路斯法律,文物是不可转让的,无论是通过买卖还是其他方式,私人都无法获得。瑞士法真诚地保护了买家,并禁止从盗窃之日起五年内提出赔偿要求。根据印第安纳州的法律,小偷不能获得被盗财产的所有权,但是所有者的诉讼必须在诉讼发生后的六年内提出。①

印第安纳州地方法院将案件定为侵权行为,然后认定印第安纳州与法律诉讼关系最密切。因此,印第安纳州的法律和法规支配着这一行动的方方面面,从时效性法规问题到实体补充性法律的适用。法院尤其确认,尽管瑞士是非法行为的发生地,但它与诉讼起因没有多大关系,因为当事方或重要行为者都不是瑞士人,并且马赛克从未出现在瑞士的贸易流中,因为它们仍留在日内瓦机场的自由港地区。相比之下,法院认为印第安纳州与这起诉讼的联系更为重要,因为被告是印第安纳州的公民;马赛克的购买主要是靠印第安纳州的一位艺术品经销商的努力完成的;此次购买是印第安纳州银行提供资金的;印第安纳州的几位居民对转售马赛克所获得的任何利润都感兴趣;原始的转售协议规定,印第安纳州法律将管辖该协议引起的任何争议;申诉之时,马赛克位于印第安纳州。②

印第安纳州实体法在该案中适用的结论已通过地区法院对瑞士法律选择原则的分析得到了证实。法院认为,《瑞士国际私法规约》第101条承认了运输中的文物的例外情况:在文物虽然实际存在但与瑞士法律秩序只是偶然联系的情况下,适用法律是目的地法,即目的地法则。在这种情况下,这就是印第安纳州的法律。③

除了印第安纳州法和瑞士法在法律选择问题上的一致性外,地方法院还提出了另外两个棘手的问题:法律诉讼的及时性和将申诉定为补充诉讼的正确性。关于第一个问题,地方法院认为塞浦路斯的主张是及时的,因为"发现规则"和"欺诈性隐瞒"的学说④阻止了时效法规的实施。实际上,地方法院被以下所说服:(1)原告从最初得知马赛克消失的那一刻起就进行了

---

① *Goldberg*,917 F. 2d,at 288(n 91).

② *Goldberg*,717 F. Supp. ,1393-4(n 91).

③ *Goldberg*,717 F. Supp. ,1394-5(n 91).

④ 根据普通法,如果被告以欺骗手段或违反职责的方式隐瞒了重大事实,则"欺诈性隐瞒"理论将阻止被告主张时效抗辩,从而防止原告可能发现的诉讼原因(*Goldberg*,717 F. Supp. ,1388[n 91])。

查找并追回马赛克的尽职调查；（2）从 1979 年马赛克撤出之日到 1988 年戈德堡在日内瓦购入这些马赛克时，伪造者已经隐瞒了收藏人的身份和马赛克的位置约九年；（3）原告在适用印第安纳州时效法令规定的六年时限内提起诉讼。① 关于第二个问题，地方法院确认，自从原告证明以下事实后，原告就印第安纳州法律提出的补充诉讼因由提供了有说服力的证据：（1）马赛克的所有权或拥有权；（2）财产被非法或错误滞留；（3）被告人对该财产有不当占有。②

　　地区法院还调查了适用瑞士实质性法律会产生什么结果。通常，根据瑞士法，只有当被盗财产的购买者真诚地购买财产时，其所有权才高于原始所有者。但是，在目前的情况下，戈德堡无法获得所有权或任何拥有马赛克的权利，因为"所有红旗都亮了，所有红灯都亮了，所有警笛都在响起，这是因为交易周围有许多可疑的情况"。③

（二）国际私法规则与争端解决

　　正如戈德堡案所证明的，关于被盗和非法出口艺术品的争议通常具有跨境性质，也就是说，它们通常涉及多个法律制度。因此，归还申诉通常会直接向发现文物的地方当局提出。这意味着国家、社区和个人的多辖区所有权申诉的成功取决于该管辖权的国际私法规则的解释和适用。问题不仅在于这些规则因国家而异，而且还在于这不适用于针对文化物体的诉讼。因此，这种纠纷对于法官而言尤其复杂。普罗特指出："即使是为其他目的而设计的规则，也可能在另一种情况下，可能使国家或个人对文物免遭非法贸易的保护所做的努力无效。"④ 自相矛盾的是，国际法院法官对艺术品赔偿案件适用国际私法规则可能导致无视原籍国通过的保护性法律，即使是相似的，国家也会为文化遗产提供保护。⑤ 以下是对解决文化遗产争端具有不

---

　　① *Goldberg*, 717 F. Supp., 1386-93（n 91）.

　　② *Goldberg*, 717 F. Supp., 1395-1400（n 91）.

　　③ 原告的艺术专家之一维坎先生借用了这种表达方式。出售的所有情况都是可疑的：这些物品的性质和出处需要潜在的购买者的注意（具有宗教和文化意义的马赛克来自外国军事部队占领的地区）；马赛克的评估价值与所支付的价格之间存在巨大差异；戈德堡对卖方和中间商知之甚少；进行交易很仓促。此外，法院从审判中出现的证据和证词中确定，戈德堡只是对销售商将马赛克的财产权转移给卖方的能力以及其他与拍卖有关的可疑情况进行了粗略的询问（*Goldberg*, 717 F. Supp., 1400-04（n 91））。

　　④ L. V. Prott, ' Problems of Private International Law for the Protection of the Cultural Heritage ', (1989) Vol. 217/V *Collected Courses of the Hague Academy of International Law* pp. 215-318, 223.

　　⑤ Prott, ' Problems of Private International Law ', p. 265（n 99）.

利影响的法律冲突规则。

1. 分类

国际私法规则中出现的困难的第一个例子是关于分类(或表征)的程序规则。在法官可以对跨管辖区的争端应用任何法律规则之前,他必须对这种争端进行分类,即确定案件的法律类别(侵权、合同、财产等)。这必须根据冲突规则进行。然后,根据相同的规则,法官必须决定对每个类别适用哪种实体法,以确定当事方各自的权利、义务和其他法律关系。

参与论证的法官对艺术品归还案件的初步分类可能是最终解决方案中最具决定性的因素。如果人工制品已从其原产国被非法移走,并在其最终国发生诉讼,则法院法官根据该国法律确定的分类可能会产生有害的结果,如果适用法律不承认原籍国制定的保护制度和返还要求。①

2. 诉讼资格

一般而言,只有当法官认可实体为能够根据庭审法律提起诉讼的法人时,该实体才可以被视为正当原告。这意味着某些实体和团体可能被剥夺起诉权。② 法院还可以裁定外国原告与诉讼标的不相关。对于土著社区而言,这一标准是一个很大的障碍。③ 但是,许多法院甚至承认,法律中未知的实体可以被视为原告。在布姆派尔(Bumper)案中,英国上诉法院裁定,被偷走了神像的印度庙宇有权起诉以追回该神像,因为在印度法中该神像被赋予法人资格。④ 在其他情况下,被认为拥有自己精神的神圣物体被赋予法人资格,因此从争议的物体转变为主体之一。枢密院在 Mullick 诉 Mullick 案中

---

① Prott,'Problems of Private International Law',pp. 238-44(n 99).

② 例如,当寻求起诉的国家未被法院所在国承认时,就是这种情况。Elicofon 案涉及 Albrecht Dürer 的两幅肖像,这幅肖像是 1945 年被一名美军士兵从德国 Schwarzburg 城堡偷走的。1966 年,得知画作的位置后,德意志联邦共和国(FRG)和魏玛博物馆在纽约提起诉讼,要求从 Elicofon 那里收回这些画作,后者于 1946 年将其购得。魏玛博物馆被解散是因为它是德意志民主共和国(GDR)的国家代理人,而该国未被美国认可,因此没有资格在美国法院提起诉讼。1974 年,美国正式承认民主德国,1975 年,魏玛博物馆和 FRG 重新提起了诉讼,此后,FRG 提出将退出诉讼。上诉法院裁定东德博物馆为合法所有人,并驳斥了 Elicofon 的论点,即他已根据德国法律获得了这些画的良好所有权,并且该主张受到时效法令的禁止。

③ 在 Milirrpum v. Nabalco Pty. Ltd. (17 FLR,1971,141)和 Australia Conservation Foundation Incorporated v. Commonwealth of Australia(28 ALR,1979-1980,257)案中,法院排除了原告具有"合格利益"。Prott,'Problems of Private International Law',pp. 247-8(n 99). 在 Ortiz 案中,诉讼是由新西兰政府代表毛利人提出的,以避免在将案件提交英国法院时可能出现的程序问题。

④ Bumper Development Corporation Ltd. v. Commissioner of Police of the Metropolis([1991]1 WLR 1362). 在戈德堡案件,地方法院和上诉法院均得出结论,原告塞浦路斯共和国和塞浦路斯教堂在马赛克上均具有法律上可识别的利益,足以赋予其地位(717 F. Supp.,at 1377-78[n 91]).

裁定,印度教家庭神像不仅是动产,而且应被视为神圣或由上帝创造。因此,它被视为具有义务并有权在法院代表自己利益的法人实体。①

3. 剥夺公权

另一组程序规则可能阻碍对失窃或非法出口的文物进行追回的申诉努力,这些规则主要涉及剥夺公权(逆权侵占)。它们有助于国家将拥有遗弃财产或失去财产的合法化途径,而这是违反真正主人的意愿。实际上,剥夺公权规则允许持有物品很长时间的拥有者获得所有权,从而消除了真正拥有者的所有权。他们不需要诚实信用,并着眼于所有者的行为,因为所有权的获得取决于在特定时期内对有争议财产的公开和公共拥有。剥夺公权的问题在于,申诉的时间限制因国家/地区而异,并且权衡人工制品的遗产价值和可移动物品易于隐藏、易于运输且不易腐烂这一事实时,这些期限太短。②

4. 诉讼时效

所有法律制度都将诉讼的启动设定为一定的时限,该时限可以从盗窃、发现物体的位置或识别持有人的时间开始。由此可见,如果拥有人未能在时效规约规定的期限内对拥有人提起诉讼,则其行为将被禁止,即使拥有人不是真诚的,即使拥有人对财产的下落不了解。之所以出现原告的问题,是因为偷窃的物品通常是在盗窃发生很长时间后在国外发现的,通常是在一个声称的诚信购买者手中。当所涉及的财产是艺术品时,这些问题变得更加激烈,因为关于限制的规则鼓励而不是阻止贩运被盗财产。③

存在时效期限的传统理由是保护被告免于过时的申诉要求并加快诉讼程序,从而在盗窃受害者的权利与诚实购买者的利益之间取得平衡。

在习惯法国家中,所有权的保护是至关重要的,但是对于保留该期限的时间点有不同的方法。在美国,除纽约和加利福尼亚州外,其他大多数司法管辖区都按照尽职调查要求运营。据此,业主可以通过合理的努力,在预期可以发现财产的日期或拥有人的身份之日起六年内提起诉讼。④ 纽约法官采用了要求和拒绝规则,根据该规则,在真正的所有者提出要求归还被窃取

---

① LR LII Indian Appeals 245(1925),cited in L. V. Prott and P. J. O'Keefe, ' "Cultural Heritage" or "Cultural Property"?', (1992) Vol. 1 *International Journal of Cultural Property* pp. 307-20, 310.

② Prott, 'Problems of Private International Law', p. 255(n 99).

③ Prott, 'Problems of Private International Law', p. 254(n 99). See also R. Redmond-Cooper, 'Limitation of Actions in Art and Antiquity Claims' (2000) Vol. 5 *Art Antiquity and Law* pp. 185-206.

④ See, e. g. *Goldberg*, 917 F. 2d 278, at 287-8(n 91).

的财产且拥有者拒绝了该请求之前,真诚地购买被盗财产的人不会提出诉讼。然后,拥有者有三年的时间开始提起诉讼。① 这意味着,在原始所有者要求归还之前,无辜购买者的财产不能被视为对还是错。在加利福尼亚州,该规则规定,在实际发现物品的下落或拥有者的身份之前,不得采取任何行动归还被盗物品。② 在大陆法系国家中,对善意购买者的保护和商业交易的安全性胜于被剥夺者的利益。结果,法国、德国和瑞士等一些国家允许善意购买者获得良好的所有权,只要适用的限制期限到期(通常为三至六年,通常很短,通常在盗窃时开始),即使卖方没有这样的身份。其他管辖区(例如意大利)会完全保护善意的购买者,因为在购买后,该所有权即与有效合同一起立即通过。③

5. 物之所在地法

尽管申诉人可能满足了法院法律所规定的所有上述程序性限制,但他仍可能必须克服因诉讼而造成的障碍。这是法官为解决所有权而适用的法律冲突规则。在此规则下,动产转让的有效性受上次交易时动产所在地国的法律规定。因此,根据第二国法律,如果在另一个国家/地区发生的随后的买卖具有对(盗窃后的)善意购买者具有良好所有权的影响,则物之所在地法将确定,对文化物品的所有权将丢失。④

鉴于大陆法系国家与普通法国家之间的法律差异,这一一般规则带来了不可预测的结果。在有利于商业交易安全的民法管辖区中,关于保护善意购买者的规则规定,一旦拥有者满足了诚实信用要求(假定是申诉人应证明拥有者的恶意),并且法定时限已经到期,他获得了良好的所有权(甚至是从小偷那里获得的),而原始所有者则失去了追偿的权利。相反,英美法系司法管辖区遵循的是"不存在犯罪行为"的原则(没有人可以转让被盗财产的所有权)。因此,一个人真诚地获取被盗物品这一事实并不能消除真正拥有者的所有权,并且不会给购买者有效的所有权或获得赔偿的权利。所以,

---

① See *Solomon R. Guggenheim Foundation v. Lubell*(153 AD 2d 143,550 NYS 2d 618(1990);*aff' d* 77 NYS 2d 311,569 NE 2d 426,567 NYS 2d 623(1991)). See also New York Civil Practice Law and Rules,S 214(3).

② *Naftzger v. American Numismatic Society*,42 Cal. App. 4th 421(1996).

③ 根据意大利法律,动产的购买者取得卖方的良好所有权,即使卖方的所有权或先前转让人的所有权存在任何缺陷,但前提是:(1)购买者在交付时应诚实行事;(2)就影响或证明销售的文件而言,该交易是以适合该类型交易的适当方式进行的;(3)购买者在购买商品时不知道商品的任何非法来源(《意大利民法》第1153条)。

④ Prott,'Problems of Private International Law',pp. 262-9(n 99).

无论第三方是善意还是恶意购买的,普通法司法管辖区都将被盗财产的所有权保留在原始所有者中。这意味着艺术品的购买者,无论是否出于真诚,在任何时候都容易受到真实所有者的归还要求。

盗贼意识到大陆法系国家与普通法国家之间的差异,并试图利用它们牟取不法利益。通过以下事实证明了这一点:被盗物品在国家边界转移并在受污染的所有权是通过保护善意购买者的准则或时效期限届满而被清洗的国家出售。[1]

温克沃斯(*Winkworth*)案[2]很好地说明了这个问题。英国收藏家威廉·温克沃斯(William Winkworth)拥有许多日本缩影,这些缩影被盗并带到意大利,并由当地一位收藏家真诚地购买。最终,诚信购买者将这些物品退还给英国,以拍卖方式出售。温克沃斯对卖方和拍卖人提起诉讼,但由于对适用法律的初步问题作出了决定,因此诉讼失败。英国法院对此事进行了裁定,认为根据意大利法律,应适用意大利法律。因此,温克沃斯的所有权被真正的买家淘汰了。

其他案例强调,物之所在地法可能会带来不可预测的结果。在德孔特斯西尼(*De Contessini*)案中,[3]由于意大利冲突法所选择的法律规定了意大利保护善意购买者的法律的适用,因此阻碍了从里昂法院盗窃的挂毯的归还。达努索(*Danusso*)案[4]涉及一名意大利公民从厄瓜多尔非法出口考古遗迹,特里布纳莱·迪·托里诺(*Tribunale di Torino*)发现适用的是原籍国的法律。该法律授予国家所有权,并禁止出口具有考古价值的物品。因此,*Tribunale* 下令将古物返回厄瓜多尔。在 *Kunstsammlungen zu Weimar* 诉 *Elicofon* 案中,[5]上诉法院下令将两幅画归还魏玛博物馆,根据纽约州法律适用的决定,因为纽约州是最后交易的地点。*Bakalar* 诉 *Vavra* 和 *Fischer* 一案涉及 Schiele

---

① K. Siehr, 'The Protection of Cultural Heritage and International Commerce' (1997) Vol. 6 *International Journal of Cultural Property* pp. 305-7; Prott, 'Problems of Private International Law', pp. 223, 264 (n 99).

② *Winkworth v. Christie, Manson & Woods Ltd.* [1980] 1 All ER 1121, 1136.

③ *Ministero Francese dei Beni culturali v. Ministero dei beni culturali e ambientali e De Contessini*, *Corte di Cassazione*, 24 November 1995, No. 12166.

④ *Repubblica dell' Equador v. Danusso*, Tribunal of Torino, 22 February 1982.

⑤ See also the Swiss case *Goldschmidt v. Koerfer*, 13 December 1968, ATF 94 II 297.

绘制的《坐着的女人左腿弯曲（躯干）》，该画于 1963 年被 Bakalar 收购。① 莱昂·费舍尔（Leon Fischer）和米洛斯·瓦夫拉（Milos Vavra）断言，他们有权获得这幅画的所有权，因为这幅画是由其亲戚在纳粹胁迫下出售的。② 初审法院裁定，根据纽约州的法律冲突规则，瑞士法律将其作为法律依据，因为任何一方所称或有证据支持的最后移转是在 1956 年在伯尔尼进行的。因此，法官确认 Bakalar 是合法的所有者。③ Vavra 和 Fischer 提出上诉。2010年，上诉法院推翻了该判决，认为审判法院认为瑞士法律适用是错误的。④法院确认，在财产纠纷中，"选择纽约法律规则要求应用'利益分析'，其中'适用在诉讼中具有最大利益的司法管辖区的法律'和……"。

在定义国家利益方面具有重要意义的事实或联系是与冲突中特定法律的目的有关的事实或联系。⑤ 上诉法院强调，尽管瑞士的利益没有受到威胁，但"纽约的利益明显更大……防止国家成为被盗商品的市场，并促进第二次世界大战期间被盗艺术品的追回"。⑥ 法院将 Vavra 和 Fischer 是否对提款有正当要求以及 Bakalar 是否可以利用辩护人的问题将案件重审。⑦ 经重审后，地方法院裁定 Bakalar 一方，并申明申诉人的反诉已被禁止。⑧

6. 不适用外国法律和公共政策的原因

国际私法造成的另一个障碍是国内法院不愿适用外国法律。如上所述，在没有国家间协议的情况下，禁止或限制文化材料出口的国内规范未在外国执行。这种立场排除了来源国所通过的法律的域外效力，并挫败了他

---

① *Bakalar v. Vavra & Fischer*, 550 F. Supp. 2d 548 (S. D. N. Y. 2008) ; *vacated and remanded*, 619 F. 3d 136 (2d Cir. 2010) ; *on remand*, 819 F. Supp. 2d 293 (S. D. N. Y. 2011) , *aff' d*, No. 11-4042 (2d Cir. N. Y. 11 October 2012) , *reh' g denied*, No. 114042 (2d Cir. NY 28 December 2012).

② L. Frey, '*Bakalar v. Vavra* and the Art of Conflicts Analysis in New York: Framing a Choice of Law Approach for Moveable Property' (2012) Vol. 112 *Columbia Law Review* pp. 1055-95.

③ *Bakalar v. Vavra*, 550 F. Supp. 2d 548 (S. D. N. Y. 2008) (n 118).

④ *Bakalar v. Vavra*, 619 F. 3d 136, 2d Cir. N. Y. , 2010, 16 (n 118).

⑤ *Bakalar v. Vavra*, 619 F. 3d 136, 2d Cir. N. Y. , 2010, 13 (n 118).

⑥ *Bakalar v. Vavra*, 619 F. 3d 136, 2d Cir. N. Y. , 2010, 14-15 (n 118).

⑦ 在英美法律体系中，如果没有时间限制，则法院可以对雇员进行公正审判，如果：(1)因为原告方面的疏忽导致了对案件的起诉延迟；(2)因延误时间而损害了被告人权益。*Vineberg and Others v. Maria-Louise Bissonnette and Others*, 529 F. Supp. 2d 300, 301 (2007).

⑧ 819 F. Supp. 2d 293 (S. D. N. Y. 2011). Vavra 和 Fischer 再次提出上诉，但上诉法院确认了地区法院的判决（ No. 11-4042, 2d Cir. N. Y. 11 October 2012 ）。同样不成功的是，他们要求重新审理（ No. 114042, 2d Cir. NY 28 December 2012 ）并向美国最高法院请求证明书的请求（ *Milos Vavra, and Others, v. David Bakalar*, No. 12-1160, 29 Avril 2013 ）。

们保护和归还遗产的努力。这种不情愿与大多数国家已经通过了保护国家遗产的具体立法形成了鲜明对比。值得注意的是,这种矛盾在 1970 年《联合国教科文组织公约》第 13(d)条中显而易见,该条规定缔约国有义务根据每个州的法律,"承认本公约每个缔约国将某些文化财产归为不可剥夺并享有不可剥夺的权利"。

琳德·普罗特(Lyndel Prott)指出了不适用外国法律的三个"公共政策"原因:①(1)不歧视和保护人权;(2)货物流通畅通;(3)尊重不征收原则,不给予公正补偿。相反,普罗特发现许多"公共政策"原因证明外国法的适用。其中最重要的是对保护文化遗产的普遍关注:各国不仅通过保护自己遗产的立法,而且还加入国际条约,其根本理由是每个国家的文化遗产都必须通过国际社会的共同努力得到保护。鉴于这一公共政策原因,法院地国的法院(其政策是保护本国遗产)不承认和不适用外国的相关法律似乎是不合逻辑的。②

这种公共政策利益的相关性已通过法院实践得到确认。在各种判决中,国内法院已经基于公共政策承认并执行了规范文化遗产保护的外国法律,或者拒绝屈从与本国法律或政策相抵触的外国法律。在英格兰,高等法院探讨了哥达(*City of Gotha*)案中的公共政策问题。③ 在此案例中,被告主张诉讼时效抗辩。德国政府辩称,《德国民法典》④规定的时效期限与英国公共政策有冲突。摩西·J(Moses J.)认为,德国法律即所在地法,适用于这一多管辖权的所有权争端,⑤并且归还要求未被禁止,因为根据德国法律,有关物品的时效期限自 1987 年移交给盗用该物品的人时重新开始。因此,申诉

---

① Prott, 'Problems of Private International Law', pp. 282-8(n 99).

② Prott, 'Problems of Private International Law', pp. 288-91(n 99). See also the WiesbadeResolution of the Institute of International Law of 1975, *The Application of Foreign Public Law*: 'The public law character attributed to a provision of foreign law … shall not prevent … [its] application, subject however to the fundamental reservation of public policy'(Art. A. I. 1.).

③ *City of Gotha and Federal Republic of Germany v. Sotheby's and Cobert Finance SA*, 9 September 1998(unreported). 这起案件涉及 Wtewael 创作的《神圣家族》,在第二次世界大战后立即从苏联占领的德国转移。它于 1987 年在柏林出现,并被 Mina Breslov 收购。1988 年,它被委托给伦敦一家主要的拍卖行,将其卖给了巴拿马公司科伯特(Cobert),然后又消失了。它于 1992 年重新出现,当时在苏富比拍卖行出售。德意志联邦共和国和哥达市随后在英国法庭上收回了这幅画。

④ S 221 BGB 对收回财产的权利规定了 30 年的时效期限,而不论申诉人是否知道申诉的存在或拥有人的身份,该财产的追回权均不受限制。

⑤ 1984 年《外国时效期限法》第 1 条和第 4 条规定,如果在英国法院进行的诉讼受外国法律制度的法律管辖,则该制度关于诉讼时效的法律也将适用,但不包括英国的诉讼时效。

成功。然而,摩西·J坚信,如果德国法律禁止采取法律行动,从而保护盗贼或恶意购买者,则不应采用德国时效期限,因为它与英国的公共政策相抵触。①

英国上诉法院在伊朗诉巴拉卡特(*Iran v. Barakat*)案②中开创了新局面。伊朗起诉总部设在伦敦的巴拉卡特美术馆,以收回一系列由罐、碗和杯组成的公元前 3000 年古物,并确认这是违反其国家所有权法的。另外,伊朗辩称,巴拉卡特通过保留古物,干涉了其直接拥有权。巴拉卡特以各种理由反对这两个申诉,但同意由伊朗法律决定所有权问题。③ 上诉法院通过采用两项法定解释原则对伊朗的立法进行了分析:"应为法规提供有目的的解释,而处理古物的特殊规定应优先于一般规定。"④然后法院将重点放在伊朗申诉的可诉性上。在这方面,它首先区分承认一个国家在其财产中的所有权和在英国法院执行一个外国的法律。它申明,如果伊朗没有事先拥有权(如本案所述),但如果其申诉不是基于对私人拥有者的强制性收购(即没收),它可以追回所请求的物品。⑤ 法院认为,实际上,原告"基于所有权……立法赋予的权利提出申诉",即"继承权申诉,而不是要求执行公法或主张主权的申诉"。法院不认为"这属于根据外国法对所有权或拥有权的承认取决于所拥有的国家的情况"。⑥ 至关重要的是,上诉法院继续申明,英国法院应承认伊朗的国家所有权法,以便允许伊朗提起诉讼以追回其文物。⑦ 法院进一步裁定,即使伊朗法律是一部公法,英国法院也不会被禁止执行该法律。关于这个问题,法院认为:

> "出于政策上的积极原因,不应排除一国收回构成其国家遗产一部分的要求,或者收回符合国际私法的古物的要求……相反,根据我们的判断,将此类要求拒之门外肯定与公共政策背道而驰……国际公认,各国应互相协助,以防止非法移走文物。"⑧

在对旨在防止非法买卖属于国家文化遗产的财产的国际文书进行了简

---

① Para. II. 4(n 128).
② *Government of the Islamic Republic of Iran v. The Barakat Galleries Ltd.* [2007]EWCA Civ. 1374.
③ Paras 131-2(n 132).
④ Para. 54(n 132).
⑤ Para. 148(n 132).
⑥ Para. 149(n 132).
⑦ Para. 163(n 132).
⑧ Paras 154-5(n 132).

短审查之后(1970 年《联合国教科文组织公约》,1995 年《统一私法公约》第 93/7 号指令和 1993 年《英联邦保护物质文化遗产计划》),法院指出:

> "这些文书都没有直接影响这一呼吁的结果,但是它们确实说明了国际上对保护国家遗产的可取性的接受。如果一个国家要拒绝承认别国法律赋予的文物所有权,除非这些文物归该国所有,否则在大多数情况下,别国不可能认可该国提出的任何追回非法出口到自己国家的文物的诉求。"①

法院认识到,如果一国需要实际拥有才能收回被掠夺的文物,那么从实际情况来看,此类文物将永远无法收回,因为这些文物是直接从考古现场被掠夺的,以前是不知名的,而且不是特定收藏的一部分。② 因此,法院确认承认外国对属于其遗产的文物的所有权申诉是英国的公共政策。③ 巴拉卡特(Barakat)判决和上诉法院引用的法律文书中的证据表明,不切实际地接受将非法出口的文化遗产归还是一件好事的假设,而没有审查质疑在当今国家边界内发现的古物不属于它的假设。④

在德国,国内法院没有司法管辖权来审理基于外国公法的申诉(例如,基于税收或刑法的申诉),但可以审理基于私法的申诉(例如,关于追回古物的申诉),因此,为了确定与这些申诉有关的初步问题,例如所有权问题,有必要应用外国公法。例如,2006 年,柏林高级区域法院决定适用外国公法,即 1983 年埃及第 117 号法令《古物保护法》,该法律是埃及针对德国古物交易商提起的。⑤ 通过这一行动,埃及试图阻止向美国买家出售几种古物。柏林法院审查了第 117 号法律,以核实该法律是否赋予国家考古物品所有权。值得注意的是,法院在调查中并未对这种外国立法的适用性表示任何怀疑。

---

① Paras 155-63 (n 132).

② 上诉法院回顾了 Staughton J. 在新西兰总检察长诉 Ortiz 案中的一审判决:"如果该检验是针对这一特殊案件的适用于该外国法律的公共政策之一,我认为英国法院应执行新西兰 1962 年《历史性物品法》第 12 条。礼节性要求我们尊重其他国家的法律,这些法律会影响在其领土内的财产所有权。"([1982]3 QB 432,para. 152)

③ 在对伊朗法律效力的初步问题提出上诉之后,上议院于 2008 年中拒绝了上诉。第一次上诉的成功以及被告未能获得第二次上诉的许可,最终导致 2011. N. Palmer, ' Waging and Engaging-Reflections on the Mediation of Art and Antiquity Claims ', in: M. -A. Renold, A. Chechi and A. L. Bandle (eds), *Resolving Disputes in Cultural Property* (Geneve: Schulthess, 2012), pp. 81-105, 85, 91.

④ A. Tompkins, ' Art Theft: Heralds of Change in the International Legal Landscape ', in: N. Charney (ed.), *Art and Crime* (Santa Barbara: Praeger, 2009), pp. 187-96, 194.

⑤ Judgment of 16 October 2006, 10 U 286/05, NJW 2007, 705.

但是,这项申诉失败了,因为在颁布第 117 号法律时,埃及无法确定所涉古物是否在埃及。根据德国的法律选择规则,这是适用外国法律的必要先决条件。①

在美国,在实施 NSPA 的背景下出现了适用外国公法保护文化物品的问题。如上所述,该法规要求一人知道所涉物品是违反原产国法律而被移走的。这项科学的要求允许起诉众多贩运者。舒尔茨案只是其中之一。这一决定也值得注意,因为"艺术品贸易的破坏"因素被视为反对适用 1983 年第117 号埃及法律的有效政策目标而不予考虑:

> "尽管我们认识到舒尔茨提出的担忧……关于占有此资产给外国文物经销商带来的风险,我们无法想象它'对合法地将文化财产进口到美国构成了不可逾越的障碍'……NSPA 有犯罪意图的规定保护无意间收到偷来的商品的无辜艺术品经销商,而我们对 NS-PA 的适当理解将保护主权国家的财产。"②

不断增长的、一贯的判例法似乎表明,公共政策的保留已成为一种安全阀,以谴责国内制度未能提供对口的解决方案、防止流离失所和引入与庭审国所拥护的价值观相抵触的规则。由于经典的法律选择规则可能会导致采用有害的外国规则,因此,庭审法律中所包含的公共政策原因可作为一种纠正措施。仍然存在的问题是,尽管很明显,如果外国法律违反了庭审的公共政策,则不适用该外国法律,但此保留的确切含义和界限尚不明确。③

反致制度是另一个逃逸手段,它使法院能够应对法律冲突规则所造成的问题,并允许对最重要的外国法律和政策的适用。④ 反致制度是一种独特的法律选择原则,根据该原则,当法院在其法律冲突规则下被迫适用另一种法律制度的法律时,不仅必须适用该法律制度的国内法,也要适用其法律冲突的立法。在伊朗诉贝伦德案中,⑤原告试图说服英国法官使用反致制度。

---

① M. Weller, 'Iran v. Barakat: Some Observations on the Application of Foreign Public Law by Domestic Courts from a Comparative Perspective' (2007) Vol. 12 Art Antiquity and Law pp. 279-95, 283.

② United States v. Schultz, 333 F. 3d, at 410.

③ F. K. Juenger, Choice-of-Law and Multistate Justice (Dordrecht/Boston: Martinus Nijhoff Publishers, 1993), pp. 79-80.

④ Juenger, Choice-of-Law, pp. 77-9(n 146).

⑤ Government of the Islamic Republic of Iran v. Berend [2007] EWHC 132(QB). 这涉及从古代波斯波利斯市转移并在 20 世纪 30 年代从伊朗非法出口的石灰石浮雕。

这将导致法国法律冲突规则的适用,以及相应的伊朗立法的适用。① 原告认为,尊重法国的法律冲突是许多国际文书(例如1970年《联合国教科文组织公约》和1995年《统一私法协会公约》)的基本政策目标之一。此外,伊朗争辩说,鉴于防止此类条约中体现的抢劫和破坏考古遗址的一般政策目标,法国法官会发现一般所在地法规则的例外情况,并适用伊朗法律。换句话说,伊朗声称伦敦高等法院应该像法国法官那样进行诉讼,以保护来源国的合法利益,该论点被驳回。法院拒绝使用反致制度,因为英国法律从未将其用于动产。② 但是,有人争辩说,法院拒绝适用反致制度,因为这会对英国艺术品市场产生严重影响。显然,这将使英格兰成为寻求执行本国遗产法律来源国的绝佳庭审之地。③

（三）评估

从上述分析可以看出,国际私法使解决与文化遗产有关的争端变得复杂。这是由于这些规则并非针对文化物品的诉讼而制定的。但是,判例法表明,有先例支持承认和执行外国法律。舒尔茨(Schultz)和巴拉卡特(Barakat)等案例表明,在允许根据原产国制定的保护性规范归还被错误转移的艺术品的意义上,国内规范的实施已逐步发展。这意味着与类似所有权的地位有关的情况现在得到承认,并被认为值得保护。总而言之,似乎很公平地说:不同国际私法规则的统一是不可行的,④因此法院选择了新的策略来克服麻烦的国际私法规则所带来的障碍。

然而,必须强调的是,在大陆法系国家和普通法国家中,成功的归还要求也是根据私法的共同原则决定的。法官们提到文化遗产条约只是为了加强其决定,并显示出对不断发展的国际趋势的遵守。

---

① 法国法律管辖该纠纷,因为伯伦德(Berend)在法国购买了这件艺术品。根据法国法律,伯伦德的所有权是合法的,因为她在收购时出于善意行事(《法国民法典》第2279条),也因为她通过时效获得了所有权(《法国民法典》第2262条),因为有争议的救济在她手中保持了30年。

② Berend, para. 20(n 148).

③ D. Fincham, 'Rejecting *Renvoi* for Movable Cultural Property: *The Islamic Republic of Iran v. Denyse Berend*' (2007) Vol. 14 *International Journal of Cultural Property* pp. 111-20, 116-7.

④ 目前,关于统一国际私法规则的最可接受的提议似乎是"诚实信用标准的客观化",即对有争议的艺术品所有人的诚实信用进行更严格的评估。这种替代方法植根于对收购的所有情况的评估,其中包括"当事方的特征、所支付的价格、拥有者是否查阅了任何可合理获取的被盗文物登记簿以及他所获取的任何其他相关信息和文件,以及拥有人是否咨询了无障碍机构或采取了合理的人在这种情况下应采取的任何其他措施"(《统一私法协会公约》第4条第4款)。W. W. Kowalski, 'Restitution of Works of Art Pursuant to Private and Public International Law' (2001) Vol. 288 *Collected Courses of the Hague Academy of International Law* pp. 17-228, 224.

此外,必须指出的是,人们已经讨论了各种补救措施,以排除在文化遗产纠纷中适用所在地法规则的情况。这些补救措施之一是制定特定的文化例外情况。在温克沃斯(Winkworth)案中,原告断言有必要引用一种特定的、严格的例外情况替代物之所在地法。他声称,对于在所有者不知情或未经所有者同意的情况下从一国偷走或非法拿走的动产,在另一国处理,然后送回原国的情况,应以公共政策为由适用例外情况。该建议似乎特别适合解决在个人已成为盗窃的受害者并且其财产已被转移到国外并出售到国外的情况下由物之所在地法而造成的困难。然而,英国法官并没有被说服以排除适用物所在地法,并拒绝了温克沃斯的要求。

原始法(lex originis),即原产国的法律,①是讨论最多的替代物之所在地法。的确,不应有任何论点认为原籍国与构成其文化遗产的物品有最密切的联系和最合理的申诉理由。然而,对原始法的首要地位没有一致意见。这种敌意可由各种论点证明。首先,争议物品的实际起源并不总是很明显。这个问题通常与未知考古遗址出土的文物有关。其次,无论是善意购买者还是无主财产所有人,原始法均不能保证提供更强有力的保护。② 最后,不能排除原籍国指定的法律以外的国家法律可以提供有效的保护。例如,在戈德堡案中,地方法院得出了正确的实质性结果,即对马赛克的归还,而没有适用对卡纳卡里亚马赛克具有真正合法申诉权的唯一管辖区塞浦路斯的法律。因此,尽管在这种情况下,对法律的"错误"选择被证明是无害的,但是,在目前的法律状态下,存在无法令人满意的结果的风险。③

四、通过文化遗产文书解决争端

如前所述,自 20 世纪 50 年代以来,国际社会已采取行动建立全面的国际公法制度,以规范和保护文化遗产。从这个意义上说,联合国教科文组织和欧洲委员会发挥的作用至关重要。特别是,联合国教科文组织的行动允

---

① 该规则反映在第 93/7 号指令和 1995 年的 UNIDROIT 公约中,并由国际法研究所在两项决议中提出:1991 年的巴塞尔决议(International Sale of Works of Art from the Angle of the Protection of the Cultural Heritage)和 1975 年威斯巴登决议(The Application of Foreign Public Law)。

② K. Siehr, 'International Art Trade and the Law' (1993-VI) Vol. 243 Collected Courses of theHague Academy of International Law pp. 9-292,75. 但是,在某些情况下,严格使用 lex originis 不会自动确保物品的归还。

③ S. C. Symeonides, 'A Choice-of-Law Rule for Conflicts Involving Stolen Cultural Property' (2005) Vol. 38 Vanderbilt Journal of Transnational Law pp. 1177-98.

许将文化遗产的保护超越国际人道法的专业范畴,并将其转变为当代国际法的重要组成部分。

在评估当前国际文化遗产制度的有效性(或无效性)时,必须考虑各种因素。国际政治制度和参与该制度的各个国家的特点对实施和效力具有重要影响。同时,现有规则的准确性和可感知的公平性也很重要。但是,值得关注其他两个因素。第一个问题是法律文书的性质。假定具有约束力的文书比不具有约束力的文书对国家行为的影响更大。第二个问题涉及特定执法机制的存在。这些措施可能包括旨在提高透明度和奖励措施(例如财务援助)的报告或审查程序,以及为防止违规行为而施加制裁和惩罚的争端解决机制。大多数包含争端解决规定的国际条约都提供相同的两阶段方案。首先,一般性义务是诉诸当事方可以同意的任何外交手段来和平解决争端。其次,如果无法解决争端,则有两种选择:条约不规定任何进一步的方法或途径,或者条约规定了进一步的特定阶段的争端解决。这可能包括由仲裁法庭或国际法院等常设国际机构通过国际裁决进行的解决,或者涉及所涉条约的某些机关。

以下各节将介绍构成当前国际文化遗产制度的法律文书的基本特征,并着重于可用争端解决条款的效力。①

(一)关于发生武装冲突时保护文化财产的公约

制定 1954 年《海牙公约》②是为了纠正战争法的缺陷,朝这一方向采取行动是新兴的国际世界秩序的责任,是和解与预防未来冲突的要素。③ 此公约并不是要取代现有条约,而是要对它们进行补充。

1954 年《海牙公约》规定,缔约国必须尊重本国和其他国家的文化财产;必须避免出于军事目的使用任何财产及其周围环境;并且必须避免针对此类财产采取任何敌对行动。④ 还规定了与转移文化财产有关的其他义务。缔约国必须禁止、防止并在必要时制止任何形式的盗窃、抢劫或盗用文化财

---

① 有关国际文化遗产条约的全面分析,请参见 e. g. C. Forrest, *International Law and the Protection of Cultural Heritage*(London/New York:Routledge,2010).

② 14 May 1954,249 UNTS 240.

③ J. Blake,'On Defining the Cultural Heritage',(2000)Vol. 49 *International & Comparative Law Quarterly* pp. 61-85,61.

④ Art. 4(1).

产的行为;①占领军有义务协助被占领国保存其遗产。② 该公约还鼓励用蓝白色盾牌标记、保护不能移动的文化财产。③《关于在发生武装冲突时保护文化财产的议定书》(第一议定书)对从被占领土上非法出口、移走或转移文化财产所有权及其归还做了详细的规定。④ 还编纂了一项原则,根据该原则,文化财产"绝不可作为战争赔偿滞留"。⑤ 第一条还通过考虑占领国的义务来规范战时文化财产的流通,以防止和避免从被占领土上出口文物,并在发生这种情况的情况下予以归还。

尽管 1954 年《海牙公约》已成功地提高了人们对文化财产重要性的认识并引入了刑事责任,但事实证明,该公约在需要时并不容易适用,⑥并需要更严格的遵守机制。⑦ 公约效力有限的原因之一是其未能提供解决争端的全面而有约束力的机制。实际上,公约仅包含关于解决争端的一些规定。第 22 条仅规定,"保护国应在一切可能认为对文化财产有利的情况下提供斡旋,尤其是当冲突各方在执行或解释本公约或实施细则的规定方面存在分歧时"。取而代之的是,公约实施细则第 14 条规定了解决争端的程序,这些争端可能是由于一个缔约方反对在"特殊保护下的国际文化财产登记簿"中注册某财产而引起的。

1999 年,通过了《关于发生武装冲突时保护文化财产的海牙公约第二议定书》(第二议定书),从而完成了《海牙公约》体系。⑧ 这对公约进行了许多

---

① Art. 4(3).

② Art. 5.

③ Art. 16.

④ 14 May 1954,249 UNTS 358.

⑤ Art. I(3).

⑥ 克罗地亚和波斯尼亚在巴尔干战争期间以及科威特在第一次海湾战争期间遭受的灾难性文化损失表明,当交战方由于具有歧视性的民族主义意识而将交战方作为目标时,1954 年《海牙公约》几乎没有用处。Final Report of the UN Commission of Export Established Pursuant to Security Council Res. 780(1992), Annex XI, Destruction of Cultural Property Report, UN Doc. S/1994/674/Add. 2(Vol. V) (28 December 1994).

⑦ 事实证明,以保护国和总干事为基础的公约执行系统是行不通的。See T. Desch, ' Problems in theImplementation of the Convention from the Perspective of International Law ', in: E. R. Micewski and G. Sladek(eds), *Protection of Cultural Property in the Event of Armed Conflict. A Challenge in Peace Support Operations*(Vienna: Austrian Military Printing Press, 2002), pp. 1-8.

⑧ 26 March 1999, 38 ILM 769(1999).

重大改进。① 然而,出于本书研究的目的,最重要的发展是它为解决争端提供了更多可能性。第 33 条赋予联合国教科文组织某些调解权。相反,第 35 条和第 36 条详述了保护国和总干事的调解权和协调权。尽管这些规定不能帮助解决过去战争遗留下来的争端,但它们为今后与战争有关的争端提供了有趣的进展。特别是,意识到在当前的武装冲突中实际上不存在权利保护,②《第二议定书》第 36 条包含了新的争端解决选择。一种方法是赋予总干事"主动斡旋或以任何其他形式的调解或协调行事"的倡议。另一种方法是赋予新成立的发生武装冲突的政府间文化财产保护政府间委员会及其主席权力,"提议缔约方召开代表会议,特别是负责保护文化财产的主管部门的代表会议,如果认为合适,可在非缔约方的国家领土上召开"。尽管有这些发展进步,乔奥亚指出,关于解决争端的一般性规定会更有用。更具体地讲,他认为,根据其职权范围,委员会本来可以解决争端的职能。③

(二)关于禁止和防止非法进出口文化财产和非法转让其所有权的方法的公约

这项研究经常使人们质疑 1970 年《联合国教科文组织公约》的规定。该条约旨在防止和平时期原属国文化遗产的减少,并通过行政程序和国家行动解决这一问题。公约对文化财产的定义非常广泛,并不具有追溯力:如果在公约对有关国家正式生效之后,无法证明属于其适用范围的宝藏违反了原产国法律而被非法出口,则其不能适用。④ 因此,它不涵盖在更遥远的殖民时期发生的任何历史性的文化遗产转移案例。所以,在实践中,它侧重

---

① 《第二议定书》:(1)阐明了采取预防措施的义务;(2)通过引入 1977 年《第一附加议定书》中的概念和将适用范围扩大到非国际性武装冲突来更新 1954 年《联合国教科文组织公约》的制度;(3)明确和限制性地定义"军事必要性"的界限;(4)引入了新的"加强保护"系统;(5)确立了个人的刑事责任,确定了应予处罚的严重违法行为;(6)设立常设委员会(发生武装冲突时保护文化财产政府间委员会),以监督《议定书》的实施。

② 在 1967 年的中东冲突期间,权利保护机制仅使用过一次。有关该系统故障的原因,请参见 J. Hladik, ' UNESCO's Ability to Intervene in Crises and Conflict ', in: Micewski and Sladek(eds), *Protection of Cultural Property*, pp. 15-18(n 166).

③ A. Gioia, ' The Development of International Law Relating to the Protection of Cultural Property in the Event of Armed Conflict: The Second Protocol to the 1954 Hague Convention ' (2001) Vol. 11 *Italian Yearbook of International Law* pp. 25-57, 48-51. 相反, Desch 批评《第二议定书》关于解决争端的规定不明确和无效 Desch, ' Problems in the Implementation ', p. 5(n 166).

④ 除条约表示不同意思,或另经确定外,关于条约对一当事国生效之日以前所发生之任何行为或事实或已不存在之任何情势,条约之规定不对该当事国发生拘束力。

于遏制现代非法出口和盗窃。对于这一限制,必须补充一点,即 1970 年《联合国教科文组织公约》不是自动执行的,因此其要求缔约国通过必要的实施立法。

公约的主要运作方式是对缔约国施加义务,要求他们:(1)设立保护文化财产的专门服务机构;① (2)列入认证制度;② (3)处以罚款;③ (4)控制文物贸易。④ 此外,还有一项规定,缔约国承诺按照国内法,协助从其领土追回被盗和不可剥夺的外国文物。⑤ 第 7 条强调了公约旨在制止非法转让文化财产的意图。根据第 7(a)条,缔约国承诺采取措施,劝阻国家控制的博物馆和其他类似机构获取在公约生效后非法出口的文化财产。但是,与这些规定相反,公约不对缔约国施加任何一般义务,促使其归还非法移走的文物。第 7(b)(i)条规定了归还从有限范围内被盗的文物的责任,即"从博物馆、宗教或世俗的公共纪念碑或类似机构中被盗",并且"前提是该财产已被记录在案,与该机构的清单有关"。该文件要求确定了人工制品的来源,并在缔约国对该财产赋予了明确的所有权。因此,由于所有者是无可争议的,因此第 7 条(b)款(i)项旨在促进归还。但是,公约未能将重点放在广泛的文物上,这与国际社会在保护文化遗产和保护其免遭传播风险方面的普遍利益相抵触。而且,鉴于非法贸易的规模,这种限制似乎是不合逻辑的。另外,归还程序受到批评,因为归还义务的条件是请求国向无辜购买者或对物品具有有效所有权的任何人支付"公正赔偿"。⑥ 如前所述,该要求与普通法原则相冲突,即无辜购买者不能从盗贼那里获得所有权。⑦ 根据普通法的归还制度(replevin),善意的购买者可以被迫将物品退还给原告而不收取任何赔偿。第 7 条(b)款第(ii)项经常受到批评,指责盗窃受害者因犯罪而必须重新购买其财产,并且无视许多发展中国家无法提供赔偿。同时,其他人则批评该公约的"利益和负担在成员国之间的分配不均":尽管其规定旨在协助来源国,但进口国却不得不为诉讼和交易费用提供资金。⑧

① Art. 5.
② Art. 6.
③ Art. 8.
④ Art. 10(a).
⑤ Art. 13(d).
⑥ Art. 7(b)(ii).
⑦ *Porter v. Wertz*, 416 N. Y. S. 2d 254(App. Div. 1979).
⑧ L. J. Borodkin, 'The Economics of Antiquities Looting and a Proposed Legal Alternative' (1995) Vol. 95 *Columbia Law Review* pp. 377-417,389.

可以指责公约规定的归还程序是无效的,因为只有国家而不是个人才能提出归还要求。该程序的政府间性质强调,1970 年《联合国教科文组织公约》侧重于"外交合作",而不是司法解决争端。公约只在某一方面专门解决争端问题。第 17 条第 5 款规定,当公约的两个缔约国就执行公约发生争端时,联合国教科文组织可以提供"斡旋,以在它们之间达成解决"。没有任何其他机制可以解决因适用公约引起的争端。由于部分国家对国际法院的敌视,因此未包括将争端提交该机构的明确条款。①

1. 促进文化财产归还其原属国或返还非法占有文化财产政府间委员会

ICPRCP(促进文化财产归还原属国或返还非法占有文化财产政府间委员会)的性质和职能印证了联合国教科文组织对外交合作的偏爱。② ICPRCP 成立于 1978 年,其任务是协助教科文组织会员国处理超出现有(非追溯性)公约框架的案件,例如由于殖民或外国占领,或者由于在 1970 年《联合国教科文组织公约》生效之前由于非法占用而丢失的历史文物案件的纠纷。实际上,ICPRCP 的最初目标是完成非殖民化过程,通过从前殖民国家博物馆中收回文化材料,促进重建前殖民地的文化遗产。随后,重点转向制止文物的非法贩运。

委员会章程规定,"从联合国教科文组织成员国或准成员国的人民的精神价值和文化遗产的角度出发,可以要求返还具有重要意义的任何文化财产或任何由于殖民或外国占领或非法挪用而失去的文化财产"。③ 规约还规定,只有在与被请求物品所处的国家进行双边谈判失败或中止后,一国才可将案件提交给 ICPRCP。相反,不能将适用 1970 年公约第 7 条的案件提交给委员会。④ 但是,这个常设机构没有管辖权来裁决国家之间的争端。相反,它可能只是以顾问身份行事,从而为讨论和双边谈判提供了框架。⑤ 因此,各国既没有义务向它提起诉讼,也没有义务遵守它的建议。倾向于双边谈

---

①　P. J. O'Keefe, *Commentary on the UNESCO 1970 Convention on Illicit Traffic* (Leicester: Institute of Art and Law, 2000) p. 95.

②　Established with Res. 20 C4/7. 6/5, adopted at the 20th session of the UNESCO General Conference, 24 October-28 November 1978. It comprises 22 Member States of UNESCO elected by the General Conference.

③　Art. 3(2).

④　ICPRCP, Guidelines for the use of the 'Standard Form Concerning Requests for Return or Restitution', 30 April 1986, CC-86/WS/3, 17.

⑤　"委员会应负责:1. 寻找便利双边谈判以归还原产国文化财产或将其返还其原籍国的方法; 2. 促进多边和双边合作,以归还文化财产并将其归还其原籍国"(《人道法公约》第 4 条)。

判的原因是,人们认为每项申诉都是独特的,只能根据具体情况进行处理。尽管在许多方面受到限制,但这种谈判的优点是避免就被请求国的收集行为进行讨论。①

现有的实践表明,对国家善意的依赖是毫无回报的。多年以来,ICPPRP仅被要求解决八宗案件,但争议最大的案件仍在审理中:②希腊要求从大英博物馆归还帕特农神庙大理石。诚然,取得如此适度结果的主要原因之一是前殖民国家和发展中独立国家的讨价还价能力不平等。可以说,这也构成了后者国家对现有国际标准保证人为物品返还和打击非法贩运的能力缺乏信心的原因之一。公共博物馆反对批量归还的事实是人们很少选择 ICP-PCP 的另一个原因。特别是,他们坚持认为,有争议的物品是根据购置时适用的法律和习俗获得的,而发展中国家则缺乏确保所请求物品保存的资源。此外,还必须承认,向 ICPRCP 提出申诉的程序是复杂的,或者是许多将要使用它的大多数国家无法使用的程序,因为它需要输入不易获得的信息。此外,ICPRCP 由政府代表组成的事实也可以看作是其弱点之一。一般而言,与以个人身份行事的个人成员组成的委员会相比,政府间机构偏形式主义且办事效率低下。

然而,不能从其待审案件目录来判断 ICPPRC。相反,我们应正确地指出,自 1978 年以来未经其直接参与而发生的成千上万的文物归还证明了它的权威。公民权利和政治权利国际委员会说服国家和公共机构通过双边谈判、拥有人的自愿行为或其他解决方案(例如借还或生产复制品)来归还文物,同时还改善了国家立法并产生了例如进口控制、数据库和道德规范等法律和非法律工具。③

2. ICPRCP 任务的修订

鉴于解决艺术纠纷的困难,2007 年联合国教科文组织大会修订了 ICPRCP 的任务。具体来说,在会员国大会第三十二届会议(2003 年召开)

---

① Vrdoljak, *International Law*, p. 214 (n 35).

② See L. V. Prott, 'The History and Development of Processes for the Recovery of Cultural Heritage' (2008) Vol. 13 *Art Antiquity and Law* pp. 175-198, 193. 公民权利和政治权利国际委员会对伊朗于1985年提交 Khorvin 案进行了审查,该案涉及比利时一个私人收藏家所藏的一系列考古文物,在将该案件提交比利时法院审理之时被中止,直到用尽所有内部补救手段为止。ICPRCP, Final report of the 17th session, UNESCO Doc. CLT-2011/CONF. 208/COM. 17/6, May 2011, 6.

③ ICPRCP, Oral Report of the Rapporteur, Sixteenth Session, CLT-2010/CONF. 203/COM. 16/8, October 2010, 5.

上,会员国通过了一项决议,邀请总干事提出"一项战略,以便利归还被盗或非法出口的文化财产……加强政府间委员会的任权……就成员国调解与和解的建议而言"。① 根据 ICPRCP 在其第十三届会议上通过的意见②和执行局的决定,③大会在 2005 年以 33 C/44 号决议对委员会章程进行了修订。值得一提的是,除了澄清联合国教科文组织正常预算将不包括调解和解费用外,由于此类程序的结果不具有约束力,因此委员会现在有权向提出争议的国家提出调解或和解的建议。④

根据第 4 条第 1 款,ICPRCP 于 2010 年 9 月批准了调解与和解程序规则。这些规则确认,ICPRCP 主持下的调解与和解是自愿的,并且结果"只有当双方达成有约束力的协议时,才对双方具有约束力"。⑤ 第 10 条第 1 款描述了达成调解或和解程序的方式,而第 10 条第 3 款则规定,如果调解或和解程序失败,则争议仍可以"在委员会面前保留"。此外,议事规则规定了调解员和和解员的任命程序、调解或和解程序与其他争端解决程序之间的关系⑥以及时间、⑦成本⑧和保密性问题。⑨

第 4 条是议事规则中争议最大的条款。这确定了可以诉诸调解或和解程序的缔约方。某些国家提出,ICPRCP 应仅处理国家间争端,而其他国家争辩说,只要请求方是联合国教科文组织的成员国或准成员国,如果调解或和解程序是被请求财产的当前持有人,那么调解或和解程序也可以涉及非国家实体。在这方面,最初的第 4 条草案使一国不仅可以针对其他国家而且可以针对公共和私人机构以及自然人提出请求。经过长时间的辩论,达成

---

① 32 C/Resolution 38,para. 9(a),66.

② Recommendation 3,Report on the 2004-5 Activities and the 13th Session of the ICPRCP,Doc. 33 C/REP/15,23 August 2005.

③ 171 EX/Decision 17.

④ ICPRCP 第 4 条第 1 款的内容如下:"委员会应负责:根据第 9 条规定的条件,寻求便利进行双边谈判以将文化财产归还其原籍国的谈判的方式方法。在这方面,委员会也可向有关会员国提出调解或和解的建议,但应理解,调解意味着外部当事方的干预,以使有关当事方聚集在一起并协助他们达成协议。在调解下,有关各方同意将其争端提交组成的机构进行调查,并努力达成解决方案,但前提是任何额外的必要资金来自预算外资源……调解与和解进程的结果对有关会员国不具有约束力,因此,如果不能解决问题,则应将结果保留在委员会。"

⑤ Art. 10(4).

⑥ Art. 6(4)(5).

⑦ Art. 8(9)and 10(1)(c).

⑧ Art. 11.

⑨ Art. 8.

了妥协。现在,第4条规定,只有联合国教科文组织成员国和联合国教科文组织准成员国可以诉诸调解或和解程序。① 这些国家既可以代表自己的利益,也可以代表其领土内的公共或私人机构的利益,也可以代表其国民的利益。② 可以针对联合国教科文组织的成员国或准成员国,或拥有有关文化财产的公共或私人机构,提出启动调解或和解程序的请求。如果拥有人是私人机构,则只有在该机构所在的国家立即收到请求并且不反对的情况下,才可以开始调解或和解。③ 被请求机构的所在国的同意很重要,因为参与调解或和解程序的费用和协助成本很高,而且由于启动这一程序可能会对现有的双边关系产生影响。④ 因此,ICPRCP 的调解与和解功能不适用于争议物品的持有人是个人的情况。

第3条补充了第4条,其内容为:

> "调解与和解程序需要双方事先书面同意,然后才能启动。应当进行调解和调解程序 …… 按照公平、公正和真诚的一般原则 …… 各方、调解员或调解人应参加,以期在适当考虑国际法和公认原则的情况下,以友好和公正的方式解决或处理争端。"

这项规定确认了以国家为中心的调解与和解程序:各国仍然是争端解决程序的主角,因此,它们有权制定调解与和解程序以适应需要。此外,对传统上管辖国家间关系的原则的援引表明,这些机制并未脱离国际法原则体系。因此,国家同意的约束不会被取代。ICPRCP 在其对总干事的意见中承认了这一问题,但仍为该战略的优点辩护,理由是它将为成员国提供更多选择。⑤

(三)关于被盗或者非法出口文物的公约

在 20 世纪 80 年代中期,联合国教科文组织请国际统一私法协会起草一项自我执行公约的草案,以改善对文物的国际保护。其结果是通过了 1995 年《关于被盗或者非法出口文物的公约》,其总体目标是通过加强国家之间

---

① Para. 1.

② Para. 2.

③ Art. 4(3).

④ K. Zedde, 'UNESCO's Intergovernmental Committee on Return and Restitution of Cultural Property and the Mediation and Conciliation of International Disputes', in: Renold, Chechi and Bandle (eds), *Resolving Disputes*, pp. 107-29, 114 (n 141).

⑤ Recommendation No. 3,1, in 33 C/Resolution 46, Annex I, 25 August 2005.

的团结,为打击文物非法贩运作出贡献。在实践中,国际统一私法协会作为协调国家法律的专门组织,制定了一项条约,旨在解决因国家规则之间的差异而产生的问题,并弥补 1970 年《联合国教科文组织公约》的某些缺陷。实际上,《联合国教科文组织公约》不接受任何私人行动,包括受限制的归还程序,没有提及时效期限,也没有涉及其规则对善意购买者的待遇对国内法产生影响的问题。但是,《统一私法协会公约》《关于被盗或者非法出口文物公约》并未试图取代 1970 年《联合国教科文组织公约》。相反,这两个条约是相辅相成的。① 从某种意义上说,1995 年《统一私法协会公约》可以看作是 1970 年《联合国教科文组织公约》的议定书。

起草者意识到,1995 年《统一私法协会公约》不能解决所有问题。事实上,序言强调,公约的目的是在尽可能多的国家建立"共同的最低限度法律规则",以防止贩运者利用国家法律制度之间的差异牟取不法利益。序言还回顾了保护文化遗产的重要性、文化物品非法贸易造成的不可弥补的损害、土著社区的特殊性以及掠夺考古遗址的严重问题。因此,《统一私法协会公约》的建立是在这样的前提下进行的,即文化材料应具有特定的规则,各国也准备制定减损规则。②

特别是,1995 年《统一私法协会公约》适用于具有国际性的申诉,涉及文化材料的盗窃和非法出口。③ 就盗窃而言,即使在保护善意拥有者的法律体系中追回了被盗的文物,公约也包含了完全归还财产的义务。④ 任何要求归还的申诉必须在特定时限内提出。⑤ 归还所要求的文物后,公约赋予善意购买者"公平合理的赔偿"的权利,如果证明他"在获取物品时进行了尽职调查"。⑥ 但是,第 4 条第 1 款规定,证明被请求保护的物品是善意获得的责任由所有人承担,即被认为能够作出选择并通过这种选择影响市场并阻止非

① L. V. Prott, *Commentary on the UNIDROIT Convention on Stolen and Illegally Exported Cultural Objects* (Leicester: Institute of Art and Law, 1997), p. 15.

② M. Schneider, ' The 1995 UNIDROIT Convention on Stolen or Illegally Exported Cultural Objects ', paper presented at the 9th Mediterranean Research Meeting, Florence & Montecatini, 12-15 March 2008, organized by the Mediterranean Programme of the Robert Shuman Centre for Advanced Studies at the European University Institute, p. 10

③ Art. 1.

④ Art. 3 (1).

⑤ Arts 3 (3) and (4).

⑥ Art. 4.

法贸易的主体承担。① 关于非法出口,主要问题是各国在多大程度上认可外国规则。《统一私法协会公约》的前提是原籍国的法律是控制法。基本上,公约没有制定关于国际艺术品贸易的独立的超国家政策,而是规定了不管所在国法律的规定,执行原产国的出口禁令。

就争端解决而言,《统一私法协会公约》第 8 条规定,有关其适用的要求可在以下单位提起:"该文物所在地的缔约国的法院或其他主管当局,或根据缔约国现行规则具有管辖权的法院或其他主管当局外的单位。"管辖权归属于文化物品所在国的法院或主管当局,是一项新的事态发展,可能对执行公约有很大帮助。归还失窃物品的申诉可由国家、个人和法人实体提出,而对于非法出口的文物,只有国家有权提出申诉。《统一私法协会公约》规定,在下列情况下,各国的申诉要求可能是成功的:(1)文物过去并且现在仍然被禁止出口;(2)未签发出口许可证;(3)请求国可以证明某些利益受到损害;②(4)请求及时提出;③(5)向善意拥有人支付合理的赔偿。④ 此外,根据第 8 条第 2 款,允许当事方将其争议提交仲裁。不幸的是,该规定并未就如何设计仲裁程序提供指导。

公约第 6 条第 3 款也与争端解决问题有关,因为它为申诉提供了两种选择。首先,在与请求国达成协议后,诚信购买者可以决定保留该物品的所有权。其次,诚信购买者可能会将其转让给请求国中所选择的人,以防止无偿地付款。这项规定值得关注,因为它有助于将非法出口的文物归还请求国,即使该国无法支付赔偿。⑤

总体而言,可以说,《统一私法协会公约》在来源国和市场国的不同利益之间以及大陆法系和普通法管辖区之间实现了微妙的折中。⑥ 但是,由于其范围更广,要求严格,只有 33 个国家批准了《统一私法协会公约》。⑦ 然而,非缔约国内的博物馆和艺术专业人士可能容易受到根据该公约提出的申诉

---

① Schneider, 'The 1995 UNIDROIT Convention', p. 10(n 203).

② Art. 5(3).

③ Art. 5(4).

④ Art. 6.

⑤ M. Schneider, 'Unidroit Convention on Stolen or Illegally Exported Cultural Objects: Explanatory Report' (2001) Vol. 6 *Uniform Law Review* pp. 476-564,536-7.

⑥ 时效期限制度代表了市场国和来源国的对立立场在公约适用范围内的妥协(与市场国家的立场相反,来源国不希望有任何时效期限,并希望追溯适用该公约)。此解决了普通法原则适用于非合法行为的冲突,并向善意购买者提出了申诉要求。

⑦ As of September 2013.

伤害。例如,当一个非缔约国的博物馆将购买的《统一私法协会公约》缔约国家中被盗或非法发掘的文物出售给《统一私法协会公约》另一缔约国的买方时,可能会发生这种情况。如果原始所有者在后一个国家的法院中要求出售该物品,则无论卖方如何诚实或尽职尽责,买方都可能被迫退还该物品。

(四)保护世界文化和自然遗产公约

1970 年《联合国教科文组织公约》通过两年后,联合国教科文组织大会通过了《保护世界文化和自然遗产公约》(WHC)。[①] 就像之前提到的,该公约的基本理念是促进国际合作与援助体系的建立,在此背景下,签署者坚持全球承诺,保护其领土内"杰出的普遍价值"的文化和自然瑰宝。鼓励缔约国将文化和自然遗产的保护纳入区域规划方案,在其所在地设立工作人员和服务机构,并进行科学技术保护研究。[②]

WHC 提出了一套完善的机制,其中包括世界遗产委员会(WHC 委员会)、[③]世界遗产名录(WHC 清单)[④]和《濒危世界遗产名录》。[⑤] WHC 清单包括缔约国指定的具有"突出普遍价值"的财产,而《濒危世界遗产名录》"仅包括构成文化和自然遗产一部分的受到严重和特定危险威胁的财产"。它由 WHC 委员会建立、更新并发布。[⑥] 缔约国在世界遗产名录上的推荐中起着决定性作用。首先,他们向 WHC 委员会提交适合列入的遗产名单(所谓的暂定名单)。其次,缔约国向委员会提交具体提名,以列入世界遗产名录。这意味着将遗产列入名单的程序需要有关国家的同意。相反,在《濒危世界遗产名录》中对遗产的推荐并不要求领土国提出要求或表示同意。根据《保护世界文化和自然遗产公约》第 11 条第 4 款的最后一句,如果有"紧急需要

---

① 16 November 1972,1037 UNTS 151.

② WHC 是打击非法贩运可移动物品的另一工具。《实施〈世界遗产公约〉操作指南》(以下简称《操作指南》)暗含了这一点,该指南明确指出,拟列入名录的财产的突出普遍价值也必须考虑到有关财产是否属于"直接或有形地与……具有普遍意义的艺术和文学作品相关联"。关于防止非法贩运由世界遗产保护组织保护的财产中的可移动物品,参见 Report of the 24th session of the WHC Committee, Cairns, Australia(27 November-2 December 2000), UNESCO Doc. WHC-2000/CONF. 204/21 of 16 February 2001,124-5.

③ WHC 委员会由 21 个公约缔约国的代表组成,由大会选出,任期最长为 6 年。

④ 截至 2013 年 9 月,该目录包含 981 个遗产,包括 759 个文化遗产、193 个自然遗产和 29 个文化、自然双重遗产。

⑤ 截至 2013 年 9 月,该目录包含 44 个遗产。

⑥ Art. 11(4).

的情况",委员会有权将一项遗产列入世界濒危遗产名录。同样,从 WHC 名单中删除遗产提名也不需要征得领土国的同意。尽管《保护世界文化和自然遗产公约》没有关于这一问题的任何具体规定,但从名录中删除遗产提名必须被视为公约目的和宗旨所固有。即使在这种情况下,WHC 委员会也有责任检查遗产是否失去了其突出的普遍价值,因此是否从名录中删除该遗产。①

WHC 不提供惩罚国家或争端解决条款的机制。尽管不可能将没有解决争端的规定与其高批准率联系起来,②但有理由认为联合国教科文组织会员国希望优先采用外交手段解决争端。这一结论与《保护世界文化和自然遗产公约》的目的和宗旨以及缔约国应承担的义务的性质相吻合。这些是履行对整个国际社会的义务所必须的,以期将其管辖范围内具有文化或自然意义的财产传给后代。在这种情况下,不难想象,一个缔约国可能认为对另一个缔约国提出申诉在政治上不方便。但是,某些遗产的管理方式可能导致 WHC 委员会与有关缔约国之间的紧张关系。③ 例如,委员会威胁英国将某些遗址列入《濒危世界遗产名录》。委员会抱怨,批准伦敦市中心新塔楼的决定将使伦敦塔黯然失色,尽管承诺行动已超过 20 年,但仍未能将巨石阵旁的 A344 公路搬迁。④ 此外,争议可能是由于对特定遗产的"普遍"和"突出"价值、合作义务的内容或将某地点列入《濒危世界遗产名录》而引起的。在这方面,弗朗切斯科·弗朗西奥尼(Francesco Francioni)建议在 WHC 委员会内成立一个"技术法律工作组",其任务是"就公约和《操作指南》的具体规定的含义'解决分歧'",充分分析这些不同观点的动机和影响,并向委员会,必要时向缔约国大会提供合理的报告。⑤

---

① 截至 2013 年 9 月,WHC 委员会仅将两个地点除名:2009 年的德累斯顿易北河谷(第 33COM 7A. 26 号决定)和 2007 年的阿拉伯羚羊保护区(第 31COM 7B. 11 号决定)。On these issues see G. P. Buzzini and L. Condorelli, ' Article 11: List of World Heritage Sites in Danger and Deletion of a Property from the World Heritage List', in: F. Francioni(ed. , with the assistance of F. Lenzerini) ,*The* 1972 *World Heritage Convention. A Commentary*(Oxford: Oxford University Press, 2008) , pp. 175-99.

② 截至 2013 年 9 月,世界遗产大会已得到 190 个国家的批准。

③ See Ch. II, Pt B, s 3. 4. 6.

④ Decisions 32 COM 8B. 93 and 32 COM 8B. 98, respectively, WHC-08/32. COM/24, 31 August 2008.

⑤ F. Francioni, ' Thirty Years On: Is the World Heritage Convention Ready for the 21st Century?', (2002) Vol. 12 *Italian Yearbook of International Law* pp. 13-38 , 36.

（五）保护水下文化遗产公约

2001 年,联合国教科文组织大会通过了《保护水下文化遗产公约》(UCH 公约)。① 教科文组织制定这一全面法律制度的主要原因有三个。首先,人们越来越意识到,考古遗产的掠夺和散布不再局限于陆上遗址。由于技术的进步,寻宝者对水下文化考古遗址的掠夺和破坏正在迅速增加,目前,人们可以前所未有地进入海底。② 其次,由于水下文化遗产的特殊性质和位置,很明显,现有的国家法律不足以保护它。国内立法只能对位于领海内的地点提供法律保护,也就是与沿海国专属管辖范围内的领土相邻的那部分海域。相反,在公海没有国家管辖权。然而,有价值的材料位于国家管辖范围以外的海洋空间中这一事实不应被用来掩盖此类材料与特定国家之间的关系。在这种情况下,出现了以下问题:应认定哪个国家有能力处理域外水域发现的文化财产,以及基于哪个法律基础上? 最后,通过了《保护水下文化遗产公约》,以处理《联合国海洋法公约》(UNCLOS)未解决的问题。③《联合国海洋法公约》第149 条和第303 条提到了考古和历史物品,并规定了缔约国保护这些物品的一般义务,从而使它们与普通物品区分开。④ 但是,这些规定并未明确说明保护水平。具体而言,第303(3)条规定了适用打捞法的优先权。⑤ 而保留该条款引发了混乱,因为打捞法可能与沿海遗产保护相冲突。⑥

---

① 　2 November 2001,41 ILM 37(2002).

② 　See UNESCO,*Information Kit for the 2001 UNESCO Convention on the Protection of the Underwater Cultural Heritage*,4-5,< http://www. unesco. org/en/underwater-cultural-heritage > ,accessed 18 September 2013.

③ 　10 December 1982,21 ILM 1261(1982).

④ 　第149 条:"在地区内发现的所有具有考古和历史性质的物品,都应为整个人类的利益而保存或处置,尤其要考虑到原籍国或原住民或文化起源国或历史和考古起源国的优先权。"第303(1)条:"国家有义务保护海上发现的具有考古和历史性质的物品,并为此目的应合作。"

⑤ 　"本文不会影响可识别的所有者的权利,救助法或其他海事规则,也不会影响与文化交流有关的法律和惯例。"就考古和历史遗留物的转移而言,第303(2)条(与《联合国海洋法公约》第33 条结合)载有管辖权的推定,有利于延伸至毗连区的沿海国(离海岸24 海里)。但是,该规定是矛盾的,因为它将沿海国控制文物运输的权利限制为防止违反"其海关、财政、移民或卫生法律和法规"的需要。目前尚不清楚这种规范的执行如何对水下文化遗产的保护作出贡献。

⑥ 　沿海国法律决定在领海中是否排除打捞法。打捞法是海事法的一个子类别,向在没有任何既定合同义务的情况下自担风险,抢救另一名面临海洋危险的人的财产提供赔偿。打捞的概念包括两个单独的部分:打捞行为(它不会给救助者提供沉船的所有权或权利,而是为沉船提供留置权,即对海洋财产的特权要求)和对该行为的奖励。留置权是指在对打捞的沉船提起诉讼以取得赔偿前,对该沉船的留置权。E. Boesten,*Archaeological and/or Historic Valuable Shipwrecks in International Waters* (The Hague:T. M. C. Asser Press,2002) ,pp. 97-8.

除此之外,权利和义务是有限的,该条款并且仅适用于区域(国家管辖范围以外的海床)和毗连区域(距离领海基线 12 至 24 英里)。这种法律真空构成了真正的危险,因为它允许采取"先到先得"(或"捕鱼自由")的方法。这意味着任何人都可以探索海底并拥有随之而来的保留所有权或将其投放市场的权利。在这种情况下,勘探和商业开发的动机胜过保护水下文化遗产的兴趣。[①]

《保护水下文化遗产公约》的灵感来自第 2 条所列的目标和一般原则:"缔约国应为人类的利益保护水下文化遗产"(第 3 段);"原位保存(海床当前位置)……应视为首选"(第 5 段);[②]"水下文化遗产不得进行商业开发"(第 7 段)。第 4 条[③]和第 2 条[④]进一步强化了这种反市场偏见以及确保水下遗产完好无损和适当管理的目标。《保护水下文化遗产公约》第 4 条对救助法的适用施加了三个进一步的限制:

> "本公约适用的与水下文化遗产有关的任何活动均不受打捞法或发现法的管辖,除非:(1)由主管当局授权;(2)完全符合本公约;(3)确保对水下文化遗产的任何恢复都得到最大程度的保护。"

《保护水下文化遗产公约》还建立了具体的国际合作机制,包括在专属经济区、大陆架和地区内实施遗产保护措施时进行报告、磋商和协调。[⑤] 义务扩大到控制和预防文化遗产的非法贩运、[⑥]扣押和处置、[⑦]合作与信息共享、[⑧]公众意识、[⑨]培训[⑩]以及建立国内主管部门。[⑪]

---

① T. Scovazzi, 'La notion de patrimoine culturel de l'humanité dans les instruments internationaux', in: J. A. R. Nafziger and T. Scovazzi(eds), *The Cultural Heritage of Mankind*, pp. 3-144, 82-83(n 36). 作者感叹这些并不是罗伯特·巴拉德(Robert Ballard)先生在《国家地理》(1998 年第 4 期)上发表的文章所主张的理论危险。巴拉德解释说,在 1988—1997 年期间,在沿海大陆领海界限以外的地中海大陆架发生了四次超出沿海国家领海界限的探险,在此期间发现了各种沉船事故,并打捞了约 150 件物体并将其运到美国。尽管这些发现可能具有科学价值,但没有向沿海国提供任何信息。

② Confirmed by Rule 1 of the Annex to the UCH Convention.

③ "本公约适用的与水下文化遗产有关的任何活动均不受打捞法或发现法的约束。"

④ "对水下文化遗产进行商业开发以进行贸易或投机或不可挽救的失散从根本上与对水下文化遗产的保护和适当管理不符。水下文化遗产不得作为商业商品进行交易、出售、购买或交换。"

⑤ Arts 9 to 11.

⑥ Art. 14.

⑦ Art. 18.

⑧ Art. 19.

⑨ Art. 20.

⑩ Art. 21.

⑪ Art. 22.

关于争端解决,在《保护水下文化遗产公约》的谈判中,许多代表团呼吁国际法院成为唯一的庭审机构。但是,考虑到《联合国海洋法公约》与《保护水下文化遗产公约》之间的接口,①大多数代表团选择提及《联合国海洋法公约》第十五部分规定的争端解决程序。《保护水下文化遗产公约》第25条第1款要求在涉及本公约解释和适用的争端中的缔约国诉诸谈判或自行选择其他和平解决办法。如果失败,有关国家可将争端提交到联合国教科文组织调解。② 如果未达成和解,第25条第3款和第4款授权缔约国("无论它们是否也是《联合国海洋法公约》的缔约国")在四个争端解决程序之间进行选择《联合国海洋法公约》第287(1)条列出的内容:(1)根据《联合国海洋法公约》附件六设立的国际海洋法法庭;(2)国际法院;(3)根据《联合国海洋法公约》附件七组成的仲裁法庭;(4)根据《联合国海洋法公约》附件八成立的特别仲裁法庭,处理其中指定的一种或多种争端。《联合国海洋法公约》第289条规定选择"不少于两名"专家到法院或法庭出庭,"但无表决权"。毫无疑问,如果争端涉及特定的科学或技术问题,则这些条款允许进行非常专业的解决。此外,值得注意的是,第291条还为"仅按本公约特别规定的缔约国以外的实体"提供了解决争端程序的途径。此外,第293条规定,如果当事各方同意,则法院或法庭可以"平等地裁决案件"。

《保护水下文化遗产公约》关于争端解决的详尽规定仅限于国家间的申诉,而严格的私人争端(例如相互竞争的救助之间的争端)则超出了条约的管辖范围,即使它们引发了重要的国际法问题。对于国际法条约而言,这不足为奇。但是,鉴于所讨论事项的性质,可以预见,由于《保护水下文化遗产公约》引起的大多数争端将在国家与非国家实体之间发生,最有可能是关于扣押材料、适用公约规则以及"商业"的含义等问题。这些问题将留给国内司法程序处理,由于适用不明确或不同的法律,从而导致法学分散的现状。③

(六)在欧洲委员会主持下通过的公约

欧洲委员会通过了许多关于保护文化遗产各个方面的公约。其中包括

---

① UCH 公约第 3 条("本公约与《联合国海洋法公约》之间的关系")规定:"本公约的任何规定均不得损害国际法,包括《联合国海洋法公约》所规定的国家的权利、管辖权和义务。本公约的解释和适用应以包括《联合国海洋法公约》在内的国际法为背景,并与之相符。"

② Art. 25(2).

③ E. Boesten, *Archaeological and/or Historic Valuable Shipwrecks*, pp. 188-90(n 131).

1954 年的《欧洲文化公约》、①1985 年的《关于文化财产犯罪的欧洲公约》②和 1992 年修订的《欧洲保护考古遗产公约》。③

根据 1992 年公约第 1 条第 1 款,该条约的目的是保护考古遗产,作为欧洲集体记忆的来源以及历史和科学研究的手段。为此,公约采用了广泛的考古遗产定义,包括所有遗骸和物体以及过去时代留下的任何其他痕迹及其背景,无论是在陆地上还是在水下。每个缔约国承诺:(1)建立保护考古遗产的法律体系、规定存货的保管、建立考古保护区以及规定偶然发现考古遗产的发现者向主管当局进行强制性报告;④(2)确保以科学的方式进行考古发掘和勘探;⑤(3)实施考古遗产实物保护措施;⑥(4)采取必要步骤,以确保博物馆和类似机构不会获取怀疑来自不受控制的发现或非法发掘或非法地来自官方发掘的考古遗产元素。⑦

综上所述,看来 1992 年公约规定了比 WHC 更强有力的义务。缔约国有义务建立法律制度以保护其领土内的遗产。应当结合《欧洲委员会关于促进不动产和动产构成的历史遗迹的综合保护的措施的建议》来阅读该公约的内容。⑧ 该建议将保护不动产与打击动产的盗窃和失散联系起来,并申明每个国家都应制定立法和清单或分类制度。但是,欧洲委员会通过的条约均未设立惩罚未履行义务的国家或解决国家或其他利益攸关方之间争端的机制。实际上,这些条约只是促进了国家间的合作与援助。在这方面,1992 年公约明确规定,它不影响欧洲委员会成员国之间关于考古遗产要素的非法流通或归还其合法所有者的现有或将来的双边或多边条约。⑨

(七)欧盟与文化物品的自由流通

1957 年的《罗马条约》建立了欧洲经济共同体(the European Economic

---

① CETS No. 18.

② CETS No. 119(not yet in force).

③ CETS No. 143. 此条约代替了 1969 年《欧洲保护考古遗产公约》。

④ Art. 2.

⑤ Art. 3

⑥ Arts 4 and 5.

⑦ Art. 10.

⑧ Recommendation No. R(98)4 of 17 March 1998. Reproduced in L. V. Prott(ed.), *Witnesses to History. A Compendium of Documents and Writings on the Return of Cultural Objects*(Paris:UNESCO Publishing,2009),p. 202.

⑨ Art. 11.

Community, EEC)和一个基于商品自由流通的共同市场。《欧洲经济共同体条约》设想在欧洲经济共同体内禁止对进出口商品征收关税。它还禁止施加数量限制,以及在此类限制上具有同等效力的所有措施。这些规定是欧共体旨在实现经济活动发展和提高整个欧共体生活水平的手段。在这种情况下,诸如与文化有关的那些在经济上不太重要的利益没有得到充分的承认。欧盟条约①建立了内部市场,促使采取了保护文化财产的具体措施。由于内部市场要求废除内部边界,这将削弱成员国通过实施边境管制来防止文物非法移动的权力。共同体颁布了关于文化产品出口的法规 3911/92②和关于返还从成员国领土非法出口的文物的第 93/7 号指令,这些措施并非旨在统一国家法律。鉴于成员国根据《欧共体条约》第 30 条③保留了如何定义国宝并采取措施保护国宝的权利,并且鉴于成员国之间在此领域无法达成广泛共识,条例 3911/92 和第 93/7 号指令仅仅是为了促进成员国相互认可旨在打击文物非法贸易的国内规定。

第 116/2009 号条例的目的是通过利用其他成员国的更为宽松的规定,防止已被非法从原产国转移的艺术品出口到欧盟之外。它建立了一个程序,根据该程序,《欧盟运行条约》第 36 条所指的定义为国宝的且属于附件所列类别之一的古物,只有在附有原产国签发的出口证书的情况下,才能出口到第三国。④ 因此,不属于附件中定义范围内的古物的出口受国家法规的管制。如果必须根据国家法律将该物品保留在国内,则国家主管部门可以拒绝颁发许可证。⑤ 1993 年 3 月 30 日的委员会条例 752/93 规定了实施条例

---

① 1993 年,《欧盟条约》生效,欧洲经济共同体更名为欧洲共同体(EC)。相应地,《欧洲经济共同体条约》(EEC 条约)成为《欧洲共同体条约》(EC 条约)。《欧盟条约》已被《里斯本条约》(OJ C 306/01,2007 年 12 月 17 日)修订,但未被其取代。《欧洲共同体条约》已于 2008 年成为《欧盟运行条约》(OJ C 115/47,2008 年 5 月 9 日)。

② OJ L 395/1,31 December 1992, repealed and replaced by Regulation 116/2009 of 12 December 2008 (OJ L 39,10 February 2009).

③ Now Art. 36 TFEU.

④ Arts 2 and 4.

⑤ 弗朗切斯科·瓜迪(Francesco Guardi)涉及两件艺术品的案例说明了 3911/92 号法规在防止艺术品从欧盟领土出口方面的功能。它们于 2005 年出售给意大利经销商,然后出口到英国。允许出口是因为这些作品被故意归因于"匿名艺术家"。当英国艺术品经销商试图将这些作品出口到欧盟之外时,他正确地将其标记为瓜迪。授予了出口许可,但在这些作品离开英国之前,应意大利当局的要求在伦敦被没收,随后又返回意大利。M. Bailey, 'Guardis Seized by British Police Following Request from Italy', *The Art Newspaper*, 27 March 2008.

116/2009 的必要规定,规定了理事会条例第 3911/92 号关于文化产品出口的实施条款。

　　指令 93/7 提供了一种制度,在此框架下,如果被请求的文物被请求国认定为《欧盟运行条约》第 36 条所指的国宝,且属于附件所列类别之一,则非法进口文物所在成员国的司法当局必须下令归还该文物。此外,被请求的物品必须在 1992 年 12 月 31 日之后离开请求国的领土。因此,该指令仅涵盖已经非法出口的艺术品的归还,并未规定任何旨在防止这种非法出口的控制措施。第 93/7 号指令类似于 1995 年的《国际统一私法协会公约》,因为返还程序只能在特定时限内提起,并且由于在取得该物品时已格外小心和谨慎的拥有人可能会获得由胜诉的原告支付的公平赔偿。① 此外,就像《国际统一私法协会公约》一样,第 93/7 号指令会影响在非欧盟国家/地区发生的交易。例如,如果艺术品被非法从意大利移走并由纽约艺术品经销商出售给德国的收藏家,那么意大利可能会成功起诉德国的收藏家。第 93/7 号指令与 1995 年《国际统一私法协会公约》相似,还因为非法出口的文化物品的返还要求提出请求的成员国在被请求成员国的主管法院提起法律诉讼。程序可以在请求国提交完整文件时开始,不仅证明该物品已被非法转移,而且证明它属于国家遗产。② 这是至关重要的,因为不能要求被请求国的主管当局调查和评估物品与请求国遗产的联系。此外,第 93/7 号指令(与《国际统一私法协会公约》一样)将仲裁作为解决请求成员国与拥有人或持有人之间争端的另一种手段。③

　　相比之下,第 116/2009 号条例并未载有解决争端问题的规定。尽管如此,据认为可以要求欧洲法院通过 TFEU 第 267 条的初步裁定程序解决有关解释 116/2009 号条例或 93/7 号指令的争议。

---

① Arts 7 and 9(1).

② 第 5 条规定:"提出请求的成员国可以在被请求成员国的主管法院面前对拥有人或持有人提出诉讼,目的是确保归还非法移出其领土的文物。只有在启动诉讼程序的文件随附以下内容的情况下,才能提起诉讼:描述要求书涵盖的物品并说明其为文化物品的文件;提出要求的成员国的主管当局宣布该文物已被非法从其领土上移走。"

③ 第 4 条第 6 款规定,成员国的国家主管当局可以在不影响第 5 条的前提下,首先根据被请求国的国家立法,促进实施仲裁程序,并规定请求国和拥有人或持有人给予正式批准。

委员会根据成员国的个别报告起草关于这些法律文书评估的定期报告。① 就第 116/2009 号条例而言,2011 年报告涵盖了 2000 年至 2010 年,反映了 2004 年和 2007 年欧盟扩大前后整个欧盟的局势。该报告表明,欧盟成员国对文化产品出口实行管制的制度已被绝大多数会员国采用,即使程度不同。无论如何,一些成员国表示,应加强成员国与委员会之间的信息交流。关于第 93/7 号指令,2013 年报告在 2008—2011 年间审查了 27 个成员国的应用。委员会在这份报告中指出,以前的评价表明存在着问题。大多数成员国报告了该指令的稀缺性。成员国指责实施该指令的行政复杂性,提起追偿程序的高昂成本和限制性条件,包括提起诉讼的期限短(一年)。一些成员国认为,将指令的范围限制为附件中所列的国宝或属于公共收藏或教会名录的国宝是进一步的限制。此外,一些成员国提到,在归还物体时,难以确保国家法官统一适用第九条有关对拥有人的赔偿问题。根据该报告,自 2009 年报告以来,成员国内部以及各成员国负责该指令的主管部门之间在第 4 条规定下的行政合作和信息交流已有所改善。但是,许多成员国认为,应进一步加强信息的合作与交流。最后,重要的是,2013 年报告指出,成员国广泛支持归还文化产品工作组关于赞成修订该指令的建议。② 之所以需要更有效地执行该指令,主要是因为在所审查的时期内仅启动了少数归还程序。③ 实际上,在 2008—2011 年间,法院外同意的归还数量高于法院

---

① Report from the Commission to the Council, the European Parliament and the European Economic and Social Committee of 21 December 2005, Second Report on the application of Council Directive 93/7/EEC on the Return of Cultural Objects Unlawfully Removed from the Territory of a Member State('2005 Report'), COM(2005)675; Report from the Commission to the Council, the European Parliament and the European Economic and Social Committee of 30 July 2009, Third Report on the application of Council Directive 93/7/EEC on the return of cultural objects unlawfully removed from the territory of a Member State('2009 Report'), COM(2009)408; Report from the Commission to the European Parliament, the Council and the European Economic and Social Committee of 27 June 2011 on the implementation of Council Regulation (EC)116/2009 of 18 December 2008 on the export of cultural goods('2011 Report'), COM(2011)382; and Report from the Commission to the European Parliament, the Council and the European Economic and Social Committee of 30 May 2013, Fourth Report on the application of Council Directive 93/7/EEC on the return of cultural objects unlawfully removed from the territory of a Member State('2013 Report'), COM(2013)310 final.

② 根据欧洲委员会的建议,文化产品出口和返还委员会于 2009 年成立了工作组。该小组的任务是确定与实施该指令有关的问题,并提出所有成员国都可以接受的解决方案和修正案。See 2009 Report, p. 9.

③ 2013 年报告的附件列出了 17 个友好的庭外和解协议和 6 个归还请求。2009 年报告的附件列出了 13 个友好的庭外和解协议和 8 个归还请求。2005 年报告的附件列出了 5 个友好的庭外和解,2 个正在进行的归还请求和 3 个归还程序。

裁定的归还数量。但是,这些数字不应被视为异常。更简单地说,它们可以被视为艺术品购买者(无论是专业人士还是业余爱好者)的证据,即他们所拥有的文化物品没有合法出处的证据,他们不必等待诉讼开始,而是寻求为了与被处置的所有者达成友好的和解,大概还避免了与诉讼相关的费用。①

关于修订指令的公开咨询已于 2012 年 3 月 5 日完成,并于 2013 年 5 月 30 日提出了提案。② 因此,无法预测指令 93/7 的修订是否将满足欧盟成员国的所有期望。此外,新指令是否将改善争端解决的司法和非司法手段在确保返还非法移走的国宝方面的作用还有待观察。

(八) 评估

解决与文化遗产有关的争端是一个需要采取协调一致和明确措施的问题。令人遗憾的是,法律上的答复并不令人满意。现有的机制受到持续存在的弱点影响,无法解决竞争对手利益之间的紧张关系。

第一个缺陷是,现有的国际或地域文书都不具有追溯力。这意味着,在其生效之前发生的许多历史性事件必须通过外交手段加以解决,并要服从当事各方的意愿。充其量,现有条约只是简单地指出,它们并未使生效之前发生的非法交易合法化。第二个缺陷是,许多文书不是自我执行的。有人说非自我执行的规范,要么在国家内部没有获得正式的合法性,要么由于内容不完整而不适用。后一种情况主要由两种类型的规范组成:(1)不产生国家义务但允许酌处权的规范;(2)由于尚未建立必要的机构或机制或尚未制定必不可少的实施立法而造成不能有效执行义务的机构。③ 这个问题引起的一个明显的后果是,国家法院可能有义务驳回基于这种非自我执行规范的主张。④ 反对区域和国际文化遗产文书的第三个缺陷是,它们往往包含广

---

① L. V. Prott, 'The UNIDROIT Convention on Stolen or Illegally Exported Cultural Objects-Ten Years On' (2009) Vol. 14, *Uniform Law Review* pp. 215-37, 223.

② See < http://ec. europa. eu/enterprise/policies/single-market-goods/internal-market-for-products/cultural-goods/index_en. htm >, accessed 10 September 2013.

③ B. Conforti, 'National Courts and the International Law of Human Rights', in: B. Conforti and F. Francioni(eds), *Enforcing International Human Rights in Domestic Courts* (The Hague/Boston: Martinus Nijhoff Publishers,1997), pp. 3-14, 7-8.

④ See *Autocephalous Greek Orthodox Church in Cyprus v. Willem O. A. Lans* with regard to the 1954 Hague Convention(District Court, Rb Rotterdam, 4 February 1999, NJkort 1999/37; confirmed in Appeal, Hof Den Haag, 7 March 2002, 99/693(unpublished)); and *Republique federale du Nigeria v. Montbrison* with regard to the 1970 UNESCO Convention(*Cour d' Appel*, Paris, 5 April 2004(2002/09897), confirmed by the *Cour de Cassation*, 20 September 2006).

泛或模糊的规定,而不是明确的义务。毫无疑问,这是持久的对抗和最后一刻起草工作的后果之一,这往往发生在多边谈判层面,不可避免地使协议失去了任何力量。当各国不能商定严格的规则而需要使条约尽可能广泛地被接受时,这种折中的做法很普遍,最重要的是那些没有其参与就无法实现条约目标的国家。第四个缺陷是,国际文化遗产法通常代表着对当前风险的反应。这意味着国际社会对文化遗产保护问题采取了被动的态度,而不是采取积极和预防的态度。在这方面,普罗特(Prott)指出:"只有通过富有想象力的法律思想,我们才能在瞬息万变的世界中尝试应对未来的挑战,在这个世界中,威胁到我们遗产中有价值的部分的发展速度远快于已解决的法律可以适应的范围。"[1]第五个缺陷是,现有文书既不规范准据法的问题,也没有限制国内法的适用范围,例如,时效法令、法院申请费和出口限制。不难看出随之而来的问题。鉴于各国的实体法相差很大,并且由于文化财产的非法转移而导致的所有权转移通常涉及外国因素,因此,物之所在地法将继续阻碍文化财产的转移。这意味着,国际上对人工制品流动进行管制的尝试的有效性取决于国家立法。第六个缺陷是,当前政权缺乏旨在促进文化资产交流和共享的有效合作体系。对这些目标的认识以及与艺术品国际交换有关的利益体现在《教科文组织组织法》第Ⅰ(2)(c)条,1970年《联合国教科文组织公约》序言的一个被忽略的条款中,以及联合国教科文组织的其他小型文书中。[2] 结果,用于展览或学术目的的文化材料的流通交由个人和博物馆来进行。[3] 第七个缺陷是,国际法律框架没有得到应有的效果,因为缺乏支持和资金来协助国家(尤其是非欧洲国家)保护其遗产。鉴于即使拥有最先进技术和经济资源的国家也遭受艺术品失窃以及考古现场被抢掠,没有人能指望贫穷或发展中的来源国将更多的收入用于巡逻其考古遗产或执行其出口法律,当这些国家人口还处于急需食物、医疗保健和教育时。

　　为了本书研究的目的,有必要关注其他两个缺点。第一个问题涉及现有政权的以国家为中心的结构。在文化遗产领域,这带来了各种问题。最

---

① Prott, 'Problems of Private International Law', p. 316(n 99).

② See the UNESCO Agreement on the Importation of Educational, Scientific and Cultural Materials (22 November 1950,131 UNTS 25, Annex B) and the 1976 UNESCO Recommendation Concerning the International Exchange of Cultural Property.

③ 参观达拉斯艺术博物馆设计的创新文化交流模式。通过达拉斯艺术博物馆交流计划(DMX),博物馆将分享保护、展览、教育和新媒体方面的专业知识,以换取世界各地其他博物馆借来的艺术品。See < http://dma. org/View/DMX/index. htm >, accessed 27 September 2013.

重要的后果是,将具有特殊意义的文化遗产作为"人类世界遗产"的一部分加以保存的想法已沦为一种虚构。① WHC 的制度可以用来解释这个问题。WHC 将领土主权与对人类具有普遍价值的文化和自然财产的"归属"联系在一起。但是,尽管有人断言《世界遗产名录》中的遗址属于全人类,国际社会和有关遗产所在国以外的国家无权干预,以确保在受到所在地国威胁的情况下保护该遗产。应针对遗产所在地的每个缔约国,确定可能列入《世界遗产名录》的地点或古迹,并采取必要的步骤对其进行保存。② 因此,在 WHC 清单中登记遗产并不意味着 WHC 机构会取代国家主管部门、规范和程序。相反,规范制度仅存在重叠,WHC 的规则和要求充其量只能将国家规范纳入其中。最为惊人的是,世界人道主义大会各机构可能决定采取的任何行动都必须以有关国家的预防性接受为条件。③ 因此,世界人道主义峰会中的"人类世界遗产"一词"不是从建立国际社会作为产权持有者的意义上理解,而是在国际上对其保存或保护的共同承诺中"。④ 由此可知,只要 WHC 所在地的缔约国不履行对其施加的义务,领土主权原则就成为保护文化遗产的障碍。可以说,鉴于存在着需要全球解决方案和有意义的国际合作的问题的认识,这个问题需要对国家主权原则进行重新概念化。如前所述,即使世界遗产大会不影响国家对列入世界遗产清单的地点的主权,此类国家无权援引保留域的例外,以证明对此类地点的任何使用或管理可能会危害其突出的普遍价值。保留域必须让位于对拥有如此突出利益的财产的保护和享用中的利益。因此,对主权原则的重新概念化可以使各国行使主权与实现国际和平与安全、人权保护、经济合作、环境保护和文化遗产保护等全球目标成为可能。例如,国际环境法的发展已通过预防、可持续性和代际平等的原则确定了重要限制的引入。同样,根据现行人权法,各国再也不

① WHC, preamble, 6th recital.

② 见第 4 条("本公约各缔约国均承认,确保在其领土上确定、保护、保存、介绍和传播第 1 条和第 2 条所指的文化和自然遗产的责任,主要属于该国"),第 6 条("充分尊重第 1 条和第 2 条所述的文化和自然遗产位于其领土上的国家的主权,……本公约缔约国承认这种遗产构成世界遗产"),以及第 11 条("将财产列入《世界遗产名录》需要得到有关国家的同意")。

③ F. Francioni and F. Lenzerini, 'The Future of the World Heritage Convention: Problems and Prospects', in: Francioni(ed., with the assistance of Lenzerini), *The* 1972 *World Heritage Convention*, pp. 401-10, 404(n 221).

④ F. Francioni, 'A Dynamic Evolution of Concept and Scope: From Cultural Property to Cultural Heritage', in: A. A. Yusuf(ed.), *Standard-Setting in UNESCO*, *Normative Action in Education*, *Science and Culture*(Vol. I, Leiden: Martinus Nijhoff and UNESCO Publishing, 2007), pp. 221-36, 230.

能躲在主权障碍后面,以免对国际罪行负责;并且已经建立了新的法院来解决那些无法解决的争端,因为这些争端涉及整个国际社会。

当前规范框架的第二个主要问题在于缺乏解决文化遗产纠纷的正式特殊机制。正如前面各节所强调的,现有条约中没有一个提供全面、有效的争端解决系统。① 结果,必须通过可用的和平争端解决机制解决争端,例如在国内法院或国际法庭进行政治或外交谈判、调解、仲裁和诉讼。考虑到关于艺术珍品的争执已不是什么新鲜事,缺乏针对文化遗产的特定强制性裁决程序就更加令人遗憾。此外,习惯国际法和一般法律原则引起的协议、规范和义务网络的扩大,增加了就其解释、实施和兼容性产生争议的可能性。

解决争端的问题在文化遗产问题上尤其重要,因为要维护文化遗产项目中所包含的文化和非物质(非经济)价值,就需要基于法官不可预测的解释的确定的和可执行的裁决。首先,它要求通过调和涉及的各种道德、历史、文化、财务和法律问题的制度来解决文化遗产争端。其次,必须考虑到艺术品市场的国际规模。最后,文化遗产纠纷应通过考虑文化表现形式的特殊性和普遍性的方法来解决。因此,这种制度应认识到,对文化资产的所有权通常同时是个人和集体的,以及文化遗产的纠纷可能引起个人权利与社区权利之间的紧张关系。② 此外,有效和连贯地解决文化遗产纠纷应避免使被剥夺财产的个人、社区、族裔或国家对持有有争议物品的人感到痛苦。③

五、国家豁免法

国家豁免是国际法的一项基本原则,它源于国家的独立和主权平等原则。该原则要求一国行使其主权权威所采取的行为具有豁免权,可以不受外国国内法院的管辖权和执行程序的约束。

曾经,豁免是绝对的,因为未经外国同意,针对外国的诉讼是不可接受的。但是,随着各国开始从事商业活动,国家法院的司法行动标志着从主权

---

① 全面概述联合国教科文组织内部现有的争端解决程序,并讨论为什么未充分利用这些争端的原因 see S. von Schorlemer, ' UNESCO Dispute Settlement ', in: Yusuf (ed.), *Standard-Setting in UNESCO*, pp. 73-103(n 276).

② B. Murphy, ' Museums(Re) mediating History' (2006) No. 3 *ICOM News*.

③ A. -M. M' Bow, ' Plea for the Return of an Irreplaceable Cultural Heritage to Those Who Created It' (1979) Vol. 31 *Museum* p. 58.

豁免的绝对理论转向提供限制性(或相对)豁免的狭义规则的转变。① 根据这种限制性理论,一国在政府活动引起的申诉不受外国国内法院的管辖(公法行为);但是,对于由私人进行的某类活动(私法行为)引起的申诉,不能不受管辖权的约束。授予执行豁免权的理由是相同的:只有在非政府、商业交易或商业用途中使用或打算使用国有财产时,才可以扣押国有财产或采取类似的限制措施。② 然而,管辖权豁免权和执行权豁免权不同。首先,在前一种情况下,有关行为的特征取决于要求豁免的国家的性质而不是目的,在后一种情况下,决定是否应给予豁免的是行为的目的而不是行为的性质或财产的用途。③ 其次,执行豁免权比管辖豁免权更具侵入性。用海兹尔·福克斯(Hazel Fox)的话来说,"对国家财产的强制执行构成对一国管理其自身事务和追求其公共目的的自由的干涉,大于对另一国的国家法院的判决的干涉"。④

就文化材料而言,这些材料在外国管辖范围内时可能会受到限制,除非它们根据主权豁免或反扣押法令享有特权。⑤ 在这方面,应该指出的是,首先,免于诉讼和免于执行具有不同的目标:前者旨在通过阻止启动法律程序来保护文化财产所有人免受起诉(而不是保护其财产不被没收);后者旨在保护文物不受约束(而不是保护文物出借人不受起诉)。⑥ 其次,必须强调的是,颁布的反扣押法令证明各国没有被说服是由于临时法令的性质,在临时出借的情况下主权豁免可以无条件地保护其国家遗产。换句话说,国家豁免被视为不足以确保在借入人的管辖范围内不会扣押借来的艺术品。这表现为由国家向外国机构提供艺术出借的一种日益增长的趋势,条件是这些物品在立法上享有豁免权。⑦ 这种不信任是由以下事实引起的:不清楚将国有文化物品的出借是否视为公法行为或私法行为。一方面,许多国家和学

---

① 这种转变是由于以下事实,即绝对豁免剥夺了与国家开展业务的私营实体的司法救济,从而给后者带来了相对于私营企业的不公平。

② B. Conforti, *Diritto internazionale* (7th edn., Napoli: Editoriale Scientifica, 2006), p. 224.

③ Weller, 'Immunity for Artworks', pp. 1007-8 (n 53).

④ H. Fox, *The Law of State Immunity* (Oxford: Oxford University Press, 2008), p. 604.

⑤ See Ch. III, Pt A, s 2.5.

⑥ ILA, Cultural Heritage Law Committee, Project on Immunities from Seizure and Suit Involving Cultural Material, Sofia, 2012, 5-6, see < http://www.ila-hq.org/en/committees/index.cfm/cid/13 >, accessed 10 September 2013

⑦ R. Pavoni, 'Sovereign Immunity and the Enforcement of International Cultural Property Law', in: Francioni and Gordley(eds), *Enforcing Cultural Heritage Law*, pp. 79-109(n 7).

者认为,国家借入的文物是为政府、非商业目的(法人目的)使用或打算使用的财产。主要原因是,由于各国加入了维持文化物品交换的国际条约,因此将艺术品出借视为旨在促进国家之间相互了解的公共、非商业行为似乎是公平的。因此,采用这种方法,借来的艺术品将不会被扣押。另一方面,不可否认的是,艺术品出借也具有商业行为的标志(法人意图)。实际上,这些活动可以由国家和私人实体共同执行,并常常需要通过直接货币付款以及门票和纪念品的销售来进行赔偿。因此,由于主权豁免原则,借来的艺术品不能免于被扣押。[①]

《联合国国家及其财产管辖豁免公约》(UNCSI)解决了国家文化遗产借贷豁免权的问题。[②] 该条约规定了一般规则,即一国对其本身及其财产享有不受其他国家法院管辖的豁免权,并规定了许多例外情况,从而在国家可以适当要求豁免的情况与不能给予豁免的情况之间划清界限。UNCSI 的第四部分涉及国家免于扣押的豁免权。第 18 条规定,不得针对另一国法院的诉讼采取判决前的措施来限制国家财产。除非该国明确表示同意采取此类措施,或者该国已分配或指定财产来满足索赔要求。第 19 条涉及判决后的约束措施。其规定,除非"已确定该财产专门用于国家或打算由国家用于政府非商业目的以外,否则不得采取任何限制国家财产的措施,且应在法庭所在国家/地区范围内,但前提是只能对与诉讼所针对的实体有联系的财产采取判决后的约束措施"。第 21 条列出了五类"不得视为专门用于使用或打算用于使用的财产……除第 19 条所述的政府非商业目的外"。其中包括"财产构成国家文化遗产的一部分或国家档案馆的一部分,不被出售或不打算出售"和"财产构成对科学、文化或历史感兴趣的物品的展览的一部分,不被出售或打算出售"。因此,UNCSI 防止扣押国家或其机构拥有的所有借出的文物。而用于商业目的的展览品借出的物品不属于公约的规定。[③] 在这方面,应回顾国际法院在 2012 年 2 月 3 日关于国家司法豁免权案件中的判决(德国诉意大利:希腊介入)。根据国际法院的判决,意大利裁定意大利采取行动,对位于科莫湖附近的德国国家财产维戈尼(Villa Vigoni)采取限制措施,此侵犯了德国的主权豁免权。在这种情况下,法院确认,具有政府非商业目的的外国财产不受扣押,除非拥有财产的国家明确同意采取限制措施,

---

① van Woudenberg, *State Immunity*, pp. 63-5 (n 74).

② 2 December 2004, 44 ILM 801 (2005) , not yet in force.

③ van Woudenberg, *State Immunity*, pp. 103-4 (n 74).

或该国已分配有关财产以满足司法要求。① 换句话说,国际法院坚持 UNCSI 的规定及其基本原理,即应将借用的国有艺术品作为国家文化、历史和特征的重要组成部分加以保护。

根据以上分析,很明显,主权豁免可以看作是一种法律特权,可以阻碍文化遗产纠纷的解决。一方面,如果有关法院确定针对外国的诉讼将侵害法律上的不法行为,管辖权的豁免会限制赔偿要求。另一方面,文化遗产争端的解决受到执行豁免权的阻碍,因为这可以确保位于外国管辖范围内的物品不会受到判决前或判决后的扣押,即使这些物品是通过非法手段从原所有者那里取得的。

各国通常使用抗辩豁免权来抵制艺术品出借引起的归还索偿要求。如前所述,出现的物品在一个国家管辖范围内为展览目的而提供了一种管辖权的机会,使该国法院能够对借出国的行为行使管辖权。② 这些行动常常是在借用国进行,因为他们相信归还的机会比在借出国的管辖范围内更大。在这些情况下,只有某些公认的例外情况才能允许放弃主权豁免原则。第一个例外是"商业"例外。这是 UNCSI 中最重要的例外之一。据此,如果有关行为具有也可以由私人实体执行的交易特征,则必须排除司法管辖豁免。如上所述,这是因为将行为定性为政府或商业行为取决于其性质,而不是对主张豁免权的国家所追求的文化、教育或其他公共目的的主观检验。1976年的《美国外国主权豁免法》(FSIA)③中出现了"商业"例外。该法第 1605 (a)(2)条规定,在任何情况下,外国均不受美国法院的管辖权豁免:

> "此举是基于外国在美国进行的商业活动;或在美国进行的与外国在其他地方的商业活动有关的行为;或与美国在其他国家/地区的商业活动有关的行为,并在美国境内产生直接影响。"

FSIA 的第 1605(a)(3)节包含另一个例外:"征用"(或"占有")例外。FSIA 在识别此异常方面独一无二。它明确将所有涉及"违反国际法取得的财产权"案件予以豁免。第二个要素至关重要,因为并非所有政府收入都违反国际法。例如,一国没收其本国国民的财产与国际法并不矛盾。因此,只有在被征收时不是被告国公民的原告才能援引该例外。此外,如果征收被

---

① Paras 109-20.

② van Woudenberg, *State Immunity*, pp. 3-4 (n 74).

③ 28 USC §§1602-1607. 美国国会颁布了《美国外国主权豁免法》,该法案为美国法院对针对外国及其机构和部门的民事诉讼的管辖权提供了专属依据。

征收物违反下列条件,则违反国际法:(1)没有为公共目的服务;(2)具有歧视性;(3)无法提供公正的赔偿。前提是该物业在美国境内"存在",并且与美国或与拥有该物业的代理机构或商业机构在美国从事"商业活动"有关。

"商业"和"征用"例外,在过去被错误拿走、现在归国家或其代理人所有的各种艺术品案件中得到了检验。玛丽亚·阿尔特曼诉奥地利共和国一案①之所以重要,是因为美国最高法院裁定,应将 FSIA 追溯适用于 1976 年该法颁布之前发生的事件。在作出此判决之前,有一个推论,即外国对 1952 年以前采取的行为享有绝对豁免权,也就是说,美国采用了主权豁免的限制性理论。韦斯特费尔德案②也值得一提。在此案例中,沃尔特·韦斯特费尔德(Walter Westfeld)的继承人试图通过在美国对德国提起诉讼来追回纳粹于 1939 年占领的艺术品收藏。继承人争辩说,在 FSIA 的"商业"例外情况下,该藏品的拍卖发生在被没收的几年内,在美国产生了直接影响,因为这阻止了该藏品出口到沃尔特·韦斯特菲尔德(Walter Westfeld)兄弟居住的田纳西州。一审和上诉均驳回了这一论点。从本质上说,该主张被驳回了,德国免于提起诉讼,因为法院发现没收不是商业行为,其后通过私人拍卖行进行的出售不能改变该行为的性质。关于转变到"占有"的例外,有几个相关的案例,例如卡西尔案(Cassirer)、③奥尔金案(Orkin)④和 de Csepel 案。⑤无须对这些纠纷进行详细检查。⑥ 更加重要的是要强调,这些情况有助于定义所考虑的例外范围。例如,在卡西尔案中,上诉法院申明,即使原告不参与纳粹抢劫皮萨罗的一幅画作,原告也可以对蒂森·博内米萨收藏基金会和西班牙王国提起诉讼。法院裁定,在没收例外的情况下,如果违反国际法

① 142 F. Supp. 2d 1187 (C. D. Cal. 2001) , *aff' d* , 317 F. 3d 954 (9th Cir. 2002) , as amended, 327 F. 3d 1246 (9th Cir. 2003) , 541 US 677 (2004). See Ch. III, Pt B, s 2.

② *Fred Westfield v. Federal Republic of Germany* , No. 03-0204 US Dist. Lexis 65133 (M. D. Tenn. 2009).

③ *Claude Cassirer v. the Kingdom of Spain and the Thyssen-Bornemisza Collection Foundation* , 461 F. Supp. 2d 1157 (C. D. Cal. 2006) , 580 F. 3d 1048 (9th Cir. 2009) , 590 F. 3d 981 (9th Cir. 2009) , 616 F. 3d 1019 (9th Cir. 2009) , 2010 WL316970 (9th Cir. 12 August 2010).

④ *Andrew Orkin v. The Swiss Confederation and Others* , Case No. 09 Civ. 10013 (LAK) , 2011 US Dist. Lexis 4357 (2011) , 770 F. Supp. 2d 612, 2011 US Lexis 24507 (S. D. N. Y.) , 2011 US App. Lexis 20639 (2011).

⑤ *David de Csepel and Others v. Republic of Hungary and Others* , Case No. 1 ; 2010CV01261.

⑥ For an analysis of these and other cases see van Woudenberg, *State Immunity* , pp. 111-366 (n 74) ; and Pavoni, 'Sovereign Immunity' (n 286).

取得任何财产,而不仅仅是"被起诉的外国"所取得的财产,则可以起诉外国。上诉法院进一步认为,该基金会在美国的商业活动足以援引 FSIA 的占用例外,并且不要求该财产在美国境内存在。在奥尔金案,纽约南区地方法院(然后是第二巡回上诉法院)以缺乏"主体"管辖权为由驳回了该诉讼,理由是"征用"例外不适用于该案。地方法院裁定,FSIA 中的"采取"一词仅是指主权实体的行为,而不是私人的行为。相反,在这种情况下,所请求的提款不是由被告或任何其他主权国家提起的,而是由私人奥斯卡·赖因哈特(Oskar Reinhart)提起的,后者随后将提款遗赠给了瑞士联邦。

就豁免权对解决文化遗产争端所造成的障碍而言,的确,人们越来越一致认为,存在着一种相对较新的习惯法规则,根据这一规则,在外国司法管辖区暂时借出的国有文化遗产不受扣押。① 但是,该规则并非绝对,并且有某些例外。如上所述,UNCSI 第 19 条和第 21 条将"商业"例外编纂为法典。据此,每当考虑将艺术品用于非政府目的时,均应拒绝豁免。然而,这方面仍然存在着巨大的不确定性。同样,这是由于以下事实:不清楚借用国有文化物品是法律上的公法行为还是私法行为。此外,还有一个问题是,如果不符合归还被错误移走的文物的习惯义务和基于条约的义务,则是否应产生执行豁免的规则。最后,事实上,涉及具有代表性的国家艺术品的案件通常以有关国家的外交政策利益为条件。

这些不确定性反映在国家实践中。诺佳案正说明这一点。为了偿还欠瑞士贸易公司诺佳的债务,2005 年,俄罗斯从普希金博物馆(Pushkin Museum)运走了 54 幅画作。这些画不受当时尚未生效的瑞士反扣押规则的保护。2005 年 11 月,瑞士联邦委员会出面解决此事并下令立即归还这些画作。联邦委员会根据《瑞士宪法》第 184 条第 3 款作出决定,授权行政部门采取措施保护国家利益。联邦委员会认为:"根据国际公约,一国的文化财产是国际公共遗产的一部分,原则上是不可分割的。"② 可以说,这起案件可以被认为是对 UNCSIC 的文化财产例外豁免权的早期认可。③ 恰巴德(Chabad)案也显示出类似的外交焦虑。④ 恰巴德(Chabad)组织在美国提起针对俄罗斯的诉讼,以收回在俄罗斯国家图书馆(Russian State Library)存放

---

① van Woudenberg, *State Immunity*, pp. 434-44 (n 74).

② See I. Sedykh, 'Noga's Arrest a No Go', *Kommersant*, 17 November 2005.

③ Pavoni, 'Sovereign Immunity', p. 99 (n 286).

④ *Agudas Chasidei Chabad of United States v. Russian Federation and Others*, 466 F. Supp. 2d 6, 10-14 (D. D. C. 2006) *rev'd in part on other grounds*, 528 F. 3d 934, 381 US App. D. C. 316 (D. C. Cir. 2008).

的两套单独的书籍和手稿。在布尔什维克革命期间,其中一个收藏被国有化,另一个在第二次世界大战期间遭到掠夺。2010 年,哥伦比亚特区地方法院作出了一项支持恰巴德的判决,并命令被告"向美国驻莫斯科大使馆或向……恰巴德……正式指定的代表归还书籍和手稿"。[1] 被告人没有遵守。因此,恰巴德提出民事蔑视制裁,要求"对被告继续违反本法院命令的每一天都判处罚款"。[2] 法院注意到"该命令可能对美国的外交政策利益产生严重影响",并征求了政府的意见。[3] 在 2012 年 8 月的一份声明中,司法部重申了对恰巴德申诉的支持,但同时也敦促地方法院不要对俄罗斯施加金钱制裁。美国国防部表示,制裁"将违反美国的外交政策利益",这是美国法律所不允许的,并且由于俄罗斯将因未能在其领土内采取行动而受到制裁,"完全没有国际先例"。它还进一步确认,"美国实施对俄罗斯的民事蔑视制裁将是美国的判断……只会为通过外交手段解决争端创造持久的新障碍"。然而,2013 年 1 月,地区法院签发了一项命令,对所有被告施加轻蔑制裁,每天罚款 50000 美元,直到他们遵守 2010 年 7 月 30 日的命令为止。[4]

为了使人们了解与免于起诉和扣押规则对解决文化遗产纠纷的影响有关的问题,必须提到另外两个方面。第一个方面是,在国内法院进行的诉讼很难为申诉人带来有效的救济。主要原因是法院通常无法或不愿意调和文化遗产和豁免权规则。通常的方法是优先考虑后者,而不必考虑物品和利益的特殊特征。但是,至少在涉及与艺术品拆除有关的侵犯人权的案件中,国内法院应采取不同的行动方针。可以说,如果法官在这些案件中拒绝豁免抗辩,则可以说服有关国家坐在谈判桌旁,以通过非司法手段解决其争端。

第二个方面是,在某些情况下,保护国内法和文化遗产条约的目标也可以通过豁免来实现。在寻求对构成债务国国家遗产一部分的物品强制执行判决的行动中,只要这些艺术品位于外国,就可以免于执行死刑。鲁宾案正好说明这个问题。

1997 年在耶路撒冷发生的自杀式炸弹袭击的幸存者于 2001 年在华盛顿特区的美国联邦法院提起针对伊朗的诉讼。尽管哈马斯公开宣称对这次

---

[1]　*Agudas Chasidei v. Russian Federation*,729 F. Supp. 2d 141(D. D. C. 30 July 2010).

[2]　*Agudas Chasidei v. Russian Federation*,Civil No. 05-1548;16 January 2013,2013 US Dist. LEXIS 6244,3.

[3]　*Agudas Chasidei v. Russian Federation*,Civil No. 05-1548,3(n 304).

[4]　*Agudas Chasidei v. Russian Federation*,Civil No. 05-1548,16-17(n 304).

袭击负责,但原告要求获得补偿性和惩罚性赔偿,反对伊朗向巴勒斯坦恐怖组织提供培训和物质支持。原告根据当时有效的 FSIA 第 1605(a)(7)条起诉伊朗。该法律允许遭受伤害(或死亡)的美国公民起诉那些被美国指定为"恐怖主义国家赞助者"的国家,这些国家为实施恐怖主义行为提供"实质性支持"。伊朗是被指定为"恐怖主义国家赞助者"的国家之一,但没有出现在该诉讼中。因此,法院判决伊朗违约,金额约为 7000 万美元。法院还判处了 3 亿美元的惩罚性赔偿。① 原告试图对伊朗控制的各种银行账户执行判决。原告取得的成功微乎其微,但他们试图取得在美国博物馆中保存的伊朗文物,通过说服伊朗支付赔偿金或没收文物并将其出售给出价最高的人等形式。相关博物馆:芝加哥大学东方学院、伊利诺伊州自然历史博物馆、哈佛大学美术馆和波士顿美术博物馆对这些范式表示反对,认为伊朗的资产不受 FSIA 的限制。换句话说,这些机构试图利用主权豁免权来阻止无价文物转移到私人手中。② 实际上,原告必须跨越两座障碍才能赢得对艺术品司法拍卖的权利:首先,他们必须证明这些物品归伊朗所有,而不是博物馆所有;其次,它们必须表明,具有主权所属的艺术品依然适用于美国或国际法。③ 鲁宾案尚未结案。然而,迄今为止作出的许多决定表明,法院已经对有关立法进行了形式上的适用,④但没有考虑到所涉物品实现的主权性质和法理上的目的,其固有的品质以及它们作为人类文化遗产的一部分的重要性。⑤ 换句话说,鉴于文化的重要性,处理鲁宾案的法院放弃了就艺术品是否应从定义上免于执行程序的主张。⑥

---

① Campuzano v. Islamic Republic of Iran, 281 F. Supp. 2d 258(D. D. C. 2003). Rubin v. Islamic Republic of Iran, 456 F. Supp. 2d 228, 230(D. Mass. 2006).

② 这种情况下的藏品对于考古学来说是珍贵的,因为它们揭示了各个铭文之间的联系和相似之处,以及有关阿契美尼德政府结构的重要结论。相反,如果将这些授予原告,在拍卖会上出售并散布开来,它们将失去科学价值,因为它们单独记录了微不足道的交易。P. Gerstenblith, L. Lopez and L. Roussin, 'Public International Law, International Art and Cultural Heritage' (2009) Vol. 43 International Lawyer pp. 811-24.

③ L. Lopez, 'Should National Treasures be Subject to the Judicial Auction?: The Implications of Rubin v. Iran' (2011) Vol. 3 Issue 2 Art & Cultural Heritage Law Newsletter pp. 17-20, 18-19.

④ 除了 FSIA 的"商业"例外,原告还诉诸《恐怖主义风险保险法》(Pub. L. No. 107-297, 116 Stat. 2322, 2002),该法允许附加某些"冻结资产",如果属于恐怖组织。

⑤ 最新的声明发生在 2013 年 2 月(Rubin v. Islamic Republic of Iran, No. 11-2144)。第一巡回上诉法院对波士顿美术博物馆和哈佛博物馆作出了判决。一方面,法院坚持以下一般规则:由于 FSIA,在美国的外国主权财产免于扣押和执行。另一方面,上诉法院裁定,原告没有证明博物馆拥有的任何文物都属于 FISA 规定的例外。

⑥ Pavoni, 'Sovereign Immunity', p. 101(n 286).

　　该诉讼也给美国政府带来了许多其他问题。实际上,它提交了三份意向书表达了其立场,即人工制品具有豁免权和/或不受依附,因此不应将其提供给原告。值得注意的是,司法部确认,本案中的主权豁免问题"不仅明显地在这种情况下产生了影响,而且在涉及外国在美国法院的所有诉讼中都产生了影响,并且对在国外外国法院对美国的待遇产生了影响"。①

　　黑天鹅(Black Swan)案提供了另一个例证,即主权豁免可以避免可移动遗产的失散。该争端始于一家名为奥德赛海洋勘探的打捞公司宣布从一艘代号为"黑天鹅"的19世纪沉船中找回一批硬币和其他文物。该公司没有透露沉船的身份或确切位置,而是将宝藏转移到了佛罗里达州。它只承认根据救助法和《联合国海洋法公约》在任何国家的法律管辖范围之外发现了它。西班牙怀疑这些硬币来自"梅赛德斯夫人号"(*NuestraSeñorade las Merce-des*),这艘护卫舰是1804年被英国炮舰击沉的。因此,西班牙向佛罗里达联邦法院提出了所有权要求。② 在这场漫长斗争的最新一步中,美国第十一巡回上诉法院裁定,沉船是梅赛德斯夫人,是西班牙的主权财产,不受FSIA管辖。结果,它证实了Odyssey应该将从"黑天鹅号"上回收的物品归还西班牙。③ 因此,法院似乎通过维护西班牙的主权豁免权,开创了限制寻宝者活动的先例,并确认了《保护水下文化遗产公约》的基本原则,即水下文化遗产应就地保存,不得用于商业用途。

六、国家责任与文化遗产纠纷

　　这项研究的目的是评估现有争端解决手段解决文化财产归还和保护的能力,如果不讨论国家责任问题,对现有法律制度的上述分析是不完整的。

　　如上所述,人类历史上充斥着对国家、社区和个人的虐待事件。因此,毫不奇怪,国家之间(或内部)的战争与非洲、亚洲和拉丁美洲殖民地之间的战争会引起广泛的赔偿要求。各国、土著人民甚至个人已经接触各类法庭,以确保获得赔偿。法律行动可能试图在国际法中援引国家责任(国家间的申诉);国家或国际人权法(对国家或国家代理人提出申诉的个人或团体);

---

　　① L. Marek,'DOJ Urges 7th Circuit to Shield Iranian Artefacts from Seizure by Terrorism Victims', *The National Law Journal*,2 November 2009.

　　② *Odyssey Marine Exploration*,*Inc. v. The Unidentified*,*Shipwrecked Vessel or Vessels*,No. 8:2006 cv01685,13 September 2006.

　　③ *Odyssey Marine v. The Unidentified*,10-10269,D. C. Docket 8:07-cv-00614-SDM-MAP,21 September 2011.

刑法(起诉个人犯罪者的国家或国际社会);或国家侵权法(针对个人犯罪者寻求补救的个人或团体)。因此,合法索赔要求可能基于对人权和人道主义法的侵犯,或对宪法保障或国家法律的侵犯。①

在联合国的主持下,②《欧洲人权公约》③和《美洲人权公约》④中缔结的许多专门人权条约都载有关于赔偿的规定。这些规范已由各自的监管机构和国内法院制定和实施。⑤ 违反人道主义法后的赔偿规定载于1907年《关于尊重陆上战争的法律和习惯的海牙公约(第四)》第3条⑥和1977年《日内瓦公约第一议定书》第91条。⑦ 与本次调查更为相关的是1954年《海牙公约》第28条,1954年《第一议定书》第1条和1999年《第二议定书》第15—21条所载的关于归还财产和个人刑事责任的规范。此外,联合国通过了决议,并建立了承认赔偿重要性的机构。至于后者,前南斯拉夫问题国际刑事法庭⑧和国际刑事法院⑨就是最好的例子。在联合国决议中,值得考虑的是第60/147号决议,其中载有《严重违反国际人权法和严重违反国际人道主义法行为受害人获得补救和赔偿的权利基本原则和导则》。⑩ 该决议确定各国有义务:(1)预防和调查违法行为;(2)根据国内法和国际法对侵权者采取适当的行动;(3)为受害者提供平等和有效的诉诸司法的机会;(4)向受害者

---

① D. Shelton, ' Reparations for Indigenous Peoples: The Present Value of Past Wrongs ', in: F. Lenzerini(ed.), *Reparations for Indigenous Peoples. International and Comparative Perspectives* (Oxford: Oxford University Press,2007) , pp. 47-72 ,51.

② Art. 8 of the Universal Declaration of Human Rights(UNGA Res. 217A(III) ,10 December 1948) ; Art. 14 of the Convention against Torture and other Cruel, Inhuman or Degrading Treatment or Punishment (10 December 1984 ,1465 UNTS 85) ; Art. 6 of the Convention on the Elimination of All Forms of Racial Discrimination(21 December 1965 ,660 UNTS 195) ; and Arts 15(2) ,16(4) , and 16(5) of the Convention Concerning Indigenous Peoples and Tribal Peoples in Independent Countries of the International Labour Organization(ILO Convention No. 169 ,27 June 1989 ,1650 UNTS 383) .

③ Art. 41.

④ Art. 63.

⑤ On this point see F. Francioni, ' Reparation for Indigenous Peoples ' : Is International Law Ready to Ensure Redress for Historical Injustices?, in: Lenzerini(ed) , *Reparations for Indigenous Peoples* pp. 28-45 , 32 ,36 ,40-2(n 316) .

⑥ (1908) Vol. 2 *American Journal of International Law* p. 165.

⑦ Protocol Additional to the Geneva Conventions of 12 August 1949 , and Relating to the Protection of Victims of International Armed Conflict(Protocol I) ,8 June 1977 ,1125 UNTS 3.

⑧ The remedy of restitution is addressed by Art. 24(3) ICTY Statute and Rule 105 of the ICTY Rules of Procedure and Evidence.

⑨ See Art. 75 ICC Statute.

⑩ UNGA Res. A/Res/60/147 of 16 December 2005.

提供适当的救济;(5)为受害者提供或促进赔偿。① 此外,重要的是要回顾安全理事会在第一次海湾战争之后重申伊拉克的责任的决议。安全理事会在第 686 号决议中,根据《联合国宪章》第七章采取行动,要求伊拉克"原则上接受国际法对因伊拉克入侵和非法占领科威特而对科威特和第三国及其国民和公司造成的任何损失、损害或伤害承担国际责任",并"立即开始归还扣押的所有科威特财产,并且必须在最短的时间内完成归还"。② 归还的义务包括文化物品。众所周知,在伊拉克对科威特的占领期间,伊拉克军队从各种博物馆和藏品中抢走了 2 万多件文物,其中最著名的是位于达勒阿泰耶伊斯兰堡的伊斯兰艺术收藏品。

但是,国际补救法的基石是国际常设法院(PCIJ)在霍茹夫工厂案(*Factory at Chorzow*)中的裁决。PCIJ 确认,"国际法的一项原则是,违反一项约定涉及以适当形式进行赔偿的义务。因此,赔偿是未能适用公约的必不可少的补充"。③ PCIJ 补充说,"非法行为的实际概念中所包含的基本原则……是赔偿必须尽可能消除这种非法行为的所有后果,并重新建立一种情况,如果这种行为没有发生,很可能就已经存在"。④

这是联合国国际法委员会(ILC)于 2001 年完成的《国家对国际不法行为的责任条款》的背景。⑤ 第 1 条规定,一国应对其每项国际不法行为承担国际责任。此外,国际法委员会的条款规定,当一国违反国际法律义务时,第一,责任国有义务履行违反的义务。⑥ 第二,如果侵权行为仍在继续,责任国有义务停止该行为并保证其不再发生。⑦ 第三,责任国必须作出充分赔偿。⑧ 总之,"赔偿"是指各国应通过消除或补救(第二义务)违反其应负责的国际义务(第一义务)的后果的方式。⑨ 根据国际法委员会的规定,赔偿有

---

① Arts 1-3.

② Res. 686 of 2 March 1991, paras 2(b) and(d). See also Res. 687 of 3 April 1991.

③ *Case Concerning the Factory at Chorzow* (*Jurisdiction*), 1927, Series A, No. 9, 21.

④ *Case Concerning the Factory at Chorzow* (*Merits*), 1928, Series A, No. 17, 47.

⑤ ILC Report on the Work of Its Fifty-third Session, UN GAOR, 56th Sess., Supp. No. 10, 43, UN Doc. A/56/10(2001). 联合国大会通过了 2001 年 12 月 12 日第 56/83 号决议,称赞这些条款"不影响政府未来采用或采取其他适当行动的问题",并引起各国政府的注意。

⑥ Art. 29.

⑦ Arts 30(a) and 30(b).

⑧ Art. 31.

⑨ D. Shelton, *Remedies in International Human Rights Law* (Oxford/New York: Oxford University Press, 2005), p. 7; and F. Lenzerini, 'Reparations for Indigenous Peoples in International and Comparative Law: An Introduction', in: F. Lenzerini(ed.), *Reparations for Indigenous Peoples*, pp. 3-26, 10-11(n 316).

三种主要形式:归还、补偿和满足。① 关于归还,第35条的评注强调:"在归还方面可能需要什么,通常取决于所违反的主要义务内容。"②此外,它区分了物质归还和司法归还。物质归还的例子包括释放被错误拘留的个人和归还包括艺术品在内的被没收的财产。归还文物肯定是国家国际责任的结果,该国非法转移了这些文物,这种归还可视为完整的归还,因为它有可能恢复文物的原状。③ 司法归还要求在责任国的法律体系内或其与受害国的法律关系中改变法律状况。此类情况包括撤销、废止或修改违反国际法的法律规定,以及撤销或重新考虑针对外国人的人身或财产采取的非法司法措施。④

话虽如此,可以说国际人权法和人道主义法都是各国对其不法行为承担赔偿义务的法律基础,⑤现在,国际责任已被视为国际法的一般原则。⑥ 但是,现行的国际公法不允许任何形式的追溯性国家责任。除了充分赔偿的政治和财政影响外,诸如时效规约和国际法的非追溯性适用等法律障碍也阻碍了对赔偿要求的满足。这个问题体现在跨时代法学说中。该学说坚持认为,不得基于当前适用的国际法规则对司法事实进行评估,而只能根据当时有效的法律进行评估。⑦ 国际人权法⑧和国际法委员会关于国家责任的条款⑨证实了该规则的有效性。

法律的非追溯适用原则与本研究有关,因为人工制品的拥有者经常暗

---

① Arts 34-37.

② Draft Articles on Responsibility of States for Internationally Wrongful Acts, with Commentaries (2001) Vol. II *Yearbook of the International Law Commission* 98, para. 6.

③ F. Coulée, 'Quelques remarques sur la restitution interetatique des biens culturels sous l'angle du droit international public' (2000) *Revue Generale de Droit International Public* pp. 359-92, 369.

④ Draft Articles on Responsibility of States for Internationally Wrongful Acts, with Commentaries (2001) Vol. II *Yearbook of the International Law Commission* 97, para. 5.

⑤ Francioni, 'Reparation for Indigenous Peoples', p. 32 (n 320).

⑥ M. du Plessis, 'Reparations and International Law: How Are Reparations To Be Determined (Past Wrong or Current Effects), against Whom, and What Form Should They Take?', in: M. du Plessis and S. Peté (eds), *Repairing the Past?* (Antwerpen: Intersentia, 2007), pp. 147-77, 151.

⑦ *Island Palmas* (*The Netherlands v. USA*), Arbitral Tribunal, Award of 28 April 1928, United Nations Report of International Arbitral Awards, Vol. 2, 1949, 829.

⑧ See Art. 11 (2) UDHR, Art. 7 (1) ECHR, Art. 15 ICCPR.

⑨ 第13条规定:"国家行为并不构成对国际义务的违反,除非国家在行为发生时受到有关义务的约束。"另见1975年国际法研究所的威斯巴登决议,国际公法中的跨时期问题:"应根据一般法律原则确定任何国际公法规范的适用时间范围,根据该一般原则,必须根据与之同时的法律规则来评估任何事实、行动或情况。"

指该法律是为了拒绝赔偿要求。如前所述,博物馆和私人收藏家总是争辩说,他们认为在战争和殖民时期移走艺术品符合国际和国内法。直到 20 世纪中叶,掠夺艺术品才违反国际法。无论如何,各种例子表明,归还殖民大国夺走的珍宝将对纠正历史上的不公正现象起决定性作用。人们可以回想起贝宁青铜器的案例①或鲜为人知的桑古拉石碑的案例。② 2001 年,在联合国大会上也确认了归还财产的重要性:"会议认识到有必要在各个领域为发展中国家的社会和经济发展制订计划",其中之一是"归还来源国的艺术品、历史文物和文件"。③ 克瑞思托弗·波曼(Krzysztof Pomian)确认:

> "近几十年来,人们对归还文化财产重新产生了兴趣,其背后无非是试图弥补过去的努力,实际上是加入了欧洲殖民主义、第二次世界大战和歧视土著人民等未决的历史问题。"④

由于现有法律框架仅涵盖当代案件,而有关文化财产的历史性案件并未纳入国家立法和国际公约的管辖范围,因此仍然存在一个关键问题:今天的法律如何应对数十年前(有时甚至是几个世纪前)发生的事件,而这些事件却没有将这种行为定为非法? 可以通过考虑以下论点来回答这个问题。第一,对于过去的非法剥夺行为,今天的法律标准不具有追溯力是不成立的,其影响一直持续到今天。在这些情况下,追溯问题不应妨碍对所犯不法行为的有效和适当赔偿。⑤ 第二,同样的障碍并不排除各国承担实现非法律和友好解决方案的可能性。正如即将显示的那样,⑥各种谈判达成的庭外解决方案表明,国家和非国家实体都热衷于合作,以促进文化资产的返还。值得注意的是,鉴于不可能根据国家国际责任法主张归还的要求,前殖民地国

---

① See F. Shyllon, 'Unraveling History: Return of African Cultural Objects Repatriated and Looted in Colonial Times', in: J. A. R. Nafziger and A. M. Nicgorski(eds), *Cultural Heritage Issues: The Legacy of Conquest, Colonization, and Commerce*(Leiden: Martinus Nijhoff Publishers, 2009), pp. 159-68, 161-3.

② See L. V. Prott, 'Sanggurah Stone: Java or Scotland?', in: L. V. Prott(ed), *Witnesses to History*, pp. 200-1(n 253).

③ Para. 158. UN World Conference against Racism, Racial Discrimination, Xenophobia and Related Intolerance, Durban, South Africa, 31 August-7 September 2001.

④ K. Pomian, *Memoire et universalite: de nouveaux enjeux pour les musees*, débat public, 5 February 2007, UNESCO, cited in M. Cornu and M. -A. Renold, 'Le renouveau des restitutions de biens culturels: les modes alternatifs de reglement des litiges'(2009) Vol. 136 *Journal du Droit International* pp. 493-532, 495.

⑤ Francioni, 'Reparation for Indigenous Peoples', p. 43(n 320); Shelton, 'Reparations for Indigenous Peoples', p. 62(n 316).

⑥ See in particular Ch. III, Pt C, s 2.1.B.

家已广泛探索了这一途径。① 采用基于道德和伦理论据而非合法性的解决方案可确保恢复先前存在的"文化秩序",因为它可以考虑转移的性质和相关遗产的文化意义。

第二节 可用的争端解决手段

一、引言

与文化遗产纠纷有关的法律问题复杂且难以管理。大陆法系国家和普通法国家之间的法律有所不同。然后,并非每个国家都批准并执行了保护文化遗产的多边公约。但是,无论涉及什么法律问题,涉及文化遗产的特殊性质始终是诉讼的核心。② 许多评论员争辩说,建立统一的争端解决机制将有助于平衡这些分歧并促进团结与一致。③ 不幸的是,还没有这样的制度。相反,从谈判、调解、仲裁和诉讼等多种方法可以不同程度地用于识别、接受和容纳文化遗产利益相关者的不同但合法的观点和利益。由此可见,案件的结果通常取决于选择哪种争端解决机制以及冲突中的利益优先。毫不奇怪,这种情况对文化遗产特别有害。如上所述,要保护文化资产中所包含的非经济价值,不仅需要确定和可执行的判断。诉讼可能允许中立法官根据严格的法律强加一些可预见的解决方案这一事实不一定是一个优势。实际上,即使公正地运用普通法和程序的文化敏感性,也会带来负面结果。

考虑到这一点,值得探讨现有争端解决方法的优缺点。这些可以分为两大类:(1)外交手段(谈判、调停、和解及调解),根据这种手段,当事各方可以接受或拒绝拟议的解决方案,并保持对程序的控制;(2)具有约束力的决定的法律手段(仲裁和司法解决)。④ 在本章的这一部分中对这些类别的检查将解决以下重要问题:争议者如何从可用的各种争议解决流程中选出最佳选择? 在什么情况下,诉讼是解决争议的明智而适当的途径? 玛丽亚·

---

① Coulée, 'Quelques remarques', pp. 375,377(n 337).

② Q. Byrne-Sutton, 'Introduction:Alternative Paths to Explore', in:Q. Byrne-Sutton and F. Geisinger-Mariéthoz(eds), Resolution Methods for Art-Related Disputes(Genève:Schulthess,1999), pp. 3-13,5.

③ See Ch. IV,Pt A,s 2.

④ von Schorlemer, 'UNESCO Dispute Settlement', p. 74(n 277).

阿尔特曼诉奥地利共和国一案的分析被用作前提,因为在大屠杀相关争端的背景下,它讨论了如何制定适当的规范和程序来解决利益冲突的创新解决方案。

二、解决文化遗产纠纷的例子:阿尔特曼案

具有里程碑意义的玛丽亚·阿尔特曼诉奥地利共和国案[①]涉及著名画家古斯塔夫·克里姆特(Gustav Klimt)的六幅画作。这些艺术品属于费迪南德·布洛赫·鲍尔(Ferdinand Bloch-Bauer)和他的妻子阿黛尔(Adele)。阿黛尔于1925年去世。阿黛尔未察觉即将到来的恐怖,"好心地"留下遗嘱,要求费迪南德·布洛赫·鲍尔在死后考虑将画作捐赠给奥地利国家美术馆。1938年纳粹德国吞并奥地利时,费迪南德·布洛赫·鲍尔逃离了奥地利,遗弃了他的所有财产,包括油画、珍贵的瓷器收藏、房屋、城堡和制糖厂。在他不在的情况下,纳粹没收了他的艺术收藏品,这些收藏品最终归奥地利国家美术馆所有。费迪南德·布洛赫·鲍尔于1945年在苏黎世去世,遗嘱将他的全部遗产遗赠给一个侄子和两个侄女,其中包括玛丽亚·阿尔特曼(Maria Altmann),后者于1938年定居美国加利福尼亚州,并于1945年成为美国公民。

1946年,奥地利共和国制定了一项法律,旨在废止所有由纳粹歧视性意识形态引起的交易。尽管有这项官方政策,想要离开迫害他们的奥地利,犹太人必须捐赠有价值的艺术品(以支持奥地利公共博物馆和保护国家遗产的名义),作为获得其他有价值物品出口许可证的条件。1948年,奥地利授予阿尔特曼家族大部分财产的出口许可证,作为将阿黛尔遗嘱中提到的六幅克里姆特画作转让给奥地利国家美术馆的条件。

直到1998年瓦利画像案(Portrait of Wally)的出现,玛丽亚·阿尔特曼案才又回到被审状态。[②] 为了回应在审判中关于奥地利国家美术馆拥有洗劫艺术品的指控,奥地利政府开放了档案馆,以允许对国家藏品的来源进行研究。此外,还通过了《关于归还奥地利联邦博物馆和藏品的艺术品的联邦法》(以下简称《归还法》)。[③] 结果,奥地利记者赫伯特斯·切尔宁(Hubertus

---

① 　142 F. Supp. 2d 1187(C. D. Cal. 1999),aff'd,317. F. 3d 954(9th Cir. 2002),as amended,327 F. 3d 1246(9th Cir. 2003),541 US 677(2004).

② 　See Ch. III,Pt C,s 2. 1. A.

③ 　4 December 1998,Federal Law Gazette 1,No. 18111998.

Czernin）发现了文件，证明费迪南德·布洛赫·鲍尔从未随意捐赠克里姆特画作，而且依附阿黛尔遗嘱作为合法拥有权的来源充其量是值得怀疑的。因此，玛丽亚·阿尔特曼根据《归还法》正式收回了克里姆特画作，但奥地利国家美术馆以阿黛尔将把这些画作转移到美术馆的理由拒绝了她的要求。然后，阿尔特曼在奥地利法院对这项决定提出异议，但由于奥地利法律要求高额的备案费，阿尔特曼被迫撤回了这一要求。① 因此，她状告了奥地利共和国和加利福尼亚中央区的奥地利美术馆。

为了拥有"标的物管辖权"（Subject matter jurisdiction），阿尔特曼依赖FSIA 的"没收"例外情况。如上所述，如果涉及"违反国际法取得的财产权"的所有案件均免于豁免，只要该财产与美国有商业联系或拥有该财产的代理机构或机构在美国从事"商业活动"。② 奥地利共和国和美术馆提出撤诉，理由是缺乏标的物管辖权，缺乏审判地点，未能加入不可或缺的当事人以及不方便法院原则等。特别是，被告因缺乏主权豁免原则下的标的物管辖权而驳回了诉讼。他们争辩说：（1）到 1948 年，当许多所谓的不法行为发生时，他们将在美国法院享有绝对的豁免权；（2）FSIA 不适用于 1976 年之前的行为。地方法院驳回了被告撤诉的动议。它裁定，鉴于 FSIA 的"没收"例外情况，这是对被告行使管辖权的适当途径。发现其可适用该例外情况是因为：（1）这些画违反国际法（被纳粹窃取）；③（2）在此案发生时，这些画归奥地利政府的代理人所有（奥地利国家美术馆）；（3）美术馆在美国从事商业活动（克里姆特绘画的出版和广告活动）。被告对裁决提出上诉。上诉法院对此予以肯定。④ 然后，奥地利共和国 2003 年向美国最高法院申请证明令状。但是，最高法院仅限于考虑以下问题：基于 1976 年之前，甚至在美国于 1952

---

① 根据奥地利法律，法院的备案费与争议金额成比例（争议金额的 1.2%，外加 13180 奥地利先令）。由于（当时）克里姆茨的市值约为 1.35 亿美元，因此玛丽亚·阿特曼必须支付 160 万美元。她要求奥地利法院降低收费。法院批准了部分豁免，并要求支付等于其可用资产的金额。D. S. Burris and E. R. Schoenberg, 'Reflections on Litigation Holocaust Stolen Art Cases' (2005) Vol. 38 Vanderbilt Journal of Transnational Law pp. 1041-9, 1045.

② S 1605(a)(3).

③ 根据地区法院的说法，挪用克里姆特画作违反了国际法，因为其采取以下行为：（1）没有任何公共目的，纳粹甚至没有假装将这些画作公共目的；（2）具有歧视性，纳粹不仅抢夺了费迪南德·布洛赫·鲍尔的遗产，而且奥地利政府在 1948 年和 1998 年制止了归还财产；（3）没有得到赔偿。值得注意的是，阿尔特曼声称奥地利 1948 年的行为（错误地宣称画作的所有权和勒索出口许可证以换取承认其所有权）违反了国际法或 1907 年《关于尊重陆上战争的法律和习惯的海牙公约（IV）》（见上诉法院的意见，第 16—17 页）。

④ 2002 年，上诉法院下令进行调解，但以失败告终。

年采用限制性主权豁免理论之前,FSIA 的征收例外是否具有对外国索赔的管辖权。① 法院最终裁定,FSIA 追溯适用于 1976 年该法颁布之前发生的事件,从而否决了外国主权豁免。因此,加利福尼亚法院维持了标的物管辖权,玛丽亚·阿尔特曼对奥地利的诉讼和奥地利国家美术馆的诉讼得以允许进行。

2005 年 5 月,当事各方达成协议,终止诉讼并将争议提交给奥地利具有约束力的仲裁。双方同意建立一个由三名奥地利仲裁员组成的小组,并接受该小组的决定为终局,没有任何上诉权。根据仲裁协议,小组必须裁定五幅画的所有权状况,并确定 1998 年的《归还法》是否适用。双方进一步同意,仲裁庭将适用奥地利的实体法和程序法。从法律上讲,它的决定完全基于当事方提供给它的事实。专家小组裁定,根据 1998 年的《归还法》,奥地利有义务将克里姆特的五幅杰作归还给阿尔特曼。② 随后,玛丽亚·阿尔特曼将它们出售给奥地利。但是,奥地利政府找不到足够的赞助商,因此中断了谈判。玛丽亚·阿尔特曼最终于 2006 年在拍卖会上出售了克里姆特画作。③

阿尔特曼案的判决之所以重要,主要有四个原因。首先,它说明了公共利益和私人利益之间的明显二分法:奥地利据称保留 Belvedere Castle(贝尔维德雷城堡)的藏品维护了国家公众利益,因为这些藏品被视为国家文化遗产的一部分;相反,对于玛丽亚·阿尔特曼而言,这件事是个人的,因为她无法忍受其家族私有财产被滞留在奥地利的"不公正待遇",奥地利的法律使非法挪用和侵害其家族利益的行为合法化。最终,只能满足其中一种利益。这表明,要公正、有效地解决文化遗产纠纷,就需要发展法律手段,以克服或

---

① 最高法院指出其"没有审查下级法院"关于第 1605(a)(3)条在此适用的裁定,从而强调了其持有权的狭窄性,对所谓的"国家行为"原则对请愿人的适用进行了评论,阻止国务院提出意向书,表明法院拒绝在涉及外国主权豁免的特定案件中行使管辖权,或者对在 FSIA 涵盖的案件中是否应尊重此类文件表示意见(*Republic of Austria et al. v. Maria Altmann*,541 US 677,7 June 2004,3,para.(d))。此外,最高法院明确表示,该决定是通过专注于国内法达成的:"这里的问题仅涉及对 FSIA 范围的解释,这是'纯粹的法律解释问题……完全在司法机构的管辖范围'。"法院分析了 FSIA 的案文、背景和目的,同时也考虑了国会的意图,但没有承认国家豁免原则是国际公法的一项规则。

② 法庭确认画作 *Amalie Zuckerkandl* 未被纳粹没收。

③ 罗纳德·劳德(Ronald Lauder)以 1.35 亿美元的价格将《阿黛尔·布洛赫·鲍尔肖像 1 号》(*Adele Bloch-Bauer I*)(又称黄金阿黛尔)购入了新美术馆。《阿黛尔·布洛赫·鲍尔肖像 2 号》(*Adele Bloch Bauer II*)的售价为 8790 万美元;《桦木森林》(*Birch Forest*)以 4030 万美元的价格成交;*Houses at Unterach on the Attersee* 售价近 3140 万美元;《苹果树 I》(*Apple Tree I*)以 3300 万美元的价格售出。出售前,玛丽亚·阿尔特曼将这些画作借给了洛杉矶艺术博物馆以作临时展览。

至少减轻这种利益冲突的负面影响。① 其次,此判决反映了最高法院扩展法律解释范围的意愿,以克服法律障碍,这些障碍通常会阻碍追回过去被掠夺的艺术品,而这些艺术品现在由国家或其代理人拥有。特别是,阿尔特曼案可以被解释为具有里程碑意义的案例,因为其确立了新的原则,即人权规范具有追溯力,②反过来,侵犯人权是不容置疑的罪行。再次,阿尔特曼案显示了诉讼和仲裁的主要优势和不足之处。前者以确定且可执行的判决为结尾,旨在提供零和解决方案,并且并非始终可用。③ 仲裁是替代法院程序的可行选择,但只有在当事方同意的情况下才可以使用。奥地利共和国拒绝了玛丽亚·阿尔特曼提出的将争议提交仲裁的最初建议,但在 2005 年接受了这一选择,以避免在美国法院再次败诉。我们还应该记得,一般而言,仲裁比诉讼要快:玛丽亚·阿尔特曼于 1999 年提起诉讼,但在 2004 年,当最高法院裁定加利福尼亚法院获准主管辖权时,尚未有法院对案情作出实质性处理。相比之下,仲裁程序于 2005 年 5 月开始,六个月后作出了最终裁决。最后,该案表明,在诉讼和非司法手段之间进行选择最终取决于当事方的支出意愿、对案情的信服以及对失去声誉的恐惧。

三、通过国内法院裁决

向国内法院提起诉讼是解决大多数跨国案件,包括涉及文化财产的跨国案件的主要途径。在民主社会中,司法机构是国家机关,即"第三权力",与国家其他机关有着特定的关系,且是执行土地法律制度所必需的。因此,在这种传统理解中,公民自然有追索权。如果不履行合同,或犯了错误,或在其他任何情况下权利或利益受到干扰或侵犯,则受害方可以前往国家提供的适当法庭寻求救济。根据公认的议事规则,司法机关根据"武器平等"原则为所有当事方提供公平审判的保护。在某些情况下,已经提起诉讼的事实促使被告作出建设性的回应。实际上,许多庭外和解都是从法院诉讼开始的。

各国通常以违反继承法或出口法规为由向外国国内法院提起诉讼。同样,非国家实体,例如个人,诉诸国内法院,大多是寻求归还作为对侵犯财产

---

① E. Jayme, 'Globalization in Art Law: Clash of Interests and International Tendencies' (2005) Vol. 38 *Vanderbilt Journal of Transnational Law* pp. 928-45,942.

② E. Jayme, 'Human Rights and Restitution of Nazi-Confiscated Artworks from Public Museums: The Altmann Case as a Model for Uniform Rules?' (2007) 2 *Kunstrechtsspiegel* pp. 47-51,47-8,49.

③ 如前所述,玛丽亚·阿尔特曼无法负担奥地利的诉讼费用,因为法院收取高昂的诉讼费。

权的一种补救措施。有许多为追回武装冲突中被盗物品发起诉讼的例子。尽管寻求归还大屠杀相关艺术品的所有者(或其继承人)提出的申诉要求已在多个国家/地区提起,①但美国法官裁定此类案件最多。相反,以盗窃为由仅提起了几起刑事案件。这是因为要证明被告"明知"并不容易。② 同样,国内法院很少听到土著人民的要求。除了缺乏财政资源外,主要原因是难以发现所涉文化资产的原始购置的实际情况。③

(一)优点

在国内法院进行诉讼是解决纠纷的首选方法,这有明显的原因。第一,因为在诉讼结束时,法院可以通过普通机制强制执行确定的裁决。第二,因为法院的裁决(甚至在普通法系之外)往往会建立法律先例,这对于澄清和编纂可执行的权利和义务④以及防止进一步的错误非常有用。第三,鉴于个人或利益集团在国际领域普遍缺乏地位,国内法院的职能是宝贵的。值得一提的第四项优势是,国家法院可以发挥立法作用。实际上,这种做法表明,国内法官可以促进法律发展,从而补充或克服立法者的失败作为。国内法院可以通过几种方式来促进规范的改变。贝内德托·孔福蒂(Benedetto Conforti)着重指出,由于国内法官愿意使用国内法提供的文书,以确保国际利益凌驾于国家利益之上,国际法得到了具体执行。⑤ 此外,法官可以利用国际法来澄清、扩大和填补国内法的空白。例如,国际法可以用作辅助解释性工具,即以使国内规范具有最符合国家条约义务含义的方式来解释国内规范,即使是正在等待批准或纳入的条约。因此,它可以用作解释和确定国家所约束的国际文书的合法性或适用范围的标准。总之,就其在国际层面上直接约束国家的意义而言,即使国内法院的判决不是法律来源,其在国际法的效力中也起着至关重要的作用。尽管国内法院不是负责表达国家对外交事务的看法的机构,但它们有权对自己认为是国际法的内容进行公正的

---

① See, e. g. *Christiane Gentili di Giuseppe and Others v. Musee du Louvre* (*Cour d' Appel de Paris*, No. 1998/19209, 2 June 1999); *Wildenstein v. Pazzaglia and Others* (*Corte d' Appello di Bologna*, 17 July 1998); and the *Mazzoni v. Finanze dello Stato* (*Tribunale di Venezia*, 8 January 1927).

② R. K. Paterson, 'Resolving Material Culture Disputes: Human Rights, Property Rights, and Crimes against Humanity', in: Nafziger and Nicgorski(eds) , *Cultural Heritage Issues*, pp. 371-87, 379(n 344).

③ Paterson, 'Resolving Material Culture Disputes', p. 376(n 368).

④ D. Shapiro, 'Litigation and Art-Related Disputes', in: Byrne-Sutton and Geisinger-Mariéthoz (eds) *Resolution Methods*, pp. 17-34, 18-19(n 351).

⑤ Conforti, *Diritto internazionale*, pp. 7-9(n 281).

表达。因此,国内法院的判决对于确定什么是正确的国际法规则具有重要的现实意义。众所周知,国家法院统一判决的累积效果是提供国际习惯法的证据。①

(二)局限

诉诸国内诉讼是第一个问题。尽管诉诸法律的决定是由诉讼者决定的,但申请人不能自由决定哪一个法院具有属事管辖权,也不能决定程序的细节或适用的实体法。这些受法院必须适用的程序规则的约束。② 因此,尽管有几部宪法保障了提起诉讼以保护个人权利和合法权益的权利,但法律诉讼并不总是可用的。法院可以基于以下理由驳回归还要求:缺乏管辖权或不便审理。塞浦路斯的希腊东正教教堂诉威廉·兰斯案③说明了另一个问题,即如果相关的国际法律规范不能够自我执行并且没有在国内一级实施,那么就不可能采取法律行动。在兰斯案中,塞浦路斯教堂向荷兰法院起诉了四尊圣像的拥有者,这些圣像在土耳其入侵塞浦路斯时于安菲尼蒂斯教堂被掠。荷兰、塞浦路斯和土耳其是 1954 年《海牙公约》及其《第一议定书》的缔约国,因此受其约束。但是,法院没有对归还适用《第一议定书》的规定,因为荷兰宪法规定,只有自我执行的规定对所有人(自然人和法人)均具有约束力,并凌驾于国家立法之上。因此,由于《第一议定书》仅针对国家,而且由于非国家实体既没有义务也没有地位,因此法院无法放弃《民法》规定的权利,也无法下令将圣像归还塞浦路斯。④ 瑞士联邦法庭在 2012 年对一案的判决中也说明了同样的问题,该判决涉及 WHC 名单上所列的瑞士站点之一拉沃葡萄园梯田。⑤ 发生此事的原因是,一个土地所有者针对其邻居提出的关于建造停车位的诉讼,针对其签发建筑许可证的当地市政当局

---

① R. Jennings and A. Watts(eds), *Oppenheim's International Law*, *Vol. 1 Peace* (9th edn., Harlow: Longman,1992), pp. 41-2.

② I. Fellrath Gazzini, *Cultural Property DisputesThe Role of Arbitration in Resolving Non-Contractual Disputes* (Ardsley:Transnational Publishers, Inc., 2004), pp. 52-3.

③ District Court, Rb Rotterdam, 4 February 1999, NJkort 1999/37; confirmed in Appeal, Hof Den Haag,7 March 2002,99/693(unpublished).

④ 被告辩称,这四尊圣像是在 20 世纪 70 年代真诚购买的。因此,他没有被迫根据民法典归还他们。相比之下,《加拿大文化财产进出口法》(RSC 1985,S 36. 1)将加拿大公民或居民违反其法律从第二议定书缔约国的被占领土上非法移走文物定为犯罪。在这种情况下,缔约国政府可以要求加拿大总检察长在加拿大提起诉讼,以要求退还有关财产。Paterson, 'Resolving Material Culture Disputes', p. 375(n 368).

⑤ *A v. B*, Case No. 1C 22/2012, Judgment of 30 August 2012.

提起诉讼。申诉人依据的事实是,拉沃被列入世界遗产名录。联邦法庭指出,可以基于对国际条约的违反采取行动。但是,它也确认,所依赖的规定应该是自我执行的。法庭认为,世界遗产公约没有载有此类规定,因为它仅要求缔约国确定和保护其管辖范围内的文化和自然财产。因此,申诉被驳回。

此外,诉讼可能会因时效期限届满、懈怠抗辩、反扣押立法或国家豁免规则而受到禁止。如上所述,①关于国家豁免权的规则对在与争端关系最密切的国家以外的国内法院提起诉讼构成了重大障碍。各国与文化遗产相关的行动可能被视为主权(统治权行为)的表达,而不是商业能力(事务权行为)的表达。因此,即使在遵循"限制性"豁免原则的国家中,私人行为者针对外国提起的诉讼也可能是不可接受的。

证明所有权的负担是诉讼的另一个障碍。对于许多原本可以提出有效主张的人来说,这种举证负担可能是巨大的障碍。对于许多非专业所有者而言,证明所有权可能是一项艰巨的任务。此外,寻求从未知考古现场秘密挖掘出的古物的国家有责任证明,在发现这些物品并将其从其领土上移走时,已经制定了一部国家法律,将此类财产的所有权归属于本国。诸如麦克莱恩(*McClain*)②这样的刑事案件表明,当举证责任由起诉人承担时,毫无疑问,很难证明被告在给定日期之前从一个现代国家的边界内移走了物品,并在充分了解该国所有权法的情况下这样做。③ 由于这一困难,涉及被掠夺文物的案件更有可能是民事索赔,而不是刑事案件。Sevso 宝藏案提供了这个问题的另一个很好的例证。④ 此案涉及罗马银器收藏,此收藏是由北安普顿勋爵(Lord Northampton)收购并打算将其转售。它首先被提供给盖蒂博物馆。但是,博物馆没有买到该珍宝,因为它证实表明黎巴嫩政府已默认出口该珍宝的证书是伪造的。然后,北安普敦勋爵计划在公开拍卖会上出售这笔宝物,但由于黎巴嫩、克罗地亚和匈牙利在纽约提起诉讼,要求归还这笔宝物,因此从未举行过拍卖。但是,由于没有一个申诉人能证明该藏品是从

---

① See Ch. III, Pt A, ss 2.5 and 5.

② See Ch. III, Pt A, s. 2.1.

③ N. Crumpton, ' Cultural Property Law Theory and United States v. Schultz ', 22 October 2007, < http:// www. savingantiquities. org/cultural-property-law-theory-and-united-states-v-schultz >, accessed 31 September 2013.

④ *The Republic of Croatia and Others v. The Trustee of the Marquess of Northampton* (203 A. D. 2d 167).

其领土上被挖出并非法出口的,因此他们的申诉被驳回,北安普敦勋爵得以保留所有权。[①] 在与大屠杀有关的争端中,证明所有权的问题更加严重。第二次世界大战已经过去了半个多世纪,现在证据已经丢失或极难收集。尽管其中许多人已经去世,但那些还活着的人或他们的后代可能没有文件、照片或证人,并且在事件发生这么长时间之后从证人那里取得的陈述并不总是完全可靠的。

除上述问题外,还必须考虑到国内法院进行的诉讼的使用范围有限,因为各种缺陷可能会阻止人们提起诉讼。第一,执行国家法院的判决是诉讼的主要弊端:在发布最终判决后,胜诉方可能不得不继续在外国管辖区承认和执行判决。由于这个原因,国家和非国家实体都在拥有被盗或非法移走的艺术品的被告人的住所地或法院寻求赔偿(对物管辖权)。法律冲突规则和权宜之计通常指向这些法院。之所以如此,是因为拥有物权管辖的地方对动产的处置有最大的控制权。在其他地方提起诉讼会引起一些问题,包括执行司法裁决的困难、在判决相互冲突的情况下进行的司法斗争以及外交对抗。[②] 第二,诉诸诉讼需要大量的经济和人力支出。诉讼人不仅可能浪费时间,而且由于国际案件涉及复杂的事实和法律问题,还可能承受为昂贵而冗长的诉讼支付法律费用的负担。[③] 法律费用很容易最终占作品实际价值的相当大百分比,或者超过作品的价值。[④] 在这种情况下,价值不超过数百万美元的有价物品对索赔人来说是不公正的,因为诉讼太昂贵。新西兰达尼丁美术馆的 Macchiaioli 画作就是一个例子。这个 19 世纪意大利画作的收藏在 1946 年之前从奇诺·维塔基安蒂农舍里消失了。1996 年,当这些画作从新西兰进入意大利,并在佛罗伦萨的 Panati 画廊租借时,一名海关官员确定了这些画作。随后,维塔(Vitta)一家对达尼丁美术馆提起民事诉讼,罗

① H. Kurzweil, L. V. Gagion and L. de Walden, 'The Trial of the Sevso Treasure: What a Nation Will Do in the Name of Its Heritage', in: Fitz Gibbon(ed.), *Who Owns the Past?*, pp. 83-95 (n 87).

② R. Van Kirk, 'International Transactions in the Art Market', in: R. S. Kaufman(ed.), *Art Law Handbook*(Gaithersburg/New York: Aspen Law & Business, 2000), pp. 447-503, 459-60.

③ N. Palmer, 'Statutory, Forensic and Ethical Initiatives in the Recovery of Stolen Art and Antiquities', in: N. Palmer(ed.), *The Recovery of Stolen Art*(Leicester: Institute of Art and Law, 1998), pp. 1-31, 18-19.

④ In an interview, Özgen Acar, a Turkish journalist, noted that the Metropolitan Museum paid US $1,7 million for the *Lydian* Treasure(see Ch. III, Pt C, s. 2. 1. C), but it spent at least twice as much as this on legal expenses. M. Bessieres, 'We Have To Change the Buyer's Attitude', 37 *UNESCO Courrier* 1 April 2001.

马刑事法院开始调查,看是否提起刑事诉讼。1999 年 4 月,民事法院的法官
提议通过在当事方之间分配画作来解决此案。他们已经参与了三年的高昂
诉讼,而且很明显,进一步的诉讼会使诉讼更加昂贵。双方同意解决争端:
三幅画归还新西兰,其中两幅被授予维塔一家。①

　　值得一提的第三个限制是,诉讼并未提供与艺术有关的争端各方保护
其关系所需的保密性和机密性。第四,诉讼导致胜者和败者,有罪方(有时
是无辜的占有者)和受害者之间的对抗。与大屠杀有关的申诉要求和后殖
民遣返要求说明了这一不利后果。尽管这些申诉并非总是由寻求对申诉者
的身份或遗产具有重大意义的艺术品的欲望所驱动,但诉讼提供了很少的
空间来考虑更广泛的文化含义和调查归还权实际上对申诉者意味着什么。
特别是,国内法院可能无法认识到归还代表性文化资产对和解过渡时期司
法至关重要。② 第五,法院可能缺乏独立性。即使所在申诉对象所在国的法
院同意考虑该索赔,对法院所在地国家利益或财产法的司法忠诚感也可能
会影响诉讼结果。

　　最后,利益相关者倾向于避免诉讼的主要原因是法官缺乏艺术和文化
事务的经验。在各种例子中,也许有人至少会提到一位澳大利亚前首席大
法官的观点,他认为西澳大利亚州沿海的荷兰东印度公司的 17 世纪沉船事
故对澳大利亚的历史没有意义。③ 法官不仅犯文物等同于动产的错误,而且
对古物和市场惯例的非法贸易也缺乏了解。意大利与位于莱顿的荷兰国家
古物博物馆(National Museum of Antiquities, NMA)之间的青铜胸甲案例可以
作为例证。意大利于 2002 年根据第 93/7 号指令对 NMA 发起了诉讼。2004
年 6 月 9 日,海牙一家法院裁定,意大利政府提供的证据太少,驳回了这一诉
讼,从而表明对非法贸易的动态了解不足。一方面,法院承认国家博物馆的
工作人员可能不知道瑞士在非法贸易中的作用。在另一个层面上,它认为
与意大利卡拉比尼里(Carabinieri)提供的证据无关,并指出将胸甲卖给 NMA

　　① Prott, 'The History and Development of Processes', pp. 195-6(n 186).

　　② T. O'Donnell, 'The Restitution of Holocaust Looted Art and Transitional Justice: The Perfect Storm
or the Raft of the Medusa?' (2011) Vol. 22 *European Journal of International Law* pp. 49-80, 51.

　　③ *Robinson v. The Western Australian Museum*, (1977-8) 138 *Commonwealth Law Reports* 283, at
295, cited in Prott, 'Problems of Private International Law', p. 237(n 99).

的瑞士商人曾参与其他艺术品的清洗。① Marcq 案的问题在于,佳士得是否向真正的所有者承担责任,因为佳士得将一幅被盗的绘画归还给客户,而这幅画在一次拍卖中没有出售。② 在一审和上诉中,佳士得均不承担任何责任。有争议的是,杰克·J(Jack. J)最初认为拍卖行没有义务搜索艺术品损失登记簿或其他数据库。尽管可以从政策角度为该决定辩护,但该决定并不令人满意,因为:(1)侵蚀了被剥夺所有权人的权利;(2)忽略了众所周知的事实,即犯罪分子在洗钱过程中处理艺术品市场中的失窃文物;(3)暗示只要拍卖师遵守低水平的勤勉工作,并且不了解第三方申诉,便是安全的。③

另外,法官不准备考虑某些利益相关者的利益。与大屠杀有关的艺术申诉和土著人民的遣返要求,在应对证据和道德问题时,挑战了法院的创造力。许多判决表明,将针对普通物品制定的规则应用于涉及文化物品的纠纷很尴尬。④ 例如,在正式的法院诉讼程序中很难轻易解决土著人的利益,而不能以法律的方式来处理。部分原因是由于土著社区经常维护国家法律体系不承认的利益。传统社区声称某些文物应被理解并视为有权在法庭上代表自己利益的法律实体,这是一个明显的例子。⑤ 此外,此类社区寻求的救济类型可能不存在。在处理与文化遗产保护有关的损害时,法院可使用的补救措施似乎不足。鉴于这些问题,具有大型土著社区的国家所通过的立法和其他文书的用处似乎更加明显。⑥ 除土著人民遇到的问题外,法官在艺术和文化事务方面缺乏经验的严重性如果与另一方面联系起来就更加明显,即,裁决不仅是由法令来指导的,而且还可以通过积累决定。因此,案件的匮乏意味着,一个涉及异常冷漠情节的案件可能会影响法律的发展。⑦ 如上所述,申诉的成败很大程度上取决于哪个法院在处理此案。

---

① J. Van Beurden, 'A Disputed Cuirass: Italy v. the Netherlands' National Museum of Antiquities in Leiden' (2006) 18 *Culture Without Context*, < http://www. mcdonald. cam. ac. uk/projects/iarc/culture-withoutcontext/issue18/van_beurden. htm > , accessed 12 September 2013.

② *Marcq v. Christie Manson & Woods Ltd* [2004] QB 286(CA).

③ J. Ulph and I. Smith, *The Illicit Trade in Art and Antiquities* (Oxford/Portland: Hart, 2012), pp. 186-7.

④ Paterson, 'Resolving Material Culture Disputes', p. 379(n 368).

⑤ See Ch. III, Pt A, s. 3. 2. 2.

⑥ See Ch. III, Pt A, s. 2. 3.

⑦ J. G. Epstein, 'The Hazards of Common Law Adjudication', in: Fitz Gibbon(ed.), *Who Owns the Past?*, pp. 123-8, 123(n 87).

(三)评估

国内法官在拟订和适用国际准则以及解决跨国争端中起着重要作用。实际上,国内法院通常是法律发生重大变化的动力。理查德·福尔克(Richard Falk)将国家法院的潜在作用描述为"新兴国际秩序制度的代理人,当这些规则与国家政策的规定发生冲突时,该代理人应优先于国际法规范"。①

根据这些论点,似乎可以公平地说,不应过分强调国内审判的特点。诚然,法官对程序规则的关注机械化,不够敏感以至不能顾及当事方多方面利益的风险是一个严重的问题。但是,这不应掩盖一个事实,即国家法官是为执行国际法作出决定性贡献的主要行为者。② 还应记住,并非所有法官都不专心或过时,而且诉讼通常以有效的方式进行。最后,应该强调的是,尽管存在上述缺点,但在许多情况下通过法院诉讼寻求归还的要求似乎是合理的。当占有人不合作时,关于个人或群体持有的物品的申诉就是这种情况。此类特殊考虑的显而易见是国家历史瑰宝、与大屠杀有关的物品和土著人民的祖传遗物。③

四、国际司法解决机制概述

传统的国际争端解决可以概括为一种程序,由于司法机构作出判决而违反国际法,因此可以使用的程序。当争端国家无法通过外交手段解决时,不仅需要而且有必要将争端提交指定的主管司法机构。如果没有这种选择,争端中心的一项或多项条约可能变成空谈,而其中规定的权利和义务对缔约国或其居民而言没有意义。④ 争端缔约国可通过将争端提交给国际常设法院以其管辖权和程序规则来寻求司法解决。该国际法庭的职能是根据国际法确定申诉要求,并作出对当事方具有约束力的判决。作出具有约束力的判决的权力是国际法庭与仲裁共同拥有的一个特征。这些方法之间的

---

① R. Falk, ' The Interplay of Westphalia and Charter Conceptions of International Legal Order ', in: R. Falk and C. E. Black(eds) , *The Future of the International Legal Order*(Vol. 1 , Princeton: Princeton University Press ,1969) , p. 69 , cited by D. Bodansky and J. Brunnee , ' The Role of National Courts in the Field of International Environmental Law ' (1998) Vol. 7 *Review of European Community and International Environmental Law* pp. 11-20 ,11.

② B. Conforti , ' The Role of the Judge in International Law ' (2007) Vol. 1 *European Journal of Legal Studies* No. 2 , p. 6 ; and Conforti , *Diritto internazionale* , pp. 8 ,216(n 281).

③ Palmer , ' Waging and Engaging ' , p. 96(n 141).

④ T. A. Mensah , ' Using Judicial Bodies for the Implementation and Enforcement of International Environmental Law ' , in: Buffard et al. (eds) , *International Law* , pp. 797-816 ,810(n 50).

差异可以缩小到裁决人选择的差异。每个国际法院都有自己的法官席,而仲裁庭本质上是专案性质的,由争端各方的法官组成。①

数十年来,已经建立了新的国际司法机构来应对新情况并涵盖国际法以前未涵盖的领域:世贸组织内的争端解决机构、国际海洋法法庭(ITLOS)、前南斯拉夫和卢旺达的两个特设国际刑事法庭、联合国赔偿委员会、北美自由贸易协定(NAFTA)、南方共同市场(南美洲共同市场)制度,并通过了《国际刑事法院规约》。我们还可以提及国际投资争端解决中心(ICSID)的案件量的增加,世界银行监察小组及其亚洲和美洲开发银行对应机构的工作以及在欧洲法院等区域法院受理的根据欧盟法律引起的争端的新兴案件,对涉及 ECHR 的争端进行裁决的 ECtHR,以及对涉及 ACHR 的案件进行判决的美洲人权法院(IACtHR)。联合国还设立了许多人权委员会来监督各种条约下的人权遵守情况。② 尽管这些机构中的一些机构的判决没有正式约束力,但它们经常行使强制管辖权,可以为解决国际争端作出重大贡献。

以下各节专门研究现有的国际争端解决机制,以评估其在解决文化遗产争端方面的效力。选择要研究的法庭并非是任意的,而是基于他们在此类争端裁决中的实际和潜在参与。以下概述将突出显示一个重要特征:任何国家在未经其同意的情况下不得强迫提交其争端,也不得遵守导致第三方裁决者作出具有约束力决定的程序。

(一)国际法院

国际法院成立于 1945 年,其规约是《联合国宪章》的一部分。国际法院的任务是根据国际法解决国家之间的争端。③ 它的判决具有约束力。如果不遵守规定,受害方可以根据《联合国宪章》第 94 条向联合国安全理事会求助。联合国安全理事会有权在这些问题上提出建议或作出具有约束力的决定。

由于联合国教科文组织是联合国的专门机构,而国际法院是"联合国的主要司法机关",④从理论上讲,文化遗产纠纷属于国际法院职权范围。从这

---

① C. Amerasinghe, *Jurisdiction of International Tribunals* (The Hague: Kluwer Law International, 2003), pp. 4-8.

② 其中包括《消除一切形式种族歧视国际公约》(1965 年 12 月 21 日,660 UNTS 195),《公民权利和政治权利国际公约》(1966 年 12 月 16 日,999 UNTS 171),《经济、社会及文化权利国际公约》(1966 年 12 月 16 日,993 UNTS 3)。

③ Art. 38(1) ICJ Statute.

④ Art. 92 UN Charter.

个意义上讲,可以将两类文化遗产纠纷提交国际法院。第一个包括"条约争端",即联合国教科文组织各当事方之间关于其适用和解释的争端。可以说,作为唯一具有一般管辖权的国际法院,国际法院有利于阐明现有文化遗产公约所载义务的现状,而这些义务又偏离了国际惯例中已合并的规则;并有利于制定详细阐述条约、习惯规则和惯例的法律,使其方法适应每个案件的特殊性。第二类包括"额外条约争端",这是联合国教科文组织协定未涵盖的争端,因为它们涉及在相关公约生效之前发生的事件或涉及一个或多个非签署方的事件。①

尽管如此,迄今为止,国际法院仅处理了两个归还案件。② 列支敦士登诉德国一案③涉及一幅十七世纪荷兰大师皮特·范·拉尔(Pieter van Laer)的画作,但未就案情进行讨论,因为国际法院以缺乏属时管辖权为由驳回了申请人的要求。④ 在关于柏威夏神庙的案件中,归还文化财产的问题与国界划定是偶然的。此案源于 1958 年柬埔寨与泰国之间的战争,并集中在柏威夏神庙所在地区的领土主权问题。最终,国际法院发现该寺庙属于柬埔寨,并下令将可能的"已被泰国当局从寺庙或寺庙地区移走的雕塑、碑石、纪念

---

① 这一分类参考了 A. Prunty, 'Toward Establishing an International Tribunal for the Settlement of Cultural Property Disputes: How to Keep Greece from Losing its Marbles' (1983-1984) Vol. 72 *Georgetown Law Journal* pp. 1155-82, 1167-8.

② 在种族灭绝案(关于适用《防止及惩治种族灭绝罪公约》的案件[波斯尼亚和黑塞哥维那诉塞尔维亚和黑山],2007 年 2 月 26 日判决)中,国际法院特别处理了文化财产的破坏。它得出结论认为,针对这种代表性资产的行为不能被视为《灭绝种族罪公约》所指的灭绝种族行为(第 194 和 344 段)。在国家管辖豁免案(德国诉意大利:希腊介入)一案中,国际法院处理了以下问题:主权豁免原则是否适用于文化财产,只要该财产专门用于或打算用于政府目的。

③ 某些财产案(列支敦士登诉德国案),初步反对意见,2005 年 2 月 10 日判决,ICJ Reports 2005, 6。索赔涉及一幅画,该画在第二次世界大战后被捷克斯洛伐克政府没收,连同其他财产一起被没收。没收是为了获得位于捷克斯洛伐克领土上的属于德国和匈牙利国籍或族裔的个人,以及据称具有德国或匈牙利血统或族裔的被视为叛徒和捷克斯洛伐克敌人的人的赔偿和针对性资产。在布拉迪斯拉发行政法院面前,当时的列支敦士登亲王断言他没有德国国籍。1951 年,布拉迪斯拉发法院维持了没收的判决。1991 年,这幅画被借给了德国的一家博物馆。王子在德国提起诉讼,要求归还,但不少于四个司法机构拒绝了他的要求,ECtHR 之前采取的后续行动也未成功(请参阅第Ⅲ章 Pt A,第 2.5.A 节)。此案随后提交国际法院,王子的律师向国际法院提交了一份申请,理由是该主张不仅涉及汉斯·亚当二世亲王的个人权利,也涉及列支敦士登的主权。列支敦士登要求国际法院裁定,德国因其国家法院的裁决而承担了国际法律责任。

④ 国际法院基于缺乏属时管辖权而驳回了该诉讼,因为列支敦士登作为法院管辖权的 1957 年《欧洲和平争端解决公约》(ETS 第 23 号)仅在 1980 年在两国之间生效,即在诉讼原因产生之后很久才生效的。

碑碎片、砂岩模型和古代陶器返回柬埔寨······".① 最后一点仅原则上代表了柬埔寨的发现,因为没有证据表明文物已被实际移走。②

这种令人沮丧的案件数量巨大的主要原因在于国际法院管辖权的局限性。国际法院有争议的管辖权在此无须详细描述。只需回顾一下,国际法院就不授予国家以外的实体访问权限,并且法院的授权基于该原则:一国只有在明示或合理地假定可以接受构成接受该管辖权的行为的范围内,并在一定程度上接受该管辖权,方可在诉讼中成为当事方。③ 根据《国际法院规约》第36条,各国可以同意法院的管辖权,或通过针对临时案件达成特别协议(妥协),或依靠有效条约中规定的管辖权条款,或基于"可选条款"单方面接受管辖权。④ 因此,只有通过国家的认可,个人的申诉才能引起国际法院的注意,而其他非国家实体则无法被听到。但是,《国际法院规约》第66条第2款和第34条第2款似乎允许非政府组织即使在有争议的案件中也可以提交信息。然而,法院很少诉诸于这种信息来源。⑤

除有争议的管辖权外,国际法院有权就法律问题提供咨询意见。法院的咨询管辖权被认为是在联合国系统内促进尊重法律的一种手段。咨询意见在确定国际社会关心的法律和政策问题,澄清适用于特定案件的法律以及促进国际法院与法庭的判例之间的更大协调方面发挥着重要作用。尽管咨询意见不具有法律约束力,但在某些情况下,其咨询意见比其判决更为大

---

① *Temple of Preah Vihear*(*Cambodia v. Thailand*),Judgment of 15 June 1962,ICJ Reports 1962,6,34. 2011 年 5 月,由于两国无法就边界线达成协议,柬埔寨向国际法院提出了申请,要求解释 1962 年的判决。*Request for interpretation of the Judgment of 15 June 1962 in the case concerning the Temple of Preah Vihear*(*Cambodia v. Thailand*)(*Cambodia v. Thailand*)。在撰写本文时,此案仍在审理中。

② *Temple of Preah Vihear*,ICJ Reports 1962,36(n 407).

③ *Eastern Carelia*,PCIJ Advisory Opinion of 23 July 1923,Series B,No. 5(1923);*Monetary Gold Removed from Rome in 1943*(*Italy v. France*,*United Kingdom of Great Britain and Northern Ireland and United States of America*),Judgment of 15 June 1954,ICJ Reports 1954,19;*Reparation for Injuries Suffered in the Service of the United Nations*,Advisory Opinion of 11 April 1949,ICJ Reports 1949,177.

④ 在该制度下,《国际法院规约》的每个缔约国均可宣布,其承认法院对任何争议和接受同样义务的任何其他国家的管辖权是强制性的。但是,只有少数联合国会员国接受了国际法院的强制管辖权。此外,可以在"法院专有权"原则下表示同意,即当一个争端国家承认法院对所涉案件的管辖权时,另一争端国随后承认法院的管辖权。J. Merrills,*International Dispute Settlement*(Cambridge/New York:Cambridge University Press,2005),pp. 127-30.

⑤ 法院允许非政府组织提交信息的唯一案件发生于 1950 年。*International Status of South West Africa*(11 July 1950,ICJ Pleadings,1950,324). C. P. R. Romano,*The Peaceful Settlement of International EnvironmentalDisputes:A Pragmatic Approach*(The Hague/Boston:Kluwer Law International, 2000),pp. 329-31.

胆地推动了国际法的发展。① 但是,只有联合国大会和安全理事会可以要求国际法院提供咨询意见。其他联合国机构和专门机构只有在获得联合国大会授权的情况下才可以征求咨询意见。② 国家和非国家行为者没有此特权。

(二)联合国系统内的其他法庭

尽管国际法院是联合国的主要司法机构,但绝不是唯一的机构。在联合国主持下缔结的许多人权条约都有自己的监督机构。这些机构可能会从加入公约的缔约国那里收到报告,在某些情况下,可能会收到个人的投诉或来文,但要处理来文的国家已经确认了该机构的管辖权,并且补救措施已经用尽。但是,从法律上来说,所有这些机构几乎都没有资格作为司法机构,因为它们都没有权力作出具有约束力的决定。但是,通常认为它们的影响是巨大的。这些机构发表的声明通常被视为对基本公约的权威解释。③

1. 联合国人权理事会

联合国人权理事会由联合国大会于 2006 年创建,是联合国系统内的一个政府间机构,负责加强全球人权的促进和保护,并处理侵犯人权的情况并提出建议。2007 年,理事会通过了"机构建设一揽子计划",以指导其工作并建立其程序和机制。其中包括"普遍定期审议"机制,该机制用于评估联合国所有成员国的人权状况以及投诉程序,这使个人和组织可以提请理事会注意侵犯人权的情况。④

自成立以来,联合国人权理事会对文化权利表现出了浓厚的兴趣。有三项决议值得注意。第一项是 2007 年 9 月 27 日关于"武装冲突局势中文化权利和财产保护"的第 6/1 号决议,⑤联合国人权理事会强调在武装冲突局势中保护文化权利和文化财产的承诺。第二项是 2007 年 9 月 28 日关于"保护文化遗产作为促进和保护文化权利的重要组成部分"的第 6/11 号决议,⑥其强调文化遗产作为有效保护和享受文化权利的基本组成部分的重要性。

---

① W. Friedmann, *The Changing Structure of International Law* (London: Stevens, 1964), p. 144.

② Art. 96 UN Charter.

③ J. Klabbers, *An Introduction to International Institutional Law* (Cambridge/New York: Cambridge University Press, 2002), p. 259.

④ See < http://www. ohchr. org/EN/HRBodies/HRC/Pages/AboutCouncil. aspx >, accessed 24 August 2013.

⑤ See < http://ap. ohchr. org/documents/alldocs. aspx? doc_id = 13360 >, accessed 24 September 2013.

⑥ See < http://ap. ohchr. org/documents/alldocs. aspx? doc_id = 13381 >, accessed 24 September 2013.

第三项是 2009 年 10 月 21 日关于"被占领的巴勒斯坦领土和东耶路撒冷的人权状况"的 S/12.1 号决议。[①] 安理会在该决议中重申,应保留位于被占领的东耶路撒冷的丰富宗教和文化遗产,并谴责以色列政府,尤其是谴责以色列政府阻碍了巴勒斯坦人自由进入其基督教和穆斯林圣地以及在阿克萨清真寺内及其周围不断进行挖掘工作。然后,它要求占领国以色列"尊重《世界人权宣言》、核心国际人权文书、《海牙公约》和《日内瓦公约》所规定的巴勒斯坦被占领土内的宗教和文化权利"。[②]

从这些决议中可以看出,[③]联合国人权理事会已采取行动,加强了国际人道主义法与文化遗产法之间正在出现的融合,这种融合是和平与战争时期有关保护文化遗产的条约所能看到的。

2. 人权事务委员会

人权事务委员会(The Human Rights Committee, HRC)是负责监督对《公民权利和政治权利国际公约》遵守情况的监督机构。[④] 缺乏作出具有约束力的决定的权力并不妨碍人权委员会就《公民权利和政治权利国际公约》第 27 条产生令人印象深刻的"法理",这是保护少数群体普遍适用权的第一条规定。[⑤] 尽管《公民权利和政治权利国际公约》第 27 条没有专门针对土著人民,人权事务委员会对土著人民的申诉作出了回应,申明必须理解这一规定,以保护作为土著人民文化和传统生活方式一部分的经济和社会活动。[⑥]

---

① See < http://www.ohchr.org/EN/HRBodies/HRC/SpecialSessions/Session12/Pages/12thSpecial Session.aspx > , accessed 24 September 2013.

② Res. S/12.1,2,para.3.

③ See also Res. 20/11 of 16 July 2012 and Res. 23/10 of 13 June 2013 on 'Promotion of the Enjoyment of the Cultural Rights of Everyone and Respect for Cultural Diversity '.

④ 如果有关国家批准了《第一项任择议定书》,那么除了审查各国对《公民权利和政治权利国际公约》的遵守情况之外,人权理事会还可以接收个人的来信。

⑤ See Human Rights Committee, General Comment No.23, The Rights of Minorities (Art.27), CCPR/C/21/Rev.1/Add.5,8 April 1994, para.5.1, < http://www.unhchr.ch/tbs/doc.nsf/%28Symbol %29/fb7fb12c2fb8bb21c12563ed004df111? Opendocument > , accessed 24 September 2013.

⑥ M. Åhrén, 'Protecting Peoples' Cultural Rights:A Question of Properly Understanding the Notion of States and Nations? ' , in:F Francioni and M Scheinin(eds) , *Cultural Human Rights*(Leiden/Boston:Martinus Nijhoff Publishers, 2008) , pp.91-118. See the cases *Apirana Mahuika and Others v. New Zealand* (Comm. No.547/1993, 27 October 2000) ; *Hopu and Bessert v. France* (Comm. No.549/1993, 29 July 1997) ; *Jouni E. Lansman and Others v. Finland*(Comm. No.671/1995,30 October 1996) ; *Ilmari Lansman and Others v. Finland* (Comm. No.511/1992,14 October 1993) ; *Bernard Ominayak, Chief of the Lubicon Lake Band v. Canada*(Comm. No.167/1984,26 March 1990) ; *Ivan Kitok v. Sweden*(Comm. No.197/1985, 27 July 1988).

但是,该条款就归还有争议的文物而言并没有真正有效,因为它没有提及财产权,①申诉机制只为国家和个人提供了地位,而没有为社区提供地位。

3. 经济、社会及文化权利委员会

最初,为《经济、社会及文化权利国际公约》设计的监督制度与针对《公民权利和政治权利国际公约》的监督制度的主要区别在于,该制度不具备与《公民权利和政治权利国际公约》任择议定书相同的受理个人请愿书的能力。在起草《经济、社会及文化权利国际公约》时,有人认为,《经济、社会及文化权利国际公约》所载权利的渐进性使人们无法受理个人投诉。因此,《经济、社会及文化权利国际公约》的监督工作将由经济及社会理事会(the Economic and Social Council, ECOSOC)(联合国的政治机构之一)进行。结果,没有机构有权以有约束力的方式解释《经济、社会及文化权利国际公约》,而各国仅有义务定期提交报告。1985 年,经济及社会理事会成立了一个新机构,即经济、社会及文化权利委员会(the Committee on Economic, Social and Cultural Rights, CESCR)。这起到协助经济及社会理事会审议国家报告的作用。因此,《经济、社会及文化权利国际公约》与正式的申诉程序的引入不符。②

支持投诉机制的人长期以来一直在争辩说,《经济、社会及文化权利国际公约》缺乏强有力的执法机制,已使经济、社会及文化权利边缘化。确实,如果所有人权都是"普遍的、不可分割的、相互依存的和相互联系的",则必须将所有人权都赋予同等的执行机制。③ 为了解决这个问题,联合国大会于 2008 年一致通过了《经济、社会及文化权利国际公约任择议定书》,④该议定书于 2013 年 5 月 5 日生效。通过这样做,它纠正了国际人权法中长达 30 年的不对称现象:缺乏所谓的违反《经济、社会及文化权利国际公约》的个人来文程序。⑤ 除报告程序外,《任择议定书》还使委员会有权受理和审议声称其权利受到侵犯的个人来文。在某些情况下,委员会还可对严重或有系统地

①　Vrdoljak, *International Law*, p. 177 (n 35).

②　M. C. R. Craven, *The International Covenant on Economic, Social, and Cultural Rights: A Perspective on Its Development* (Oxford: Clarendon Press, 1998), pp. 35-102.

③　M. J. Dennis and D. P. Stewart, 'Justiciability of Economic, Social, and Cultural Rights: Should There Be an International Complaints Mechanism to Adjudicate the Right to Food, Water, Housing, and Health?' (2004) Vol. 98 *American Journal of International Law* pp. 462-91, 463.

④　See General Assembly Res A/RES/63/117.

⑤　T. J. Melish, 'Introductory Note to the Optional Protocol to the International Covenant on Economic, Social and Cultural Rights' (2009) Vol. 48 *International Legal Materials* pp. 256-61.

违反《经济、社会及文化权利国际公约》所载的任何经济、社会及文化权利的行为进行调查,并审议国家间的申诉。尽管《任择议定书》生效,但《经济、社会及文化权利国际公约》仍将缺乏发布具有法律约束力的决定的能力。然而,这项新文书将使国家对经济、社会及文化权利的遵守具有可诉性,并将发展法理以阐明受《经济、社会及文化权利国际公约》保护的若干实质性权利的范围。① 正如人权事务高级专员所强调的那样,沟通程序的建立"将发出强烈而明确的信息,即所有人权的平等价值和重要性……帮助平息了法律和准司法补救措施与保护经济、社会及文化权利无关的观念"。②

2009 年,经济、社会及文化权利委员会发布了关于人人享有文化生活权的第 21 号一般性意见。③ 即使它的主题范围比此处讨论的主题范围大,这也与本讨论相关。在第 21 号一般性意见中,经济、社会及文化权利委员会解释说,"尊重和保护自由、文化遗产和多样性的义务是相互联系的"并且"必须保存、发展、丰富和传播文化遗产,作为人类经验和愿望的记录,以鼓励创造力的多样性,并激发文化之间的真诚对话"。④ 因此,它确认了先前声明的有效性,在此声明中它确认第 15 条第 1 款(a)项对缔约国负有保护文化遗产免遭盗窃和故意破坏的积极责任。如果文化遗产或其一部分被盗、被疏远或根本得不到保障,文化权利便受到限制。将人种学对象从其传统的崇拜和关怀环境中移除,可能会被产生它的社会视为亵渎行为。⑤

4. 关于南斯拉夫问题的国际刑事法庭

南斯拉夫问题国际刑事法庭(The International Criminal Tribunal for the former Yugoslavia, ICTY)是由联合国安理会根据《联合国宪章》第七章设立的,旨在调查和起诉应对 20 世纪 90 年代南斯拉夫战争期间发生的战争罪行负责的个人。⑥ 前南斯拉夫问题国际刑事法庭与本研究有关因为其规约将"对专门从事宗教、慈善和教育、艺术与科学、历史古迹以及艺术与科学作品

---

① 一些学者批评通过《任择议定书》是不必要的,因为许多(经济、社会、文化)权利已经受到多种国际人权制度的约束。Dennis and Stewart, 'Justiciability of Economic, Social, and Cultural Rights', pp. 501-6(n 426).

② Statement by Louise Arbour, High Commissioner on Human Rights to the Open-ended Working Group on an Optional Protocol to the ICESCR, 5th Session, 31 March 2008.

③ UN Doc. E/C. 12/GC21, 21 December 2009. See also Ch. II, Pt A, s 5.2.1.

④ UN Doc. E/C. 12/GC21, para. 50.

⑤ See CESCR Resolutions E/1991/23, para. 79; E/1992/23, paras 310; E/1993/22, para. 186; E/1995/22, para. 136.

⑥ See Res. 827 of 25 May 1993.

的机构进行的扣押、破坏或故意损害的行为定义为违反战争法和习惯"。①
根据此规定,前南斯拉夫问题国际刑事法庭针对因 1991 年后破坏和亵渎清
真寺、教堂和其他与教育、宗教和文化相关的场所而造成的犯罪,已判决各
种处罚。② 在斯特鲁加(Strugar)案中,南斯拉夫人民军队的指挥官因命令对
杜布罗夫尼克地区的目标发动袭击并未能禁止对杜布罗夫尼克旧城的袭
击,根据"命令责任"原则被判处八年徒刑。③ 在这种情况下,南斯拉夫问题
国际刑事法庭审判分庭占有重要地位。在约基奇(Jokić)案中,前南斯拉夫
问题国际刑事法庭确定,"虽然袭击民用建筑是严重违反国际人道主义法的
行为,但直接袭击特别受保护的地点则是更为严重的犯罪"。④ 前南斯拉夫
问题国际刑事法庭还确定,针对具有文化差异的群体的文化资产构成了危
害人类罪,特别是迫害罪的构成部分,如果这种行为是出于歧视目的。前南
斯拉夫国际刑事法庭承认,摧毁一群人的意图与破坏构成该群体的历史、文
化、精神遗产和身份的文化作品和宗教场所之间存在着至关重要的联系。⑤
Hadžihasanović & Kubura 审判分庭指出:"虽然习惯国际法为平民财产提供了
一般保护,但应特别注意某些财产……由于他们的精神价值。因为这些价
值观超出了单个个人的范围,并具有共同的维度。"⑥ 此外,在克尔斯蒂奇
(*Krstić*)案中,前南斯拉夫问题国际刑事法庭审判庭裁定,故意破坏特定族裔
群体的文化遗产可能构成犯下种族灭绝罪所需要的犯罪要素。⑦ 但是,前南
斯拉夫问题国际刑事法庭得出结论,在习惯法中,《防止及惩治灭绝种族罪
公约》所载灭绝种族行为的定义仅限于旨在对一个群体进行物理或生物破
坏的行为。⑧

---

① See Art. 3(d).

② On the ICTY case law, see F. Lenzerini, 'The Role of International and Mixed Criminal Courts in the Enforcement of International Norms Concerning the Protection of Cultural Heritage', in: Francioni and Gordley(eds), *Enforcing Cultural Heritage Law* pp. 40-64, 44-55(n 7); and M. Frulli, 'Advancing the Protection of Cultural Property through the Implementation of Individual Criminal Responsibility: The Case Law of the International Criminal Tribunal for The Former Yugoslavia' (2005) Vol. 15 *Italian Yearbook of International Law* pp. 196-216.

③ *Prosecutor v. Strugar*, IT-01-42-PT, 31 January 2005, paras 232, 279, 285, 302.

④ *Prosecutor v. Jokić*, IT-01-42/1-S, 18 March 2004, paras 46-54.

⑤ *Prosecutor v. Kordić & Cerkez*, IT-95-14/2-T, 26 February 2001.

⑥ *Prosecutor v. Hadžihasanović & Kubura*, IT-01-47, 15 March 2006.

⑦ *Prosecutor v. Krstić*, IT-98-33-T, 2 August 2001, para. 580.

⑧ Confirmed by the Appeals Chamber in *Prosecutor v. Krstic*(IT-98-33-T, 19 April 2004, para. 25) and the ICJ in the *Genocide* case(paras 194 and 344)(n 404).

(三)世界贸易组织的争端解决系统

随着第二次世界大战的结束,各国被迫面对各种问题,包括金融和经济问题。此后,1947 年《关税与贸易总协定》(*the General Agreement on Tariffs and Trade*,GATT)的制定为国际经济关系提供了框架。《关贸总协定》最初是建立国际贸易组织(the International Trade Organization,ITO)的《哈瓦那宪章》的一部分。但是,当美国前总统拒绝将《哈瓦那宪章》提交国会批准时,《哈瓦那宪章》和国际贸易组织崩溃了。结果,《关贸总协定》作为一个框架幸存下来,在此框架内,缔约国可以讨价还价,消除贸易壁垒,在最惠国待遇和国民待遇原则的双重体现的基础上,根据不歧视原则进行贸易自由化。

由于《关贸总协定》只是一项协议,因此它既未提供体制框架(全体会议称为"缔约方"),也未提供争端解决机制。如果国家有争议,则应进行协商,如果没有解决,则应诉诸"缔约方"成立的小组。小组由三到五个人组成,负责调查此事并最终提交报告。该程序的主要目的是在争端各方之间达成协议,因此,成立专家小组和通过专家小组的决定均须遵守包括违约方在内的缔约国一致同意。因此,该机制本质上是权力导向的,没有明确的程序规则。1995 年,随着建立世界贸易组织协定的缔结,这种宽松的争端解决机制得以合理化。[①] 该协议的目的是为世界贸易建立一个综合的法律体系,以期保持"基本原则并进一步促进该多边贸易体系的基本目标"。[②] 为此目的,该协定建立了一个新的国际机构,并将以前所有的贸易协定都纳入了全面的法律框架。

在本研究的范围内,不可能研究《关于争端解决规则与程序的谅解》(*the Understanding on Rules and Procedures Governing the Settlement of Disputes*,DSU)规定的 WTO 争端解决系统的许多特征。在这里考虑该系统的重大创新就足够了。DSU 设立了一个新机构,即争端解决机构(the Dispute Settlement Body,DSB),该机构由所有 WTO 成员的代表根据特定职权范围参加 WTO 理事会会议组成。DSB 具有建立专家组的唯一权限。WTO 成员有

---

① 《WTO 协定》附件 1A 包含 GATT 1994,该文件通过引用(并作一些调整以反映与 GATT 947 相反,WTO 是真实的国际组织这一事实)" GATT1947 的规定"。1994 年关贸总协定和 1947 年关贸总协定在法律上是不同的(见 WTO 协定第二条第 4 款)。纳入 GATT1994 的 GATT1947 条款继续作为 GATT1994(本身就是 WTO 协议的组成部分)的一部分具有法律效力。See < http://www.wto.org/english/docs_e/legal_e/legal_e.htm#gatt47 > ,accessed 24 September 2013.

② Preamble,5th recital.

义务①通过调解、和解和仲裁解决争端,但如果不这样做,则投诉方有权要求组建一个专家组。从 DSB 可以以协商一致的方式拒绝这样做的意义上说,成立专家小组和通过裁决是自动的。专家小组报告后,当事方可诉诸上诉机构(the Appellate Body,AB)审查关于法律观点的小组报告。DSB 确保实施。总之,贸易事务中的争端解决系统已经从基于共识的薄弱制度发展为更加强大、以规则为导向的制度。

根据 DSU 实际使用的程度来判断,WTO 争端解决系统是一个非常成功的系统。② 当然,还需要考虑其他标准。一个有效的争端解决机制所要做的不仅仅是作出裁决。它必须作出迅速和充分合理的决定。更重要的是,就本研究而言,有必要验证 WTO 法律是否承认文化产品的特殊性,作为具有超越消费者娱乐和教育的特定文化身份的载体以及 WTO 争端解决制度是否能够考虑到这种特殊性。

世贸组织法律的某些规定表明,起草者并未忽略贸易导向的规则与国家文化利益之间的交叉。正如已经讨论过的那样,③GATT 第 XX(f)条包含了一项一般性例外,允许贸易限制措施"旨在保护具有艺术、历史或考古价值的国宝"。遗憾的是,WTO DSB 尚未对此例外进行解释。然而,由专家组关于第 20 条中其他例外的决定得出的结论是,只有在对预期目标实行"最低贸易限制"的情况下,贸易限制才是合理的。④ 因此可以说,基于文化背景的过分宽泛的出口限制将无法满足该标准,并将使该国受到进口国的制裁。⑤ 此外,由世贸组织判例得出的结论是,在世贸组织体系中,几乎没有余

---

① WTO 体系的管辖权是强制性的(DSU 第 23 条第 1 款),并且仅限于 WTO 国家。这可能会带来三种类型的投诉:"违反投诉"(GATT 第 XXIII(1)(a)条),当损害另一 WTO 成员的经济时,或当一项贸易措施可能对另一 WTO 成员的经济造成损害时,"非违规申诉"(GATT 1994 第 XXIII(1)(b)条和 DSU 第 26 条第(1)款),当 WTO 成员认为由于任何措施而使利益丧失或减损时,无论是否违反协议;以及"情况申诉"(《1994 年关贸总协定》第 23 条第(1)(c)款和《美国广告条例》第 26 条第(2)款)是针对没有因违反投诉或非违反投诉而导致的福利丧失或损害的指控。

② 有关 WTO 争端解决系统的统计信息,请参见 < http://www. worldtradelaw. net > , accessed 24 September 2013.

③ See Ch. III, Pt A, s 2. 6.

④ 以下案件涉及文化产品:*China-Measures Affecting Trading Rights and Distribution Services for Certain Publications and Audiovisual Entertainment Products*, WT/DS363/AB/R, Report of the Appellate Body of 21 December 2009;*Canada-Measures Affecting Film Distribution Services*, WT/DS117/1, *Request for consultations of* 20 January 1998;*Turkey-Taxation of Foreign Film Revenues*, WT/DS43/3, *Mutually agreed solutions of* 24 July 1997;*and Canada-Certain Measures Concerning Periodicals*, WT/DS31/AB/R, *Report of the Appellate Body of* 30 June 1997.

⑤ Nafziger, ' Cultural Heritage Law', pp. 171-2(n 36).

地来评估商品和服务的文化内容或激发国内法的独特文化目的。它也揭示了文化产品应被区别对待这一明确共识的缺失。在某种程度上,这可能是由于 DSB 的管辖权仅涵盖根据"涵盖协议"引起的争议。① 因此,似乎不允许 WTO 成员依赖一般国际法或非 WTO 条约,而且专家组和 AB 均无权根据非 WTO 法律裁定案件。

好消息是,AB 反复承认不应完全脱离国际法来解读 WTO 协议。② 实际上,根据 DSU 第 3 条第 2 款,DSU 不仅用于"维护成员在所涵盖协议下的权利和义务",而且还可以"根据国际公法解释的习惯规则来澄清这些协议的现有规定"。这意味着不排除适用《维也纳条约法公约》(the Vienna Convention on the Law of Treaties,VCLT)第 31 和 32 条规定的解释规则。众所周知,这些条款规定,必须根据在其上下文中以及根据其目的和宗旨赋予条约条款的一般含义,真诚地解释条约。上下文和目的包括所有当事方之间就条约缔结达成的与条约有关的任何协定。此外,与条约解释有关的后续条约和国家惯例以及"适用于当事方关系的任何相关国际法规则……应与上下文一起考虑在内"。③ 进一步讲,考虑到 AB 在石棉(Asbestos)案、美国诉虾(US v. Shrimp)④案中提出的推理(由于采取了公共措施以保护公共健康和环境,因此采取国家措施是合理的),可能会认为其他价值观也可以被认为是解释性的工具。⑤ 特别是,AB 在其对美国诉虾案的报告中指出,"第 XX(g)条中的'可利用的自然资源'一词是……50 年前制作的",因此,必须"根据当代的关注来对它们进行解释……关于保护和保存环境……我们注意到通用术语'自然资源'……其内容或所指不是一成不变的,而是'从定义上讲

---

① See Arts 1(1),11,17(6),19(1) DSU. The covered agreements are listed in Appendix 1 of the DSU.

② See,e. g. *United States-Standards for Reformulated and Conventional Gasoline*,WT/DS2/AB/R,Report of the Appellate Body of 29 April 1996,para. 17;*India-Patent Protection for Pharmaceutical and Agricultural Chemical Products*,WT/DS50/AB/R,Report of the Appellate Body of 19 December 1997,para. 46;and *Japan-Taxes on Alcoholic Beverages*,WT/DS8/AB/R,WT/DS10/AB/R,WT/DS11/AB/R,Report of the Appellate Body of 4 October 1996,paras 10-12.

③ Art. 31(3) VCLT.

④ *European Communities-Measures Affecting Asbestos and Products Containing Asbestos*,WT/DS135/AB/R,Report of the Appellate Body of 12 March 2001;and *United States-Import Prohibition of Certain Shrimp and Shrimp Products*,WT/DS58/AB/R,Report of the Appellate Body of 12 October 1998.

⑤ M. Hahn,'A Clash of Cultures? The UNESCO *Diversity Convention* and International Trade Law'(2006) Vol. 9 *Journal of International Economic Law* pp. 515-52,551.

是进化的'"。① 因此可以说,如果出现有关文化例外的解释的案例,专家组和 AB 应当根据联合国教科文组织主持下缔结的公约所载的定义来解释"国宝"的概念,以促进进化解释的第 XX(f)条。

然而,世贸组织在 EC 生物技术(*EC Biotech*)案中的小组报告挫败了那些主张将文化例外从世贸组织法律引入世贸组织的人们的期望。在这种情况下,欧洲共同体援引了《生物多样性公约》②及其《卡塔赫纳生物安全议定书》,③以证明其对转基因生物的贸易限制是合理的。但是,专家小组狭义地解释了 VCLT 第 31 条第 3 款(c)项,并认为《生物多样性公约》和《卡塔赫纳生物安全议定书》并不适用,因为它们并不对所有 WTO 成员都具有条约法或习惯法的约束力。④ 专家小组并没有止步于此,而是认为不适用于所有WTO 成员之间关系的国际法规则只能用于其"信息性"来解释 WTO 协议的条款。⑤ 根据这一决定,处理与保护文化事务的措施有关的争端的小组可能希望寻求联合国教科文组织的建议。专家组有权从他们认为合适的任何组织中寻求信息和技术建议。⑥ 但是,由于专家组没有义务提出此类要求,因此该机制充其量只能导致逐案适用非 WTO 法律。因此,似乎小组仍然没有能力通过考虑到有关文化遗产或人权条约所体现的非经济利益来解释 WTO 法律。⑦

(四)世界银行监察小组

1993 年,国际复兴开发银行和国际开发协会执行董事会成立了世界银行监察小组。⑧ 建立这个准司法和准独立机构的目的是,提高世界银行在项

---

① 　*US-Shrimp*, paras 129-30(n 453).

② 　5 June 1992,31 ILM 818(1992).

③ 　*Cartagena Protocol on Biosafety to the Convention on Biological Diversity*,29 January 2000,39 ILM 1037(2000).

④ 　*European Communities-Measures Affecting the Approval and Marketing of Biotech Products*, WT/DS291-293/R,Reports of the Panel of 29 September 2006,paras 7. 65.

⑤ 　*European Communities-Biotech Products*,WT/DS291-293/R,Reports of the Panel of 29 September 2006,para. 7. 92.

⑥ 　Art. 13 DSU.

⑦ 　J. Wouters and B. De Meester, 'UNESCO's Convention on Cultural Diversity and WTO Law:Complementary or Contradictory?', in:B. Demarsin et al. (eds),*Art & Law*(Brugge:die Keure,2008),pp. 342-73,368.

⑧ 　See Resolution No. IBRD 93-10 and Resolution No. IDA 93-6 of 22 September 1993 of the Boards of the International Bank for Reconstruction and Development and of the International Development Association(hereafter the Resolution), < http://web. worldbank. org/WBSITE/EXTERNAL/EXTINSPECTION-PANEL/0, , contentMDK:20173262 ~ menuPK:64129254 ~ pageP K:64129751 ~ piPK:64128378 ~ theSitePK:380794 ,00. html > ,accessed 12 September 2013.

目的设计、准备和实施阶段对其程序和政策的遵守程度。①

监察小组由三名成员组成,他们的任期为五年,不可连任。② 小组成员由董事会任命,是世行的官员,独立于世行管理层运作。③ 小组有权审议两个或更多人员或其当地代表的监察请求。请愿人:

> "必须证明由于银行未能遵循其资助下规定的设计、评估和运营政策和程序而导致其作为或忽视已经或可能直接影响相关权利或利益……在所有情况下,此类失误已经或可能会造成重大不利影响。"④

根据受影响人群的要求,小组有权对世行资助的项目进行独立调查,以确定世行是否遵守其政策和程序。专家小组的评估以所谓的业务政策和银行程序为基础。⑤ 尽管它们可能反映或受到国际法的启发,但业务政策和程序并不构成对现有国际准则的重述。但是,这并不妨碍专家小组在其调查结果中援引国际条例,并对世行项目在实施过程中是否遵守国际法给出意见。⑥

监察小组在国际法上树立了重要的先例,因为它为个人和社区提供了挑战国际机构活动的独特机会。⑦ 尤其是因为缺乏古典国际法的核心要素——国家。一方面,监察小组采取的程序仅在受影响的当事方与世界银行之间建立了基于规则的关系。因此,它不需要有关国家的干预。另一方面,各国不同意建立监察小组。他们只同意建立国际复兴开发银行和国际开发协会的条约。充其量可以说,一个国家可以通过签署有关世界银行资助项目的协定来接受小组及其规则的管辖权。⑧

---

① E. Hey, 'The World Bank Inspection Panel and the Development of International Law', in: N. Boschiero et al. (eds), *International Courts and the Development of International Law* (The Hague: T. M. C. Asser Press, 2013), pp. 727-38, 728.

② The Resolution, paras 2-3 (n 462).

③ The Resolution, paras 2, 4, and 10 (n 462).

④ The Resolution, para. 12 (n 462).

⑤ See < http://web. worldbank. org/WBSITE/EXTERNAL/PROJECTS/0,, contentMDK: 21807601 ~ menuPK: 5068208 ~ pagePK: 41367 ~ piPK: 51533 ~ theSitePK: 40941, 00. html >, accessed 12 September 2013.

⑥ Hey, 'The World Bank Inspection Panel', p. 731 (n 463).

⑦ Updated list of Request for Inspection is available at < http://web. worldbank. org/WBSITE/EXTERNAL/EXTINSPECTIONPANEL/0,, contentMDK: 21692308 ~ menuPK: 64129250 ~ pageP K: 64129751 ~ piPK: 64128378 ~ theSitePK: 380794, 00. html >, accessed 12 September 2013.

⑧ Hey, 'The World Bank Inspection Panel', pp. 733-4 (n 463).

更重要的是,监察小组值得关注,因为世界银行的项目可能会影响文化遗产的保存和管理。例如,在乍得—喀麦隆石油和管道项目中,文化遗产受到威胁。2001 年,一些个人申请人提出了监察要求指称世界银行通过资助一个项目(乍得和喀麦隆之间的管道建设)违反了许多运营政策,这威胁了当地社区,还有其文化财产和环境。申请人尤其指称违反了操作指令 4.20("原住民")和操作政策说明 11.03("银行资助的项目中的文化财产管理"),其需要注意拟议项目对文化遗产项目的影响。监察小组认为,第一个操作指令不适用,第二个操作指令已得到遵守。①

(五)欧洲联盟法院

根据 1957 年《罗马条约》建立的欧洲经济共同体建立了一个共同的市场,人、货物和服务可以不受阻碍地流通。在这种情况下,欧洲法院②的作用至关重要。欧洲法院的任务是确保正确解释和适用欧盟法律。为此,欧洲法院被赋予了国际法院传统上没有的能力。欧洲法院可能会被要求针对成员国以下行为作出判决或裁定:未能履行其义务、废除欧盟机构通过法案以及未适当执行欧盟机构作出的决定。它还可以在自然人和法人提起的诉讼中主张管辖权,以挑战欧洲共同体机构行为的合法性。此外,国家法院可以(有时必须)提请欧洲法院,并要求欧洲法院澄清与欧盟法律解释以及欧盟机构行为的解释和有效性有关的问题。这种关系可确保有效和统一地适用欧盟法律,并防止出现歧义。

在这种背景下,很明显,欧洲法院可能(实际上经常这样做)会挑战会员国采取的维护民族传统和习俗的措施或基于限制性国内文化政策的措施,只要这些违反了市场整合和经济发展的目标。同时,可以在欧洲法院之前援引几项欧盟法律规范,以确保文化遗产的保护符合《欧盟条约》规定的目标。就货物的流动自由而言,可以要求欧洲法院通过初步裁定程序解决关于第 116/2009 号条例或第 93/7 号指令的解释的争议。此外,根据《欧盟条约》第 36 条和第 167 条,可以要求欧洲法院在以下方面取得平衡:一方面,保

---

① Investigation Report of the Inspection Panel, *Chad-Cameroon Pipeline Project*(*Loan No.* 4558-CD); *Petroleum Sector Management Capacity Building Project*(*Credit No.* 3373-CD); and *Management of the Petroleum Economy*(*Credit No.* 3316-CD), 17 September 2002, 56-60, < http:// web. worldbank. org/WBSITE/ EXTERNAL/EXTINSPECTIONPANEL/0,, contentMDK:2251523 4 ~ pagePK:64129751 ~ piPK:64128378 ~ theSitePK:380794,00. html >, accessed 21 September 2013.

② 即使《欧盟条约》第 251—256 条款更改了术语,在本卷中仍使用首字母缩略词"ECJ";现在,"欧洲联盟法院"一词正式指定了由其组成的两个法院,即"欧洲法院"和"普通法院"(原初审法院)。

护成员国的遗产;另一方面,促进国内反扣押法令所追求的文化交流。① 此外,欧洲法院也可以被要求就成员国措施的合法性作出裁定,该措施贬损了有关货物自由流通的规则。《欧盟条约》第 36 条规定,关于进出口数量限制的第 34 条和第 35 条的规定,"不应排除对以理由为由的进口、出口或过境货物的禁止或限制……具有艺术、历史或考古价值的国宝的保护……但是,此类禁止或限制不得构成对成员国之间贸易的任意歧视或变相限制"。因此,强行禁止或限制"国宝"流通的国家措施仅在不构成"任意歧视或变相限制手段"的情况下才是合理的。欧洲法院从未解释过有关"国宝"的理由。② 无论如何,欧洲法院的判例法(《欧盟条约》第 36 条的其他例外)清楚地表明,必须严格解释从条约基本规则贬损的国家措施,不能将其扩大到未在其中明确列举的目标。因此,可以假定必须对"国宝"的概念进行狭义的解释,以便仅涵盖与国家有重大关联的物品,而不论其市场价值如何。③ 乔治·卡里迪斯认为,成员国在定义国宝和实施保护性法律方面的回旋余地必须非常广泛。共同体的司法控制不应干涉,而只能谴责明显的虐待行为。在任何其他情况下,司法安全原则都会受到影响。④

　　现有的判例法还表明,欧洲法院没有为具有艺术、历史或考古价值的商品制定一般定义。相反,它会逐案评估受其审查的物品的文化价值。*Onnasch* 案具有启发性。在这种情况下,欧洲法院认为鉴定艺术品需要考虑到近期的艺术发展,然后承认"由纸板和膨胀的聚苯乙烯制成的墙浮雕,喷有黑色油漆和油,并通过线材和合成树脂制成的雕塑附着在木板上"应视为艺术品,并归类为海关关税目的的原始雕塑。⑤

---

① See Ch. III, Pt A, s 2. 5.

② 在委员会诉意大利共和国一案(7/68[1968]ECR 423)中,例外的适用不存在争议,因此,欧洲法院对"国宝"的定义不加赘述。在这种情况下,欧洲委员会提出质疑,即根据 1939 年第 1089 号意大利法律制定的有关古物出口的某些规定违反了《欧洲经济共同体条约》的财政规定。意大利政府争辩说,由于《欧洲经济共同体条约》第 36 条(现为《欧盟条约》第 36 条)的减损,关于货物自由流通的规则不适用于具有艺术或历史价值的物品。法院驳回了这种辩护,法院认为,意大利法律无意于保护所声称的国家遗产,而是使古物的出口更加昂贵。欧洲法院强调,每件可移动的艺术品都属于"商品",即"具有货币价值的产品,因此可能是商业交易的对象"。

③ See Ch. III, Pt A, s 2. 6.

④ G. S. Karydis, 'Le juge communautaire et la préservation de l'identité nationale' (1994) Vol. 30 *Revue Trimestrelle de Droit Europeen* pp. 551-60, 554.

⑤ Case 155/84, *Reinhard Onnasch v Hauptzollamt Berlin-Packhof* [1985]ECR II-1449. See also the case *Westfalischer Kunstverein v. Hauptzollamt Munster* (Case 23/77[1977]ECR 1985),法院决定将 150 幅艺术彩色丝网印刷品的限量版视为印刷业的产品,而不是原始的版画、印刷品和石版画。

（六）欧洲人权法院

欧洲人权法院是由欧洲委员会于 1950 年通过《欧洲人权公约》而成立的,是欧洲人权法体系的司法部门。从那时起,该系统一直在不断更新。欧洲人权法院的缔约国不满意所保障的实质性权利或建立的监督机制,因此增加了一些议定书,以修改或扩大其范围,例如关于个人财产权的《第一议定书》、第 9 号议定书(允许个人直接诉诸法院)、第 11 号议定书(解散委员会并授权法院直接接受"自称是侵权行为受害者的任何人、非政府组织或个人团体的申请,其中一个缔约方享有公约或其议定书所规定的权利")、①第 16 号议定书(授权缔约国最高法院和法庭要求欧洲人权法院就与解释或适用公约或其议定书所界定的权利和自由有关的原则问题提供咨询意见)。② 现在,对于《欧洲人权公约》的所有当事方来说,必须承认欧洲人权法院的争议管辖权,结果欧洲人权法院现在每年收到成千上万的请愿书,并就案情作出一千五百次判决。③

欧洲人权法院从未承认过这样的文化遗产保护权。但是,它已经接受了保护该遗产是国家在干涉个人权利,特别是《欧洲人权公约第一议定书》第一条所载财产权时可能追求的合法目标。该规定申明,财产权不仅是一项经济和社会权利,而且是个人自我实现必不可少的一项基本权利。④ 欧洲人权法院已确认该条款包括三个不同的规则。第一条规则(载于第一段第一句)阐明了和平享有财产的原则。第二条规则(在第一段第二句中阐明)涵盖了剥夺财产并使其受某些条件约束。第三条规则(在第二段中列出)承认,缔约国有权根据普遍利益控制财产的使用。⑤ 因此,是否违反了《第一议定书》第一条涉及两个层面的审查。在第一层,应该考虑两个问题:是否存在公认的产权以及该条款含义内是否存在"干扰"。法院表明,对财产权的干涉有三种类型:财产剥夺、对财产使用的控制以及对财产实质的干涉。在

---

① Art. 34.

② Not yet in force.

③ See Registry of the European Court of Human Rights, Annual Report 2012, < http://www. echr. coe. int/Pages/home. aspx? p = echrpublications&c = #newComponent_1345118680892_pointer > , accessed 25 September 2013

④ "每个自然人或法人均有权和平享用其财产。除非出于公共利益并遵守法律和国际法一般原则规定的条件,否则不得剥夺任何人的财产。但是,上述规定不得以任何方式损害一国执行其认为必要的法律以按照一般利益控制财产使用或确保缴纳税款或其他捐款或罚款的权利。"

⑤ M. W. Janis et al. (eds), *European Human Rights Law. Text and Materials* (Oxford/New York: Oxford University Press, 2008), p. 528.

实践中,判例法证明,国家干预主要是由相同原因造成的:规划确定工作使土地被征用以用于基础设施的建设;企图扣押财产以执行税收立法并阻止进出口不当商品的海关官员;私有财产的国有化。在(非法)没收的情况下,有关人员必须处于一种情况,即相当于没有发生违反《第一议定书》第一条的情况。① 在第二层面上,重点转移到干扰是否构成违规。因此,有必要核实:干扰是否合法;是否可以说是符合"公共"或"一般"利益;它是否符合相称性检验。② 补偿条款是评估干扰是否对申请人造成不成比例负担的重要因素。关于赔偿额,欧洲人权法院指出,原则上,赔偿额必须与所夺取的财产的价值合理相关。在这方面,大法庭在 Kozacioğlu 诉土耳其一案中裁定,土耳其违反了第 1 条,因为"在计算征收赔偿额时既没有考虑被征收建筑物的稀有性,也没有考虑其建筑或历史特征"。③ 此外,重要的是要强调指出,《第一议定书》第一条不是追溯性的,也不保证获得财产的权利,因为它仅涵盖对现有财产的干扰。因此,如果证明有合理的期望而不是仅仅希望获得对特定财产权的有效享受,则本规定可以适用。④

尽管作出了这些决定,但事实证明,确定干扰何时符合"公共"利益是有问题的。一般而言,欧洲人权法院不做任何区分,并将国家主管部门通过的所有政策选择都视为合法。法院采用这种方法的前提是,国家机关在评估公共利益方面要比国际法官更好。看好国家在处理这方面的能力似乎是适当的,因为申请人可能挑战的是影响其财产权决定的背后的社会或经济政策。⑤ 但是,必须强调的是,欧洲人权法院似乎无法承认非经济公共利益的至高无上地位,也无能力保护非经济公共利益。在各种情况下,法院没有超出严格执行《第一议定书》第一条的范围,因为欧洲人权法院的制度仅将人权视为个人权利,而不是对普通物品的诉求。这意味着,只有当公共利益对公约所保障的权利范围产生干扰时,对公共利益的消极影响才变得重要。

---

① Janis, et al. (eds), *European Human Rights Law*, p. 528 (n 482).

② Janis, et al. (eds), *European Human Rights Law*, p. 520 (n 482).

③ Application No. 2334/03, 19 February 2009, para. 67. See also, e. g. *Broniowski v. Poland*, Application No. 31443/96, 22 June 2004, para. 176; and *The Former King of Greece and Others v. Greece*, Application No. 25701/94, 23 November 2000, para. 89.

④ *Kopecky v. Slovakia*, Application No. 44912/98, 28 September 2004, paras 35-61.

⑤ Janis et al. (eds), *European Human Rights Law*, pp. 539-42 (n 482).

对《欧洲人权公约》的限制性解读以贝勒一案为例。① 值得一提的是,该案涉及意大利对艺术品的优先购买权和出口管制法与个人财产权的兼容性。法院认为,"国家对艺术品市场的控制是出于保护一个国家的文化和艺术遗产的目的"。② 它还提到了一个事实,即在某些情况下,1970 年《联合国教科文组织公约》将"艺术品与其原产国之间的联系"作为优先事项。③ 然而,法院在裁定申请人时申明,意大利国在等待四年行使优先权之前,未能在一般利益和个人财产权之间建立公平的平衡。这一发现表明,国家确保保护文化遗产的"合法目标"并未授权对个人人权的任何形式的干预。但是,必须强调的是,就其本质而言,财产权应始终以民族共同利益的名义被克减。④ 因此,维护集体文化遗产的公共利益被置于法律的阴影之下。⑤

除财产权外,《欧洲人权公约》还在涉及文物的案件中援引了其他权利。这些权利包括宗教自由⑥和集会自由。⑦ 塞浦路斯教会在 2010 年针对土耳其提出的申请说明了这一趋势。⑧ 申诉人控诉他们无法进入和享有土耳其控制区内属于教会的宗教财产,这违反了《欧洲人权公约第一议定书》第 1 条的规定。根据《欧洲人权公约》第 9 条和第 11 条提出了申诉,因为土族塞人当局不断阻止东正教教堂及其教区居民在塞浦路斯北部的基督教东正教礼拜场所举行宗教仪式。根据《欧洲人权公约》第 35 条,该申请因未用尽国内补救办法而被拒绝。

(七)美洲人权法院

美洲增进和保护人权制度非常复杂。必须区分已经批准了《美洲人权公约》(ACHR)的美洲国家组织(OAS)成员和尚未批准的成员;然后必须区

---

① See Ch. II, Pt B, s 3. 4. 3. See also *Kopecky v. Slovakia*, *Prince Hans-Adam II of Liechtenstein v. Germany* (Application No. 42527/98, 21 July 2001), and *Debelianovi v. Bulgaria* (Application No. 61951/00, 29 March 2007).

② Para. 112.

③ Para. 113.

④ F. Lenzerini, 'The Tension between Communities' Cultural Rights and Global Interests: The Case of the Māori *Mokomokai*', in: S. Borelli and F. Lenzerini (eds), *Cultural Heritage*, *Cultural Rights*, *Cultural Diversity. New Developments in International Law* (Leiden/Boston: Martinus Nijhoff Publishers, 2012), pp. 157-77, 176.

⑤ F. Francioni, 'Public and Private in the International Protection of Global Common Goods' (2012) Vol. 23 *European Journal of International Law* pp. 719-30, 727.

⑥ Art. 9.

⑦ Art. 11.

⑧ *Chrysostomos v. Turkey*, Application No. 66611/2009, 4 January 2011.

分接受了美洲人权法院管辖权的《美洲人权公约》缔约国和未接受美洲人权法院管辖权的缔约国。后者仅受美洲人权委员会(Inter-American Commission on Human Rights,IACommHR)的管辖。确定非《美洲人权公约》缔约国的适用权利的主要工具是《美洲人的权利与义务宣言》。根据《美洲人权公约》第44至51条,美洲人权委员会被授权审查有关侵犯人权案件的投诉或请愿。任何人、一群人或非政府组织都可以提出请愿书,指控其侵犯了《美洲人权公约》和/或《美洲人的权利与义务宣言》中所保护的权利。① 委员会那时编写了一份报告,其中包括对有关国家的结论和建议。国家有一段时间遵守这些建议。在这段时间到期之后,美洲人权委员会有两个选择:要么准备第二份报告,要么将案件提交美洲人权法院。美洲人权法院的任务是审理美洲人权委员会和缔约国提交的案件。②

美洲人权法院制定了关于土著人民文化遗产的渐进式判例法。一般来说,法院的出发点是祖先财产在社会、文化和宗教层面上具有不可替代的特殊功能:"土著人民与祖先的领土之间的公共联系不仅是占有和生产的问题,还包括物质和精神因素,必须由社区充分整合和享受。"③在阿瓦斯·廷格尼(Awas Tingni)社区提起的案件中,美洲人权法院认为,《美洲人权公约》第21条所界定的财产权保护了土著人民及其土地之间的关系,这种联系是其文化生存的必要前提。法院明确指出,"财产"包括土著人民根据其习惯法、惯例和价值观,自由和充分享受其土地和资源的集体权利。④

关于社区的祖先财产与个人私有财产之间的"冲突",即在根据国内法将土著土地转变为个人财产的情况下,美洲人权委员会裁定,它无异于具有管辖权来裁决私人当事方之间争议的国内司法机构。但是,它肯定了其确定该国是否没有履行对土著人民的国际人权义务的能力。⑤ 但是,在这些情况下,美洲人权委员会避免了定义财产普遍适用的一般标准,建议各国必须逐案评估所称的限制。⑥ 不过,美洲人权委员会似乎倾向于偏爱土著社区的

---

① 委员会将《美洲人权公约》适用于该文书缔约国提起诉讼的案件。对于那些不是缔约方的国家,委员会适用《美洲人的权利与义务宣言》(前提是受害者已用尽所有国内补救办法)。

② Arts 61-62 ACHR.

③ *Moiwana Village v. Suriname*,15 June 2005,Series C No. 124,para. 131.

④ *Awas Tingni Mayagna（Sumo）Indigenous Community v. Nicaragua*,31 August 2001,Series C No. 79,para. 149.

⑤ See, e. g. *Sawhoyamaxa Indigenous Community v. Paraguay*,29 March 2006,Series C No. 146,para. 136.

⑥ *Yakye Axa Indigenous Community v. Paraguay*,17 June 2005,Series C No. 125,para. 146.

财产。在 *Yakye Axa* 案中,法院认为,个人私有财产的职能纯粹是经济的,因此,在与土著财产发生冲突的情况下应发挥作用。[①] 对于土著人民的财产与外国投资者的利益之间的"冲突",美洲人权委员会采取了相同的推理方法。在 *Sawhoyamaxa* 和 *Saramaka* 案中,[②]法院下令归还土著人民的财产,并赔偿有偿外国人财产的干扰,从而再次确认,在美洲体系内,人权法优先于经济权利。[③] 此外,在 *Saramaka* 案中,美洲人权委员会通过加强土著人民权利与其自然资源之间的联系开辟了新天地。法院在此澄清,土著人民不仅有权使用和享受其传统领土,以及使用和享受土地上和土地内自然资源的权利,这是《美洲人权公约》第21条所规定的享受其财产权的必要条件。[④]

美洲人权委员会的渐进式判例法源于两个相互交织的要素。首先,《美洲人权公约》第29(b)条规定,不得将任何规定解释为"限制享受或行使根据任何缔约国的法律承认的任何权利或自由或根据所述国家之一加入的另一公约"。其次,法院的一项既定原则是"人权条约是一种实在的工具,其解释必须适应时代的发展,特别是适应当前的生活条件"。[⑤] 这意味着美洲人权委员会非常倾向于不仅考虑具有法律约束力的国际文书,还要使用无约束力的文书,例如宣言和建议,以确保其决定遵循与所涉问题有关的最先进的法律标准。[⑥]

(八)评估

在国际法院进行法院诉讼的好处显而易见。由于法院是永久性的,因此法官可以受益于完善的规则,可用的合理观点和简化的程序,从而更加轻松、一致地作出决定。此外,由于法官是独立的,他们可能会作出更准确的决定。

然而,国际法院存在重大缺陷,并受到许多障碍的制约。第一,个人和

---

① *Yakye Axa*, paras 147-9(n 501).

② *Sawhoyamaxa*(n 500) and *Saramaka People v. Suriname*(28 November 2007, Series C No. 172), respectively.

③ P. Nikken,'Balancing of Human Rights and Investment Law in the Inter-American System of Human Rights' in: P. -M. Dupuy et al. (eds), *Human Rights in International Investment Law and Arbitration* (Oxford: Oxford University Press, 2009), pp. 246-71, 270.

④ *Saramaka People* paras 118-23(n 505).

⑤ *Awas Tingni*, para. 146(n 499).

⑥ M. Barelli,'The Role of Soft Law in the International Legal System: The Case of the United Nations Declaration on the Rights of Indigenous Peoples' (2009) Vol. 58 *International & Comparative Law Quarterly* pp. 957-83, 980.

其他非国家行为者无法使用各种争端解决程序。第二,如果有关国家不同意将其提交法院,则国与国之间的争端就不会被提交到国际法院。在这种情况下,只有政治和外交手段可用。第三,国际争端解决机制缺乏执行机制。国际法院的判决只有在国内法官通过在当地执行判决并针对其本国政府发出遵从命令的禁令与他们合作时才具有影响力。[1] 确实,国际法院的判决和决定(即使不予忽视)并非出于法律义务的考虑而总是被遵守,而是出于政治考虑或对等的考虑。[2] 必须提到的第四个限制是在特定法律制度下运作的专门法院,诸如欧洲法院和世贸组织 DSB 之类的机构似乎主要集中于加强其总体政权的目标,以及维持缔约国之间以及此类缔约国、其他利益相关者与政权机构之间的平衡。[3] 因此,只要这些政权涉及与他们无关的利益,这种制度就似乎不足以解决有关动产和不动产的争端。

五、司法解决的替代方案

对于许多律师,也许对于外行来说,解决争端的正确方法是通过司法程序得出具有约束力的判决。之所以选择这种优先权,是因为假定法院在仔细研究事实、法律和当事方的论点后,可以无视政治和情感主张,从而最好地伸张正义。尽管如此,非司法手段,诸如谈判、调解、和解和仲裁之类的所谓替代性争议解决(alternative dispute Resolution,ADR)方法越来越多地取代法院判决。

---

① D. Terris,C. P. R. Romano and L. Swigart(eds),*The International Judge: An Introduction to the Men and Women Who Decide the World's Cases*(Waltham: Brandeis University Press,2007),pp. 227-8.

② For instance,the debtor State did not comply with the ICJ's decision in the cases: *Corfu Channel* (*United Kingdom of Great Britain and Northern Ireland v. Albania*),Judgment of 25 March 1948,ICJ Reports 1949,4;*Fisheries Jurisdiction*(*Federal Republic of Germany v. Iceland*),Judgment of 25 July 1974,ICJ Reports 1974,175;*Fisheries Jurisdiction*(*United Kingdom v. Iceland*),Judgment of 25 July 1974,ICJ Reports 1974,3;*United States Diplomatic and Consular Staff in Tehran*(*United States of America v. Iran*),Judgment of 24 May 1980,ICJ Reports 1980,43. In the following cases no State was defiant,but ICJ's judgments met less compliance: *Land Island,and Maritime Frontier Dispute*(*El Salvador/Honduras*),Judgment of 11 September 1992,ICJ Reports 1992,351;*Territorial dispute*(*Libya/Chad*),Judgment of 3 February 1994,ICJ Reports 1994,6;*Gab??? 做 ikovo-Nagymaros Project*(*Hungary/Slovakia*),Judgment of 25 September 1997,ICJ Reports 1997,1;*Land and Maritime Boundary between Cameroon and Nigeria*,Judgment of 10 October 2002,ICJ Reports 2002,303;*LaGrand*(*Germany v. United States*),Judgment of 27 June 2001,ICJ Reports 2001,466;*Avena and Other Mexicans Nationals*(*Mexico v. United States*),Judgment of 31 March 2004,ICJ Reports 2004,12.

③ Y. Shany,'No Longer a Weak Department of Power? Reflections on the Emergence of a New International Judiciary'(2009)Vol. 20 *European Journal of International Law* pp. 73-91,82.

诉诸 ADR 机制揭示了对法院系统某种程度的不满。正如所讨论的那样,过度的技术性和形式主义以及法院在解决案件方面的不可持续的拖延、裁决的复杂性和昂贵性以及缺乏专门处理新问题的能力,常常使司法裁决难以获得或无效。有人可能会继续解释 ADR 方法的吸引力。例如,法院提供零和解的事实以及法律选择规则的特征不确定性构成了另外两个令人困扰的问题。此外,诉诸于传统法院程序以外的解决方案的原因是语言、法律、文化以及国际合同关系所具有的距离上的差异,就像与文化财产相关的合同一样。因此,不足为奇的是,过去 30 年的实践表明,与文化物品有关的绝大多数跨国争议并未通过诉讼解决,而是借助 ADR 机制解决的。[1]

但应该牢记,对国家而言,所审查的非司法方法仅在国家一级才是诉讼的真正"替代"。相反,在国际一级,国家对非司法手段的求助是规则而不是例外。一国如何处理国际争端通常取决于政治因素。因此,如果认为该争端影响了国家重大利益,那么与仅是技术问题相比,该国就不太愿意将该问题提交给具有约束力的第三方来解决。[2] 国家官员更喜欢直接谈判,因为这样可以更好地控制案件。外交官和政治领导人重视说服力、机动性和灵活性,并宁愿制定适合自己情况的规则,而不是服从于国内或国际法庭以前存在的规则。[3] 从他们的观点来看,国际法院之前的程序提供的控制程度最低,因为它是独立且严格形式化的程序。的确,第三方"解决争端对主权的影响要比接受没有遵守控制的义务要深得多"。[4] 政治论坛,例如联合国,更具吸引力。此外,各国不愿承担国际法院所赋予的管辖权,因为这些常被认为是支持现状或无法回应变更要求。[5]

以下调查研究了一些经典的 ADR 方案,并探讨了这种做法,以评估它们在归还文化资产和保护不动产方面的效力。

---

[1]　Fellrath Gazzini, *Cultural Property Disputes*, p. 59 (n 373); J. M. Bazyler, 'Nuremberg in America: Litigating the Holocaust in United States Courts' (2000) Vol. 34 *University of Richmond Law Review* pp. 1-283, 165; Borodkin, 'The Economics of Antiquities Looting', p. 403 (n 179); and C. C. Coggins, 'A Licit International Traffic in Ancient Art: Let There Be Light!' (1995) Vol. 4 *International Journal of Cultural Property* pp. 61-80, 75.

[2]　M. N. Shaw, *International Law* (6th edn., Cambridge: Cambridge University Press, 2008), p. 1013.

[3]　O. Schachter, *International Law in Theory and Practice* (Dordrecht: Martinus Nijhoff Publishers, 1991), pp. 217-23.

[4]　A. L. Paulus, 'Dispute Resolution', in: G. Ulfstein, T. Marauhn and A. Zimmermann (eds), *Making Treaties Work: Human Rights, Environment and Arms Control* (Cambridge: Cambridge University Press, 2007), pp. 351-72, 371.

[5]　Schachter, *International Law*, p. 218 (n 513).

在这些方案中,谈判是解决争端的最广泛使用的方式。在渴望保持和维持他们的关系的长期合作伙伴中很常见。它使当事方可以在不涉及中立的情况下保持对过程的控制,并创造双赢的解决方案,在这种方案中可以设想创造性和相互满意的结果。因此,与其他过程一起或作为其他过程的一部分,谈判是一个随时可用的选项。实际上,有时它被用作就最终应采用哪种方法或实施仲裁裁决的安排达成协议的手段。出于这些原因,各国认为它具有吸引力。① 尽管如此,应主要将其视为预防争端的方法。因此,在专门针对避免纠纷的策略的部分(第三节)中研究了谈判机制。

(一)斡旋

《美国太平洋和解条约》将斡旋定义为"不是争议一方的一个或多个政府的企图,或由不是争议一方的任何国家的一位或多位知名公民将双方召集在一起,以使他们有可能达成适当的解决方案"。② 当争端各方之间的关系严重恶化以至于直接讨论过于艰巨时,就会采取这种外交手段。求助于个人或声誉很高的机构的斡旋在争端中具有唯一的程序性作用,因为它的目的仅仅是将争议者带到谈判桌旁,并改善随后的谈判气氛。实际上,斡旋可能包括对事实的查询,有时包括关于和解条款的建议。《联合国宪章》、和平解决条约以及其他协议通常没有关于斡旋的规定。部分原因是斡旋常常与调解混为一谈。③ 但是,灵活性和适应性是这些程序的基本特征,因此给它们精确的法律限制几乎无济于事。但是,如上所述,斡旋的规定由 1954 年《海牙公约》④及其《第二议定书》⑤和 1970 年《联合国教科文组织公约》提供。⑥

(二)调解

当双方之间的对抗阻碍直接谈判时,中立第三方的干预是非常合适的选择。调解员的任务是减少争议并协助诉讼方达成协议。更具体地说,调解员将各方聚集在一起,在持续的协商过程中进行合作、促进讨价还价和对等优惠,并旨在通过一种专注于当事方的利益和目标而不是其立场的过程,以一种灵活、迅速、机密且成本更低的方式找到一种双赢的解决方案。

---

① Fellrath Gazzini, *Cultural Property Disputes*, p. 62(n 373).

② 30 April 1948, 30 UNTS 55. Art. IX.

③ S. Koopmans, *Diplomatic Dispute Settlement: The Use of Inter-State Conciliation* (The Hague: T. M. C. Asser, 2008), pp. 26-7.

④ Art. 22.

⑤ Arts 35-36.

⑥ Art. 17.

两个姐妹为一个橘子争吵的儿童故事通常说明了调解胜于诉讼的附加价值。① 当两个争议者的规模和持久性相对相等时,显而易见的解决方案似乎是将橙子切成两半,再给姐妹一人一半。于是姐姐拿了一半,扔掉果皮,吃了水果。妹妹拿走了另一半,扔掉了她不想要的水果,然后用果皮做饭。注意点不在于每个姐妹都想要什么,而在于为什么,即她们试图满足的需求和兴趣导致了更加有效和令人满意的结果。② 但是,调解员无权提出解决方案。不论结果如何,只有当当事人同意接受时,它才具有约束力。

当然,这些特征体现了 ICPRCP③ 和 ICOM 与 WIPO 于 2011 年共同制定的艺术与文化遗产调解计划的调解功能。④ ICOM-WIPO 调解在 ICOM-WIPO 调解规则中规定的清晰有效的框架的基础上,为争端提供程序建议和支持。⑤ 正如《规则》第 2 条所阐明的那样,“调解程序的范围旨在涵盖与 ICOM 活动领域有关的争议,包括但不限于返还和归还、贷款和存款、收购以及知识产权”。同条款指出,调解程序的范围可能涉及“公共或私人团体,包括但不限于国家、博物馆、土著社区和个人”。总之,该程序也适用于非 ICOM 成员国。《规则》规定,应建立一个 ICOM-WIPO 调解员名单,其中包括艺术和文化遗产方面的专门知识和经验以及任命程序。⑥ 此外,《规则》直接引用了 ICOM 博物馆道德守则,作为为调解员和当事方提供调解指导的工具。⑦《规则》进一步包括:(1)调解员公正和独立的保障;(2)保密保证;(3)减少以非营利为基础的收费时间表;(4)具体的示范调解条款和提交协议。

但是,不仅国际机构而且国家法院都将调解作为解决争端的一种方法。⑧ 例如,在美国诉沃利肖像一案中,法院(应当事方的请求)任命了一名联邦治安法官来调解决议。但是当事双方诉求相距太大,调解失败。经过大量诉讼,几年后才达成和解。⑨ 2010 年,亚美尼亚使徒教会的西方信徒向

---

① See A. Mason, ‘Mediation and Art Disputes’ (1998) Vol. 3 *Art Antiquity and Law* pp. 31-7.

② S. Rau, ‘Mediation in Art-Related Disputes’, in: Byrne-Sutton and Geisinger-Mariéthoz, *Resolution Methods*, pp. 153-98, 157 (n 351).

③ See Ch. III, Pt A, s 4. 2. 2.

④ See Ch. II, Pt B, s 3. 4. 5.

⑤ 参考 < http://www. wipo. int/amc/en/center/specific-sectors/art/icom/rules >, 2013 年 9 月 24 日访问。

⑥ Arts 7 and 8.

⑦ Art. 14.

⑧ See Palmer, ‘Waging and Engaging’ (n 141).

⑨ See Ch. III, Pt C, s 2. 1. A.

J. Paul Getty 博物馆提起诉讼,以收回中世纪 Zeyt'un 福音手稿的一些页面。亚美尼亚人声称它们在亚美尼亚大屠杀期间被盗。2011 年,洛杉矶一家法院下令双方当事人进行为期四个月的调解,以解决争端。[①] 2012 年 8 月 3 日,当事双方提交了一项规定,告知法院他们正在取得进展,并希望有更多的时间进行调解。[②]

衡量通过调解解决了多少争端并不容易。这是由于它可以保证双方的机密性。然而,有可能挑出某些似乎特别适合调解的领域,不仅可以作为裁决的替代方案,而且可以作为谈判失败的替代方案。

第一个领域涉及公共当局和文化机构的争端。一个很好的例子是瑞士苏黎世州与圣加仑州之间的争端,涉及约 100 份手稿、书籍和绘画,以及 1712 年维米尔根战争期间被盗的一些天文仪器。圣加仑州的主张是基于苏黎世对该物品没有合法所有权的事实,因为当时瑞士的戒严法禁止掠夺文化资产。圣加仑州进一步强调了重新整合历史收藏品的必要性,并尊重有争议物品与原产地之间的联系。苏黎世州坚持认为,尽管战争结束后胜利者撤走艺术品的行为现在受到国际法的谴责,但在 18 世纪却被明确承认。鉴于未能实现友好解决,圣加仑州于 2002 年根据《宪法》第 44 条第 3 款援引了联邦的调解,该条规定:"各州之间或各州与联邦之间的争端应通过谈判或调解来解决。"2006 年 4 月达成了一项协议。其条款值得考虑,因为这种调解可以作为解决具有类似问题的争端的有用模式。该协议规定:(1)苏黎世州是该物品的合法所有人;(2)圣加仑州承认苏黎世的名份;(3)苏黎世州认识到手头上的物品与圣加仑的遗产有关;(4)35 份有价值的手稿被借给圣加仑,为期 38 年,可续期;(5)圣加仑州将收到由苏黎世州承担的天地地球的复制品。显然,解决这一问题的决定性因素是考虑到与文化有关的利益的目标,即有争议的物体与两个州的历史和文化特征的相关性,以及为科学目的保证可及性的必要性。[③] 尽管它涉及国际国内争端,但这种调解解决是

---

① M. Boehm, 'The Getty Museum Is In a Legal Fight over Armenian Bible Pages', *Los Angeles Times*, 4 November 2011.

② 2012 年 10 月,洛杉矶县高等法院同意遵循盖蒂博物馆和亚美尼亚使徒教会的西方先驱委员会的共同规定,下令在 Cassirer 诉蒂森—博内米萨收藏基金会结案之前中止该案,它侧重于亚美尼亚教会所依赖的同一时效法规。R. A. St. Hilaire, 'Cassirer Case Stays the Dispute Between The Getty and Armenian Church over the Zeyt'un Gospel Pages', 25 October 2012, < http://culturalheritagelawyer. blogspot. ch/2012_10_01_archive. html > , accessed 15 September 2013.

③ B. Schönenberger, *The Restitution of Cultural Assets* (Berne:Stämpfli,2009), p. 11.

有意义的,因为它进一步证实了归还是逆转抢劫古代艺术品的最佳手段。

塔斯马尼亚原住民中心(TAC)与伦敦自然历史博物馆之间的争端于 2007 年解决,尽管与文化物品无关,但涉及 17 位塔斯马尼亚原住民的遗体,这表明调解可以相对迅速地找到解决方案,而且成本不高。起初,只有 TAC 试图通过调解解决争端,伦敦自然历史博物馆拒绝了。董事会只有在意识到法律费用在增加时才同意进行调解。双方任命了一名调解员。两位调解人与 TAC 和博物馆合作,确定各自的利益。对于博物馆而言,这是数据收集过程和遗传材料的保存,以备将来研究之用。塔斯马尼亚原住民不希望对遗体进行任何人为干预,也不希望对其进行亵渎。最终,调解员说服原住民保留已经采集的 DNA 的科学重要性,并说服博物馆的科学家将这些遗骸和所有相关文件归还塔斯马尼亚,以存储在安全的医疗设施中。①

最终,调解作为解决家庭对艺术品的纠纷的另一种途径正在凸显。*Durack Paper* 案例的争议提供了一个积极的例子。此案发生在澳大利亚珀斯的巴蒂图书馆与澳大利亚作家玛丽·杜拉克·米勒夫人之间,涉及某些家庭文件的权利,玛丽夫人在 20 世纪 50 年代后期将这些文件委托给图书馆。杜拉克·米勒(Durack Miller)的亲戚声称,最初在图书馆存放的款项仅是为了保管,并不影响她的名分。图书馆董事会拒绝了这一立场,而当杜拉克·米勒的家人提出将争议提交仲裁时,董事会拒绝了诉讼。最终,该案件通过调解解决(未公开条款)。唯一的调解人是新南威尔士州前首席大法官劳伦斯街爵士,他考虑了时间的流逝,原始协议的非正式性以及馆藏的管理负担。②在玛格丽特·伊丽莎白·坦迪(*Margaret Elizabeth Tandy*)诉爱德华·基德纳(*Edward Kidner*)案中,家庭成员之间就继承的文化物品提起诉讼:索赔人就被告出售给大英图书馆的一系列手稿的一半收益起诉了被告。③ 事实证明,由于一审法官错误地进行了事实调查程序以及诉讼费用不断上升,因此诉讼不适当。尽管如此,当事各方未考虑调解或其他替代性争端解决办法,上诉法院成员也未建议这样做。尽管如此,将这一案件视为一种诉诸于调解的诉讼可以带来有价值的收益的做法似乎是合理的。④ 相比之下,在 Tavou-

---

① Prott(ed.),*Witnesses to History*,pp. 401-4(n 253).

② See N. Palmer,*Art Loans*(Dordrecht:Kluwer Law International and International Bar Association, 1997),pp. 171-2.

③ 1996(unreported).

④ N. Palmer and W. Chesterfield,'Family Disputes over Cultural Material:*Tandy v. Kidner*'(2007) Vol. 12 *Art Antiquity and Law* pp. 305-8.

lareas 诉 Lau 案中,明确建议诉诸调解。① 鉴于有争议的画作的价值与法律费用之间的比例不均衡,沃德·拉杰(Ward LJ)认为,"调解将是解决纠纷的更明智的方式,并希望能够迅速解决,而不会造成进一步的金钱浪费"。

(三)和解

和解可以采取多种形式。通常,它涉及一个独立的委员会或充当第三方的个人。他们自己没有政治权力,但获得争端者的信任。和解员的任务是调查争端并为当事方提出解决方案。因此,和解结合了调解和询问的基本特征。② 与调解相比,这意味着需要对纠纷进行更深入的研究,并结合司法裁决中发现的第三方独立性,但其目的是以一种不具有约束力的方式友好解决而不是产生具有约束力的结论。实际上,最终报告可以被接受或拒绝。

近年来,人们对国际法各个领域的和解重新产生了兴趣。多边环境条约越来越多地包括要求通过和解解决争端的条款。在文化遗产领域,ICPRCP 的任务授权于 2005 年进行了修订,现在包括和解职能。③ 此外,有必要考虑为解决与大屠杀有关的申诉而成立非法律国内机构。这些机构自 20 世纪 90 年代末爆发归还运动以来建立,提供了某种程度上类似于和解的解决方案。其中包括英国的政治咨询委员会(the Spoliation Advisory Panel,SAP)。④ 这是由艺术部长于 2000 年成立的,负责考虑为 1933—1945 年间失去了文化物品的人们或其后代提起申诉,这些文化物品现在保存在国家收藏中。专家小组负有评估争端的道德和法律方面的责任,例如,文化机构在收购中所表现出的情况和谨慎程度。由于专家小组不受法律证据规则的约束,因此可以考虑法院可能无法访问的现实。因此,对于解决方案,SAP 提供了无法通过诉讼获得的灵活性。SAP 的《章程》和《职权范围》提出了替代归

---

① [2007]EWCA Civ. 474,paras 43-4.

② 一个国际委员会或一个中立的调查员进行的调查旨在通过客观调查来澄清与争端有关的有争议的情况。通常,这是通过听证当事方、检查证人和专家或进行现场探访来实现的。查询的结果是保密的,没有约束力,除非当事各方另有协议。因此,严格来讲,这不是解决争端的方法,而只是解决争端程序的辅助手段。Koopmans, *Diplomatic Dispute Settlement*, p. 28(n 518).

③ See Ch. III, Pt A, s 4. 2. 2.

④ The others being the *Kommission fur Provenienzforschung*(Austria), the *Commission d'indemnisation des victims de spoliations*(France), the Restitution Committee(the Netherlands), and the *Beratende Kommission*(Germany).

还的救济形式。其中包括赔偿或特惠补偿。① 但是,小组未尝试与当事方本身探讨是否达成任何协议。专家组的声明是不容置疑的。②

尽管有这些案例,很少有人使用和解。这是由于各种原因造成的,包括尚未对此进行深入研究以及国际律师赞成诉诸国际法院等。③

(四)仲裁

仲裁是解决争端的主要方法之一。它被定义为"绅士之间基于各方的同意以及法官的不信任而达成的廉价协议"。④ 仲裁结合了司法解决方式的特点和非司法程序的灵活性。一方面,仲裁具有法院裁决的形式,其裁决是终局性的且具有约束力。事实上,就像司法解决方式一样,仲裁是一种不寻求妥协的解决方式,因为它本质上是决定性的。另一方面,不同于与预先确定的程序和实质规则相关的法院程序,仲裁可能被证明在解决法律问题和消除良好关系的障碍方面特别灵活。

争端各方可以决定通过仲裁解决争议,如果它们在一般承诺中包含仲裁条款(例如条约或合同),或者如果没有包含,则可通过规定提交协议(仲裁协定)解决争议。由于仲裁条款是在争端发生之前商定的,也就是说,当各方仍感受到合作的诚意时,它在预见性和计划性方面具有好处。相反,对于已经发生的争议,提交协议是单独签订的。例如,规范临时的仲裁协定可能包括联合国国际贸易法委员会(the United Nations Commission on International Trade Law, UNCITRAL)制定的标准规则。⑤ 提交仲裁协定不应仅被视为同意参与仲裁的工具。相反,仲裁协定等于遵守裁决人裁决的合同。异议方表示同意,他们愿意尊重和合作以执行最终解决方案。此外,有可能将国家间仲裁与私人(或商业)国际仲裁区分开。前者是由国家成立的,以决定一个或多个国家之间的案件。后者是前一种程序的扩展,适用于具有国

---

① SAP 将"赔偿"解释为授予具有持久性对该对象合法权利的索赔人的补救措施,将"特惠款项"解释为在没有此类法律权利的情况下适用的补救措施。N. Palmer, 'The Spoliation Advisory Panel and Holocaust-Related Cultural Objects', in: M. Weller, N. Kemle and T. Dreier(eds), *Raub-Beute-Diebstahl* (Baden-Baden: Nomos, 2013), pp. 119-40, 119.

② Palmer, 'The Spoliation Advisory Panel', p. 121 (n 542).

③ Koopmans, *Diplomatic Dispute Settlement*, p. 37 (n 518).

④ P. Lalive, 'Themes and Perspectives: Litigation-A Declining Solution to Holocaust-Related Claims?', paper presented at the conference *Dispute Resolution and Holocaust-Related Art Claims: New Principles and Techniques*, London, 18 October 2006.

⑤ R. Dolzer and C. Schreuer, *Principles of International Investment Law* (Oxford/New York: Oxford University Press, 2008), pp. 220-1.

际元素的争端,在这种争端中,除了国家以外,个人或公司都作为当事方参与(混合仲裁)。

尽管仲裁可以采取这种形式,但它也有一些明显的优点。第一,鉴于私下和解的速度可能更快,仲裁协议允许当事各方降低诉讼成本和时间。第二,由于争端是在公众面前解决的,因此这种司法制度确保了机密性。第三,仲裁方法可以保证中立和公正以及专业。第四,诉诸仲裁可能会带来明显的优势,即可以抑制选择诉讼地的任何诱惑:仲裁法的一项既定原则是,仲裁庭有权决定自己的管辖权,从而在管辖地的属地上产生多余争议。① 第五,一国同意将争端提交给具有约束力的仲裁,即暗含同意放弃捍卫主权豁免权。

但是,仲裁胜于诉讼的主要好处在于,当事人有能力根据自己的需要调整流程。实际上,国家间仲裁和私人仲裁都建立了自己的法律世界。争议各方可以就一名或多名仲裁员的选择、适用法律以及适用的证据规则达成协议。这方面是鼓励国家间仲裁的关键因素,因为它使当事方能够对程序进行严格控制。允许诉讼人包括一些条款,使仲裁员可以根据"平等""良心"以及争议双方选择的法律制度规则所未体现的原则(例如国际法一般原则)作出裁决。这种情况不仅出现在似乎没有一个国家法律制度的情况下,也出现在当事各方意见不一致的情况下,尤其是在有必要参考超国家规则(例如国际条约中所载规则)的情况下。

此外,仲裁员可以依靠所谓的"跨国公共政策"。引入这一概念是为了描述一套法律原则,这些法律原则可以使协议、规则或决定无效,这些协议、规则或决定会与某些基本价值观或利益相抵触,国际社会对此已达成广泛共识。例如,跨国公共政策论点可用于禁止国际商业合同的执行或对该合同的国内法律的适用,如果该合同刺激了种族或宗教歧视,或促进了被盗艺术品、毒品和人体器官的贩运。但是,必须强调的是,这种跨国公共政策不是对仲裁员施加的,而是由当事方赋予他们的权力由仲裁员施加的。②

如果当事方未能使协议服从其选择的法律,则原告即法院地国法律(仲裁地的法律)适用于附属法。③ 此外,仲裁庭可以自由定义适用法律这一事

---

① Fellrath Gazzini, *Cultural Property Disputes*, pp. 95-6 (n 373).

② P. Mayer, 'Effect of International Public Policy in International Arbitration', in: L. Mistelis and J. D. M. Lew (eds), *Pervasive Problems in International Arbitration* (Alphen aan den Rijn: Kluwer Law International, 2006), pp. 61-9.

③ W. Shengchang and C. Lijun, 'The Role of National Courts and *Lex Fori* in International Commercial Arbitration', in: Mistelis and Lew (eds), *Pervasive Problems*, pp. 155-83 (n 548).

实意味着,它们不必解决法律冲突问题。与必须遵守以其名义行事的国家的法律冲突规则的国家法官相反,仲裁员没有法律依据,因为他的权限仅来自当事方的同意。①

但是,就仲裁程序而言,认为诉诸仲裁剥夺了国内法院任何作用是不正确的。诚然,根据国际公约和国家法规,如果当事各方同意将争端进行仲裁,那么国内法院必须拒绝管辖权并强制进行仲裁。但是,国家法院同样有权行使各种权力。首先,在仲裁程序待决期间,法院可以介入并就有关任命和罢免仲裁员的事项作出决定,并可以命令采取临时措施。其次,国内法官在执法方面起着重要作用。授予该荣誉后,它可以根据1958年《纽约公约》等国际公约被广泛执行。② 简而言之,该条约规定,只需在另一国家的法院注册该裁决,即可在任何其他公约国家中执行一个国家的仲裁庭裁决。但是,败诉方可能仍然无法兑现裁决。在这种情况下,胜诉方将不得不通过败诉方的法院系统执行裁决。同样,败诉方可以反对这一动议,或者可以尝试通过司法机构搁置或撤销该裁决。③ 此外,如果败诉方是享有执行豁免权的国家,则寻求承认和执行的法院受其关于国家豁免权的国家法律约束。④

根据前面的讨论,将仲裁视为促进解决文化遗产纠纷的适当手段并非偶然。⑤ 约翰·H. 梅里曼(John H. Merryman)强调说:"国际仲裁的许多问

---

① C. Kessedjian, 'Determination and Application of Relevant National and International Law and Rules', in: Mistelis and Lew(eds), *Pervasive Problems*, pp. 71-88, 81(n 548).

② Convention on the Recognition and Enforcement of Foreign Arbitral Awards, 10 June 1958, 330 UNTS 38.

③ 只有在请求方证明以下情况时,《纽约公约》成员国的司法当局才可以拒绝承认或执行裁决:(1)存在无效协议;(2)违反正当程序;(3)该裁决不符合仲裁协议的条款;(4)影响法庭或仲裁程序组成的违规行为;(5)裁决没有约束力,或者已被撤销或中止。此外,在以下情况下,寻求承认或执行的国家/地区的法院可自行拒绝承认或执行:(1)争议不能通过仲裁解决;(2)承认或执行该裁决将违反该国的公共政策(《纽约公约》第5条)。Shengchang and Lijun, 'The Role of National Courts' (n 549).

④ 但是,仲裁协议等同于有效放弃管辖权豁免已达成广泛共识。J. Collier and V. Lowe, *The Settlement of Disputes in International Law*(Oxford: Oxford University Press, 1999), p. 270.

⑤ 1983年在ICPRCP第三届会议上的讨论中首次提出使用仲裁来解决文化财产纠纷的问题。在该次会议上,有人建议如果在将纠纷提交给委员会审查一年后仍未达成可接受的纠纷解决方案,那么委员会本身可以进行仲裁。最终,该选项被拒绝。F. Shyllon, 'The Recovery of Cultural Objects by African States through the UNESCO and UNIDROIT Conventions and the Role of Arbitration', 2000 < http://portal. unesco. org/en/ev. php-URL_ID = 48671&URL_DO = DO_TOPIC&URL_SECTION = 201. html > , accessed 20 September 2013.

题比国内法院更容易解决,因为仲裁员是超国家的,可以避免文化民族主义,并且因为他们比国内法院的法官更专业。"①从这个意义上讲,已经特别注意了国际统一私法协会公约所规定的仲裁方案,②以及建立专门的仲裁机构将确保其规定得到统一应用这一事实。③

对当代实践的现实观察表明,仲裁被认为适合解决与真实性和归属有关的合同要求的案件。第一,这是因为它授予了机密性,这对于相关专业人士以及艺术品本身都很重要。法院诉讼可能会对商人和专家的声誉以及业务产生重大不利影响,他们可能被要求对文物作出估计。④ 第二,由于仲裁员在决定主权、文化政策、国内和国际法以及道义和道德论点的问题上处于中立位置,因此仲裁在与原籍国要求的文物有关的争端中可能会提供重大优势。一方面,这得到了意大利文化遗产和活动部与西西里岛地区文化财产委员会于 2006 年 2 月 21 日签署的协议的确认,另一方面得到了纽约大都会艺术博物馆的确认。该协议包含一项规定,"如果双方无法就双方的争端达成双方满意的解决方案,有争议的问题应由根据上述规则任命的三名仲裁员根据国际商会的《仲裁与调解规则》通过仲裁私下解决"。⑤ 此外,可能存在一些事实情况,迫使一个国家进行仲裁,即,如果文化物品位于法院不容易适用外国公法的国家,或者不愿接受对外国要求的管辖权,或者所在国家/地区出于政治、历史或其他原因而对上述申诉不利。⑥ 第三,作为中立的方案,仲裁可能有助于解决国际贷款背景下出现的问题,出现问题的原因不仅是国家法律的差异,而且还因为借款人和贷方通常忽略在贷款协议中阐明最重要的事项,例如与贷方的所有权、展品义务和真实性有关的事项。第四,正如阿尔特曼案所证明的那样,仲裁为解决与大屠杀相关的艺术纠纷提

---

① Cited by K. Siehr, 'Conference Reports, Resolution of Disputes in International Art Trade' (2001) Vol. 10 *International Journal of Cultural Property* pp. 122-6, 123.

② E. Sidorsky, 'The 1995 UNIDROIT Convention on Stolen or Illegally Exported Cultural Objects: The Role of International Arbitration' (1996) Vol. 5 *International Journal of Cultural Property* pp. 19-72.

③ 欧洲委员会议会大会"建议部长委员会:……(vi)有助于确保……各国在统法协会上设立了一个仲裁委员会,各缔约国可以要求该委员会在对公约文本的解释出现分歧的情况下提供协助"(第 1372 号建议书(1998 年),1998 年 5 月 26 日)。

④ Rau, 'Mediation in Art-Related Disputes', pp. 172-5 (n 523).

⑤ Art. 9(2).

⑥ Byrne-Sutton, 'Introduction', p. 10 (n 351).

供了一种有效的方式。出于这些原因,许多人建议建立专门的仲裁机构。①

(五)通过制度化仲裁解决国际争端

1. 常设仲裁法院

在适合仲裁的背景下,应特别提及常设仲裁法院(Permanent Court of Arbitration, PCA)的作用。作为最古老的致力于解决国家争端的机构(由海牙和平会议于 1899 年成立),严格来说,常设仲裁法院不是法院。它是一家管理仲裁、和解和调查、斡旋和调解委员会的机构。这些服务向包括国家、国际组织和私人团体在内的广泛参与者开放。此外,常设仲裁法院国际局所保证的权威性、公正和实际协助可能在赢得各国的同意方面起决定性作用,否则各国不愿同意第三方的参与。② 此外,在 20 世纪 90 年代,常设仲裁法院通过采用新规则得到了重大振兴:1992 年《两国间争端仲裁任择规则》和1993 年《只有一方为国家的两个缔约方之间的争端任择规则》。③ 结果,可以认为常设仲裁法院是解决目前文化遗产制度中一些最麻烦的问题,并通过统一解释现有规则来引入一致性和可靠性的理想机制。④

在这方面,厄立特里亚—埃塞俄比亚索偿委员会(Eritrea-Ethiopia Claims Commission, EECC)提供了一个相关示例,它是厄立特里亚和埃塞俄比亚于2000 年根据《阿尔及尔和平协定》缔结的。作为一个仲裁庭,厄立特里亚—埃塞俄比亚索偿委员会负责解决 1998—2000 年间因埃塞俄比亚占领厄立特里亚而引起的违反国际法的国家责任问题。该和平协定规定,当事方应任命委员会的 5 名成员,其议事规则以《两国间争端仲裁任择规则》为基础。厄立特里亚声称,除其他外,在占领期间,埃塞俄比亚部队抢劫并破坏了一座具有历史意义的墓地,并故意摧毁了马塔拉石碑,这是一座对厄立特里亚

---

① See, e. g. J. Anglim Kreder, 'Reconciling Individual and Group Justice with the Need for Repose in Nazi-Looted Art Disputes: Creation of an International Tribunal' (2008) Vol. 13 *Art Antiquity and Law* pp. 243-96; and R. Keim, 'Filling the Gap Between Morality and Jurisprudence: The Use of Binding Arbitration to Resolve Claims of Restitution Regarding Nazi-Stolen Art' (2002-2003) Vol. 3 *Pepperdine Dispute Resolution Law Journal* pp. 295-315.

② A. Tanzi, 'Recent Trends in International Water Law Dispute Settlement', in: International Bureau of the Permanent Court of Arbitration (ed.), *International Investments and Protection of the Environment* (The Hague/Boston: Kluwer Law International, 2001), pp. 133-74, 155.

③ 可从 PCA 网站上获取 < http://www.pca-cpa.org > 。

④ E. I. Gegas, 'International Arbitration and the Resolution of Cultural Property Disputes: Navigating the Stormy Waters Surrounding Cultural Property' (1997-1998) Vol. 13 *Ohio State Journal on Dispute Resolution* pp. 129-66.

具有重要历史和文化意义的约 2500 年历史的方尖碑。① 厄立特里亚—埃塞俄比亚索偿委员会认为,埃塞俄比亚根据习惯国际人道主义法对碑石的破坏负有责任。②

2. 国际投资争端解决中心和北美自由贸易协定

国内或国际裁决的缺点促进了投资纠纷解决的替代程序的发展。这些包括跨国投资人与国家之间的仲裁(混合仲裁),无论是自然人还是法人,私人均可利用该仲裁来捍卫其国家利益和权利。混合仲裁对外国投资者和东道国都有好处:前者可以获得有效的国际补救;后者受益于改善的投资环境,吸引了更多的外国投资。③

投资仲裁是在国家或国际组织建立的各种机构的框架内进行的。根据国际投资争端解决中心或北美自由贸易协定设立的仲裁庭有资格作为国际法庭。国际投资争端解决中心被认为是致力于投资者与国家之间的争端解决的领先国际仲裁机构。由世界银行根据《关于解决国家和他国国民之间投资争端公约》(《国际投资争端解决中心公约》)创建的国际投资争端解决中心,④提供了专门用于调解和仲裁争端的系统。⑤ 根据《国际投资争端解决中心公约》第 25 条,中心的管辖权适用于直接由缔约国(通常是东道国)与有资格作为公约另一缔约国国民的投资者之间的投资直接引起的任何法律纠纷。⑥ 一旦当事方同意根据《国际投资争端解决中心公约》进行仲裁,则既不能单方面撤回其同意,也不能诉诸法院或寻求外交保护。⑦ 与普通的商业仲裁不同,缔约国的国内法院只能诉诸裁决。⑧

在北美自由贸易协定体系下,任何缔约国之一的北美自由贸易协定的

---

① 双方提出的索赔涉及前线地区的军事行动、战俘和平民及其财产的待遇、外交豁免以及冲突期间某些政府行动的经济影响等事项。

② Partial Award, Central Front, Eritrea's Claims 2,4,6,7,8 & 22,28 April 2004, ILM 1270(2004), paras 107-14.

③ Dolzer and Schreuer, *Principles of International Investment Law*, p. 222(n 546).

④ 18 March 1965,575 UNTS 159.

⑤ 自国际投资争端解决中心成立以来,截至 2013 年 6 月 30 日,已注册的仲裁案件总数为 433。See *The ICSID Caseload-Statistics*(Issue 2013-2), < https://icsid. worldbank. org/ICSID/FrontServlet? requestType = ICSIDDocRH&actionVal = CaseLoadStatistics >,2013 年 8 月 26 日获得。

⑥ 如果只有一名争议方是《国际投资争端解决中心公约》的当事方,则可以根据国际投资争端解决中心的《和解、仲裁和实况调查程序管理附加设施》进行仲裁(ICSID Doc. 11(1979),amended April 2006)。

⑦ 《国际投资争端解决中心公约》第 27 条。

⑧ 《国际投资争端解决中心公约》第 54 条。

投资者因违反北美自由贸易协定的某些规定而遭受损失,它可以根据以下内容提交仲裁请求:(1)《国际投资争端解决中心公约》,前提是争议方和投资方均是该公约的当事方;(2)《国际投资争端解决中心的附加设施规则》;(3)《贸易法委员会仲裁规则》。① 从投资者的角度来看,北美自由贸易协定体系的优势在于,有关国家已经同意加入该协议以进行仲裁,而裁决可以根据《国际投资争端解决中心公约》和类似条约通过国内法院执行。②

从实践角度,现有的判例表明,国际投资争端解决中心和北美自由贸易协定提供的混合仲裁可能会损害文化遗产、环境和人权的利益。这是由于以下事实:投资条约可能导致对东道国施加承诺,这可能会阻碍旨在实现某些基本需求的政策导向。例如,放开与诸如水和电供应等基本商品和服务有关的投资规则,可能违反东道国保护和促进基本人权的义务。同样,如果各国缔结投资条约时没有采取适当的国内措施和采取相应措施,外国投资者的活动可能会导致环境和当地居民享有的人权标准恶化。

就文化遗产而言,已经有证据表明,国际投资争端解决中心法庭解决了一些案件,一方面寻求在投资者利用其投资的利益之间寻求平衡,另一方面寻求国家在执行国家政策和遵守旨在保护文化遗产的国际义务方面的利益上的平衡。③ 重要的是,该判例法还表明,文化遗产规范已经影响了国际投资争端解决中心法庭的最终决定,即使这些规范不是适用法律的一部分。此外,仲裁实践表明,可能会要求仲裁员在投资者的权利与土著社区的文化权利之间取得平衡。在 Glamis Gold 案中,这个问题很关键。④

加拿大公司 Glamis 承诺开采位于加州联邦土地的帝国项目的黄金。这些联邦公共土地靠近但不属于指定的美洲原住民土地和特殊文化关注地区。这种文化背景的特征是,在盖丘亚人印第安民族的传统领地上,存在一条带有相关礼仪特征的宗教神圣的小径,该民族一直严格地保护其确切位置,以保护自己不受亵渎的侵害。盖丘亚人称,露天矿将摧毁其神圣的"梦想之路"和其他宗教财产的一部分。随后,联邦和各州有关部门针对采矿项目的环境和文化影响出台了一系列监管措施。结果,Glamis 要求根据北美自由贸易协定体系第 11 章提出仲裁程序,指控其违反了北美自由贸易协定

① 《北美自由贸易协定》第 1120 条。
② Merrills, *International Dispute Settlement*, pp. 118-9(n 410).
③ See Ch. II, Pt B, s 3. 4. 6.
④ *Glamis Gold Ltd. v. United States*, NAFTA Tribunal, Award of 16 May 2009.

体系的"最低待遇条款标准"规定,① 并且未为间接征用支付赔偿金。② Glamis 声称,旨在保护土著人民文化遗产的法规和审查构成了对投资的间接征收。仲裁庭作出一致决定,驳回了 Glamis 的要求。特别是,它认为,对申诉人的行动计划进行的"文化审查"并未违反《北美自由贸易协定》第 1105 条,"这是由合格的专业人员进行的,他们[美国]提供了有理由根据的合理和有力的意见,并免于偏见伤害。此外……文化评论……显然不是武断\完全否定正义或表现出明显缺乏理由"。③

(六) 评估

ADR 方法为处理与文化遗产有关的纠纷提供了必要的灵活性。此类争端解决程序不受限制法规的约束,并且不仅涉及严格的法律解释。他们还关注道德和政治、公平和常识。这意味着 ADR 是一种有利于达成共识的、双方满意的解决方案。④ 如上所述,联合国教科文组织的各项条约都强调了 ADR 方法的优点。此外,ICPRCP 的任务授权已得到修改,现在包括和解和调解职能。⑤ 此外,通过非约束性声明来提倡使用 ADR 方法,该声明旨在指导对第二次世界大战期间⑥被盗用或违反原产国法律转让的文化物品的申诉进行解决。⑦

然而,使用 ADR 并不普遍。实际上,虽然谈判很普遍,调解也越来越流行,但诉诸仲裁似乎是例外,而不是规则。而且,与文化财产有关的合同,包括争端解决条款,也很少。一方面,这是由于律师们对不可预测性以及缺乏仲裁和调解标准的担忧。他们争辩说,例如,调解不能为结构化的争端解决

① 《北美自由贸易协定》第 1105 条。

② 《北美自由贸易协定》第 1110 条。

③ *Glamis Gold.* ,paras 24 ,778-88(n 578). 但是,法庭的裁决没有考虑到盖丘亚人的论点,即美国根据习惯国际法有义务保护居住在其领土内的土著人民的神圣地方。

④ N. Palmer,*Museums and the Holocaust*(Leicester:Institute of Art and Law,2000) ,p. 107.

⑤ See Ch. III,Pt A,s 4. 2. 2.

⑥ 见 1998 年《关于纳粹没收艺术品的华盛顿原则》;欧洲委员会关于被掠夺的犹太文化财产的第 1205(1999) 号决议;2000 年国际论坛关于大屠杀时代被掠夺文化资产发表的《维尔纽斯宣言》;欧洲议会法律事务和内部市场委员会 2003 年 12 月 17 日第 A5-0408/2003 号决议;以及 2009 年在欧洲联盟和捷克总统主持下召开的大屠杀时期资产会议通过的《关于大屠杀时期资产和相关问题的特雷津宣言》。

⑦ 例如,见国际博协大会第 4 号决议,防止非法贩运和促进文化财产的实际归还、遣返和归还(2007 年);国际博协法律事务和财产常设委员会,关于解决博物馆藏品所有权争端的国际进程的报告(2005 年);国际法协会,文化遗产法委员会,文化材料相互保护和转让合作原则,多伦多,2006 年,见 http://www. ila-hq. org/en/committees/index. cfm/cid/13,2013 年 9 月 10 日访问。

系统提供程序保障,因此无法提供司法保障。此外,律师往往会指出仲裁裁决和判决的决定性优势,即具有约束力的性质,从而轻视外交手段的使用。无论如何,不能忽略这样一个事实,即律师倾向于仅仅因为主要将自己视为诉讼人而拒绝充分利用这种外交方法。另一方面,事先通过 ADR 方法解决争端的合同条款之所以稀少,也是由于选择了避免起草全面合同的法律费用。博物馆官员宁愿避免处理纯粹的法律事务。这一点在艺术品贷款的情况下尤为突出,在这种情况下,双方就潜在争议事项在没有达成任何形式的谈判或协议的情况下,签署并归还对方的表格是通常的做法。人们相信,博物馆可以通过呼吁为了共同利益来解决彼此之间的争议。如果出现问题,就不会有其他贷款接踵而至,这种可能性被视为对不当行为的充分威慑。然而,这种反对寻求预防性法律咨询的态度并不是一项健全的政策。合同纠纷的数量和种类不断增加,应提倡增加条款,明确规定诉诸争端解决程序以替代司法解决。① 一个适当起草的仲裁条款将使当事人能够适应案件的具体情况,并弥补这一方法的缺陷。

除这些因素外,ADR 不常用的主要原因是它存在着重要的缺陷。这种方法的自愿本质构成了最大的障碍。在合同纠纷领域之外,在缺乏重大激励的情况下,当事人可能不愿诉诸谈判、和解、调解或(临时或制度化)仲裁。② 通常情况下,只要他们不能通过诉讼提起诉讼,一方当事人对仲裁没有兴趣。他们宁愿无视这一要求,也不愿依赖一般所有权和拥有权法赋予他们的权利。奥尔特曼一案很好地说明了这一点,奥地利共和国拒绝了玛丽亚·奥尔特曼提出的将争端提交仲裁的初步建议。这一问题的另一个方面是,合同或国际贷款协议中所载的仲裁条款只对这类协议的当事方具有约束力,而不能阻止第三方向司法法院提出针对拥有人或持有人的任何索赔。通过仔细研究每种 ADR 方法,会出现更多的问题。

谈判是解决争端最常用的方式。然而,与谈判同样重要的是,它不能保证争端最终会得到解决。作为一个例子,我们可以考虑荷兰与乌克兰和俄罗斯就归还柯尼希斯收藏品中的绘画所进行的谈判的不同结果。尽管乌克兰的积极努力需要三年时间,但与俄罗斯的谈判尚未产生结果。③ 通过调

---

① N. Palmer, 'Extra-Curial Resolution of Contract Issues Involving Art and Antiquities: The English Experience', in: Byrne-Sutton and Geisinger-Mariéthoz(eds), *Resolution Methods*, pp. 55-81, 56-7(n 351).

② Fellrath Gazzini, *Cultural Property Disputes*, pp. 124-5(n 373).

③ 苏联当局一再否认绘画的存在。但他们是在 1993 年被确认的。1997 年,两国缔结了一项双边协定,其中包括成立一个荷俄工作组,审查归还的依据。

解,只有当争议双方同意接受时,它才能约束他们。从这个角度看,鉴于没有一种机制可以强迫当事人履行和解,调解在执行方面不如诉讼和仲裁有效。如上文所示,人们通常认为仲裁意味着避免昂贵和耗时的诉讼程序的可能性。但是,这些好处并非总是可以实现的。确实,整个仲裁过程,包括裁决的确认和执行,可能会非常昂贵和复杂,以至于实际上比设想的繁重的诉讼还要糟糕。① 仲裁在程序和实质两个层面都存在其他问题。第一,仲裁程序的保密性妨碍了公众获取有关商业行为的信息。在涉及国宝的案件中,诉讼程序应以确保透明度和公众参与的机制为特点。因此,裁决往往是根据有关当事方的具体需要和每个案件的具体情况而定的,故而没有先例效力。② 第二,仲裁裁决只有有限的上诉途径,立法者或国内法院都不能修改。第三,任命文化事务专家担任仲裁员可能会产生偏袒的风险。事实上,各国倾向于选择忠诚的仲裁员,因此仲裁员将倾向于支持本国的利益。换言之,仲裁员可能有他们自己的偏见,特别是倾向于在未来最有可能需要他们服务的任何一方,而不考虑所涉及的其他利益。③ 范·哈滕(Van Harten)表示:"作为裁决服务的商人,仲裁员在推动该制度向索赔人上诉方面有着经济利益,因此,该制度受到一种偏见的影响,倾向于支持对政府提出的索赔,并要求进行损害赔偿。"④此外,拉利夫(Lalive)还警告说,ADR 可能被犯罪分子、不道德的艺术专业人士或鲁莽的收藏家利用,以逃避司法程序和随后的制裁:⑤如果案件被提起诉讼,适用特定法律的可能性使任何庭外决议更具吸引力。第四,仲裁裁决一般对当事人具有约束力。然而,对国家间仲裁和私人仲裁的比较表明,这两种形式在管辖仲裁的法律(仲裁法)的外部方面,即裁决的有效性和可执行性方面有所不同。鉴于私人仲裁以国内法为基础,国家间仲裁的依据是国际法。因此,如果对裁决的有效性产生任何争议,私人仲裁的当事方可诉诸国内法律制度。同样,如果执行有任何困难,他们可以诉诸现有的国际文书,通过国内法院强制执行仲裁裁决。相比之下,由于国际法缺乏使裁决有效的强制性程序,各国在质疑裁决或执行裁

---

① See A. Jones, 'Has Arbitration Become More Burdensome than Litigation?', Wall Street Journal, 1 September 2010.

② Shapiro, 'Litigation and Art-Related Disputes', p. 30 (n 370).

③ Shapiro, 'Litigation and Art-Related Disputes', pp. 32-3 (n 370).

④ G. van Harten, *Investment Treaty Arbitration and Public Law* (Oxford/New York: Oxford University Press, 2007), pp. 152-3.

⑤ Lalive, 'Themes and Perspectives' (n 545).

决时可能会遇到更大的困难。① 关于强制执行问题,现有的实践表明,只有在名誉损害超过遵守裁决的费用的情况下,败诉国可以决定不遵守仲裁裁决。仲裁员知道这一点。结果是,它们可能宁愿不施加过分严格的制裁,以避免各国无视仲裁裁决,使他们继续使用仲裁。但仲裁员还必须考虑到,如果胜诉国希望裁决受到限制,它们可能更愿意避免仲裁。② 此外,国际法院和仲裁庭的不同执行权问题值得考虑。根据大多数特别投资仲裁作出的裁决以及由仲裁机构管理的裁决通常被视为根据 1958 年《纽约公约》作出的外国仲裁裁决,因此根据该公约的规定可在缔约国的国内法院强制执行,但须遵守除《国际投资争端解决中心公约》第 5 条规定的例外情况外,其裁决享有更高的效力。根据《国际投资争端解决中心公约》第 54 条的规定,国际投资争端解决中心裁决的执行应在所有缔约国执行,如同其国内法院的判决一样。准自动执行仲裁裁决的唯一剩余障碍是关于国家执行豁免的规则,③该规则在《国际投资争端解决中心公约》第 55 条中明确保留。④

最后,重要的是要考虑到利用 ADR 程序解决投资争端和涉及土著人民文化遗产的案件所带来的困难。在前一种情况下,尽管外国投资往往影响公共利益,但投资者—国家仲裁并不总是考虑公共利益。混合仲裁的当事方侧重于经济权利和相关的国家义务,其结果是仲裁庭狭义地解释其管辖权和适用法律,而不确保投资法的解释和适用符合有关国家的国际义务。⑤ 就有关土著人民权利要求的争端而言,应当认为,拥有大型土著社区的国家已经通过了具体的法律,以便制定原则和程序,指导对这些社区权利要求的回应。⑥ 这些模式可以被视为是努力增加权力分享,缓解西方世界与土著社区之间的文化冲突。然而,后者可能仍然认为 ADR 机制不够尊重。这是由于现有的国际和国家法律制度保护土著人民的文化遗产固有的困难(如果不是不可能的话)。由于对文化遗产的划分和对所有权利益的强调,国际法和国内法的制定并没有考虑到土著人民及其文化。⑦ 例如,调解模式依赖于

---

①　Merrills, *International Dispute Settlement*, pp. 117-8(n 410).

②　van Harten, Investment Treaty Arbitration, p. 152(n 590).

③　See Collier and Lowe, *The Settlement of Disputes*(n 553).

④　"第 54 条的规定不得解释为减损任何缔约国关于该国或任何外国执行豁免的现行法律。"

⑤　E. -U. Petersmann, 'Judging Judges: From "Principal-Agent Theory" to "Constitutional Justice" in Multilevel "Judicial Governance" of Economic Cooperation among Citizens' (2008) Vol. 11 *Journal of International Economic Law* pp. 827-84, 874-5.

⑥　See Ch. III, Pt A, s 2. 3.

⑦　Vrdoljak, International Law, p. 203(n 35).

中立、公正的第三方。这给土著社区带来了一个问题,因为这与他们关于谁有权在社区内发言的概念相矛盾。此外,求助于训练有素的调解员,他们将重点放在正规培训上,而不是生活经验上,并且不能保证对他们的文化和历史观点的理解。进一步说,ADR 并不能缓解这类纠纷当事人之间的权利失衡。例如,拥有大量资金和大型法律团队的大公司仍将拥有优势,尤其是在政府支持其经济目标的情况下。总之,在解决有关土著人民文化遗产的争端时,使用诉讼以外的其他手段,仍然可以被视为占主导地位的文化集团将其议程强加给其他人的另一种手段。①

第三节 后退一步:避免争端的策略

一、引言

约翰·加尔东(Johan Galtung)确认,以和平方式解决任何争端都需要三个基本条件:(1)同理心,即愿意理解各自立场的根本原因;(2)开放性,即愿意与另一方进行对话;(3)创造力,即愿意探索替代解决方案。根据该作者的说法,这三个条件的同时存在带来了各种优势,主要的一个是为了共同利益而实现非零和解。②

这一观点构成了一个有价值的前提,它引出了这样一种观点:尽管事后(司法、准司法或法外)控制的争端解决机制有其优点,但它并不是最适合文化遗产的控制方式。事前采用的方法更有希望。这需要从对抗流程和严格执行规范转变为一种模式,该模式更加强调信息交换,协商,建立共识和共享,即合作。在这种情况下,规则的制定和执行仍然很重要,但不再占主导地位。③ 除了鼓励建设性的合作关系外,这种事前方法似乎是必要的,以应对索赔人诉诸于强制自助的风险。这就是 1982 年的事情,当时一位爱国的

---

① L. Behrendt, 'Cultural Conflict in Colonial Legal Systems: An Australian Perspective', in: C. Bell and D. Kahane(eds), Intercultural Dispute Resolution in Aboriginal Contexts(Vancouver/T oronto: University of British Columbia Press, 2004), pp. 116-27.

② J. Galtung, Transcend and T ransform: An Introduction to Conflict Work (London: Pluto Press, 2004), pp. 180-8.

③ Nafziger, 'Cultural Heritage Law', pp. 226, 229(n 36).

墨西哥律师从巴黎国家图书馆偷走了一本稀有的阿兹特克人法典,将其交给墨西哥。1911 年,一名意大利人从卢浮宫偷走列奥纳多·达·芬奇的《蒙娜丽莎》,认为伟人的作品应归还意大利。①

本节介绍了主要利益相关者的做法,以说明这种避免纠纷方法的一些表现,并支持以下观点:合作应成为避免纠纷的首选方式。因此,确定上述功能失调的争端解决机制的可行且有效的战略替代方案,是本部分的主题。但是,本节只关注两种避免争端方法的主要表现形式,即国家之间和机构之间的谈判机制与监督机制。

二、通过谈判解决争议

如前所述,谈判和外交可以被视为解决争端和避免争端的适当手段。在这方面,令人回想起来的是,在奥特曼(Altmann)诉讼中,美国国务院向美国最高法院提交了法庭之友书状,以支持奥地利的立场。在该案中,有人建议该案必须通过"外交谈判解决……而不是在美国法院"。② 这样的表述与丹宁勋爵在奥尔蒂斯(Ortiz)案中的主张相呼应,即"必须通过外交手段"取得位于国家领土以外的艺术品。③ 此外,值得一提的是,联合国教科文组织和 ICPRCP 鼓励缔约国就退还文化财产问题达成双边协议。

本书的这一部分(2.1 小节)将说明,尽管诉讼人可能已决定在诉讼开始后决定进入谈判桌,但谈判是解决物质遗产案件的合适方法。尽管情况和结果不同,但将要检查的案件具有一些共同特征。④ 首先,它们是由争端直接解决的,无须任何中立的第三方的介入。其次,谈判使当事方可以撤销归还的现有障碍,⑤最明显的是时效期限届满。最后,由于双方承认各自的损失、需求和观点,因此有可能达成和解。这些将通过对 2001 年意大利—美国

---

① 墨西哥当局逮捕了这名墨西哥小偷,法典立即被政府没收,但它没有被归还给法国,因为它最初是被西班牙殖民者偷走的。J. H. Merryman and A. E. Elsen, *Law*, *Ethics and the Visual Arts* (London/New York:Kluwer Law International,2002), p. 263. 1914 年,盗贼文森佐·佩鲁贾(Vincenzo Peruggia)出现在佛罗伦萨,向乌菲齐美术馆的馆长提供这幅画。D. Fincham, ' How Adopting the *Lex Originis* Rule Can Impede the Flow of Illicit Cultural Property' (2008) Vol. 32 *Columbia Journal of Law and the Arts* pp. 111-50,112.

② US *Amicus Curie* Brief Supporting Petitioners,15.

③ *Attorney General of New Zealand v. Ortiz* [1982]3 All ER 432,at 460.

④ 鉴于今天几乎每星期都有新闻报道新的协商赔偿案件,这里讨论的这组案件只是一个小样本。有关更多示例,请参见 J. Greenfield, *The Return of Cultural Treasures* (Cambridge:Cambridge University Press 2007), pp. 371-443.

⑤ Cornu and Renold, ' Le renouveau des restitutions' , p. 517(n 347).

协议的审查得到进一步说明(第二和第三小节)。

(一)谈判解决方案的选择

关于战争破坏的赔偿要求,谈判已被广泛使用。自 20 世纪 90 年代中期开始的归还运动以来,已有 2000 多件艺术品根据协议归还给了它们的合法主人。当然,这样的妥协常常伴随着诉讼(或诉讼的威胁)。① 1998 年古德曼与古特曼-塞尔(Goodman & Gutmann-Searle)就德加(Degas)一幅画作达成的协议,这是美国了结的第一起纳粹打劫案。双方当事人——古特曼的继承人和收藏家丹尼尔·塞尔(Daniel Searle)——同意给这幅作品加上纪念其被非法占有的标签,并平分所有权:塞尔把他的一半权益给了芝加哥艺术学院,而这所学院反过来又在艺术市场上买下了古特曼的继承人的权益。② 类似地,在诉讼开始后,德国东部城镇奎德林堡的教堂宝藏被盗走的庭外和解事件也随之发生。③ 1945 年 6 月,奎德林堡教堂当局报告说,这些物品是从教堂保管它们的矿井中丢失的。1990 年,《萨缪尔福音书》被一家名为"德国国家文化基金会"的机构以 300 万美元的价格收购。这次收购导致了美国进一步的深入调查。一名德国调查人员发现,这些宝藏是由约翰·米多尔(John Meador)从矿上偷走的。1945 年,美国军队占领奎德林堡时,米多尔还是一名 29 岁的中尉。1980 年乔去世后,他的弟弟杰克和妹妹简继承了这些文物,并开始出售。1990 年 6 月,奎德林堡教堂提起诉讼,要求归还剩余的文物,但后来通过庭外和解,因为德国同意将它们买回来,以避免诉讼。根据协议,米多尔家族获得 275 万美元。④ 雅格布·达·庞特(Jacopo da Ponte)的画作《春播》(Spring Sow)案也经过了谈判,才得以归还。2001 年 6 月,马萨诸塞州斯普林菲尔德博物馆(Springfield Museum of Massachusetts)把这幅画归还给了意大利,因为它被出示的证据表明,这幅作品在"二战"期间从位于华沙的意大利大使馆消失了,当时它是从乌菲齐美术馆(Uffizi)借来的。作为协议的一部分,乌菲齐美术馆同意将雅格布·达·庞特的另一幅

---

① J. M. Bazyler and K. G. Everitt, 'Holocaust Restitution Litigation in the United States: An Update', (2004) Vol. 34 *ACLU International Civil Liberties Report* pp. 1-16.

② N. Palmer, 'Memory and Morality: Museum Policy and Holocaust Cultural Assets' (2001) *Art Antiquity and Law* pp. 259-92, 265-6, 278-9.

③ 这些物品包括《撒母耳福音书》,这是一份中世纪的手稿,封面镶有珠宝,《埃文吉星》是一份印刷的手稿,封面镶有珠宝。L. H. Nicholas, *The Rape of Europa* (New York: Alfred Knopf, 1994), pp. 442-3.

④ Nicholas, *Rape of Europa* (n 609).

画借给斯普林菲尔德博物馆,期限为一年。雅各布·祖奇(Jacopo Zucchi)的《芭丝谢芭的沐浴》(the Bath of Bathsheba)也有着类似的命运。这幅画于1945年从柏林的意大利大使馆被劫走,其当时从罗马的美术馆借来。1965年,它被康涅狄格哈特福德的沃兹沃斯·阿森尼姆艺术博物馆(Wadsworth Atheneum Museum of Art of Hartford)收购。1998年,在达成一项归还协议后,它被归还给了意大利。作为交换,沃兹沃斯博物馆获得了28幅意大利巴洛克大师画作的短期借入展览权。[1]

导致将科尼希斯收藏的一部分归还给荷兰的协议也与本分析有关。该收藏(共139张主要来自15世纪和16世纪的素描和三幅版画)在第二次世界大战期间已从荷兰移走。20世纪90年代,荷兰政府在基辅的哈南基博物馆(Khanenky Museum)将藏品的一部分追溯到乌克兰。两国开始对话,结果于2004年夏季达成协议并交回了这些文物。这次和解之所以有趣,有两个原因。首先,归还基于国际法:乌克兰承认荷兰要求的合法性,当时的乌克兰总统库奇马重申,他的国家坚持国际法原则,即文化资产不能作为战争赔偿而保留。[2]其次,该协议产生了一种有目的的双边合作,其表明通过国际联合,有可能设计出重新发现丢失资产的方法。奇怪的是,事实证明,荷兰政府对艺术品交易商雅克·古斯蒂克(Jacques Goudstikker)的藏品并没有那么积极响应。这批珍贵的收藏品包括梵高、伦勃朗、戈雅、鲁本斯、克拉纳赫和提香的杰作,这些在1940年荷兰遭入侵后被纳粹没收。直到2006年,经过多年艰苦的谈判和激烈的公开辩论,雅克·古斯蒂克的继承人才从荷兰政府和国家博物馆获得了部分藏品的归还。[3]

北卡罗来纳艺术博物馆(North Carolina Museum of Art)则表现出了截然不同的态度。博物馆收到纳粹从维也纳收藏家菲利普·冯·冈佩雷斯(Philipp von Gomperz)没收《风景中的麦当娜和孩子》的证据后,立即将这幅画归还。博物馆没有强迫继承人在法庭上证明他们的要求。冈佩雷斯的继承人甚至不用请律师。他们对博物馆的回应非常满意,同意以低于市场价

---

[1]　J. H. Dobrzynski, 'Museum Exchanges Looted Art for a Show', *The New York Times*, 23 April 1998.

[2]　N. van Woudenberg, 'Displaced Cultural Property: The Tug-of-War between Restitution and Compensation' (2004) Vol. 17 *Hague Yearbook of International Law* pp. 77-94, 87.

[3]　文化部副部长解释说,荷兰政府主要是基于道德和伦理理由同意归还。See Restitution Committee, Case No. RC 1.15, < http://www.restitutiecommissie.nl/en/recommendations_opinions.html >, accessed 10 September 2013.

格的价格将这幅画卖给博物馆,这反映了一种部分捐赠,因为"公众应该知道菲利普·冈佩雷斯的继承人欣赏(博物馆)决定归还这幅画所表现出的正义感"。①

相比之下,关于埃贡·席勒(Egon Schiele)的《沃利肖像》(Portrait of Wally)的法律纠纷持续了近 12 年。② 2010 年 7 月 20 日,Lea Bondi Jaray 庄园宣布与美国政府和利奥波博物馆就此案达成和解。普雷斯卡法官批准的和解协议的主要条款如下:(1)利奥波德博物馆支付 1900 万美元;③(2)庄园解除对该画的索赔;(3)美国政府驳回对利奥波德博物馆提起的民事没收诉讼,并将该画交给利奥波德博物馆;(4)利奥波德博物馆将在该利奥波德博物馆旁边永久展示标牌,并在以后所有利奥波德博物馆授权或允许在世界任何地方任何形式的展示中,均应阐明此作品的真实出处,包括 Lea Bondi Jaray 先前对画作的所有权,以及纳粹特工在 1939 年逃往伦敦之前对她的盗窃;(5)在将其运送到维也纳的利奥波德博物馆之前,这幅画将在纽约的犹太遗产博物馆展出,首先要举行一个纪念 Lea Bondi Jaray 的遗产和成功解决诉讼的仪式。④ 关于毕加索的《牵马的男孩》和《红磨坊》的案件已经以同样的方式解决,但速度更快。这些画作曾被德国犹太银行家保罗·冯·门德尔松-巴特蒂(Paul von Mendelssohn-Bartholdy)收藏。他的继承人声称这些画

① E. Yellin, 'North Carolina Art Museum Says It Will Return Painting Tied to Nazi Theft', The New York Times, 6 February 2000

② 105 F. Supp. 2d 288(S. D. N. Y. 2000);2002 US Dist. LEXIS 6445,11 April 2002;663 F. Supp. 2d 232(S. D. N. Y. 2009). 这幅画于 1997 年由维也纳利奥波德博物馆(Leopold Museum, Vienna)借给纽约现代艺术博物馆(Museum of Modern Art, MOMA),连同席勒的《死亡之城》(Dead City)。1939 年,沃利的肖像被非法从李·邦迪·贾莱的后人手中夺走,他们要求归还。现代艺术博物馆以其与利奥波德基金会(Leopold Foundation)的合同义务为由拒绝归还这两幅画。1998 年 1 月,曼哈顿地区检察官要求把这两幅画呈交给法院,理由是它们将成为刑事调查的证据——因为它们是被纳粹偷走的。纽约上诉法院(New York Court of Appeals)宣布传票无效,裁定纽约法律禁止没收艺术品,即便是在刑事案件中,这是出于主权豁免原则。在裁决之后,死亡之城立即被送回奥地利。相反,曼哈顿地区检察官根据 NSPA 的《沃利的肖像》(Portrait of Wally)提起诉讼,称这幅画是非法进口到美国的。2002 年,曼哈顿地区法院(Manhattan District Court)作出判决后,利奥波德是否必须放弃这幅画的所有权的决定,使诉讼陷入了 8 年的僵局。J. M. Bazyler, Holocaust Justice: The Battle for Restitution in America's Courts(New York: New York University Press, 2003), pp. 232-6.

③ 为了筹集这笔钱,利奥波德博物馆决定出售另一幅席勒的画,Häuser mit bunter Wäsche (Vorstadt II). C. Vogel, 'A Schiele Going, a Schiele Staying', The New York Times, 5 May 2011.

④ The Art Law Group of Herrick, Feinstein LLP, Press release, 'The United States of America, the Estate of Lea Bondi Jaray and the Leopold Museum Settle the Long-Standing Case Involving "Portrait of Wally" by Egon Schiele', 20 July 2010, < http://www.herrick.com/sitecontent.cfm? pageID = 21& itemID = 584 >, accessed 21 August 2013.

是由于纳粹的迫害而被卖掉的,纽约现代艺术博物馆和所罗门·R.古根海姆基金会在收购之时对这些可疑的来源视而不见。最初,这两家博物馆坚持认为,所谓的事实不能支持这些画作是由于胁迫而被盗、改装或出售的结论。在审判开始的那天,当事各方宣布已经达成协议,根据协议,博物馆将保留这些画作,继承人将获得一笔款项。①

第二类案件涉及为规范以前属于殖民关系的国家之间艺术品归还而缔结的双边协定。其中,意大利分别与利比亚和埃塞俄比亚缔结了条约。② 意大利和利比亚于1998年7月签署了一项联合声明,并于2000年12月签署了一项协定。前者协议涉及根据1970年《联合国教科文组织公约》归还所有材料,而后者仅涉及赛勒斯维纳斯星,这是一种无头的大理石雕塑,于1915年意大利入侵利比亚后从古希腊赛勒斯聚居地移走。③ 与埃塞俄比亚的条约涉及阿克苏姆方尖碑。

1937年,墨索里尼的军队从阿克苏姆(Aksum)拆除了这座重150吨、高24米的具有2000年历史的丧葬石碑,并将其带到罗马。虽然承诺在1947年、④1956年和2004年归还,但直到2008年才在原址重新安装。

此外,考虑丹麦和格陵兰岛之间不同寻常的合作也很有趣。2001年,丹麦将30000多件物品归还格陵兰,从而解决了百年历史的纠纷。这些文物的归还是在博物馆专业人员的组织下进行的,并基于这样的原则,即两国应该拥有"有代表性的藏品",这些藏品必须"以公平的方式"进行分配。⑤ 值得一提的另一项协议是法国和尼日利亚于2002年在魁北克布兰利博物馆(Muséedu Quai Branly)上就三幅Nok和Sokoto雕塑达成的协议。尽管从法国法律的角度来看,这一收购似乎是合法的,但很快人们就认识到事实并非如此。这不是因为尼日利亚法律禁止出口此类材料,而是因为从法国法律

---

① A. Feuer, ' A Lawsuit Will Determine the Fate of 2 Picassos ', *The New York Times*, 18 December 2007.

② 又见比利时和刚果民主共和国(前扎伊尔)、新西兰和巴布亚新几内亚、荷兰和印度尼西亚、澳大利亚和巴布亚新几内亚于20世纪70年代缔结的协定。有关更多示例,请参见 Greenfield, *The Return*, pp. 371-443(n 605).

③ See also Ch. II, Pt B, s 3.4.5.

④ 1947年与意大利签订的和平条约(1947年2月10日,《联合国条约》第167条)规定:"自现行条约生效之日起十八个月内,意大利应恢复所有艺术品、宗教物品、档案和具有历史价值的物品自1935年10月3日起属于埃塞俄比亚或其国民的公民。"(第37条)

⑤ 格陵兰岛不是丹麦王国内的一个独立国家,而是一个自治地区,这一事实并没有削弱这个例子与其他国家间争端的关联性。M. Bailey, ' Could the "Greenland Example" Help Resolve the Parthenon Marbles Dispute? ', *The Art Newspaper*, 24 February 2007.

的角度而言,购买不是出于诚意,因为这些雕塑被列入 ICOM 红色名录。该协议以 1970 年《联合国教科文组织公约》第七条为基础,规定法国政府承认尼日利亚的所有权,而布兰利博物馆获得一笔(可续期的)长期贷款。该协定还包括关于教育、技术支助、编目和进一步项目研究的合作规定,但应在发现其非法来源证据的情况下,将其退还给尼日利亚。① 最后,值得一提的是归还 Truganini 的项链和手链的案件,他是 19 世纪 Tasmania 土著社区所遭受残酷对待的最后幸存者。这些物品于 1905 年被皇家阿尔伯特纪念博物馆(Royal Albert Memorial Museum)购得,代表了一个奖杯。对 Tasmania 原住民社区来说,归还是维护其人民自决的权利。博物馆和 Tasmanian 土著社区之间的谈判于 1994 年开始,于 1997 年结束。②

事实证明,谈判有助于防止(或结束)对被盗或非法出口的文物的昂贵和漫长的法律斗争。关于吕底亚珍藏(*Lydian Hoard* 或 *Croesus Gold*)的诉讼就是一个例证。在 20 世纪 80 年代中期,土耳其针对纽约大都会艺术博物馆提起诉讼,涉及公元前 6 世纪从土耳其西部的乌沙克地区、古代吕底亚地区的墓葬中挖出的一系列金银珠宝。在对博物馆是否进行了善意购买以及限制期限是否结束进行了六年的不确定性诉讼之后,博物馆同意将争议移交给法庭,并将珍藏归还给土耳其。③ 另一个例子涉及特奥蒂瓦坎壁画的情况。1978 年,旧金山艺术博物馆④通过一位美国建筑师的私人遗赠获得了这些哥伦布发现美洲大陆之前的壁画,作为回报,博物馆必须缴纳遗产税(前提是他们必须为他的遗产埋单)。意识到这些壁画所有权的法律和伦理问题,博物馆联系了墨西哥驻旧金山总领事,其目的是核查是否有可能就某种共同所有权或部分归还进行谈判。同时,根据 1971 年美墨合作条约,墨西哥政府正式要求美国司法部长下令将壁画归还墨西哥,理由是根据墨西哥法律,壁画归国家所有,未经许可不能出口。联邦地区法院驳回了归还要求,理由是合作的条件没有追溯力。因此,壁画在博物馆的管辖下成为旧金山

---

① Ministère de la Culture et de la Communication, 'Une convention entre le France et le Nigéria à propos des oeuvres Nok et Sokoto du futur Musée du Quai Branly', 13 February 2002, < http://www. culture. gouv. fr/culture/actualites/communiq/tasca2002/nok. htm > , accessed 24 August 2013.

② 有关概述,请参阅 Vrdoljak, *International Law*, p. 1(n 35).

③ *Republic of Turkey v. Metropolitan Museum of Art*, 762 F. Supp. 44(S. D. N. Y. 1990). 然而,庭外和解似乎是由土耳其可能在审判中获得成功的前景促成的,因为发现了一些令人怀疑的文件,表明一些工作人员知道这批宝藏的非法来源。See Greenfield, *The Return*, pp. 420-3(n 605).

④ 旧金山美术博物馆于 1972 年由两家市属博物馆合并而成,分别是 M. H. De Young 纪念博物馆和加州荣誉军团宫。

市的财产。然而,旧金山美术博物馆和墨西哥历史国家研究所之间的谈判开始了。在共同利益的激励下,尽管所有权法律存在冲突,博物馆专业人员还是通过谈判达成了令人满意的解决方案。这表明:一半的壁画将归还给墨西哥历史国家研究所;墨西哥和美国的博物馆将分担保护的费用;这些壁画将在这两所机构展出,并注明对方的参与情况。①

艾克林汉姆青铜器案(*Icklingham Bronzes*)的解决也同样复杂。1991年,英格兰艾克林汉姆的农民约翰·布朗宁向纽约联邦地方法院提起诉讼,控告阿里阿德涅画廊公司,声称这些所谓的艾克林汉姆青铜器是从他的田地里的废墟中盗走并走私到国外的。然而,布朗宁的行动失败了,因为他无法证明这些青铜器是从他的农场里拿走的。1993年,利昂·列维(Leon Levy)和谢尔比·怀特(Shelby White)(据称是善意的买家)宣布诉讼结束,达成了一项前所未有的和解协议:他们决定"在他们去世后,将青铜器遗赠给大英博物馆"。② 希腊诉沃德案也很值得注意,此案涉及迈锡尼黄金珠宝的收藏。在购买此珍宝之前,沃德美术馆在包括希腊在内的多个地中海国家进行了查询,以了解该珍宝是否被盗。希腊的回应是否定的,但在1993年,它起诉了纽约的画廊。尽管是出于善意,画廊还是决定归还这些物品。双方都从协议中获益:画廊避免了昂贵的审判费,并获得了税收减免,因为它将藏品捐赠给了位于华盛顿特区的希腊遗产保护协会(Society for the Preservation of Greek Heritage)。后来,这家慈善基金会把它交给了希腊;希腊取回了藏品,避免了诉讼,这可能表明它在寻找和取回这些藏品方面缺乏努力。③

综上所述,谈判在加强对不动产的保护方面已被证明在战略上是有用的。上面已经描述了涉及WHC遗址的许多示例。④ 这里值得一提的是德国霍尔斯多夫的石头教堂。随着一名外国投资者获得该村附近一座煤矿的开采权,拥有750年历史的埃玛瑙斯教堂(Emmaus Church)的保护面临危险。经过谈判,美国投资者同意将教堂迁到附近的一个小镇。尽管此案不涉及具有普遍价值的文化遗产,但值得一提的是,这是一种不诉诸法院制度的双赢局面:当地社区通过将教堂移植到新环境中来拯救了教堂,而外国投资者

---

① Merryman and Elsen, *Law, Ethics and the Visual Arts*, pp. 280-2(n 602).

② 和解协议的其余条款是保密的。G. Cadogan, 'Bronzes Bequeathed to BM', *The Financial Times*, 30 January 1993.

③ R. J. Elia, 'Greece v. Ward: The Return of Mycenaean Artifacts' (1995) Vol. 4 *International Journal of Cultural Property* pp. 119-28.

④ See Ch. II, Pt B, s 3. 4. 6.

虽然最终支付了移植费用,但仍有机会利用其投资。①

(二) 意大利和美国之间的协议

在缔结旨在加强合作和打击非法的国际文物贸易的双边条约中,意大利与美国达成的协议是一个突出的例子,值得进一步研究。

1999 年 9 月,意大利政府根据 CCPIA 向美国提交了一项要求,要求对一系列古物实行进口限制。正如已经说明的那样,CCPIA 提供了一种机制,美国和 1970 年《联合国教科文组织公约》的其他缔约国可以通过该机制订立双边协议,对受掠夺的考古或民族学材料施加进口限制。② 之所以提出这项要求,是因为有令人震惊的报告显示,意大利的考古遗产正在遭到掠夺,以满足国际上对考古和人种学文物的需求。③ 因此,意大利和美国政府签署了"关于对代表意大利前古典时期、古典时期和罗马帝国时期的考古材料实施进口限制的谅解备忘录"(协议)。④ 本质上,通过签署该协议,美国承认意大利的进口限制。这意味着,指定的材料只有在获得意大利政府签发的出口许可证,或证明出口发生在 2001 年 1 月 19 日前的可核实文件的情况下才能进入美国。作为交换,意大利政府承诺:(1)加强对考古遗址的科学研究和保护;(2)加强对打劫行为的处罚;(3)制定税收优惠政策,支持合法挖掘;(4)加强与地中海地区国家和其他艺术进口国家的合作。值得注意的是,该协议还规定,"意大利允许为文化、展览、教育和科学目的交换考古材料",通过"对考古或艺术相关的物品的长期贷款协议……由美国和意大利的博物馆在个案的基础上商定用于研究和教育"。⑤

目前,美国和意大利的协议为保障意大利和美国的利益提供了具体的范本。一方面,它提供了一个建立伙伴关系以帮助保护意大利文化遗产的机会。特别是,意大利的目标是:(1)请有关方面根据道德和法外原则而不是仅仅通过执行国际和国家准则来考虑归还艺术品的要求;(2)强调现有各项国际公约所依据的原则和目标的重要性;(3)打击犯罪活动,惩治盗窃、盗墓、鲁莽从事艺术工作的人员;(4)有利于艺术作品重新语境化;(5)赞同在全球艺术市场上,对被偷窃、非法没收、从原产国非法出口或以其他方式非

① V. Vadi, 'Cultural Heritage and International Investment Law: A Stormy Relationship' (2008) Vol. 15 *International Journal of Cultural Property* pp. 1-24, 6-7.

② See Ch. III, Pt A, s 2.2.

③ K. J. Hurst, 'The Empty(ing) Museum' (2006) Vol. 11 *Art Antiquity and Law* pp. 55-83

④ 19 January 2001, ILM 1031 (2001). 该协议于 2006 年和 2011 年续签,有效期为 5 年。

⑤ Art. II(E).

法没收的文化物品的取得不应合法化的观点。另一方面,这项协议通过研究、教育项目和贷款帮助丰富了美国的文化生活。此外,它还为美国(主要艺术市场之一)提供服务,以确保它不会被用作走私或被盗文化材料的储存库或中转站。①

(三)"文化外交":利益冲突的桥梁?

作为美意协议基础的原则已被意大利政府转变为 2006 年至 2008 年间与中国、瑞士、利比亚②以及多家美国博物馆,包括波士顿美术馆、纽约大都会美术馆、洛杉矶 J. 保罗·盖蒂博物馆、普林斯顿大学美术馆和克利夫兰美术馆达成的协议。这些协议应被视为合同而非国际条约,③它们构成了有效的庭外和解协议,这些协议允许:(1)各种珍贵文物返回意大利;(2)克服由所在地国没有意愿或几乎没有法律手段强迫博物馆归还所要求保护的物品的事实造成的障碍;④(3)避免诉讼以及与之相关的法律费用和负面宣传;⑤(4)证明今天的意大利当局不愿对似乎已从意大利考古环境中移出的最近浮出水面的文物视而不见;(5)建立一项持续的文化合作计划,其中涉及对等的艺术品互惠互借,共享有关未来可能获得的信息以及在奖学金、保护和考古调查领域的合作。后一个方面尤其重要。它揭示了这样的协议是双向交易,有助于促进合作而不是简单地归还资产:返回被盗艺术品的博物馆接受租借几年同样重要的文物,这些文物将定期被意大利博物馆的其他类似文物取代,因此博物馆的展示柜不会闲置。⑥ 例如,2009 年,盖蒂博物馆(Getty Museum)和佛罗伦萨考古博物馆(Museo Archeologico Nazionale)宣布

---

① 参议院关于执行《关于禁止和防止非法进口、出口和转让文化财产的方法的公约》的立法第 97-564 号报告(1982 年 9 月 21 日)。

② 有关 2006 年 10 月 20 日与瑞士的协议(2008 年 4 月 27 日生效),请参见 < Http://www. bak. admin. ch/kulturerbe/04371/04377/04380/index. html? lang = it >;与利比亚于 2008 年 8 月 30 日达成的协议(于 2009 年 3 月 2 日生效)可在(2009)*Rivista di diritto internazionale*(p. 634)中找到。

③ T. Scovazzi, 'Diviser c' est détruire: Ethical Principles and Legal Rules in the Field of Return of Cultural Properties' (2010) *Rivista di diritto internazionale* p. 341-95,380.

④ Scovazzi, '*Diviser c' est détruire*' ,p. 380(n 638).

⑤ 意大利与大都市之间达成的协议的序言指出,归还所要求物品的决定并不构成博物馆对任何类型的民事、行政或刑事责任的承认(第 1 段)。

⑥ 看来希腊政府是第一个建议采用这种双向交易来解决帕特农神庙大理石案的政府。但是,当大英博物馆坚称帕特农神庙大理石"现在就在伦敦,就在这里"时,交易平淡无奇。A. Ferentinou, 'The Euphronios Vase Case-Could It Be an Example for Pergamon?' , *Turkish Daily News*,1 March 2006.

启动一项长期合作,其中包括一系列关于伊特鲁利亚艺术的特别展览。① 同样,印第安纳波利斯艺术博物馆(Indianapolis Museum of Art)宣布,从 2011年 1 月开始,将从罗马的罗马国家博物馆(Museo Nazionale Romano)借出一批古代雕塑。该新闻稿指出,这些正是美意协议打算推广的贷款类型。②

意大利文化大臣与保罗·盖蒂博物馆庆祝 2007 年的交易,强调这标志着一个文化合作新时代的开始,这是国际努力的一部分,目的是阻止非法的古物贸易,并迫使文化机构交出历史不清白的作品。通过这样做,他向意大利所奉行的战略致敬,他将其定义为"文化外交"的领导者。他指出,由于这场顽强的归还运动,意大利的非法挖掘活动急剧减少;③与美国博物馆缔结的双边协议将使不道德的艺术品交易商的生活更加困难。④

然而,在这个时刻,现实主义是必要的。必须指出的是,意大利积极的媒体宣传活动取得了不可否认的成功,这在很大程度上源于盖蒂博物馆前文物馆长马里恩·T. 鲁(Marion T. rue)⑤和意大利艺术品交易商贾科莫·美第奇(Giacomo Medici)⑥的刑事审判中出现的大量证据,这些被请求的物品来源非法。特别是,很多证据来自 1995 年对日内瓦自由港地区 Giacomo Medici 仓库设施的突袭,该仓库可以在非正式进入瑞士的情况下存储货物,从而避免了缴纳任何税款。调查人员发现了几件艺术品,有 4000 至 5000 张宝丽来影像和被掠夺文物的底片,以及其他文件,包括信件和货运发票。这一发现证实了美第奇从意大利出口了大量的古物,他与意大利的古墓盗墓

---

① The Getty, Press release, 'The J. Paul Getty Museum and the Museo Archeologico Nazionale di Firenze Announce Long-T erm Cultural Collaboration', 23 March 2009.

② Indianapolis Museum of Art, Press release, 'Italy to Loan Roman Sculptures to the Indianapolis Museum of Art', 7 June 2010.

③ 根据卡拉比尼文化遗产保护办公室(carabinierii-cultural Heritage Protection Office)的统计数据,自 2001 年协议签署以来,秘密挖掘活动减少了 90%。See < http://www.savingantiquities.org/about/a-global-concern/italy/what-did-the-2001-italy-u-s-agreement-call-for >, accessed 28 August 2013.

④ J. Israely, 'The Museum World's Italian Sheriff', Time Magazine, 5 October 2007.

⑤ 2005 年,马里恩·T. 鲁(Marion T. rue)与罗伯特·赫克特(Robert Hecht)因合谋买卖古物而被起诉。对她的审判于 2010 年 10 月 13 日结束,当时法官裁定,她串谋贩卖被掠夺艺术品的刑事指控的诉讼时效已过(J. Felch, 'Charges Dismissed against ex-Getty Curator Marion T rue by Italian Judge', Los Angeles Times, 13 October 2010). 2012 年 1 月,针对罗伯特·赫克特(Robert Hecht)的审判也因同样的原因宣告失败(J. Felch, 'Robert Hecht Jr. Dies at 92', Los Angeles Times, 9 February 2012).

⑥ 贾莫科·美第奇于 1997 年被捕,2004 年因买卖赃物被判有罪,被判处 10 年监禁,罚款 1000 万欧元。他对判决结果提出上诉。2009 年 6 月,上诉法院在一定程度上维持了原判(走私指控因时效已过而被驳回),并将刑期减为 8 年。2011 年 12 月,美第奇在上诉中败诉(F. Isman and G. Harris, 'Smuggler's Final Appeal Fails', The Art Newspaper, No. 233, March 2012).

者、艺术商人、著名博物馆、欧洲和美国的收藏家(包括盖蒂博物馆、大都会博物馆、波士顿博物馆和普林斯顿博物馆)关系密切。[①]

必须根据同一论点来阅读众多私人收藏家交出文化宝藏的案例。例如,美国著名的艺术收藏家、纽约大都会博物馆的受托人谢尔比·怀特(Shelby White)和皇家雅典娜画廊的杰罗姆·艾森伯格(Jerome Eisenberg)对古物的归还,不能被视为真正的自发和慷慨的举措。[②] 实际上,他们只是想避免诉讼和可能因诉讼引起的不利宣传。因此,在没有实质性证据的情况下,"意大利文化外交"能否说服博物馆和收藏家改变购置政策还有待观察。卢浮宫、大英博物馆和佩加蒙会开始重新考虑他们的收购政策的合法性和伦理吗? 他们会抛弃依赖财产权的固执吗? 大英博物馆是否会朝着贝宁铜像、帕特农神庙大理石雕像或罗塞塔石碑的原籍国的方向作出历史性的姿态?

最后,由于被请求国的政治议程更广泛,不能排除意大利谈判代表取得了成功。例如,有人一直声称,美国执法机构,包括国务院、司法部和海关没有动力去容忍或促进进口文化财产,如果结果是外国政府可能因此拒绝配合美国政府更关心的问题,如恐怖主义、毒品走私、非法移民、军事基地、贸易优惠等。[③] 实际上,在美国发现了被盗或非法出口的文物,在某些情况下,与原籍国的外交关系严重紧张,原籍国通常包括亲密盟友。

尽管有这些考虑,值得强调的是,和解协议即使不能像法院判决那样树立法律先例,也可能影响艺术世界的气氛,并对未来的法律诉讼产生影响。因此,各个来源国都成功地接受了意大利政府提出的"文化外交"战略也就不足为奇了。秘鲁大学和耶鲁大学于2010年11月签署的协议提供了一个有趣的例子。这场战斗始于1912年,当时耶鲁大学支持希拉姆·宾厄姆(Hiram Bingham)教授前往马丘比丘(Machu Picchu)进行探险。1916年初,宾厄姆将74箱原本应该运回秘鲁的人工制品运往美国。秘鲁于1917年开始要求归还文物。起初,耶鲁大学推迟了回应。然后辩称它已获得文物的

---

① P. Watson and C. T odeschini, *The Medici Conspiracy* (New York: Public Affairs, 2006), pp. 19-24

② As for Shelby White see: E. Povoledo, 'Collector Returns Art Italy Says Was Looted', *The New York Times*, 18 January 2008; and J. Bloom, 'Collector to Return Antiquities to Greece', *The New York Times*, 12 July 2008.

③ W. G. Pearlstein, 'Cultural Property, Congress, the Courts, and Customs: The Decline and Fall of the Antiquities Market?', in: Fitz Gibbon (ed.), *Who Owns the Past*?, pp. 9-31, 12-13 (n 87).

全部合法所有权。① 2008 年,秘鲁对耶鲁大学提起诉讼,要求其赔偿因违反合同、不当致富和欺诈而造成的赔偿和金钱损失。② 如上所述,双方最终达成庭外和解,耶鲁大学承诺在 2012 年底之前归还所有文物。随后,2011 年 2 月,圣安东尼奥国立大学图书馆与耶鲁大学签署了谅解备忘录。根据这项协议,双方建立了马丘比丘和印加文化国际研究中心,以便为学者和学生提供有关藏品研究的机会,加强两个机构之间的合作,并增进对印加文化的了解。③

不幸的是,谈判归还协议的其他努力没有成功。尽管经过长时间的讨论,希腊和大英博物馆仍然在帕特农神庙大理石上陷入僵局,而埃及关于尼菲提蒂半身像和一个 3200 年前的卡尼菲尼菲木乃伊面具的要求则分别遭到了柏林阿尔特斯博物馆和圣路易斯艺术博物馆的强烈反对。④

三、监督机制

国际组织使用了几种技术和机制来监督各国对加入该组织所认可的标准执行情况。这些机制主要旨在促进对法律的遵守,而不仅仅是对违规行为作出回应。实际上,这些"软补救措施"的目的是本着合作与相互理解的精神与有关各方建立对话,以防止争端。⑤ 因此,它们可以被视为争端解决机制的补充或替代机制,是基于制裁、责任和损害赔偿的传统对抗性争端解决手段。⑥ 多边环境协定规定的遵守(或不遵守)程序是一个有关的例子。这类条约没有规定解决争端的机制,而是规定了旨在追究国家不履行义务

---

① D. Glenn, 'Peru v. Yale: A Battle Rages Over Machu Picchu', *The Chronicle of Higher Education*, 3 April 2009. See also J. Christoffersen, 'Senator Christopher Dodd Says Artefacts Held by Yale Belong to Peru', Artdaily. org, 10 June 2010, < http://www. artdaily. org/index. asp? int_sec = 2&int_new = 38572 >, accessed 30 June 2010.

② *Republic of Peru v. Yale University*, No. 3:09-CV-01332 (D. Conn. 9 October 2009); transferring No. 1:08-CV-02109 (D. D. C. 30 July 2009).

③ See < http://opac. yale. edu/peru/english/mou. html >, accessed 27 August 2013. See also K. T aylor, 'Yale and Peru Sign Accord on Machu Picchu Artifacts', *The New York Times*, 11 February 2011.

④ R. A. St. Hilaire, 'Ka Nefer Nefer Forfeiture Case: SLAM Appellate Brief Strongly Criticizes Government', *Cultural Heritage Lawyer*, 6 September 2013, < http://culturalheritagelawyer. blogspot. ch/2013/08/ka-nefer-nefer-forfeiture-case-slam. html >, accessed 26 August 2013.

⑤ L. Boisson de Chazournes, 'Monitoring, Supervision and Coordination of the Standard-Setting Instruments of UNESCO', in: Yusuf(ed.), *Standard-Setting in UNESCO*, pp. 51-72, 51 (n 276).

⑥ F. Francioni, 'International "Soft Law": A Contemporary Assessment', in: V. Lowe and M. Fitzmaurice(eds), *Fifty Years of the International Court of Justice. Essays in Honour of Sir Robert Jennings* (Cambridge/New York: Cambridge University Press, 1996), pp. 167-78, 176-8.

责任的一些程序。追究责任的对象如果不是整个国际社会,那也至少是有关条约缔约国。

采取这种"软执法程序"至少有三个原因。第一,各国不愿意在国际公法一级承担责任。因此,"软救济"是避免外交僵局的次佳途径。第二,争端解决程序的双边性本质上不适合处理多方争端。对抗方法也可能破坏条约规定的程序所倡导的合作精神。诸如"侵犯"和"违反"之类的术语可能会通过自发遵守约束性法律和软性法律标准来激发追求共同利益。实际上,不合规程序采用一种便利的方法,说服各国通过"命名和羞辱"之类的"软执行"或通过提供财务和技术援助来履行其义务。① 软执行程序作用越来越大的第三个原因是确认了普遍适用的义务,即为了公共利益而确定的义务,以及每一个国家对整个国际社会而不是彼此单独承担的义务。正如国际法院在巴塞罗那电汇案中众所周知的判词中所断言的那样,国际社会现在对许多集体利益负有责任。但是,对这些普遍义务的确认意味着在违约情况下应适用的责任和赔偿规则的削弱:当违反关系到国际社会而不是某一特定国家时,补救制度就变得更加不稳定,索赔人的地位就更加有争议。因此,在发生违反人身保护义务的情况下,明显倾向于使用"软执行程序"。②

在联合国教科文组织内部,对标准制定工具的监督分配给各个机构。最明显的例子是根据 WHC 设立的委员会。该机构有权决定是否可以将成员国指定的遗址列入《世界遗产名录》。相应地,如果某一遗址失去确定列入《世界遗产名录》的特征,它有权决定将其列入《濒危世界遗产名录》,或将其从《世界遗产名录》中删除。这是一种不得已的措施,经常用来迫使缔约国履行其义务。另一个例子是 1954 年海牙公约《第二议定书》设立的政府间委员会。《第二议定书》第 27(1)(d)条规定,委员会应"审议和评论缔约方的报告,要求作出必要的澄清,并为缔约方会议编写本议定书执行情况的报告"。此外,公约第 4 条第 4 款关于向成员国和国际公约提出建议的议事规则第 17 条和第 18 条要求联合国教科文组织会员国就其针对每项现行公约采取的措施和通过的每项建议定期提交报告。大会委托对执行局收到的报告进行评估。这种定期报告程序对国家主权的损害最小,因为报告的提交完全取决于它们的合作意愿。因此,如果响

---

① G. Ulfstein, T. Marauhn and A. Zimmermann, ' Introduction ', in: Ulfstein, Marauhn and Zimmermann(eds) , Making T reaties Work, pp. 3-14 ,10(n 514).

② Francioni, ' International "Soft Law" ', pp. 176-8(n 656).

应速度不令人满意,就不足为奇了。[1]

四、评估

可以得出的结论是,通过合作解决争端的目标现已成为所有利益相关者共同理解的一部分。一方面,双边协定的传播以及实践中出现的其他合作实例表明,国家和非国家实体都认识到,文化遗产是取代主权国家和个人利益的普遍利益。[2] 另一方面,现有法律制度以及司法和 ADR 方法的多种限制要求采取非对抗性解决方案来解决政策和法律冲突。此外,采用非对抗性和前瞻性的办法会带来各种好处。以下方面最为明显,首先,由于谈判可以搁置现有的归还要求的法律障碍,所以这是解决与遥远过去移走的物体有关的案件的最佳手段,它优先考虑道德和伦理。从本质上讲,这意味着将移走是否合法的问题搁置一旁,重点转移到实际发生的情况、随之而来的损害以及文化遗产对集体记忆和认同的作用。因此,这意味着避免非对抗性纠纷的方法使"文化秩序"的重新建立成为可能,也就是说,客体与被占有者或原籍国之间的关系得以重建。[3] 其次,关键利益相关者的协作有助于确定直接归还之外的解决方案,例如交换、贷款、复制、共享管理和控制。实际上,上面分析的解决方案表明,被请求的博物馆可能最终通过合作的方式保留有争议的艺术品。[4] 显然,这意味着归还文物不会引发进口国博物馆所担心的大批珍宝涌入。

---

[1] Boisson de Chazournes, 'Monitoring, Supervision and Coordination', pp. 52,59,60(n 655).

[2] F. Francioni, 'Au-delà des traités: l'émergence d'un nouveau droit coutumier pour la protection du patrimoine culturel' (2007) Vol. 111 *Revue Générale de Droit International Public* pp. 19-41,40.

[3] 联合国大会强调,各国应取回被殖民列强拿走的"具有基本精神、历史和文化价值的"文化材料,使其成为代表本国文化遗产的收藏品。关于文化财产送回或归还原籍国的决议,联合国文件 A/67/L. 34,2012 年 12 月 5 日,序言。

[4] P. Gerstenblith, 'Acquisition and Deacquisition of Museum Collections and the Fiduciary Obligations of Museums to the Public' (2003) Vol. 11 *Cardozo Journal of International and Comparative Law* pp. 409-65,409-11.

第四章
文化遗产领域的争端解决:选择激进的改革,或加强现有的争端解决手段

简介:碎片化和扩散背景下的文化遗产争端解决

20 世纪,通过条约、国家惯例和软法立法,国际法的制定扩大到以前不受管制的国际关系领域。国际法委员会(ILC)引入了"碎片化"一词,以定义"将法律分解为高度专业化的'盒子'的现象,这些盒子声称彼此之间以及相对于普通法具有相对自治权"。①

就本书而言,国际法碎片化的两个必然结果值得一提。首先是特定法律制度更加自治的趋势。无论是国际贸易、环境还是人权,在法律的形成、解释和适用方面都有不同的做法。但是,这种分隔并不意味着这些特殊的法律制度脱离了国际法原则体系。现有的制度都不能完全独立。② 例如,关于贸易、环境、投资、人权甚至欧盟法律的国际法都与国际法律秩序保持着实质性的联系。它们仍然是一般国际法的分支,因为它们继续依靠国际法律制度的传统工具来制定规则、评估责任和取得遵守。用皮尔斯-玛丽·杜比(Pierre-Marie Dupuy)的话来说:"注意到国际法中各种子系统的出现是一回事……另一种错误的看法是,每个子系统都独立于由国际法律秩序构成的一般规范框架之外。"③

---

① M. Koskenniemi, *Fragmentation of International Law: Difficulties Arising from the Diversification and Expansion of International Law*, Report of the Study Group of the International Law Commission, UN Doc. A/CN. 4/L. 682 13 April 2006, para. 13, < http://legal. un. org/ilc/guide/1_9. htm > , accessed 12 September 2013.

② J. Pauwelyn, *Conflict of Norms in Public International Law* (Cambridge: Cambridge University Press, 2003), p. 9

③ P. -M. Dupuy, ' A Doctrinal Debate in the Globalisation Era: On the ' Fragmentation' of International Law' (2007) Vol. 1 *European Journal of Legal Studies* No. 1, p. 4.

碎片化的第二个必然结果是,许多特殊的法律制度已经发展了自己的争端解决机制。从 20 世纪 90 年代开始,专门的国际司法机构和准司法机构的数量急剧增加。不仅包括国家而且包括国际组织、非政府组、公司和个人在内的许多不同参与者也逐渐可以使用这一广泛的程序。这一现象被称为国际法院和法庭的"扩散",导致各国不愿意致力于司法和准司法解决争端机制。此外,扩散已经确定了某种程度的强制管辖权归属于一些新的司法机构。推动这些事态发展的是这样一个事实,即国际规范的密度、数量和复杂性的增加,需要相应增加维持这些规范的机构的密度和更有效的解决争端手段。①

但是,国际法院和法庭的激增并没有产生一个与国内法院系统等效的、全面的、分级的和强制性的争端解决系统,即结构化的国际秩序。② 在包括一审法院和中级上诉法院在内的最高等级制度中,没有中央集权和司法权。③ 现有的司法机关或准司法机关有其各自的合法化来源,这些来源并不来自于将它们彼此联系起来的中央权力。解决争端的现有程序是根据职能体制的政治现实和需要,在特定体制内按照职能范围和临时性方式独立制定的。在塔迪奇(Tadić)案中,前南斯拉夫国际刑事法庭上诉分庭的裁定强调了这一点:

> "国际法由于缺乏一个集中的结构,没有规定一个在若干法庭之间有序分工的综合司法系统,在这些法庭中,管辖权的某些方面或组成部分可以集中或赋予其中一个法庭。在国际法中,每个法庭都是一个独立的系统(除非另有规定)。"④

关于"扩散"现象的学术辩论强调了现有机制之间缺乏协调与统一。这种情况可能产生几个问题:管辖范围重叠;并行程序;重新审理已经裁定的案件;司法资源浪费;以及决策分歧甚至冲突的威胁。各种学者提出了一个

---

① Y. Shany, *The Competing Jurisdictions of International Courts and Tribunals* (Oxford/New York: Oxford University Press, 2003), pp. 2-4.

② Shany, *The Competing Jurisdictions*, pp. 5-8, 272 (n 4).

③ E. Posner, 'Diplomacy, Arbitration, and International Courts', in: C. Baudenbacher and E. Busek (eds), *The Role of International Courts* (München: German Law Publishers, 2008), pp. 51-60, 60.

④ *Prosecutor v. T adic*, IT-94-1-I, Decision on Defense Motion for Interlocutory Appeal on Jurisdiction, 2 October 1995, para. 11.

问题,即国际法庭的扩散是否会威胁国际法的凝聚力和统一性。[①] 然而,一些评论人士认为,法院和法庭的激增、它们之间的竞争,以及诉讼当事人选择在何处提起诉讼的可能性,是一种积极而不可避免的发展。[②] 因为最好是拥有更多的法院,即使在具有共同管辖权的地方,也比没有场地的情况更好。更具体地说,建立新的司法管辖区和控制系统:(1)允许一定程度的"实验和探索",从而可以产生更精确的准则解释和国际法完善体系;[③](2)扩大潜在行动者的数量;(3)介绍具体问题所需的必要专业知识。

　　然而,应该注意的是,司法化的发展并不一致。事实证明,经济协定和人权的司法化日渐成熟。相比之下,有些领域虽然显示出越来越多的合法化程度,但还没有司法化。文化遗产就是其中之一。

　　如上文所述,由于联合国教科文组织制定标准的活动,已经通过了若干国际、区域和国家文书。因此,现在文化遗产法构成了一个独特的国际法领域,包括保护遗址和纪念碑、文化景观、水下遗产、非物质遗产、文化权利和文化多样性。由于这种扩张,有关文化遗产的国际法导致了国际法的碎片化。但是,如上所述,这种制度的发展并没有建立有效的争端解决系统。考虑到确实会出现争议,这是令人惊讶的。这些包括国家间索赔、个人或团体对非国家行为者、国家或国家代理人提出的控诉、或一个国家(或国际社会)为在特别刑事法庭起诉个别犯罪者而提出的行动。因此,这些争端必须通过现有的和平解决争端机制加以解决,例如在国内法院或现有国际法庭上的政治或外交谈判、调解、仲裁和诉讼。

　　这种处理文化遗产纠纷的特别方式涉及两个主要问题。第一个问题是争端的解决主要取决于争端解决方式的选择。遗憾的是,如上文所述,各机制在保护规范和目标应给予何种优先地位方面仍有很大的分歧。因此,一

　　① See,e. g. P. -M. Dupuy,'The Danger of Fragmentation or Unification of the International Legal System and the International Court of Justice' (1998-1999) Vol. 31 *New York University Journal of International Law and Politics* pp. 791-807; and A. Gattini,' Un regard procédural sur la fragmentation du droit international' (2006) Vol. 110 *Revue générale de droit international public* pp. 303-6.

　　② See J. Katz Cogan,' Competition and Control in International Adjudication' (2008) Vol. 48 *Virginia Journal of International Law* pp. 411-49; A. Marston Danner,' When Courts Make Law: How the International Criminal T ribunals Recast the Laws of War' (2006) Vol. 59 *Vanderbilt Law Review* 2-65; T. Ginsburg, 'Bounded Discretion in International Judicial Lawmaking' (2005) Vol. 45 *Virginia Journal of International Law* pp. 631-73.

　　③ J. I. Charney,' The Impact on the International Legal System of the Growth of International Courts and T ribunals' (1998-1999) Vol. 31 *New York University Journal of International Law and Politics* pp. 697-708,700.

个司法管辖区的实体法可能对一方比对另一方更有利,因此,受益方很可能选择由受有利的法律判例约束的法院来裁决争端,①而不是同意友好解决。这个问题不仅带来了作出不一致决定的风险,而且还带来了无视文化遗产特殊性质的先例。②

第二个问题是扩散现象所固有的。在缺乏正式联系的情况下,国家或国际审裁人员处理文化遗产纠纷的方式不同,这一事实带来了判断冲突、法律发展不一致、适用不同规则解决同一法律问题以及解释分歧的风险。关于最后一个问题,问题不在于允许国际法在其设计范围内发展的那种解释。正是通过这些解释,试图以不与其他利益相关者的意愿相对应(或相抵触)的方式将国际法转变为一个自利党的要求。③

该理论认为,对文化遗产争端进行探讨的司法机构过多,而这应被视为文化遗产争端无处不在的健康指标。诚然,这种观点受到以下观点的影响:争端不应被视为病理或异常,而应被视为任何健康法律体系的生理特征。法律的演变不仅是通过立法的命令,而且也是对由于一般规则和具体行动之间的差距而产生的实际问题的反应。由于一般规则与社会生活的无限特殊性之间的契合是不完美的,国家、个人和其他行动者对规则的意义和适用产生了争议。从这一观点看,违反国际法及其引起的争端不应被视为破坏的根源,而应被视为先前的法律意见的变化的根源。争端的结果必然会改变规则。修改后的规则为随后的行动和争论建立了环境。④

鉴于这些考虑,可以认为,法庭的增多不是真正的问题。完全不同的推理——或"知识的碎片化",即缺乏经验、理解和裁判人员的智慧,以及他们未能跟上法律、法学、政治、伦理和历史的发展,反而是一个更为严重的问题。因此,确定一种有效的争端解决方法似乎是应对国际文化遗产法的执行和解决与文化遗产有关的争端的唯一合乎逻辑的步骤。

---

① L. M. Kaye, 'Disputes Relating to the Ownership and Status of Cultural Property', in: Q. Byrne-Sutton and F. Geisinger-Mariéthoz(eds), *Resolution Methods for Art-Related Disputes*(Zürich: Schulthess, 1999), pp. 35-53, 46.

② L. V. Prott, 'Principles for the Resolution of Disputes Concerning Cultural Heritage Displaced During the Second World War', in: E. Simpson(ed.), *The Spoils of War*(New York: Harry N. Abrams, 1997), pp. 225-30, 230.

③ F. Orrego Vicuña, *International Dispute Settlement in an Evolving Global Society: Constitutionalization, Accessibility, Privatization*(Cambridge: Cambridge University Press, 2004), p. 17.

④ W. Sandholtz, *Prohibiting Plunder. How Norms Change*(Oxford: Oxford University Press, 2007).

在下文中，将考虑两个不同的选择。第一个重点是建立新的国际专门法院。第二个方案以现有的司法和非司法方法为中心，并建议重新考虑这些程序如何更好地考虑到国家、国际组织和其他利益相关者的政策所依据的价值观和优先事项。对这个选项的检查分为两层。第一层的重点是现有审裁人员之间的互动，并描述了"相互配合"的特点，即审裁人员可以相互参考和借鉴彼此的决定，以解决悬而未决的争端。第二层是这种相互作用的实质。如第五章所述，有可能确定一些文化敏感的原则和规则，即"共同裁决规则"，来指导解决文化遗产争端。有人认为，如果裁决人员承诺使用、传播和发展包含这些规则的判例，就会加强对与动产和不动产有关的利益的保护。换句话说，构成这一选择的两个层次——相互配合和共同的裁决规则——由裁决人员加以实施，因为他们的作用不限于使用包含共同裁决规则的判例。裁决人员也参与制定这些规则，尽管对这些规则的形成作出最大贡献的是各国、国际和区域组织、非政府组织和其他利益攸关方的外交、立法、行政和合同惯例。寻求效力以确保考虑到文化遗产的特殊性；连贯性对于防止对相同或相似的问题进行不同的处理很有必要。

第一节 设立国际文化遗产法院

一、简介

前面几节中进行的分析显示了严重的"监管失灵"。当前的法律制度并不总是能够容纳文化遗产领域中彼此争斗的各类竞争性利益。此外，虽然首选 ADR 方案，但通过这些机制无法有效解决所有文化遗产争议。此外，诉讼似乎不足、冗长且成本高昂。总体而言，这些问题为建立常设国际法院提供了依据。有人可以辩称，除非建立一个有权解决争端并惩罚不合作的国家、不道德的利益相关者和罪犯的超国家机构，否则，如果这不符合有关利益相关者的利益，那么说服或呼吁合作就不会占上风。但是，此提案的核心是两个基本问题：(1)建立新的超国家法院——或修改现有法院之一的职权或结构——确实是必要的；(2)是否有合理的机会实际实现此项目。

二、设立国际文化遗产法庭是可取和必要的吗？[①]

从理论上讲,建立一个新的对文化遗产争端具有专属和强制性管辖权的国际法院,这将是优先考虑文化遗产问题并因此确保适当解决争端的理想机制。

国际法院的主要优点是它将代表一个公正的具有法律专业知识和程序的机构,非常适合根据现有法律而不是政治考虑来解决争端。建立一个新的机构似乎可取的另一个原因是,国际法院可以通过加强履行国际义务来解决争端。这是因为争端解决机构根据给定条约设立的每项决定都必须确定有关国家是否已履行该条约下的义务。[②] 国际法院还将以判决书形式提供具有约束力的最终决定,并可能要求赔偿或支付损害赔偿的义务。因此,如果赋予这个新机构先例效力,它的裁决可以有助于法律的统一,澄清和编纂可执行的权利和义务,制止进一步的错误,并促进争端的早日解决。此外,新的法院具有平衡有关的市政和国际准则以及国际组织和非政府组织制定的软法原则的潜力。最后,一个新的具体法院可以使国家和超国家利益以及文化和道德需要得到调和。尤其,它可以通过考虑诉讼当事人利益,并以这样一种方式分配利害攸关的项目来解决赔偿要求,从而尊重创造它的人的愿望、或为谁创造的愿望、或与它有特殊身份和历史联系的人的愿望。它可以通过考虑直接赔偿的替代方案来做到这一点,例如交换、分时和长期贷款。因此,新的法院可以为历史上被剥夺财产和暴力行为的受害者,例如被纳粹当作目标的犹太家庭,伸张一些正义。[③]

但是,为文化物权纠纷建立专门法院的第一次尝试惨败。1933 年,国际联盟国际博物馆办公室起草了一项关于归还文物的公约。[④] 该草案迫使各缔约国将其争端提交特设仲裁,或者,如果未能就仲裁庭的选择达成一致,

---

① 该部分的扩展版本先前已发布在 A. Chechi, 'Evaluating the Establishment of an International Cultural Heritage Court' (2013) Vol. 18 *Art Antiquity and Law* pp. 31-57.

② A. Zimmermann, 'Dispute Resolution, Compliance Control and Enforcement in Human Rights Law', in: G. Ulfstein, T. Marauhn and A. Zimmermann (eds), *Making Treaties Work: Human Rights, Environment and Arms Control* (Cambridge: Cambridge University Press, 2007), pp. 15-47, 16.

③ J. Anglim Kreder, 'Reconciling Individual and Group Justice with the Need for Repose in Nazi-Looted Art Disputes: Creation of an International Tribunal' (2008) Vol. 13 *Art Antiquity and Law* pp. 243-96, 263.

④ 《关于追回已丢、被盗或非法移交或出口的艺术、历史或科学利益物体的国际公约草案》, LN Doc. CL. 205. 1933. XII.

则将纠纷提交国际常设法院，或者，如果不是仲裁庭的当事方，则根据《和平解决国际争端公约》提请仲裁庭组成的仲裁法院。[1] 由于第二次世界大战的爆发，该草案从未转变成具有约束力的条约。如上所述，1945 年后在联合国教科文组织主持下通过的条约未能填补空白。

各种专家研究过这种法律真空。安·普鲁蒂（Ann Prunty）认为，建立国际法庭对于确保遣返具有文化和历史意义的被盗或非法出口的艺术品是必要的。[2] 她指出，缺乏解决争端（和国家间合作）的有效手段，表明索赔人完全依靠拥有者所在国家的法院来承认和考虑其索赔。特别是，普鲁蒂主张，可以根据 1970 年《联合国教科文组织公约》第 25 条建立一个国际法庭。[3]康斯坦丁·帕克霍缅科（Konstantin Parkhomenko）还设想建立一个全球性的中央法院，对文化遗产问题拥有专属管辖权，并具有类似政府的职能。他还建议各国应上交为艺术品出口而征收的税款的最小百分比，以资助法院。[4]

其他学者强调，国际仲裁庭将提供解决与遣返文物有关的争端的最有效方法。[5] 布鲁克斯·戴利（Brooks Daly）认为，常设仲裁法院可能能够建立专门的机制来解决国家之间以及国家与个人索赔人之间的文化财产纠纷。[6]

---

[1]　1907 年 10 月 18 日，海牙公约（I）。

[2]　A. Prunty, 'Toward Establishing an International Tribunal for the Settlement of Cultural Property Disputes: How to Keep Greece from Losing its Marbles' (1983-1984) Vol. 72 *Georgetown Law Journal* pp. 1155-82, 1155-558.

[3]　这规定可以召开一次大会以修订《联合国教科文组织公约》并设立一个法庭。因此，要使该法庭开始运作，就需要 1970 年《联合国教科文组织公约》的所有以前和任何新的缔约国提出另一份批准书或加入书，Prunty, 'Toward Establishing an International Tribunal', pp. 1167-8 (n 20).

[4]　K. Parkhomenko, 'Taking Transnational Cultural Heritage Seriously: Towards a Global System for Resolving Disputes over Stolen and Illegally-Exported Art' (2011) Vol. 16 *Art Antiquity and Law* pp. 145-60, 159.

[5]　See, e. g. I. Barker, 'Thoughts of an Alternative Dispute Resolution Practitioner on an International ADR Regime for Repatriation of Cultural Property and Works of Art', in: B. Hoffman (ed.), *Art and Cultural Heritage: Law, Policy and Practice* (Cambridge: Cambridge University Press, 2006), pp. 483-7; E. Sidorsky, 'The 1995 UNIDROIT Convention on Stolen or Illegally Exported Cultural Objects: The Role of International Arbitration' (1996) *International Journal of Cultural Property* pp. 19-72; E. I. Gegas, 'International Arbitration and the Resolution of Cultural Property Disputes: Navigating the Stormy Waters Surrounding Cultural Property' (1997-1998) Vol. 13 *Ohio State Journal on Dispute Resolution* pp. 129-66.

[6]　B. W. Daly, 'The Potential for Arbitration of Cultural Property Disputes: Recent Developments at the Permanent Court of Arbitration' (2005) Vol. 4 *The Law and Practice of International Courts and Tribunals* pp. 261-80.

1997 年在日内瓦大学举办的"与艺术有关的争议的解决方法"专题讨论会①
上讨论了类似的观点,2003 年由常设仲裁法院(PCA)举办的"解决文化财产
争议的专题讨论会"②也讨论了类似的观点。③

　　玛丽莲·费兰(Marilyn Phelan)辩称,国际博物馆协会(ICOM)作为代表
国际博物馆界和博物馆专业人士的唯一机构,应建立争议解决机制,以解决
博物馆藏品中艺术品和其他文化财产的所有权问题。④ 其他从业者认为,制
度化的调解,特别是通过 WIPO 仲裁与调解中心进行的调解,是处理艺术纠
纷的最有效方法,⑤特别是涉及土著和传统社区的纠纷。⑥ 这些建议在 2011
年 ICOM 和 WIPO 仲裁与调解中心启动了《艺术与文化遗产调解计划》时得
以实现。⑦ 最后,关于大屠杀相关艺术的恢复,人们提出了各种建议。例如,
詹妮弗·安格利姆·克雷德(Jennifer Anglim Kreder)提议建立国际法庭,⑧

　　① See, e. g. F. Rigaux, ' Avantages possibles de l' arbitrage ', in: Byrne-Sutton and Geisinger-Mariéthoz(eds), *Resolution Methods*, pp. 117-22,122(n 11).

　　② See, e. g. H. Das, 'Claims for Looted Cultural Assets: Is There a Need for Specialized Rules of Evidence?', in: International Bureau of the Permanent Court of Arbitration(ed.), *Resolution of Cultural Property Disputes*(The Hague: Kluwer Law International,2004), pp. 193-249,194.

　　③ I. Fellrath Gazzini, *Cultural Property Disputes: The Role of Arbitration in Resolving Non-Contractual Disputes*(Ardsley: T ransnational Publishers, Inc. ,2004), pp. 209-10.

　　④ M. Phelan, 'Legal and Ethical Considerations in the Repatriation of Illegally Exported and Stolen Cultural Property: Is There a Means to Settle the Disputes?', Conference Paper, ICOM Triennial Conference, Seoul 2-8 October 2004 , < http://media. rcip-chin. gc. ca/ac/intercom/phelan. html > , accessed on 25 August 2013.

　　⑤ S. Theurich, 'The Role of International Institutional Dispute Resolution in Art and Cultural Heritage Matters: The World Intellectual Property Organization(WIPO) and Its Arbitration and Mediation Center', in: M. -A. Renold, A. Chechi and A. L. Bandle(eds), *Resolving Disputes in Cultural Property*(Genève: Schulthess,2012), pp. 31-50. 关于创建专门的调解机构,另请参见 S. Rau, 'Mediation in Art-Related Disputes', in: Byrne-Sutton and Geisinger-Mariéthoz(eds), *Resolution Methods*, pp. 153-98,183(n 11).

　　⑥ J. K. Wichard and W. B. Wendland, 'Mediation as an Option for Resolving Disputes between Indigenous/T raditional Communities and Industry Concerning T raditional Knowledge', in: Hoffman(ed.), *Art and Cultural Heritage*, pp. 475-82(n 23).

　　⑦ See ICOM, Press release, 'ICOM and WIPO to Join Forces in Cultural Heritage and Museum Fields', 3 May 2011 , < http://icom. museum/press-releases/press-release/article/icom-and-wipo-to-join-forces-in-cultural-heritage-and-museum-fields > , accessed 20 August 2013.

　　⑧ See, e. g. Anglim Kreder, 'Reconciling Individual and Group Justice' (n 17). See also R. Keim, 'Filling the Gap Between Morality and Jurisprudence: The Use of Binding Arbitration to Resolve Claims of Restitution Regarding Nazi-Stolen Art ' (2002-2003) Vol. 3 *Pepperdine Dispute Resolution Law Journal* pp. 295-315

而欧文·佩尔(Owen Pell)则主张在 PCA 设立专门的仲裁庭。[①] 相比之下，似乎没有人研究过修改现有国际法院任务授权的选择。特别是，尚未调查国际法院是否可以作为文化遗产事务法院。从理论上讲，国际法院可以是主要候选方，因为它是唯一的全球性和永久性的一般主题管辖权法院。不难想象需要修改哪些规则才能使国际法院成为解决文化遗产纠纷的理想场所。首先，应修改现有的议事规则，以扩大其有争议的管辖权。实际上，目前，国际法院只能审理国家之间的案件。这些规则的修正案将允许听取国际组织和非国家行为者提出的申诉。可以改进的另一个方面涉及扩大国际法院的咨询管辖范围。这将允许开发一种系统，使法院能够以符合 TFEU 第267 条规定的初步裁决程序的方式接受法律指导的方式，从而使国际法院能够影响其判例并避免前后矛盾和零散。这种发展需要修订目前规范大会授权的规则，[②]并建立一个真实的程序，以确定提交的问题是否对请愿人的利益有意义。除其他外，这一改革还需要修订有关国际法院和国内法庭的管辖权和权限的法规和程序规则。除上述建议外，还提出了两项体制安排以提高国际法院工作的有效性：(1) 设立一名总律师，其职责是向法院提出所提交案件所涉及的国际法基本问题和共同体利益；(2) 设立一个法律专家特别委员会，负责就咨询意见的要求所引起的法律问题向国际法院提出报告。[③]

三、是否有合理的机会建立新的国际法院

根据以上讨论，建立一个全新的国际法院似乎既是可取，也是必要的。但是，仍然需要考虑这样一个司法机制是否存在合理而具体的机会。以下各节将解决该问题。在这里，将通过审查以下问题来挑战新的国际法院的提议或对现有国际法院的任务授权的修改：(1) 国家主权的影响；(2) 文化遗产纠纷的多方面性质；(3) 国际法院的效力。对这些问题的现实评估将使人们得出这样的结论，即新的法院暂时不构成可行的选择。

(一) 国家主权的影响

国际法是国家为国家制定的法律。这意味着，各国的同意是形成具有

---

① 　O. Pell, 'Using Arbitral Tribunals to Resolve Disputes Relating to Holocaust-Looted Art', in: International Bureau of the Permanent Court of Arbitration (ed), *Resolution of Cultural Property Disputes*, pp. 307-26, 309, 317 (n 26).

② 　Art. 96(2) of the UN Charter.

③ 　Orrego Vicuña, *International Dispute Settlement*, pp. 18-22 (n 13).

约束力的国际法律义务并随后在国内执行的先决条件。争端解决也是如此。参与争端的国家有权选择最适合其需要的解决程序。

一般而言,各国不愿遵守国际法院的强制性管辖权,而是倾向于直接谈判。从他们的角度来看,例如,国际法院之前的程序对程序的控制程度最低,因为它是独立且严格形式化的程序。这解释了接受国际法院强制管辖权的比率仍然相对较低。① 此外,可以说,各国可能不愿意接受国际法院的强制管辖,以避免在其行为非法的情况下受到揭露和谴责。② 鉴于这些考虑,看来对《国际法院规约》的修正是不切实际的。特别是,扩大国际法院的管辖范围(例如,包括非国家行为者对国家的投诉)被定义为理想解决方案。③ 目前,各国不太可能愿意就属事和属人事管辖权的范围和性质重新开放现有协定。④

此外,目前的国际惯例表明,由于机会主义政治原因,建立新的国际法院经常遭到国家的强烈反对。例如,美国倾向于反对国际刑事法院。⑤ 特别是,美国以及印度、以色列和俄罗斯均反对建立国际刑事法院。美国政府担心,其动用军事力量的行为可能会受到司法审查,其军事人员可能会因战争罪被拉上国际刑事法庭。由于这些担忧,美国已从《国际刑事法院规约》中撤回其签字,并向许多国家施加压力,要求它们缔结双边协定,以阻止它们将美国士兵和其他指定人员控诉到国际刑事法院。⑥ 在国际贸易法领域也存在类似的问题。问题在于,各国尚未建立真正的司法争端解决系统。实际上,根据《WTO 协定》,专家组和上诉机构只能向作为 DSB 的 WTO 成员国提供建议的咨询报告。因此,世贸组织专家组和上诉机构仅行使准司法职

---

① 截至 2013 年 8 月,根据《国际法院规约》第 36 条第 2 款,只有 70 个国家接受了国际法院的强制性管辖权。

② A. L. Paulus, 'Dispute Resolution', in: Ulfstein, Marauhn and Zimmermann(eds), *Making Treaties Work*, pp. 351-72, 371(n 16).

③ A. P. Llamzon, 'Jurisdiction and Compliance in Recent Decisions of the International Court of Justice' (2007) Vol. 18 *European Journal of International Law* pp. 815-52.

④ Shany, *The Competing Jurisdictions*, pp. 273-4(n 4).

⑤ D. T erris, C. P. R. Romano and L. Swigart(eds), *The International Judge: An Introduction to the Men and Women Who Decide the World's Cases*(Waltham: Brandeis University Press, 2007), pp. 227-8.

⑥ See: < http://www.amicc.org/usinfo/administration_policy_BIAs.html#countries >, accessed 28 August 2013.

能，而世贸组织的判例仍然对世贸组织成员和世贸组织政治机构不利。[1] 因此，WTO 争端解决机制可以被看作是一种混合。[2]

在人权领域，存在着各种超国家机构，如在联合国主持下缔结的人权条约所设立的监督机构，以及两个主要的区域法院：国际人权法院和欧洲人权法院。然而，这些是非常不同的机制。联合国人权条约机构通常会提供"软"的执行程序，因为这些程序是可选的，并导致不具约束力的报告，因此并未得到广泛的支持。[3] 同样，并不是所有美洲国家组织成员都接受了国际人权法院对有争议案件的选择权管辖权。相比之下，在所有前社会主义国家都希望加入欧洲委员会并批准欧洲人权委员会之后，冷战结束后，欧洲人权法院的管辖权是强制性的，其成员数量急剧增加。

值得注意的是，在该领域已经有各种提议建立超国家法院。这些提议带有一个连贯的解决方案，解决了当代国际保护人权方面的几个挑战。其中一项建议提倡建立一个世界人权法院，该法院具有管辖权，可以审理国家和非国家实体提出的主张，并有权对国家和非国家实体作出具有法律约束力的判决。[4] 这个世界法院有权发布关于临时保护措施的有约束力的命令，确定对人权条约的保留的允许性，并就向侵权行为的受害者提供的补救措施作出有约束力的命令。但是，这些项目是否会达到必要的政治和法律共识还有待观察。在这方面，安东尼奥·卡塞斯（Antonio Cassese）认为，建立一个普遍的人权法院的选择"应该被放弃，因为仅仅因为天真的认为各国将与居住在其领土上的个人提交自己的国内关系以约束国际司法审查"。[5] 其他学者批评各国成立普遍人权法院的理由是：（1）可以声称这样的法院将有偏见，因为它仅是为了保护人权而以其他利益为代价的；（2）可以辩称，现有的地区人权法院最适合保障人权，因为它们距离侵权行为地点更近；（3）反

---

① A. Jara, 'WTO Dispute Settlement: A Brief Reality Check', in: G. Sacerdoti et al. (eds), *The WTO at 10: The Role of the Dispute Settlement System* (Cambridge: Cambridge University Press, 2006), pp. 81-5, 82.

② J. P. T rachtman, 'The Domain of WTO Dispute Resolution' (1999) Vol. 40 *Harvard International Law Journal* pp. 333-77, 336.

③ Zimmermann, 'Dispute Resolution', pp. 16-18 (n 16).

④ See J. Kozma, M. Nowak and M. Scheinin, *A World Court of Human Rights-Consolidated Statute and Commentary* (Wien: Neuer Wissenschaftlicher Verlag, 2010).

⑤ A. Cassese, ' A Plea for a Global Community Grounded in a Core of Human Rights', in: A. Cassese (ed.) *Realizing Utopia-The Future of International Law* (Oxford: Oxford University Press, 2012), pp. 136-43, 141.

对建立一个新的国际法院,或者反对扩大现有国际法院的职权,因为这是一个昂贵的事业。[①]

最后,在投资法领域,国家反对建立国际法院是显而易见的。经济合作与发展组织(OECD)在 20 世纪 90 年代末起草了一份《多边投资协定》,目的是在外国投资领域建立全面的全球体制。该协议提供了强有力的争端解决机制,要求当事各方无条件同意将争端提交国际仲裁。由于经合组织成员国之间的分歧,该项目惨败。[②] 经合组织显然是由发达国家组成的协会。因此可以认为,如果发达国家之间无法就该地区的原则和争端解决制度达成协议,那么达成全球协议的可能性仍然很小。[③] 如今,由于资本输出国(通常是发达国家)和资本进口国(主要是发展中国家或欠发达国家)之间看似不可调和的局面,情况进一步复杂化。[④] 因此,如今,解决投资争端的问题通常是通过双边投资条约(BITs)逐步解决的。[⑤] 这些条约包含关于通过临时或机构仲裁强制解决争端的规则。[⑥]

诚然,上述解决世界问题和国际法问题的方法也会困扰建立文化遗产法院的项目。例如,资本出口国与资本进口国之间看似不可调和的差异,目前阻碍了国际投资法院的建立,这与文化遗产领域中来源国和市场国之间的对抗相似。因此,可能有人认为他们的反对意见将阻碍建立国际文化遗产法院或削弱其属性。

(二)争端的多面性

建立新的国际法院的第二个障碍来自与文化遗产有关的纠纷的性质。这个问题可以通过与环境法领域相提并论来说明。值得在这两个领域之间进行比较,因为它们具有重要的相似之处。[⑦] 环境和文化遗产都必须受到保

---

① S. T rechsel, ' A World Court for Human Rights?' (2003) Vol. 1 *Northwestern University Journal of International Human Rights* pp. i, iv-vi.

② M. Sornarajah, *The Settlement of Foreign Investment Disputes*(The Hague/Boston: Kluwer Law International, 2000), pp. 170-2.

③ Sornarajah, *The Settlement*, p. 18(n 48).

④ Sornarajah, *The Settlement*, p. 171(n 48).

⑤ 迄今为止,已有约 3000 项双边投资条约。联合国贸易与发展委员会(UNCTAD),《2011 年世界投资报告:国际生产与发展的非平等模式》,2011 年,第 100 页。

⑥ 仅在 2009 年,投资法庭审理的案件就比国际法院最初 40 年的争议案件要多,这一事实提供了这种趋势的证据。

⑦ 两者之间的差异是巨大的:艺术品是人造的,而环境法则力求保护天然的东西;虽然艺术品最终被博物馆和私人收藏所吸引,但环保主义者并不试图展示植物和动物标本。

护，以免遭受同样的祸害：不受约束的发展、不受阻碍的私人和公司的贪婪、不顾后果的技术进步、蓄意破坏和武装冲突。而且，保护文化景观和土著人民遗产的规范也证明了这两个领域有一些共同感兴趣的领域。此外，在这些领域的讨论不仅受到律师和法官的影响，也受到许多其他利益相关者的影响，如个人、团体、非政府组织、科学家和政治家。最后，即使在环境法领域，对当前国际制度不足的不满也导致了建立国际法院的呼吁。许多评论员和从业者提出了考虑解决环境纠纷的具体程序。① 这些提议不仅基于环境考虑，而且基于：（1）为了使国际社会的共同利益得到代表，有必要为个人、团体和国际组织提供一个专门的司法管辖区；（2）意识到现有机制不称职，对环境事务既没有专门知识也没有承诺。

　　但是，应该指出的是，与文化遗产领域不同，过去已经尝试过专门的解决环境纠纷的法庭。1993 年，国际法院根据《国际法院规约》第 26 条第 1 款设立了一个环境事务分庭（CEM）。② CEM 的管辖权有限，仅涵盖国家之间的争端。无论如何，在分庭成立的 13 年中，没有任何国家要求其处理案件。结果，国际法院于 2006 年决定不再举行该分庭法官的选举。CEM 的负面经验再次证明了各国不愿接受裁决。CEM 失败的原因之一当然是，各国将环境案件提交给 CEM 而不是提交整个法院，甚至提交给根据《国际法院规约》第 26 条第 2 款设立的特设分庭也无济于事。而且，CEM 在国际环境法方面没有提供任何特殊的专业知识或经验。③ CEM 的失败也预示着诉讼人从未同意将争端描述为纯粹的环境争端。实际上，与文化遗产争端一样，环境争端始终涉及国际法其他分支机构下的问题，例如国际渔业法、④ 人权规范、⑤

---

① 　See, eg M. Vespa, 'An Alternative to an International Environmental Court? The PCA's Optional Arbitration Rules for Natural Resources and/or the Environment' (2003) Vol. 2 *The Law and Practice of International Courts and Tribunals* pp. 295-331; SD Murphy, 'Does the World Need a New International Environmental Court?' (2000) Vol. 32 *George Washington Journal of International Law and Economics* pp. 333-49; P. Sands, 'International Environmental Litigation and Its Future' (1999) Vol. 32 *University of Richmond Law Review* pp. 1619-41; A. Rest, 'The Indispensability of an International Environmental Court' (1998) Vol. 7 *Review of European Community and International Environmental Law* pp. 63-67.

② 　ICJ, Press release 93/20, 19 July 1993, < http://www.icj-cij.org/presscom/index. php? pl =6 >.

③ 　C. P. R. Romano, *The Peaceful Settlement of International Environmental Disputes: A Pragmatic Approach* (The Hague/Boston: Kluwer Law International, 2000), p. 122

④ 　*Fisheries Jurisdiction* (*Spain v. Canada*), Judgment of 4 December 1998, ICJ Reports 1998, 420.

⑤ 　*López Ostra v. Spain*, Application No. 16798/90, ECtHR, Judgment of 9 December 1994.

与威胁或使用武力有关的国际法、①国家继承法、②国际条约法③和世贸组织背景下的贸易协定。④ 通过考虑 *Gabčíkovo-Nagymaros* 项目案例可以说明这一点。该案涉及在多瑙河上修建水坝。匈牙利将此案视为环境案,而对于斯洛伐克而言,该案涉及经济发展。因此,可以假设,如果该案发生时有一个国际环境法院存在,它可能会被要求由国际法院来裁决。但是,对于这样一个法院考虑该案所涉国家继承法和条约法问题的能力和专业知识可能会产生怀疑。⑤ 综上所述,我们可以认为,在过去,诉讼当事人故意忽略了环境保护机制,而倾向于将他们的环境纠纷提交给现有的法庭,以避免诸如此类纠纷的贸易相关方面被忽视的风险。因此,在可预见的将来似乎不可能设立一个国际环境法院。

同样的论点也可以用来回应设立一个文化遗产法庭的建议。鉴于与文化遗产有关的争端从来就不会涉及独特的文化问题,因此可以说,没有两个当事方会同意争端本质上是文化上的争端,也不会将争端提交专门的国际法院。同样地,可以认为,追求文化以外的利益的争端解决者,例如关于贸易自由的争端解决者,将不愿意同意将争端提交一个专门法庭,因为其认为它将无法理解和容纳他们的关切。这些可能是 ICPRCP 令人沮丧的"案件量"背后的某些原因。⑥ 此外,同样的原因解释了为什么通过谈判或调解等非司法性争端解决方法解决了许多与文化遗产有关的争端。⑦

(三) 对国际和地区法院效力的现实评估

最后,应根据现有国际法院和法庭还没有被证明完全有效的事实来审

---

① *Legality of the Threat or Use of Nuclear Weapons*, Advisory Opinion of 8 July 1996, ICJ Reports 1996, 226.

② *Gabčíkovo-Nagymaros Project* (*Hungary/Slovakia*), Judgment of 25 September 1997, ICJ Reports 1997, 1.

③ *Gabčíkovo-Nagymaros Project* case (n 60).

④ *European Community-Measures Concerning Meat and Meat Products* (*Hormones*) (*Beef Hormones case*), WT/DS26/AB/R, Report of the Appellate Body of 16 January 1998; and *United States-Import Prohibition of Certain Shrimp and Shrimp Products*, WT/DS58/AB/R, Report of the Appellate Body of 12 October 1998.

⑤ E. Hey, 'Reflections on an International Environmental Court', in: International Bureau of the Permanent Court of Arbitration (ed.), *International Investments and Protection of the Environment* (The Hague/Boston: Kluwer Law International, 2001), pp. 271-301, 279-80.

⑥ See Ch. III, Pt A, s 4.2.1.

⑦ See the numerous examples listed in *ArThemis*, the database set up by the Art-Law Centre of the University of Geneva, available at < http://unige. ch/art-adr >.

查建立新法院的倾向。重要的是要关注两个关键问题：管辖权和执法。

在过去的几十年中建立的法院和法庭主要关注基础条约生效后发生的事件，以及人权、贸易法和海洋利益等相对有限的国际关系领域。其中，只有人权法院对个人申请人或其他非国家行为者开放。此外，最有可能卷入争端的国家拒绝同意其管辖权。[1] 在这种情况下，只有政治和外交手段可用。也有一些国家退出条约，以逃避该条约设立的司法机构的管辖权，以保护国内利益。例如，美国在 1986 年退出了国际法院的强制管辖权，[2]并在 2005 年退出了《维也纳外交关系公约关于强制解决争端之任择议定书》。[3] 此外，即使国际法院确实拥有管辖权，它们似乎有时也不愿与强大的国家和国际组织面对面，而且在许多情况下，它们采取了可疑的法律对策。[4] 关于遵约问题，应当指出，现有国际法庭的数量和管辖范围的扩大并没有伴随其执行力的增加。这意味着成功的诉讼人，无论是原告还是被告，都不会受到其对手规避策略的保护。确实，出于政治考虑或对等的考虑，国际法院的判决经常被遵守（不是出于法律义务的意义）或完全被忽略。国际法院的各种判决都发生了这种情况。例如，虽然法国响应国际法院禁止在南太平洋进行核试验的禁令，在 1974 年 6 月至 9 月期间进行了 7 次大气层试验，[5]尽管 1970 年宣布"有义务立即从纳米比亚撤回其政府"，但南非一直占领着纳米比亚，直到 1990 年。[6] 对国际法院判决的满意率不令人满意，导致一位学者

---

① Y. Shany, 'No Longer a Weak Department of Power? Reflections on the Emergence of a New International Judiciary' (2009) Vol. 20 *European Journal of International Law* pp. 73-91, 83-4.

② The withdrawal followed the ICJ decision to uphold jurisdiction in the case *Military and Paramilitary Activities in and against Nicaragua* (*Nicaragua v. United States of America*), ICJ Reports 1986, 14.

③ The withdrawal, which led to revoking the compulsory jurisdiction of the ICJ as regards this Convention, followed two decisions of the ICJ (*LaGrand* (*Germany v. United States*), ICJ Reports 2001, 466; and *Avena and Other Mexicans Nationals* (*Mexico v. United States*), ICJ Reports 2004, 12) in complaints by States whose nationals were not provided access to their home State consul contrary to the Vienna Convention on Consular Relations (24 April 1963, 596 UNTS 261).

④ Shany, 'No Longer', pp. 83-4 (n 66), referring to the ECtHR cases Behrami v. France (Application No. 71412/01, 2 May 2007), and *Bankovic v. Belgium and Others* (Application No. 52207/99, 12 December 2001).

⑤ *Nuclear Tests* (*New Zealand v. France*), Judgment of 20 December 1974, ICJ Reports 1974, 457.

⑥ *Legal Consequences for States of the Continued Presence of South Africa in Namibia* (*South West Africa*) *notwithstanding Security Council Resolution* 276 (1970), Advisory Opinion of 5 August 1970, ICJ Reports 1971, 16.

断言,《联合国宪章》第94条规定的程序①已经过时了。② 实际上,第94条为债权国提供了寻求执行判决的政治途径,因为该行动仅由安全理事会决定。③ 实际上,依靠这一规定的少数几次尝试都被安全理事会的否决所挫败。④

在许多领域,遵守国际法院判决的问题是一个严重的障碍。投资法就是其中之一。根据《关于承认和执行外国仲裁裁决的纽约公约》规定,⑤仲裁庭的裁决由国家法院执行,但有例外情况,该公约第5条规定了例外。同样,根据《关于解决国家与其他国家国民之间的投资争端公约》(ICSID公约)规定,⑥每个缔约国都必须执行根据该公约作出的裁决。但是,仲裁裁决的可执行性最终取决于缔约国是否遵守这些条约的规定。除了符合实际、道德和政治上的理由外,没有一个具有强制权力的中央权力机构能够阻止各国拒绝执行仲裁裁决,即不违反其条约义务。

执法也是人权法领域的一个问题。从远处观察,具有法律约束力的人权法庭和超国家机构的增加(及其判例的扩大)可被解释为等同地增加国际人权法保护全世界个人的力量。然而,更仔细地关注这些机构的决定的影响,就会发现法院命令与受其管辖的国家实际发生的情况之间存在差距。这意味着,更大程度地将人权保护制度化并没有增加对人权的尊重。⑦ 造成这一差距的一个原因是,国际和区域人权法院已逐步扩大其管辖范围,将对自由权利缺乏承诺的国家包括在内。⑧ 例如,欧洲人权委员会已经得到俄罗

---

① "1. 联合国每一会员国均承诺在其参加的任何案件中均遵守国际法院的决定。2. 如果案件的任何一方未能履行法院判决所赋予的义务,则另一方可以求助于安全理事会,如果认为必要,可以向安理会提出建议或决定采取何种措施以使判决生效。"

② A. Zimmerman et al. (eds), *The Statute of the International Court of Justice: A Commentary* (Oxford/New York: Oxford University Press, 2006), p. 1246. See also C. Paulson, 'Compliance with Final Judgments of the International Court of Justice since 1987' (2004) Vol. 98 *American Journal of International Law* pp. 434-61.

③ Llamzon, 'Jurisdiction and Compliance', p. 847 (n 38).

④ See, e. g. *Military and Paramilitary Activities in and against Nicaragua* (*Nicaragua v. United States of America*), ICJ Reports 1986, 14; and *Land Island, and Maritime Frontier Dispute* (*El Salvador/Honduras*), ICJ Reports 1992, 351.

⑤ 10 June 1958, 330 UNTS 38.

⑥ 18 March 1965, 575 UNTS 159.

⑦ E. Posner, *The Perils of Global Legalism* (Chicago: University of Chicago Press, 2009), pp. 158-9.

⑧ 但是,即使是现代的自由民主国家也违反了人权义务。在美国和某些欧洲国家,酷刑是违法的,但实际上是可以容忍的,特别是在由安全部门或当地警察实施酷刑时。J. L. Cavallaro and S. E. Brewer, 'Reevaluating Regional Human Rights Litigation in the Twenty-First Century: The Case of the Inter-American Court' (2008) Vol. 102 *American Journal of International Law* pp. 768-827, 769-71.

斯、罗马尼亚和乌克兰的批准，而这些国家的民主治理和法治还没有很好地建立起来。这些国家仍然表现出严重侵犯人权的行为，例如剥夺生命，国家当局过度使用武力、酷刑和非法逮捕，并且不侵犯超国家当局。实际上，在这些州中，欧洲人权法院的判例不会自动执行。对于 ICESCR 和 ICCPR 同样如此，因为这些条约已经被缺乏自由权利承诺的专制国家批准，如阿尔及利亚、白俄罗斯、朝鲜和巴基斯坦。①

　　然而，主要的问题是各国的遵守是自愿的。例如，人权条约所设立的委员会没有权力下令赔偿，也没有权力改变一个国家的做法；他们只能提出建议。结果是，在许多情况下，被告国拒绝与委员会合作或无视所发布的建议。甚至欧洲人权委员会系统也不是没有缺陷。根据《欧洲人权公约》第46条第 1 款规定，在所有缔约国中，所有缔约国均有义务遵守《欧洲人权公约》的判决。但是，这些判决本质上是声明性的，并让国家选择遵守随之而来的义务的手段。欧洲人权法庭不具有使国家规范无效或修改与欧洲人权委员会不符的国家法院的最终裁决的权力。此外，当各国无视欧洲人权法庭的判决时，不会有任何后果。例如，在涉及国家部队谋杀或失踪的案件中，欧洲人权法院通常命令国内政府进行调查。② 实际上，这种情况很少发生。《欧洲人权公约》第46(2)条规定，在不遵守协定的情况下，欧洲委员会部长委员会可以进行干预，以"监督"欧洲人权法院的判决的"执行"。为此，它准备了自己的一套程序规则。③ 但是，这些仅规定委员会可以收到有关被告国采取的执行措施的信息，并可以发布包含对案件评估的公共报告。④ 原则上，部长委员会还可以根据第 46 条第 4 款，将案件移交给 ECtHR 进行侵权诉讼。⑤ 因此，法院有权决定一国是否未遵守其执行最终判决的义务。但是，尚不清楚欧洲人权法庭关于违反第46(1)条的决定可能产生什么后果。第 46 条第 5 款仅规定，该案应"移交给部长委员会，以考虑采取的措施"。委员会可根据《欧洲委员会规约》第 3 条、第 8 条和第 15 条规定，最终决定

①　M. Parish, *Mirages of International Justice. The Elusive Pursuit of a Transnational Legal Order* (Cheltenham : Edward Elgar, 2011), pp. 199-201.

②　See, e. g. Baysayeva v. Russia(Application No. 74237/01, Judgment of 5 April 2007), and *Bazorkina v. Russia*(Application No. 69481/01, Judgment of 27 July 2006).

③　欧洲委员会部长委员会关于判决执行和友好解决条件的监督规则，2006 年 5 月 10 日。

④　Rules of the Committee of Ministers of the Council of Europe, Rules 6-11(n 82).

⑤　Rules of the Committee of Ministers of the Council of Europe, Rule 11(n 82).

将顽强的国家驱逐出欧洲委员会。① 但是,从来没有考虑过这项措施,因为它将与在有关国家促进人权背道而驰。②

最后,某些专门法庭,例如瑞士休眠银行账户理赔法庭、联合国赔偿委员会和厄立特里亚—埃塞俄比亚索偿委员会,已被证明是非常有效的,这一论点应谨慎对待。这种效力在很大程度上取决于它们产生的特殊情况,因为它们被分配了非常具体的任务,而且是在接近有关的违法行为的时候设立的。③

根据上述分析,可以预期,类似的困难将影响国际文化遗产法院的管辖权和执行权。可以补充的是,在艺术领域,对博物馆和艺术贸易专业人士提起诉讼的可能性——无论是在国家法院还是国际法院——通常会导致这些利益相关者在公众的视线之外寻求友好和互利的解决方案。这是因为声誉和保密对这些利益相关者至关重要。换句话说,可以认为,艺术界的具体特点是建立文化遗产法院的障碍,同时也是诉诸非司法解决争端方法的诱因。

四、评价

总而言之,既没有建立新的国际机构,也没有对现有的超国家法院的职能进行修正,这些都不是可行的选择。国家之间缺乏意志,使得这些事态发展更是对未来的愿景,而不是目前的现实选择。近 200 个国家不能轻易就复杂的实质和程序问题以及解决文化遗产争端的棘手问题达成一致。同样,不难想象以前的殖民大国,例如法国和英国,不会同意新的文化遗产法院的管辖权,因为它害怕与国家博物馆中展示的珍宝一起失去声望。实际上,可以说,如果帕特农神殿的一案提交新法院,专家证词可能会支持希腊的归还要求,理由是它们已通过可疑手段被移走,并应与背景重新统一。④ 此外,应该考虑的是,建立一个新的国际机构或修改现有国际法院职能的选择所付

① 5 May 1949,CETS 001.

② 为了应对部长委员会对执行情况进行监督所面临的重大挑战,委员会已开始审查其可用于确保及时执行欧洲人权法院判决的工具是否足够,或是否需要其他工具。一个报告员小组 ECHR GT-REF 目前正在审查若干可能性。与此同时,委员会还授权人权指导委员会审查现有的工具。委员会决定公布其人力资源会议上审查的案例清单,以增加监督过程的透明度,这是近期的结果之一。这一决定应使国家当局、民间社会、申请人和其他有关方面更容易地遵循这一程序。Council of Europe,'Supervision of the Execution of Judgments and Decisions of the European Court of Human Rights,6th Annual Report of the Committee of Ministers,2012',April 2013.

③ Daly,'The Potential for Arbitration',p. 280(n 24).

④ Prunty,'Toward Establishing an International Tribunal',p. 1178(n 20).

出的代价，要大于在不完善的现有法庭下解决争端所产生的费用。实际上，利用现有手段的好处是不需要筹集设立新法庭所需的大量资金。此外，人们已经认识到，由于文化遗产纠纷的种类繁多，提倡一种解决纠纷的方法是不合理的。① 最后，看来最令人信服的解释是，存在于大多数现代民主国家的国内司法的政治和文化基础不能通过设立一个中央法院在国际一级加以改变。在国际层面上，利益分歧的程度比国家内部更大，与法院有关的体制框架薄弱或根本不存在。②

▌第二节　通过互通互鉴解决文化遗产纠纷

一、引言

　　鉴于在进行结构性改革方面存在巨大困难，解决文化遗产纠纷问题的一个更现实的步骤是加强现有法庭的作用。该目标可以通过多种方式实现。一个主要的途径是让审裁人员关注他们的同行的工作。本书的这一部分认为，司法和法外审判者之间更紧密和建设性的互动将使两个相互交织的目标得以实现。首先，它将促进法理学的传播，其中包含在过去几十年中在保护不动产和归还可移动物体方面逐步发展和完善的具有文化敏感性的规则。其次，这将有助于克服困扰所有裁判员决策过程的"知识碎片"。因此，这项改革方案有望通过扩大仲裁员的解释性参数来提高争端解决的质量。因此，它可以被视为"实验与探索"的一个例子，③它可能会导致实施国际文化遗产法和保护文化遗产的方式得到改善。

　　首先，必须澄清的是，本书的这一部分并不主张对裁决者建立具有约束力的义务，以诉诸外部权威。相反，它提议确认一种开放的方法，该方法允许任何审判机构考虑外国法律体系所支持的解决方案，主要是因为它们的固有优点以及因为必须弥补现有法律框架的缺陷。此外，有必要强调的是，此处设想的解决方案不涉及：(1)法官有义务运用上级法院的判决或外国关

---

　　① 　Q. Byrne-Sutton, ' Introduction: Alternative Paths to Explore ', in: Byrne-Sutton and Geisinger-Mariéthoz(eds) ,*Resolution Methods*, pp. 3-13, 12(n 11).

　　② 　Posner, *The Perils*, pp. 166-7(n 78).

　　③ 　Charney, ' The Impact on the International Legal System ', p. 700(n 10).

于债务的判决;①(2)法官有义务承认和执行国际私法准则所强迫的外国法律;(3)将实质性国际规范转化为国内法律命令的问题。

以下各节介绍了裁决人之间互动的一般特征。这将表明这种互动,在大多数法院和法庭上可能都不容易实现。它还将说明,事实已证明,审裁官们知道他们的作用,以及采取务实的行动来保护与文化遗产有关的权益的必要性。因此,尽管没有义务,尽管缺乏中央协调机构,但在通过参考外国裁决制定"跨国司法通讯"的过程中,国家法院将被描述为主要参与者。②

二、评审员之间的互通互鉴:它是什么以及它来自哪里

仲裁员(无论是法官、调解员、仲裁员还是简单的谈判员,无论是本国的还是超国家的,无论是否属于同一法律体系),为了解决悬而未决的争端,他们相互之间越来越多地相互参考和借鉴。这种日益增长的互动的结果是一种全球法学网络,例如,国内法院可以通过动态的法律解释、拟定和执行过程,与其他司法管辖区的法院以及与国际法庭建立联系。

这种"内生"的做法不是新的。这是帝国力量及其殖民地之间公认的现象。如今,互通互鉴的逻辑超出了前殖民帝国的范围。这在国内和国际法院和仲裁庭的实践中以及有关该主题的大量书籍和文章中得到了证实。学者们用不同的方式给这种做法贴上了不同的标签:"司法对话""司法礼让""司法合作""司法全球化""相互借鉴""跨司法主义""跨国司法交流"。③这本书将使用术语"互通互鉴",因为它能够描述在实体或程序问题上裁判沟通的各种方式,从真正的对话(由一个法院发起交流,再由另一法院回应)到独白,其想法或结论被外国法院借用的法院并不知道其工作有外国听众。④

在法律实践中确认互通互鉴现象的最明显原因是:(1)是否存在源自历

---

① A. Mills, *The Confluence of Public and Private International Law. Justice, Pluralism and Subsidiarity in the International Constitutional Ordering of Private Law* (Cambridge/New York: Cambridge University Press, 2009), p. 8.

② S. Muller and S. Richards, 'Introduction: Globalisation and Highest Courts', in: S. Muller and S. Richards(eds), *Highest Courts and Globalization* (The Hague: Hague Academic Press, 2010), pp. 1-19, 15.

③ See A-M. Slaughter, 'A Typology of Transjudicial Communication' (1994-1995) Vol. 29 *University of Richmond Law Review* pp. 99-137, 99.

④ Slaughter, 'A Typology of Transjudicial Communication', pp. 112-13(n 94).

史或地理共性或特定学科网络的法院法系;①(2)学科领域的专业化;(3)跨境挑战的出现导致法律的国际化;(4)由国家任命的法官组成的国际法院的数量不断增加;(5)条约规定要求国际法院审查国内法院的工作;②(6)由于以下原因而要求仲裁员解决涉及跨国问题的争议:(i)人口、财产和资本国际流动的加剧;(ii)关于用尽国内补救办法的规则;(iii)阻碍某些诉讼人进入现有国际法庭的限制;(iv)赋予各国法院对严重罪行行使管辖权的条约,而不论犯罪的提交人或受害人是否具有起诉国的国籍,或该罪行是否在其领土上发生。

这种列举(并非详尽无遗)与影响国际法的变化严格相关。国际法曾经属于调节国家间关系的相对界定的领域。因此,它的运作完全独立于国家法律。如今,两个系统之间的交互已发生了变化。国际法不再局限于国家间的法律。它越来越影响非国家行为者。此外,国家法律制度不再被认为是自治的。国际法与国内法之间的壁垒在整个活动领域都已经崩溃。这是不可避免的结果,因为许多问题不能仅在国家层面得到解决。关心国家事务的内部法律经营者总是要面对这样一个事实,即这些事务具有国际性。结果,各国接受了国际社会的某种形式的监督,国家法院,特别是最高法院,越来越多地采用国际法。因此,毫不奇怪,国内法院和超国家法院参与非正式的立法机制,例如将一个法庭的判例用于另一个法庭。③

三、互通互鉴的形式和方法

区分两种形式的互通互鉴可能是有用的。这些对应于不同程度的承诺。第一种是指垂直的、分级的制度,法官必须遵循另一个法院的裁决。这种关系存在于属于同一国家制度的法院之间,其中有最高法院、上诉法院和初审法院。在超国家层面,国际法院的条约框架内也出现了这种关系。例如,TFEU 一方面规范了欧洲法院与普通法院之间的关系,另一方面又规范了欧洲法院与欧盟成员国国家法院之间的关系。第二种形式的互动是横向的,即使裁判官不必遵循甚至不考虑彼此的判例,也可以跨越国家或地区边界进行。他们也不需要通过引用来承认这种交流的结果。在这两个极端之

---

① G. Canivet, 'T rans-Judicial Dialogue in a Global World', in: Muller and Richards(eds), *Highest Courts and Globalization*, pp. 21-40, 23(n 93).

② See, e. g. Art. 267 TFEU.

③ A. S. Muller, 'The T riple Helix of Culture, International Law, and the Development of International Law', in: P. Meerts(ed.), *Culture and International Law*(The Hague: TMC Asser, 2008), pp. 43-52, 44-6.

间存在许多更细微的位置,在这些位置上,垂直和水平交互形式以不同的方式组合在一起。

此外,有趣的是,互通互鉴的动态机制是可变的。一方面,有些法院更喜欢"交谈"而不是"听"。例如,国际法院倾向于很少提及其他法院的判例。同样,美国法院对咨询比较材料的合法性也持怀疑态度。反对派似乎赞同有关法院应服从立法者的相关观点。① 在美国联邦最高法院劳伦斯诉得克萨斯州的判决中,斯卡利亚大法官的不同意见很能说明问题。他批评了对非美国法理学的引用,声称"法院关于外国观点的讨论毫无意义"。② 在汤普森诉俄克拉荷马州案中,斯卡利亚法官指出:"我们永远不会忘记,我们正在解释的是美国的宪法……其他国家观点……不能通过宪法强加给美国人。"③另一方面,一些法院有意识地协调他们的做法。例如,在欧洲,欧盟法院、欧洲自由贸易协会法院和欧洲人权法庭之间的合作为互通互鉴提供了成功的范例。④

至于互通互鉴的方法,裁审员可以通过在全球范围内定期交换信息和通讯来借势外国权威。信息交换可以是一种方式,并且可以是虚拟的,例如通过引用其他法院的判决。在当今时代,互联网、电子数据库和其他形式的信息技术打破了全面合作与交流形式的实际障碍,例如研究、翻译和解释所花费的时间和经济费用,从而使裁审员可以更快、更轻松地对国际法学和外国法学进行研究。⑤ 裁审员也可以心照不宣地(因此被动地)模拟他们同行的工作,也就是说,无须引用国外的决定。

然后可以通过积极的面对面接触、通过高级国家法庭法官之间、国内法院与区域或国际法庭之间的访问或非正式会议来促进判例和资料的实际流通。例如,大多数欧洲宪法法院(以及行使宪法管辖权的其他类似欧洲机

---

① Muller and Richards,'Introduction',p. 8(n 93).

② 539 US 558(2003),at 598.

③ 487 US 815(1988),at 868-9.

④ See E. -U. Petersmann,'Do Judges Meet Their Constitutional Obligation to Settle Disputes in Conformity with "Principles of Justice and International Law"?'(2007)Vol. 1 European Journal of Legal Studies No. 2,pp. 26-30.

⑤ See,for instance,the databases *International Law in Domestic Courts*(< http://ildc. oxfordlaw-reports. com >)and *ArThemis*(< http:unige. ch/art-adr >). 前者已由牛津大学出版社开发,包含国际法法庭、国内法院和特设法庭对国际公法的决定,并伴有专家分析。*ArThemis* 由日内瓦大学艺术法律中心创建,并提供有关文化财产纠纷的案例记录。另请参阅国际艺术研究基金会(IFAR)的数据库,其中包含判例法,包括诉讼案件和难以找到的庭外和解。

构)都参加欧洲宪法法院会议。大会成立于 1972 年,其存在是因为宪法法院院长打算组织定期会议,以分享宪法实践和法学方面的经验,并在相互尊重和适当尊重司法独立原则的基础上保持定期接触。[①] 欧洲联盟成员国最高司法法院院长网络提供了另一个有趣的例子。该协会成立于 2004 年,它提供了一个通过鼓励讨论和交流思想来拉近最高法院的途径。最高法院成员聚集在一起举行讨论会,讨论共同关心的问题。此外,作为交流计划的一部分,为会员组织了实习。自 2006 年以来,该网络已经建立了一个法学门户网站,该网络的成员可以在所有国家判例法数据库中进行搜索。[②] 另外两个协会已经建立了判例法数据库:国际难民法法官协会[③]和共同使用法语的国家最高上诉法院协会。[④] 此外,美国最高法院还定期与欧洲法院、上议院、德国联邦宪法法院、法国宪法法院、印度最高法院和墨西哥最高法院举行会议。当然,这些场合会导致一些影响,并激发法官成为出借人和借阅人。[⑤] 最后,判例流传的重要决定因素是法官接受的培训。这可以通过由部委、大学和律师协会组织的课程、会议和联合研讨会来实现。[⑥] 为了使法官对其他工作方法有所了解,掌握专门知识并了解职业道德,这些活动有利于司法机构的国际化,并认识到在全球范围内正在进行互通互鉴。[⑦]

四、互通互鉴的实际确认

对一致性和合法性的渴望是如此强烈,以至于在所有法律体系中,裁判官都引用以前的决定来证明其裁决的合理性。[⑧] 但是,实际上,在分层系统之外尚未出现具有约束力的程序义务。尽管这似乎是可取的,但在当代国际法下,并没有足够的权力要求裁决者提及外国同行的工作。

在国内层面,需要区分普通法和大陆法系。在前一种法系中,法官在根据遵循先例的原则对后来的类似案件作出判决时,有义务遵循先前判决中确立的先例。该原则限制了自由裁量权,以确保一致性和可预测性。但是,

---

① See < http://www. confcoconsteu. org/en/common/home. html >.

② See < http://www. network-presidents. eu >.

③ See Ch. V , Pt C,s 2.

④ See < http://www. ahjucaf. org >.

⑤ A. -M. Slaughter,*A New World Order*(Princeton:Princeton University Press,2004), p. 66.

⑥ Shany,*The Competing Jurisdictions*, p. 278(n 4).

⑦ Canivet,'T rans-Judicial Dialogue', p. 33(n 96).

⑧ 律师在其摘要中提及了很多先例。Sandholtz,Prohibiting Plunder,p. 15(n 14).

先例学说还要求法院在遵循这些判决会使法律错误或不公正长期存在的情况下,放弃过去的判决。① 相比之下,在大陆法系中,以前的判例法没有被正式视为法律的渊源。在这里,法官(律师)受过教育,以参考其所在社会的法律规则。

在国际层面,众所周知,普通法中所称的先例原则并不适用。鉴于国际法院规约第59条规定"法院的决定没有约束力,除非在当事人之间,就该特定案件而言",《国际海洋法规约》第33(2)条确认其各项决定"除非在双方之间就该特定争议具有约束力"。这并不奇怪,因为国际和国内法庭不是按等级组织的。②

同样,在欧洲,卢森堡法院和斯特拉斯堡法院的裁决仅对特定案件的当事方具有约束力,或者在欧盟体系内对提请初步裁决的问题的国家法院具有约束力。就仲裁庭而言,也是如此。它们不受以前的裁决的约束,因为根据定义,它们是针对每个特定案例而临时组成的。③ ICSID 公约第53(1)条确认了这一点:裁决对当事方具有约束力。

尽管如此,事实上,不仅在属于普通法系的法律体系(例如美国、英国、加拿大、新西兰和澳大利亚)的法院之间存在外国司法判决的实际使用,也包括混合司法管辖区(如以色列和南非)的法院④和大陆法系国家(如意大利、法国、德国和瑞士)的法院。⑤ 这就意味着,查士丁尼的"无判例原则"并没有成功地阻止判例影响在后一法系中的发展。⑥

国内法院之间、国内法院与国际法庭之间的互通互鉴在各个法律领域都可以看到。在移徙领域,与寻求庇护者有关的国家法院长期以来一直在

---

① N. Duxbury, *The Nature and Authority of Precedent* (Cambridge: Cambridge University Press, 2008), p. 58.

② T erris, Romano and Swigart(eds), *The International Judge*, p. 120(n 40).

③ M. Shahabuddeen, *Precedent in the World Court* (Cambridge/New York: Cambridge University Press, 1996), p. 97.

④ 南非是一个独特的例子,因为其《宪法》第39条要求法官诉诸比较判例法来解释和执行《人权法案》。S. I. Smithey, ' A T ool, Not a Master. The Use of Foreign Case Law in Canada and South Africa' (2001) Vol. 34 *Comparative Political Studies* No. 10 pp. 1188-211, 1195.

⑤ C. McCrudden, 'Human Rights and Judicial Use of Comparative Law', in: E. Orücü(ed.), *Judicial Comparativism in Human Rights Cases* (London: The United Kingdom National Committee of Comparative Law, 2003), pp. 1-22, 2-4. See also B. Markesinis and J. Fedtke, *Judicial Recourse to Foreign Law. A New Source of Inspiration?* (London: University College London Press, 2006).

⑥ Shahabuddeen, *Precedent in the World Court*, p. 6(n 114).

相互援引对《难民地位公约》的解释。① 例如,1993 年加拿大最高法院引用
了美国移民委员会 1985 年的一项决定,后来澳大利亚高等法院(1997 年)、
新西兰难民地位管理局(1998 年)和上议院(1999 年)引用了这项决定。在
后者判决书中,法官们赞扬了新西兰难民地位管理局"令人印象深刻的判
决",该判决借鉴了"德国、荷兰、瑞典、丹麦、加拿大、澳大利亚和美国的判例
法和做法"。② 国内法院还就侵犯人权问题进行司法交流。最近,在人权保
护是否应凌驾于国家豁免原则之上的问题上,各国最高法院的意见发生了
冲突。③ 此外,意大利的科尔特·迪·卡萨泽尼(Corte di Cassazione)通过广
泛参考外国当局判例来裁决了两个人权案件。它首先涉及中断强迫喂养处
于永久和不可逆转的植物状态的人的问题。④ 在这里,最高上诉法院讨论了
欧洲人权法庭、美国最高法院、新泽西最高法院、上议院和联邦最高法院的
判例。在第二个案例中,法院通过对欧洲人权法院和美洲人权法院等国际
法院的国内立法、国际条约和判决的分析,解决了关于胎儿法律地位的问
题。⑤ 此外,最高上诉法院通过大胆地强调了判例法的规范作用,指出法官
越来越意识到法律制度的运作,尽管不同于以先行决策原则为主导的普通
法体系,但允许它们采用一般条款,例如善意、团结和人权的根本重要性,以
使法律保持最新状态。显然,引用该领域的外国决定是受这样一个想法的
启发,即从一个管辖区到下一个管辖区应统一保障人权。⑥ 在英国,《人权
法》(1998 年)第 2 条第 1 款规定,解释《欧洲人权公约》的法庭必须考虑到
《欧洲人权公约》的判例。但是,英国法院也广泛使用了欧洲人权法院以外
的法院的司法裁决。在兰伯特案,伍尔夫 CJ 勋爵、施泰因勋爵和克莱德勋爵
发现加拿大最高法院的判决特别有用。⑦ 在 *NHS Trust A. v. M.* 一案中,伊丽

---

①　28 July 1951,189 UNTS 150.

②　*Regina v. Immigration Appeal Tribunal*,ex parte *Shah*,[1999]2 AC 629,at 643.

③　In *Jones and Others v. Ministry of Interior Al-Mamlaka Al-Arabiya AS Saudiya*(*the Kingdom of Sau-di Arabia*)*and Others*(14 June 2006[2006]UKHL 26),上议院认为意大利卡萨齐奥内法院关于费里尼诉德意志联邦共和国的裁决(2004 年 3 月 11 日,第 5044 号)是国际法的不准确陈述。英国和意大利法院详细讨论了 Kalogeropoulou 和其他人诉希腊和德国案(ECtHR,Application No. 59021/00,12 De-cember2002);*Houshang Bouzari and Others v. Islamic Republic of Iran*(Ontario Superior Court of Justice [2002]OJ No. 1624,1 May 2002);*S. and Others v. Federal Republic of Germany*(Distomo case,III ZR 294/98,26 June 2003);*Federal Republic of Germany v. Miltiadis Margellos*(No. 6/2002,3 March 2003).

④　*Englaro v. Avv. Alessio and Others*,*Corte di Cassazione*,No. 21748,16 October 2007.

⑤　*A. V. v. D. and V. S.*,*Corte di Cassazione*,No. 10741,11 May 2009.

⑥　Muller and Richards,'Introduction',p. 8(n 93).

⑦　*R. v. Lambert*[2001]3 All ER,597(HL)and 624.

莎白·巴特勒·斯洛斯夫人(Dame Elizabeth Butler Sloss)引用了新西兰、爱尔兰、南非和美国的裁决。① 在 1999 年第 3 号总检察长的参考书中,库克勋爵引用了加拿大、澳大利亚和新西兰的案件。② 此外,在环境保护领域,一些国家的法院正在全世界范围内进行对话,印度最高法院在此方面发挥了主导作用。③

最后,有必要通过考虑文化遗产领域的相同做法来总结这一非详尽的例子。值得一提的第一个案例是著名的 *Menzel v. List*。④ 在此案,纽约最高法院下令归还恰加尔的一幅画,这幅画在第二次世界大战期间被纳粹军队偷走,依靠《海牙公约》(IV)、1907 年《关于尊重陆上战争法和习惯的规定》(1907 年海牙法规)以及国外的判例法,如纽伦堡的审判和 *Mazzoni c. Finanze dello Stato* 的决定。⑤ 第二个案例是伯利兹最高法院关于土著人民土地权利的判决。法院裁定支持土著人民的"占有、使用土地的集体权利,并利用其上的资源以及用于其他文化和精神目的",⑥通过参考 IACtHR 以及马来西亚、南非和澳大利业最高法院的判例。此外,在伊朗诉巴拉卡特美术馆案中,⑦上诉法院裁定,英国法院应通过依法承认伊朗的国家所有权法,基于舒尔茨的先例⑧和爱尔兰最高法院芬雷 CJ(Finlay CJ)在韦伯诉爱尔兰一案中

---

① *NHS T rust A. v. M.* [2001]1 All ER,812.

② *Attorney General Reference No. 3 of 1999*[2001]2 AC 91.

③ 1994 年,巴基斯坦最高法院提到了印度的案件(*Zia v. WAPDA*,PLD 1994 Sup. Ct. 693);1996 年,孟加拉国上诉庭的拉赫曼(Rahman)法官将印度法学作为模仿的典范(*Farooque v. Gov' t of Bangladesh*,17 BLD(AD)1(1997)App. Div. (1996));斯里兰卡最高法院于 2000 年批准了印度的一项判决(*Bulankulama v. Sec' y Ministry of Indus. Dev.* [2000]LKSC 18). 印度最高法院本身提到了菲律宾和南非法院的判决。它还引用了欧洲人权法院的判例(*AP Pollution Control Bd. (II) v. Nayudu*[2000] INSC 679,[2001]2 SCC 62(India Sup. Ct.)). E. Benvenisti,'Reclaiming Democracy:The Strategic Uses of Foreign and International Law by National Courts' (2008)Vol. 102 *American Journal of International Law* pp. 241-74,260.

④ *Menzel v. List*,267 NYS2d 804,809(Supp. Ct. NY 1966),rev'd,246 NE 2d 742(NY 1969).

⑤ *Tribunale di Venezia*,8 January 1927,(1927)I *Foro Italiano* 961. 该案涉及意大利和奥地利之间 1919 年圣日耳曼和约的适用以及 1907 年海牙法规。

⑥ *Aurelio Cal and Others v. the Attorney General of Belize and the Minister of Natural Resources and Environment*,Claim Nos 171/2007 and 172/2007,Judgment of 18 October 2007,para. 68.

⑦ [2007]EWCA Civ. 1374.

⑧ *United States v. Schultz*,178 F. Supp. 2d445(S. D. N. Y. 3 January 2002),aff' d,333 F. 3d 393 (2nd Cir. (NY)10 June 2003).

的言论。① 第三起案件是有关 Cyrene 金星的诉讼。② 在这里,宪法法院确认,意大利有义务根据一般和自主的习惯原则将雕塑归还利比亚。法院认为,该原则是禁止威胁使用或使用武力的原则(《联合国宪章》第 2 条第 4 款)与人民自决原则(《联合国宪章》第 1 条第 2 款和第 55 条)之间相互作用的必然结果。斯坦李奥·迪·斯达塔(Staiglio di Stato)认为这些原则属于习惯法,因此参考了国际法院关于纳米比亚③和西撒哈拉的咨询意见。④ 鲁宾诉讼案是最后一个互通互鉴的案例。⑤ 2011 年 9 月,欧图乐(O'Tole)法官裁定原告未能证明这些物品属于伊朗,因此驳回了一项要求扣押波士顿美术博物馆和哈佛大学博物馆收藏的考古文物的动议。重要的是,他依靠伊朗诉巴拉卡特案中的英国判决得出了这一结论。但是,应该指出欧图乐(O'Tole)法官没有完全依靠巴拉卡特上诉案的裁决。他只关注英国法院的裁定,即 1930 年的伊朗法律与政府对源自伊朗的所有文物的自动所有权不符。他没有承认另一项发现,即 1979 年的法律将所有权归属伊朗。尽管此决定可能被视为不正确的法律陈述或不幸的互通互鉴情况,必须强调的是,这样的选择性解读使欧图乐法官能够达到巴拉卡特上诉法院的实质性结果,即防止无价的考古文物收藏被分散。这是由涉及的不同法律问题引起的:鲁宾诉讼围绕免除国家文化财产附加权的问题,而巴拉卡特案是归还案件。因此,对这些案件的"文化敏感"解决方案需要两个截然相反的决定:一个阻止从博物馆的藏品中撤出古物(在鲁宾),另一个阻止恢复原状(在巴拉卡特)。

　　超国家法院之间也事实上使用了互通互鉴。在当前的国际法律秩序中,其裁决的效力不仅限于单个案件,而且至少可以在法院所在的地理区域

---

　　① "人们普遍认为,属于人民的最重要的国家资产之一是其遗产和构成其古代历史的钥匙的物品;并且在一个现代国家中,主权的必要组成部分过去是而且应该是国家对构成重要古物的物体的所有权,而这些古物被发现并且没有已知的拥有者。"*Iran v. Barakat*, para. 2(n 131).

　　② *Associazione nazionale Italia Nostra Onlus v. Ministero per i beni e le attività culturali et al.*, *Consiglio di Stato*, No. 3154,23 June 2008.

　　③ *Legal Consequences for States of the Continued Presence of South Africa in Namibia(South West Africa) Notwithstanding Security Council Resolution 276*,21 June 1971,ICJ Reports 1971,16.

　　④ 16 October 1975,ICJ Reports 1975,6.

　　⑤ *Rubin v. The Islamic Republic of Iran*, Civil Action No. 06-11053-GAO, D. Mass., 15 September 2011.

或法院享有管辖权的部门内有效。① 在欧洲,至少从 20 世纪 90 年代中期以来,欧洲法院和欧洲人权法院定期遵循并引用彼此的判例。这是欧盟法律范围扩大的后果之一:随着欧盟法院提出人权问题,欧洲人权法院的判例被证明是最有吸引力的参考来源。结果是,欧洲法院的判决往往达到了普遍的效果。② 美洲人权体系也有类似趋势。例如,IACtHR 提到了非洲人权和人民权利委员会、加拿大最高法院和南非宪法法院在萨拉马卡案中有关土著社区土地权利的判例。③ 此外,在涉及土著人民土地权利的案件中,非洲委员会向美洲人权委员会和欧洲人权委员会大量借款。④ 之所以可能这样做,是因为《非洲人权和人民权利宪章》第 60 条允许非洲委员会从有关国际人权法中汲取灵感,特别是《联合国宪章》、《世界人权宣言》和联合国专门机构通过的其他文件。

关于国际法院,有人提出,虽然遵循先例的原则不是强制性的,但也不排除其决定所依据的原则具有先例的价值。⑤ 结果,国际法院按照惯例决定自己的决定。⑥ 实际上,《国际法院规约》第 59 条并没有阻止国际法院参考较早案件中的调查结果和不同意见。⑦ 此外,人们早已认识到,尽管本条是必要的规定(鉴于国际法院的管辖权是基于各国的同意),但还有其他相关考虑在起作用。首先是国际法院在其自身的判例中始终追求时间的一致性。⑧ 另一方面,据认为,《国际法院规约》第 38 条第 1 款(d)似乎赞成采用

① 此外,许多国际法院都在进行互惠互利,以填补其构成文书中的空白。通过这样做,他们开始采用与其他国际法庭的惯例相一致的解释和适用程序规则。C. Brown, *A Common Law of International Adjudication*(Oxford:Oxford University Press,2007), p. 41.

② S. Peers, 'The European Court of Justice and the European Court of Human Rights:Comparative Approaches', in:Orücü(ed), *Judicial Comparativism*, pp. 107-29,107(n 116).

③ *Saramaka People v. Suriname*,28 November 2007,Series C No. 172.

④ *Centre for Minority Rights Development(Kenya)and Minority Rights Group International on behalf of Endorois Welfare Council v. Kenya*,Comm. 276/2003(2009), para. 197.

⑤ Shahabuddeen, *Precedent in the World Court*, pp. 105-9(n 114).

⑥ Shahabuddeen, *Precedent in the World Court*, pp. 22-39(n 114).

⑦ M. W. Janis, 'The International Court', in:M. W. Janis(ed.), *International Courts for the Twenty-First Century*(Dordrecht/Boston:Martinus Nijhoff Publishers,1992), pp. 13-41,29-30.

⑧ R. Higgins, 'National Courts and the International Court of Justice', in: M. Andenas and D. Fairgieve(eds), *Tom Bingham and the Transformation of the Law:A Liber Amicorum*(Oxford:Oxford University Press,2009), pp. 405-18,407.

先例学说。① 众所周知，它规定在任何情况下都必须由国际法院"根据国际法裁定争议"并"适用司法裁决作为确定法律规则的辅助手段"。因此，第38条第1款(d)项可以理解为包括国际法院本身基于早期司法裁决的决定对新法律规则的确定。② 因此，第38条将司法裁决称为"辅助手段"这一事实对国际法院和其他国际仲裁机构的判决和意见所表示的尊重几乎没有影响。③ 关于《国际法院规约》第59条和第38条，奥本海姆的国际法规定：

> "法院和法庭的决定是国际法的附属和间接来源。《国际法院规约》第38条规定，在不违反第59条的情况下，法院应将司法裁决作为确定法律规则的辅助手段。由于法官原则上不制定法律，而是适用现有法律，因此，由于他们提出的法律具有某些先行渊源，其作用不可避免地是次要的。然而，司法判决已成为国际法发展的最重要因素，司法判决的权威和说服力有时可能赋予它们比正式形式更重要的意义。在没有任何东西可以接近普通法判例的情况下，国际法庭的裁决并不是国际裁决中法律的直接来源。然而，实际上，作为权威法学家根据摆在他们面前的实际问题作出的公正而周到的法律声明，它们发挥了相当大的影响……国际法院虽然不能将其先前的决定视为具有约束力，但为了司法上的一致性，已以越来越一致的方式提及这些裁决。考虑到围绕国际法编纂的困难，国际法庭将来将以不起眼的方式有效地完成发展国际法任务的很大一部分。"④

除了自己的判断外，国际法院越来越多地参考 PCIJ 和其他国际法庭的做法，包括仲裁裁决。⑤ 值得注意的是，在其关于迪亚洛案件的 2010 年 11 月裁决中，涉及对居住在刚果民主共和国的几内亚籍商人的外交保护，国际法院承认，必须高度重视 HRC 建立的 ICCPR"判例法"：

---

① M. Bedjaoui,'The Reception by National Courts of Decisions of International Tribunals', in: T. M. Franck and G. H. Fox(eds), *International Law Decisions in National Courts*(New York: Transnational Publishers, Inc., 1996), pp. 21, 26-7.

② Shahabuddeen, *Precedent in the World Court*, pp. 76-83(n 114).

③ O. Schachter, *International Law in Theory and Practice*(Dordrecht: Martinus Nijhoff Publishers, 1991), pp. 39-40.

④ R. Jennings and A. Watts(eds), *Oppenheim's International Law Vol. 1 Peace*(9th edn., Harlow: Longman, 1992), p. 41.

⑤ Jennings and Watts,(eds), *Oppenheim's International Law*, pp. 22-39(n 149).

　　"尽管法院绝没有义务……为了使自己对《公约》的解释以委
员会的解释为模型,委员会认为,它应该把这个独立机构通过的解
释放在重要位置……这里的目的是要使国际法和法律安全具有必
要的清晰度和本质上的一致性,具有保障权利的个人和有义务遵
守条约义务的国家都有权享有国际法。"①

　　国际法院还参考了欧洲人权法院和国际人权法院的判例法,其前提是
欧洲人权法院和国际人权法院的某些规定实质上与法院在本案中适用的
《公民权利及政治权利国际公约》和《非洲人权和人民权利宪章》的规定相
近。② 国际人权法庭和条约机构对判例法的这种尊重使国际法院作出了空
前的判决,根据《公民权利及政治权利国际公约》对迪亚洛先生给予赔偿。

　　最后,如前所述,仲裁庭确实引用了其他法庭的先前裁决和决定,并参
与了这一全球法学网络。第一个值得引用的例子是特雷尔冶炼厂的案例。③
在这种情况下,仲裁庭确认该国有责任控制潜在有害的活动或以其他方式
防止对其他国家的领土和环境造成跨界损害。它不仅参考了国际法的一般
原则,而且还参考了美国法院的原则和判决。由 NAFTA 和 ICSID 设立的仲
裁庭作出的裁决提供了更多示例。尽管北美自由贸易协定各法庭在解释
《北美自由贸易协定》第 11 章的规定时广泛依赖世贸组织判例法,④ICSID 的
各个法庭都将欧洲人权法院的判例作为存在间接征收权和按比例原则的权
威,⑤并使用 PCIJ 和 ICJ 的判例法,以界定可辩驳的争议。⑥ 值得注意的是,
ICSID 法庭通常通过陈述其不遵守先例裁决的陈述开始其推理,然后以几乎

---

① *Ahmadou Sadio Diallo* (*Republic of Guinea v. Democratic Republic of the Congo*) , 30 Novembre 2010 , para. 66.

② *Ahmadou Sadio Diallo* , para. 68 (n 151).

③ *Trail Smelter Arbitration* (*United States v. Canada*) , 11 March 1941 , (1949) Review of International Arbitration Awards 1905.

④ See , e. g. *Pope & T albot Inc. v. Canada* , Final Award on the Merits , 10 April 2001 , para. 68 ; and *S. D. Myers* , *Inc. and Canada* , Partial Award , 12 November 2000 , paras 291-3.

⑤ See , e. g. Saipem SpA v. The People 's Republic of Bangladesh , ICSID Case No. ARB/05/07 , Decision on Jurisdiction and Recommendation on Provisional Measures , 21 March 2007 , paras 130-2 ; and *Técnicas Medioambientales T ecmed* , *S. A. v. United Mexican States* , ICSID Case No. ARB/00/2 , Award , 29 May 2003 , para. 116.

⑥ See , e. g. *Lucchetti v. Peru* , No. ARB/03/4 , Award of 7 February 2005 , para. 48 ; *Impregilo v. Pakistan* , No. ARB/03/3 , Decision on Jurisdiction of 22 April 2005 , paras 302-3 ; and *AES v. Argentine Republic* , No. ARB/02/17 , Decision on Jurisdiction of 26 April 2005 , para. 43.

精神分裂的方式援引并遵循自己和他人的先例。① 这些奖项还说明了人权文书的适用范围的扩大，因为所涉国家均未成为《欧洲人权公约》的缔约国。② 此外，国际投资争端解决中心法庭经常在非当事方参与涉及公共利益的争端的问题上采取相互借鉴的方式来确定先例。③ 值得一提的是 Methane 诉美国案的裁决，④因为互通互鉴被用来证明法庭之友决定的合理性。法庭认为，它有权接受法庭之友的意见，不仅是通过参考贸易法委员会的规则。它确认，伊朗/美国的诉讼请求和世贸组织的做法支持这种做法。⑤ 最后，有趣的是，Glamis 金案的裁决⑥让人联想到托马斯·瓦尔德（ThomasWälde）在《国际雷鸟》一案中的独立意见，其中指出：

> "在国际和国际经济法中……可能没有像普通法国家那样正式的'遵循先例'规则，但先例起着重要作用。法庭和法院可能会不同意，并且有完全的自由来偏离特定裁决，但是很难坚持认为它们可以也不应尊重公认的判例。世贸组织、国际法院，特别是投资条约的判例表明，对于法庭而言，不要以分歧意见'对抗'既定的判例法十分重要，除非有可能明确地区分并深入证明这种分歧。在法庭的推理方式中，先例的作用事实上已经得到公认，但也可以从阿尔特的形式上正式推断出来。NAFTA 第 1131（1）条，其中要求

---

① See, e. g. *Saipem SpA v. The People 's Republic of Bangladesh*, ICSID Case No. ARB/05/07, Decision on Jurisdiction and Recommendation on Provisional Measures, 21 March 2007, para. 67; *Marvin Roy Feldman v. United Mexican States*, ICSID Case No. ARB/99/1, Award of 16 December 2002; and *Amco Asia Corporation and Others v. Republic of Indonesia*, ICSID Case No. RB/81/1, Decision on Annulment, 16 May 1986.

② C. Reiner and C. Schreuer, 'Human Rights and International Investment Arbitration', in: P. -M. Dupuy et al. (eds), *Human Rights in International Investment Law and Arbitration*(Oxford/New York: Oxford University Press, 2009), pp. 82-96, 94.

③ See, e. g. *Biwater Gauff*(T anzania) Ltd. v. United Republic of Tanzania, ARB/05/22, Procedural Order No. 3, 29 September 2006; and *Suez, Sociedad General de Aguas de Barcelona, SA and Vivendi Universal, SA v. The Republic of Argentina*, ARB/03/19, Order in Response to a Petition for Transparency and Participation as Amicus Curiae, 19 May 2005.

④ Methanex v. United States, Decision of the T ribunal on Petitions from Third Persons to Intervene as 'Amicus Curiae', 15 January 2001. 这是加拿大投资者声称加州禁止使用对环境不友好的汽油添加剂造成的应予赔偿的损害。

⑤ *Methanex*, paras 32-3(n 160). See P. Friedland, 'The Amicus Role in International Arbitration', in: L. Mistelis and J. D. M. Lew(eds), *Pervasive Problems in International Arbitration*(Alphen aan den Rijn: Kluwer Law International, 2006), pp. 321-8, 323.

⑥ *Glamis Gold Ltd. v. United States*, NAFTA T ribunal, Award of 16 May 2009.

适用'国际法适用规则'。"①

总而言之,尽管没有法律约束力进行互通互鉴的义务,但对过去决定的依赖已成为任何有序争端解决程序的基本特征。相反的情况是临时决定的混乱,无法为后续案件中面对相似但不相同的事实和法律模式的法院或律师提供指导。②

五、互通互鉴:现实的评估

上文提供的法学互动事件导致了一个问题,即尽管缺乏法律约束力,但裁判员援引外国法理学是否合法和合理。彻底讨论互通互鉴的利弊后,我们将进行回应。

(一)优势

从理论上讲,互通互鉴具有多种功能,并具有许多重要的优势。首先,可以参考外部司法管辖区的经验来坚持国际趋势,或者支持或拒绝在特定国家或地区采用的特定解释方法。这需要四个主要推论。互通互鉴:(1)成为国际法进入以前未纳入的法律体系的媒介;③(2)如果这些条件(i)在关键问题上存在不确定性,(ii)为条约解释提供的指导有限,或者(iii)没有约束力,则可以促进国际法律文书的实施;④(3)引导法官从比较的角度审视自己的法律制度,并在必要时敦促立法改革;(4)在提高法律稳定性的过程中起着重要的作用,⑤同时也促进了法律解释的发展。⑥

其次,互通互鉴允许建立国际共识,以应对共同的问题和共同的目标。一个明显的例子涉及人权领域,其中每一项条约的解释和适用均由一个通

---

① *International Thunderbird Gaming Corporation v. United Mexican States*, NAFTA/UNCITRAL, Separate Opinion of 26 January 2006, para. 129.

② D. F. Cavers, *The Choice-of-Law Process* (Ann Arbor: The University of Michigan Press, 1965), pp. 121-2.

③ A. -M. Slaughter, 'Judicial Globalization' (1999-2000) Vol. 40 *Virginia Journal of International Law* pp. 1103-24, 1103.

④ M. Barelli, 'The Role of Soft Law in the International Legal System: The Case of the United Nations Declaration on the Rights of Indigenous Peoples' (2009) Vol. 58 *International & Comparative Law Quarterly* pp. 957-83, 980-1.

⑤ C. Schreuer and M. Weiniger, 'Conversations Across Cases-Is There a Doctrine of Precedent in Investment Arbitration?' (2008) Vol. 5 *Transnational Dispute Management* No. 3, p. 1.

⑥ B. Conforti, 'The Role of the Judge in International Law' (2007) Vol. 1 *European Journal of Legal Studies* No. 2, p. 3.

常由条约本身设立的国际法庭解决。该法庭制定的判例可以影响其他法庭的工作,从而在全世界范围内加强对人权的保护。梅利莎·沃特斯(Melissa Waters)通过定义法律渊源与法院之间的"协同"关系来描述了上述优势:

> "禁止残忍或不人道惩罚的国际法律规范为法院提供了形成对话的共同参考点。同时,对话充实了并使这些国际准则感到满意……对话表明,司法界日益认识到国际法本身在不断发展,部分原因是司法对话。这场对话的参与者不仅在内部化国际法律规范方面而且在首先塑造这些规范的内容方面都发挥着关键作用。"①

再次,司法对话提高了决策质量。法官面临的问题很复杂,在许多情况下,法律要么默默无闻,要么模棱两可。在这种情况下,法官可以超越国界去克服法律的限制。互通互鉴不仅可以导致法律或国家主权的侵蚀,还可以被视为一种重要的工具,可以使裁判员扩大其司法思维范围,超越其法庭中可用的论点,法律趋势和决策结构。通过考虑外国司法意见,裁判员可以更有创造力或更有洞察力地解决特定问题。定期的和相互作用的互通互鉴相当于一种集体商议,产生一个比任何个人都能达成的更好的解决方案。因此,互通互鉴可以应对"知识的碎片化",即法官的法律知识和法学知识不完整。陪审员经常面临可能缺乏专门培训或专门知识的问题,例如专利案件中的科学和工程学,以及刑事案件中的心理学。在这种情况下,除了听取专家的意见并与专家进行咨询外,审裁官还可以从其他司法管辖区如何通过研究外国资料来框架化问题和制定解决方案方面获得宝贵见解。

最后,从无源形式到最活跃对话的互通互鉴的做法允许反对这样的假设,即改变解决特定领域争议的机制是唯一的解决方法。在许多法律领域中,提倡一种解决争端的方法是没有意义的。此外,对于许多争端,不可能用普通的法院诉讼程序来代替,②尤其是考虑到国内法院的执法和制裁权在超国家法律体系中是薄弱的或没有的。

(二)缺陷

第一个问题与以下事实有关:使用外国决定会产生可观的成本,例如研

---

① M. A. Waters, 'Judicial Dialogue in Roper: Signaling the Court's Emergence as a Transnational Legal Actor?', in: D. L. Sloss et al. (eds), *International Law in the US Supreme Court-Continuity and Change* (Cambridge: Cambridge University Press, 2011), pp. 523-9, 524.

② N. Palmer, 'Repatriation and De-accessioning of Cultural Property: Reflections on the Resolution of Art Disputes' (2001) Vol. 54 *Current Legal Problems* pp. 477-532, 480.

究、翻译和解释的时间和经济支出。但是，今天的互联网和其他形式的信息技术也克服了这些障碍，这使判决人能够更快、更轻松地对外国法学进行研究。

其次，裁判员可能会在选择判例法时犯错误，或者可能没有准备好掌握外国司法管辖区的法律和技术方面。实际上，似乎没有明确的参数说明在什么情况下必须提及外国法学、应否排除哪些法律领域、仲裁庭应否提及国家判例法或如何选择过程应该起作用。关于后一点，选择可能会受到许多可变因素的影响：（1）借出系统和借入系统在多大程度上具有相似的价值和共同的思想基础；（2）两个系统所面临的问题之间的相似程度；（3）是否有足够的外国法律材料提供给仲裁员可以使用的语言。

再次，法院和法庭之间没有正式的联系，这意味着审判员在是否考虑以及在何种程度上考虑外国判例方面拥有完全的自由裁量权。① 在这方面，有人争辩说，法官为了达到本国政府的政策目标而诉诸外国当局，以支持他们在特定案件中想要的结果。② 换句话说，有人争辩说，借用和移植的现象等同于"采摘樱桃"，在这种情况下，根据有关裁决者所遵循的议程选择判例。③ 通常，这是通过创造性地利用司法自由裁量权来进行的，从而导致对综合法律渊源的重新解释或与现有先例的背离。此外，在案件选择中，裁决人可能表现出一定的自我约束或偏见。例如，他们可能只关注有限范围的外国司法管辖区的判例。例如，英联邦法官倾向于参考英联邦判例法，主要是英国判例法。

最后，应该考虑到，尽管预计仲裁员将努力做到公正、独立和公平，像所有人一样，他们的个性和工作也受到他们的性格、教育和偏见以及意识形态、政治和宗教因素等影响。这意味着，在涉及贸易和人权问题的争端中，

---

① Ellen Hey 描述了国际法院、世贸组织上诉机构和国际海洋法法庭在预防原则方面的糟糕关系。在 *Gabčíkovo-Nagymaros Project* case（Judgment of 25 September 1997，ICJ Reports 1997，1），国际法院在应用预防原则时未作过多阐述。*Beef Hormones case*（*European Community-Measures Concerning Meat and Meat Products*（*Hormones*），WT/DS26/AB/R，Report of the Appellate Body of 16 January 1998），上诉机构拒绝接受具有约束力的原则，因为除其他外，国际法院在 *Gabčíkovo-Nagymaros* 没有承认这一原则。在 *Southern Bluefin Tuna cases*（*New Zealand v. Japan*，case No. 3，and *Australia v. Japan*，case No. 4）案，ITLOS 适用预防原则，但未提及该原则和国际法院或上诉机构较早作出的决定。Hey 'Reflections'，in：International Bureau（ed.），*International Investments*，pp. 271-301，285-6（n 63）.

② 在国际法庭，这不仅是显而易见的，当法官是一个国家的情况，而且当他的政府已经采取了一个位置或者一个明显的利害攸关的问题感兴趣，尽管它不是一个政党。当然，这些是挑选国际法官程序的一些后果。Schachter，*International Law in Theory and Practice*，pp. 43-4（n 148）.

③ McCrudden，'Human Rights'，pp. 5，17（n 116）.

并非所有裁决者都会选择提及人权而不是贸易判例。① 另外,由于大多数国家的国内法官都不是国际主义者,他们可能会根据当地的法律假设和政策需求来解释国际条约(以及与此有关的外国判例法),并有可能违反该条约的目标和宗旨。②

(三)关于互通互鉴的有用性和说服力

前面的段落强调了相互借鉴会带来一定程度的不确定性,这种不确定性主要源于裁决的"人为因素"。那些把法官之间的对话妖魔化为司法行动主义的人谴责了这一点。③ 关注的焦点还在于分权主义和法律的实证主义范式。④

然而,所察觉到的问题和批评并不能完全排除采用互通互鉴的可能性。事实是,与之相关的风险通常与不诉诸司法机构的诉讼有关的风险并无不同。不论哪种方式,解决程序都取决于裁判员的异想天开。正如所强调的,裁决者不是机械的抽象概念。他们具有创造力、奉献精神、智力敏锐性、同情心的人类美德,以及思考何时以及在何种程度上可以诉诸外国的能力。同时,自豪感、自私自利、阶级、性别、种族偏见甚至无能为力都可能影响他们。⑤ 实际上,有时在国家法院的判决之后会怀疑政治动机。同样,包括国际法院在内的国际法院的判决也不免遭批评。⑥ 因此,不应将国家法院和超国家法院之间的协调行动视为有问题的或对民主原则的侮辱。毕竟,这里不建议将互通互鉴作为灵丹妙药,而是作为解决与解决跨国文化遗产纠纷有关的许多问题的工具。

另外,需要考虑三个方面。首先,诉讼人(及其律师)可以自主合法地提出国际法论据并参考国外惯例。因此,可以说,当事方可以促进互通互鉴的正确性和公平性。其次,国内法院的判决可以由国际或地区法院进行审查。这意味着可以减轻上述潜在危险。最后,与其说是不透明的程序,不如说它

---

① H. Neuhold, 'Variations on the Theme of "Soft International Law" ', in: I. Buffard et al. (eds), *International Law between Universalism and Fragmentation. Festschrift in Honour of Gerhard Hafner*(Leiden/Boston: Martinus Nijhoff Publishers, 2008), pp. 343-60, 355.

② Posner, *The Perils*, p. 115 (n 78).

③ Canivet, 'Trans-Judicial Dialogue', p. 22 (n 96).

④ Muller and Richards, 'Introduction', p. 11 (n 93).

⑤ Katz Cogan, 'Competition and Control', pp. 432-3 (n 9).

⑥ Shahabuddeen, *Precedent in the World Court*, p. 4 (n 114); Schachter, *International Law in Theory and Practice*, pp. 44-5 (n 148).

是反民主的,它应该被看作是一个民主的过程,而各国政府在不透明的程序中采用了影响世界各地公民生活的法规。①

总而言之,可以公平地说,即使没有义务,裁决人也可以正确地进行互通互鉴。原因不仅在于它具有数量众多并弥补其缺陷的优势。更重要的是,法学合作的发展有两个基本原理:有用性和说服力。

当考虑以下两个方面时,互通互鉴的有用性显而易见。首先,外国来源的引用加强了"侦听"法院的判决,因为它提供了其他当局也得出相同或相似结论的证据。② 正如斯劳特(Slaughter)所主张,"参考其他国家类似法院的活动可以作为安全毯"。③ 其次,裁判人员可以参考外国和国际判例来达到狭隘的目的。例如,国内法官可能会决定将这种做法限制在那些他们认为有可能加强保护国内价值观和政策不受利益集团、强大政府、国际机构、甚至私营公司的外部经济、政治和法律压力的地区。④ 这样,国内法院可能会显示出比国家政府更不喜欢这类外国行为者。

说服力把重点放在外国法学的客观力量上。尽管"有约束力的权威"源自国内法官有义务适用和遵循的来源层次,但"说服性权威"在确定权威来源的系统规则下并不对法官具有约束力。外部裁决的"说服力"只有在这样的裁定被认为与解决手头案件有关时才存在。⑤ 换句话说,如果一个外国法院的推理令人信服,它会鼓励其他裁决者采用相同的方法,即使它对他们没有约束力。格伦(Glenn)将说服力权威描述为"吸引遵守而不是强制遵守的权威"。⑥ 斯劳特(Slaughter)确认"由外部法院作出的决定没有权威性",但"它们仅仅因为内在逻辑上的力量而具有分量"。⑦ 显然,可以提供大量相关判例的裁决员通常会更具说服力。确实,许多法律论证与援引说服力的类比和在手头案件的特征与早期案件的特征之间建立重要的相似性有关。⑧但是,尽管先例数量越多,论点就越强,但即使是少数先例,对于背离既定准

---

① E. Benvenisti and G. W. Downs, 'Going Global to Preserve Domestic Accountability: The New Role of National Courts', in: Muller and Richards (eds), *Highest Courts and Globalization*, pp. 163-92, 164-6 (n 93).

② Slaughter, 'A Typology of Transjudicial Communication', p. 119 (n 94).

③ Slaughter, 'A Typology of Transjudicial Communication', p. 116 (n 94).

④ Benvenisti, 'Reclaiming Democracy', pp. 247, 268 (n 127); Shany, 'No Longer', p. 86 (n 66).

⑤ McCrudden, 'Human Rights', p. 5 (n 116).

⑥ H. P. Glenn, 'Persuasive Authority' (1987) Vol. 32 *McGill Law Journal* pp. 261-99, 294.

⑦ A. -M. Slaughter, 'The Real New World Order' (1997) Vol. 76 *Foreign Affairs* pp. 183-97, 187.

⑧ Sandholtz, *Prohibiting Plunder*, p. 15 (n 14).

则也至关重要。①

值得注意的是,欧洲人权法院已成为权威性声明的来源,即使对于未直接受其权威管辖的法院,也可能是因为其作为欧洲人权法院的解释者的作用并未被国内法所承认,或者是因为国家法院的国家不是《欧洲人权公约》的缔约国。借方包括以色列高等法院、津巴布韦最高法院、②南非最高法院、作为牙买加宪法法院的枢密院、赤松高等法院(日本)③和加拿大联邦上诉法院。④ 国际法院是在处理确定习惯法事项的问题时,国家法院可能会求助的另一个来源。如果国际法院已经解决了手头上的法律问题,国家法院很可能会认为它已经在法律上得到了正确的答案,并且不再进一步调查。当然,这反映了国际法院作为联合国主要机构和国际法院的高级机构的地位。⑤

总而言之,遵循具有说服力的先例,证明相似的案件被判为相似,判决不是偏见或随机事件,从而化解了合法性危机。⑥ 更进一步,每当问题成为全球关注的问题时,正在考虑的全球网络都可以促进线性思维的发展。当人类共同关心的问题受到威胁,这是很自然的国内和国际法庭作出反应,并超越本国法律制度的窄边框。⑦ 上述示例说明,由尊敬的最高法院裁决的重要案件的回响远远超出了这些司法管辖区的权限。在这方面,美国第二巡回上诉法院高级法官吉多·卡拉布雷西(Guido Calabresi)辩称,美国法院应效仿德国和意大利宪法法院的领导,以寻找方法向立法机关发出信号,表明一项特定法规正在走向违宪。⑧ 南非宪法法院法官萨克斯写道:"如果我引用了某些美国最高法院法官的话,我就会这么做不是因为我把他们的判决

---

① Sandholtz, *Prohibiting Plunder* pp. 15-16,23(n 14). See also G. T reves,' Il valore del precedente nella giustizia costituzionale italiana ', in: G. T reves (ed.), *La dottrina del precedente nella giurisprudenza della Corte costituzionale*(Torino: UTET ,1971), pp. 3-29.

② See, e. g. *Catholic Commissioner for Justice and Peace in Zimbabwe v. Attorney General of Zimbabwe and Others*(1993 (4) SA 239 (ZS), citing *Soering v. United Kingdom*, Application No. 14038/88, 7 July 1989); *Juvenile v. State*(19 June 1989, No. 64, citing *Campbell v. United Kingdom*, Application No. 13590/88, 25 March 1992); and *State v. Ncube*(2 S. Afr. L. Rep. ,1988,722, citing *Tyrer v. United Kingdom*, Application No. 5856/72,25 April 1978).

③ *X and Others v. the Government of Japan*, Judgment of 25 November 1997.

④ Slaughter, *A New World Order*, p. 80-1(n 108).

⑤ Higgins,' National Courts ', p. 406(n 145).

⑥ Sandholtz, *Prohibiting Plunder*, p. 15(n 14).

⑦ G. Sacerdoti,' Discussion ', in: C. Baudenbacher and E. Busek (eds), *The Role of International Courts*, pp. 203-6(n 6).

⑧ *United States v. Then*, 56 F. 3d 464, 468-9(1995).

当作先例来应用于我们的法庭,而是因为他们的判决以一种优雅而有益的方式阐明了任何现代法庭都面临的问题。"①

其他从业者和学者则强调,仅仅因为外国解决方案是外国的而忽略了外国解决方案,不仅表明了狭隘的作风,而且对问题的性质视而不见。用以色列最高法院前首席法官阿哈伦·巴拉克(Aharon Barak)的话说,没有援引外国判决的法官"没有利用一种重要的灵感来源,这种灵感来源丰富了法律思想,使法律更具创造力,并加强了民主纽带和不同法律制度的基础"。② 此外,考虑挪威最高法院前首席大法官史密斯的声明是有启发性的:"它是一项自然义务,在我们有能力的情况下,我们应参加欧洲和国际辩论,相互交流……这是国家法院的职责……将来自外界的新法律思想引入国家司法裁决中。"③查尔斯·科赫(Charles Koch)认为,法官不应该使自己不受其他国家和超国家法庭的法学影响,因为通过各种渠道之间的交流有很多收获。④ 杰里米·沃尔德隆(Jeremy Waldron)通过法律与科学发现之间的类比描述了互通互鉴的优点。现有的科学对个人研究者来说具有巨大的价值,这是不可想象的,他们会尝试在不依靠该研究者来补充自己的个人研究的情况下继续进行研究。因此,如果某个国家的卫生当局正在应对新的流行病,那么仅看待国内现有的科学数据将是荒谬的。相反,他们会将目光投向国外,关注那些同样或类似流行病已被击败的国家所采取的结论和公共卫生战略。同样,处理新法律问题的裁判员应考虑其他法庭的判例。如果某些令人烦恼的问题已经在其他国家/地区进行了角力,那么致力于追求公正、有效和连贯的待遇就需要检查其他国家/地区的最终产品,以提供指导。这一类比似乎是恰当的,因为争端解决之于国际法就如同病理学之于医学,也就是说,在这种情况下,当事各方就这些规则的实际含义、被谁违反、在何种程度上违反以及违反这些规则的后果进行辩论。⑤

---

① *S. v. Lawrence*, *S. v. Negal*, *S. v. Solberg*, SA 1176,1223(South Africa 1997).

② Cited by A. Liptak, 'US Supreme Court's Global Influence Is Waning', *International Herald Tribune*,17 September 2008.

③ Cited in Slaughter, *A New World Order*, pp. 69-70(n 108).

④ C. H. Koch, 'Judicial Dialogue for Legal Multiculturalism'(2003-2004)Vol. 25 *Michigan Journal of International Law* pp. 879-902.

⑤ J. Waldron, 'Foreign Law and the Modern Ius Gentium'(2005)Vol. 119 *Harvard Law Review* pp. 129-47,132-1,143.

六、法官的角色:互通互鉴是一种适当的司法功能吗

为了对问题进行透视并充分理解迄今为止所分析的法学互动的含义,国内和国际法官的作用需要进一步讨论。通过更好地理解这一作用,可以更好地了解互通互鉴的能力,从而促进文化遗产纠纷有效和连贯的解决。关键问题是:国内和国际法院在国际体系中可以发挥什么作用? 法官应该仅适用法律吗? 他们可以支持进化论的解释吗? 他们是否可以考虑法律之外的因素,例如历史、道德和特殊的地方习俗? 如果法律被证明是不公正或不道德的,他们是否有道义上的义务去忽略法律? 司法裁量权是绝对的吗? 这些问题并不新鲜。它们与审判本身一样古老,并且在整个历史中都伴随着法律制度的发展。在这方面,考虑菲茨毛里斯法官关于个人法官对司法职能的影响的想法很有趣:

> "无论是在国际领域还是在其他领域,法官的工作主要有两种可能的方法。有一种方法认为,这是法官决定当前案件的首要任务,即使不是唯一的职责,为此目的,也仅需进行最少的辩护即可。另一种方法认为这是法官的适当职能,同时适当地判决案件,利用它具有更广泛的兴趣或内涵的那些方面,以便作出可以充实和发展法律的法律和原则的一般性声明。"①

法国法学家乔治·斯凯勒(George Scelle)提出了"双重作用"("角色分裂")理论,为这一讨论作出了贡献。斯凯勒认为,国际法律秩序的原始缺陷是缺乏立法、司法和执法机构。因此,国家官员和机关起着双重作用:"他们是按照州法律秩序运作的代理商和国家统治者;当他们按照国际法律秩序行事时,他们就是国际代理人和统治者。"②因此,例如,当国内法院处理涉及国际法或法律冲突问题的案件时,它就充当国际司法机构。尽管意识到他的理论的局限性,斯凯勒认为采纳这一观点是必要的,否则在国际法律秩序中就不会有立法、裁决和执行。③

---

① G. Fitzmaurice, 'Hersch Lauterpacht-The Scholar as Judge(Part I)' (1961) Vol. 37 *British Yearbook of International Law* pp. 1-71.

② G. Scelle, 'Règles générales du droit de la paix' (1933) Vol. 46 *Collected Courses of the Hague Academy of International Law* pp. 327-704,358.

③ A. Cassese, 'Remarks on Scelle's Theory of "Role Splitting" (*dédoublement fonctionnel*) in International Law' (1990) Vol. 1 *European Journal of International Law* pp. 210-31,212-5,225.

以下各段从两个相互关联的角度讨论国内法官的作用：第一部分涉及国际私法问题；第二部分分析了法官的解释问题和法官能否发挥立法者的角色的问题。这一分析只关注国内和国际法官，因为现有的实践和文献表明，他们处理文化遗产纠纷的方法更具争议性。

（一）法律和国际公共政策的范例

国际私法规则为解决跨国争端应由哪部法律提供预定解决方案。按照经典方法，法院的冲突规则将指导法官根据案件所属的法律类别对案件进行分类，并运用适当的联系因素来选择确定双方当事人的法律制度权利和义务。[1] 这意味着即使所涉问题是跨国的，法官也必须使用国内法律工具。[2] 因此，提出了一个问题，即国际私法的目的是否是在不考虑其内容和所产生的解决方案的实质质量的情况下选择适用的法律，还是应在不考虑所涉外国因素的情况下，为特定的跨国案件寻求最佳的实质性解决方案？这是"冲突正义"与"物质正义"之间的旧困境。前者是可以追溯到萨维尼（Savigny）的古典观点。它通过将每个法律关系分配到其"所属"的领土来解决法律选择问题。[3] 该方法被认为有利于一致性和确定性。然而，规定关联因素的规则非常笼统，忽视了冲突中所选法律的具体内容、目的及其对特定争端的实际影响。实际上，选择管辖权的规则可能会决定准则的应用，而这些准则对于适用于所讨论的问题几乎没有合理的依据。[4] 相比之下，"物质正义"观点的支持者则断言，法官不应以实质上公平和公正的方式放弃其解决跨境争端的责任。因此，他们呼吁法官仔细检查适用的法律，以确定其是否真正产生了"适当的"结果。[5]

米尔斯提出的"系统正义"观点为理解国际私法问题提供了另一种途

---

① 链接由四个连接因素决定：国籍、所在地、交易地点和诉讼地点。F. K. Juenger, *Choice-of-Law and Multistate Justice* (Dordrecht/Boston: Martinus Nijhoff Publishers, 1993), pp. 35-7, 47-8.

② Juenger, *Choice-of-Law*, p. 164 (n 204).

③ Juenger, *Choice-of-Law*, pp. 35-7, 47-8 (n 204).

④ Cavers, *The Choice-of-Law Process*, p. 65 (n 164).

⑤ 在 20 世纪下半叶，"物质正义"的观点取得了重要进展。许多国家编纂了国际私法体系，其中载有旨在实现特定实质性结果的法律选择规则。在美国，涌现出了许多流派，提出了"冲突司法"概念大厦的替代方案：莱夫拉（Leflar）提议使用"选择影响因素"；里斯（Reese）使用"适当法律"方法；Currie 开发了"兴趣分析"；Cavers 指出，只要提问者继续寻求一个规则来表明适用法律的源头而不考虑法律的内容，就无法回答法律选择问题和司法要求。Cavers, *The Choice-of-Law Process*, pp. 84, 92-106, 108-10 (n 164).

径。① 一开始,米尔斯声称,在国际争端中应用国家公共政策"会破坏国际私法对监管机构的一致命令,从而增加了在不同国家对争端进行不一致的法律处理的可能性"。② 根据作者的观点,对国际私法采取纯粹的国内或国内方法会导致各国利益的独立和分离。相比之下,"系统正义"的观点肯定了国际私法构成了通过国内法院运作的单一国际体系。因此,法院不应从本国规则和权力来源所界定的其国内作用的狭隘角度来看待国际私法问题。"系统正义"的观点旨在根据争端与将要实施公共政策的国家之间的联系程度来重新校准国家公共政策的论点:在争端与国家有密切联系但选择了外国法律的地方,可以相对自由地实施地方公共政策;如果争端与国家之间的关系很小,在诉诸国家公共政策时应格外谨慎。③

　　至关重要的是,系统的观点表明,对纠纷的一贯法律处理取决于对"国际公共政策"的考虑。这种"国际公共政策"有时也被称为"跨国公共政策",它揭示了抽象地看起来合法合理的规则在应用于实际争议时可能会失去权威。④ 更重要的是,"国际公共政策"规定,如果一项特定的国际私法规范敦促法院适用与法院的正义感相反的外国法律(或执行外国裁决或仲裁裁决),或者法院的公共政策(或公共秩序)或国际社会认可的某些原则,法院可以选择:可以使该法律生效;或者可能会对其产生负面影响,从而保护相关权利和基本的政策目标。⑤

　　互通互鉴是法官可以作出这种选择的工具之一。上议院宾厄姆勋爵的意见是:

> "如果……在这个国家作出的决定违反了人们的基本正义感,如果对国际来源的考虑表明,在大多数其他司法管辖区,无论其法律传统如何,都将作出不同的和更可接受的决定,这就必须促使人们对有关决定进行焦虑的审查。在一个日益缩小的世界里……不管达到这个结果的方法何等繁杂,结果的一致性一定是有好处的。"⑥

---

① Mills, *The Confluence of Public and Private*, pp. 274-5(n 92).

② Mills, *The Confluence of Public and Private*, pp. 274-5(n 92).

③ Mills, *The Confluence of Public and Private*, pp. 258-9,275(n 92).

④ Juenger, *Choice-of-Law*, pp. 163-9,173-9(n 204).

⑤ Mills, *The Confluence of Public and Private*, pp. 274-87(n 92).

⑥ *Fairchild v. Glenhaven Funeral Services Ltd.* [2002] UKHL 22,32.

在文化遗产法领域,这种"系统正义"的观点是有一定表现的。① 尽管很难说这是多个行为者刻意尝试支持这种观点的产物,但这些表现表明,审判者意识到选择一项而不是另一项法律的后果。但是,仲裁员应解释分歧(或不服从)的原因,以便其他人可以决定这些理由是否适当,并在将来修改其行为。从这个角度来看,互通互鉴可以帮助法律制度适应当代现实。

(二)法律解释与立法

法律理论将法律定义为一门手段科学,其功能是通过对造成社会危害的人实施制裁来制止危害社会的行为,从而维护社会秩序。然而,法律从来没有定论。它提供了抽象和通用的处方,对于那些必须遵守的处方来说,它们并不总是清晰易懂的。这必然导致确定性和灵活性之间的冲突:如果规范提供的定义足够确定,则通常无法吸收新内容;但是,如果它很灵活,则会遭受不确定性和模糊性的困扰。因此,不确定性是法律固有的。因此,解释是必要的,解释是一种创造性的过程,法官用来确定适用规则,阐明其含义,将其与案件的特定事实联系起来并赋予它们新的含义。在适用任何法律之前,需要对其进行解释。在这种情况下,互通互鉴构成了许多有用的工作工具之一,法院可以通过平衡相关规则所基于的目标、价值和利益与其他目标、价值和利益之间的平衡来扩展解释视野。

此外,解释可以被视为国际一级的法官,如国家法律体系中的法官,通过它为解决争端过程中的立法作出贡献。② 这不应被标记为"司法行动主义",即超越法官能力的事物。相反,将法律适用于新旧问题是义务的自然结果。只有通过解释,法官才能决定立法机构已开始的道路以何种方式继续下去是最令人满意的。③ 换句话说,解决争端不仅是中立适用法律规则的机制,而且本身就是立法的机制。因此,法院对有关法律所依据的价值和宗旨的意见必然包括:(1)法官对相互矛盾的规定进行评估和解;(2)填补法律与社会变化的现实之间的空白。④

---

① See Ch. III, Pt A, s 3. 2. 6.

② Ginsburg, 'Bounded Discretion' (n 9) ; Schachter, *International Law in Theory and Practice*, pp. 39-43(n 148).

③ R. M. Dworkin, 'The Judge's New Role: Should Personal Convictions Count?' (2003) Vol. 11 *Journal of International Criminal Justice* pp. 4-12, 5.

④ Cavers, *The Choice-of-Law Process*, p. 86(n 164).

　　许多学者认为，国内法官不应成为真正的立法者，因为这样会增加法律的无效，①也因为是立法部门对修改法律和创造新的法律工具负有主要责任。但是，有时无法清楚地区分法律发现和法律创造：无论何时法院必须处理尚未判决的问题，其判决无疑都将涉及发展措施。② 由于缺乏普遍的立法机构，因此国际法官在通过解释发展新规范方面似乎具有更强大的作用。用沃尔夫冈·弗里德曼（Wolfgang Friedmann）的话来说，"国际法比其他任何法律领域都更呼吁司法创新来填补空白或模糊不清的，缺乏适当立法机制的不确定性"。③ 杰拉尔德·菲茨莫里斯（Gerald Fitzmaurice）认为，国际社会"特别依赖其国际法庭来制定和澄清法律，并向其提供比从国家经常有分歧或不确定的做法所获得的权力更大、更不稳定的权威"。④

　　关键问题是什么是正确的解释系统？

　　《维也纳条约法公约》（VCLT）提供了一般指导。它结合了以下解释方法：文本法（或文字，依赖于对特定条款中包含的单词和短语的分析），系统法（或语境，旨在就其在法规总体框架中的地位及其与其他条款的关系解释单一规范）和目的法（或目的，寻求规范的目的，即规范的比例立法，规范旨在实现的利益、政策和价值）。关于系统性解释，国际法庭曾多次适用 VCLT 第 31 条第 3 款（c）项，以对条约准则进行渐进式解释。在关于纳米比亚的咨询意见中，国际法院承认，解释"不能不受随后法律发展的影响……解释和适用的国际文书必须处于当时盛行的整个法律体系框架内"。⑤ WTO 上诉机构、⑥欧洲

---

　　① R. M. Dworkin, *Justice in Robes* (Cambridge：Belknap Press of Harvard University Press, 2006)，p. 247.

　　② S. Wittich, 'The Judicial Functions of the International Court of Justice', in：Buffard et al. (eds)，*International Law*, pp. 981-1000, 994-6 (n 174)；Shahabuddeen, *Precedent in the World Court*, p. 91 (n 114).

　　③ W. Friedmann, *The Changing Structure of International Law* (London：Stevens, 1964)，p. 142.

　　④ Fitzmaurice, 'Hersch Lauterpacht', pp. 1-71, 14-15 (n 201).

　　⑤ Advisory Opinion of 21 June 1971, ICJ Reports 1971, at 81-2. 此外，在 Gabčíkovo-Nagymaros 一案中，国际法院表示："由于有了新的科学见解，人们对人类风险的认识不断提高。在过去的二十年中，许多文书都制定了新的规范和标准。必须考虑到这样的新准则，并且不仅要在各国考虑进行新活动时，而且要继续进行从过去开始的活动时，都应适当考虑这些新标准。"

　　⑥ See, e. g. *United States-Import Prohibition of Certain Shrimp and Shrimp Products*, WT/DS58/AB/R, Report of the Appellate Body of 12 October 1998, para. 158；and *European Communities-Measures Affecting the Approval and Marketing of Biotech Products*, WT/DS291-293/R, Reports of the Panel of 29 September 2006, para. 7. 70.

人权法院、①IACtHR② 和 PCA 法庭③也采用了相同的方法。这些发现可以重申,国际法官可以使用互通互鉴作为一种工具,使法律以流行的或新的社会信仰和超国家利益来更新,并应对"共同的实质性问题"。④

国家法院可以通过几种方式实现这些目标。它们可以重新解释统一的国际法律原则。他们可以借鉴外国对条约语言的解释,拒绝本国政府的解释。他们可以根据国际法和外国法解释国内(宪法)的规定。⑤ 即使国家政府或立法者未颁布将条约纳入国内法的立法,他们也可以执行国际条约中体现的规范。他们可以采取措施,通过约束自己的政府或扩大对其行动和不作为的管辖权,来考虑自己对当代社会最重要的需求,特别是在认为中央政府无法满足这些需求的情况下。⑥ 因此,认为国内法院总是促进本国特有的利益和价值观是错误的。通过解释技术,法官们打破了国内和国际准则对他们的限制,有时甚至冒着使本国尴尬的危险。⑦ 20 世纪上半叶意大利和比利时的法院对绝对国家豁免规则的态度表明了如此。国家法院发展出一贯的判例模式,最终导致了一套完善的但有问题的习惯国际法规范的发展。最初,意大利和比利时的法院通过发展限制性豁免的理论违反了绝对国家豁免的规则,⑧该理论排除了对外国进行的纯粹商业活动的豁免。然后,其他法院遵循了这一趋势。后来,通过了国家法规,确认了这一变化。如今,大多数司法管辖区都认可限制性豁免。

---

① See, e. g. *Loizidou v. Turkey*(Application No. 1518/89, 23 March 1995, para. 71), and *Mamatkulov and Abdurasulovic v. Turkey*(Application Nos 46827/99, 46951/99, 6 February 2003, para. 94),其中,欧洲人权法院确认欧洲人权委员会是一种"活的工具",要"根据当前的条件加以解释"。

② See, e. g. *Yakye Axa Indigenous Community v. Paraguay*, 17 June 2005, Series C No. 125, paras 126-8; and *The Right to Information on Consular Assistance in the Framework of the Guarantees of the Due Process of Law*, IACtHR Advisory Opinion OC-16/99, 1 October 1999, Series A, No. 16(1999), para. 117.

③ See, e. g. *Access to Information under Article 9 of the OSPAR Convention*, 42 ILM 1118 (2003), 1138, para. 101; and *Iron Rhine Railway*, Award of 24 May 2005, paras 45, 79-80.

④ Slaughter, A New World Order, p. 68 (n 108).

⑤ D. Golove, 'The Supreme Court, the War on T error, and the American Just War Constitutional Tradition', in: Sloss et al. (eds), *International Law* pp. 561-74, 563-4, 572(n 169).

⑥ A. Bianchi, 'Globalization of Human Rights: The Role of Non-State Actors', in: G. T eubner (ed.), *Global Law without a State*(Brookfield: Aldershot, 1997), pp. 179-212, 194-7.

⑦ Bianchi, 'Globalization of Human Rights', pp. 194, 197(n 230).

⑧ For Italy see, e. g. *Romania v. Trutta*(*Corte di Cassazione, Sez. Unite*, 13 March 1926, (1926) I Giurisprudenza italiana 1, 774); *Grecia v. Di Capone*(*Corte di Appello di Napoli*, 1926, (1926) Rivista di diritto internazionale 103). For Belgium see, e. g. *SA des Chemins de Fer liégeois-luxembourgeouis v. l' Etat néerlandais*(Cour de Cassation, 1903, PB 1903, I, 294); *L' Etat du Pérou v. Kreglinger*(*Tribunal de Commerce d'Anvers* and *Cour de Bruxelles*, 1857, PB 1857, 2, 348).

第五章
文化遗产服务中的互通互鉴和共同的裁决规则:走向新的分类法

简介:选择互通互鉴和共同的裁决规则:新的特别法的出现

在详细介绍了互通互鉴的特点和优点之后,现在是确定共同的裁决规则的时候了。在本书的构成中,这些构成了与保护文化空间和古迹以及归还文化物品有关的案件中裁判员之间对话的"实质"。

在此,有必要解释一下"共同裁决规则"一词。这一措辞的灵感来自于《国际仲裁普通法》一书的标题,然而,该书处理的是另一组问题。[①] 至于该短语的含义,它不涉及英美普通法传统。选择"共同"一词是为了反映这样一个事实,即越来越多的裁决者对文化遗产纠纷采取了类似的文化合理的回应。应从一般意义上理解"规则"一词,以表示法律和非法律的戒律。如前所述,"裁决"一词指的是这些规则应通过司法或非司法手段解决争端。

"共同的裁决规则"一词被用作一种"法律盒子",其中包含了文化遗产领域利益相关者的立法、司法、合同、外交和行政实践中产生的规范。因此,这种开放性类别反映了人们对通过适当解决争端来最好地保护文化遗产的关注。[②] 这意味着"共同裁决规则"一词并不指的是全新的规范类别。相反,它符合现行或正在形成的标准、国际法的一般原则以及国内和国际法律规范。因此,并非所有共同的裁决规则都具有使国家和其他利益攸关方承担

---

① C. Brown, *A Common Law of International Adjudication* (Oxford:Oxford University Press,2007).

② 这样看来,共同的审判规则所追求的目标与《法律重述》相同。这些是美国法律协会出版的一套法律专题论文,旨在向美国法官和律师介绍普通法的一般原则。他们没有约束力;但是,它们之所以具有说服力,是因为它们是由法学教授、执业律师和法官的广泛投入制定而成的,并且因为它们反映了美国法律界对法律的共识。请参阅美国法律协会网站,< http://www. ali. org/index. cfm? fuseaction = publications. publicationscatalog > ,2013 年 9 月 10 日访问。

义务的作用,而其中一些可能会影响法庭的国际私法规则的运作,并因此影响适用法律的选择。

有人认为,共同的裁决规则可能有助于以有效和连贯的方式解决跨国文化遗产争端,因为它们承认并支持艺术和文化的特殊性质,并将其置于裁决程序的中心。因此,它们使我们有可能解决将普通法则应用于被赋予特殊意义的物体所引起的问题。如上所示,跨境案件所涉及的不同国家规则造成了法律上的不确定性,因为即使它们被设计用于涉及普通动产的交易,它们也可以应用于文化物品。

此外,共同的裁决规则可能鼓励各国履行加入文化遗产公约所承担的国际义务。的确,这一套规则可以被视为是为了回应有关国际法的意义和执行的争端而调整法定或宪法规范的需要的具体体现。此外,它们可能会影响政府、议会、非政府组织和裁定者表达的法律意见。换句话说,共同的裁决规则可能会推动在公共和私人领域制定规则。

这些论点使人想起,互通互鉴的过程和共同裁决规则的确构成了两种截然不同的现象。互通互鉴是指判例法因其"有用"和"有说服力"而被裁决者形成、传播和应用的过程。相反,共同的裁判规则不仅源于司法或法外机构作出的决定,而且源于各国、国际和区域组织、博物馆、非政府组织和其他利益相关者等通过的文书(例如具有法律约束力的规定、软法规范、内部准则和技术标准)。

从某种意义上说,这里所主张的解决方案对应于将《商人习惯法》(lex mercatoria)模型移植到文化遗产领域。《商人习惯法》(据说是构成国际商业惯例和商业仲裁基础的法律来源)是作为促进中世纪欧洲更好的商业惯例的工具而发展和实施的。它不是最终权威法令的结果,而是基于商业惯例的演变,源于市场的需要和民法对日益增长的商业需求反应不够的问题。它的衰落是由于国家商法典的采用,[①]但是它的特点在 20 世纪和 21 世纪的一些法律领域又重新出现了。因此,尽管在其法律性质和产生过程方面仍有明显的分歧,但《商人习惯法》继续受到学者的关注。它被定义为"一种混合的法律制度,其根源既存在于国内法或国际法中,也存在于被称为'跨国

---

① F. Galgano, *Lex Mercatoria* (Bologna: il Mulino, 2001), pp. 2-4.

法'的模糊定义的一般原则领域"，①由国际商业界自发地、逐步地生产出来，以满足国际贸易的统一需要。② 因此，《商人习惯法》应该提供一套不同于并可能超越"传统"法律形式和机构的规范和争端解决机制，以确认法律的统一性，而不是冲突法规则所产生的法律多样性。③

因此，可以通过互通互鉴来发展和传播共同的审判规则，这可以看作是朝着文化法形成的第一步。换句话说，在处理文化遗产纠纷时，仲裁员采取互通互鉴的观点可能有助于将共同的审判规则转变为"跨国文化遗产法"，即自治的、综合的规则体系。其旨在通过不机械地应用针对涉及普通商品的商业交易制定的规范来增强对文化遗产的保护。因此，这一仍处于初级阶段的特别法将有可能实现遵循先例原则所服务的价值，即法律程序的效率和对处境相似的各方的平等对待，并促进国际社会的共同利益之一。

有趣的是，大卫·卡弗斯（David Cavers）提出了一种关于选拔问题的方法，该方法可与基于互通互鉴/共同裁定规则的裁定员的"间质性"立法制定相提并论。他制定了一些"优先原则"，以指导法院确定何时应在"保护性"法律与"非保护性"法律相抵触的情况下优先选择保护性法律。据他说，这种法律选择规则的出现自然可以在普通法程序下发生：法院寻求公正地解决法律选择问题，但在其面前的法律中找不到任何指导，就会求助于较早的法院判决。在这种情况下，如果法院利用先前的推理，规则或原则就会开始出现。这可以被定义为一种法律选择的规则或原则，随着时间的推移，它可能不再是解释成文法或解释判例法的简单规则，而是一种自治的原则，制约法庭对其他国家法律的合法使用。④ 卡弗斯坚持认为，只有在各国不主张其各自的政策和法律并接受其他国家的不同政策和法律的情况下，才能发展这种原则。他还强调如果以优先原则为基础选择法律的法院在判决中明确

①　H. A. Grigera Naon, 'The UN Convention on Contracts for the International Sale of Goods', in: N. Horn and C. M. Schmitthoff(eds), *The Transnational Law of International Commercial Transactions*(Deventer/Boston:Kluwer,1982), pp. 89-124, 90.

②　N. Horn, 'Uniformity and Diversity in the Law of International Commercial Contracts', in: Horn and Schmitthoff(eds), *The Transnational Law*, pp. 3-18, 14(n 4).

③　R. Steinhardt, 'Corporate Responsibility and the International Law of Human Rights:The New Lex Mercatoria', in: P. Alston (ed.), *Non-State Actors and Human Rights* (Oxford: Oxford University Press, 2005), pp. 177-226, 221-6.

④　D. F. Cavers, *The Choice-of-Law Process* (Ann Arbor: The University of Michigan Press, 1965), pp. 108-10.

指出这一点,则可以促进优先原则的确定和使用。①

然而,必须强调的是,只有文化遗产的"捍卫者"成功地减少了金融界和商业界利益的主导地位,文化法才会有希望。事实上,金融界和商业界长期以来在法律和政治话语中占据主导地位。艺术品商人和收藏家的游说阻碍或推迟了在市场国家批准教科文组织条约的事实证明了这一点。另一个例子是非教科文组织条约(如关贸总协定/世界贸易组织和欧盟条约),它们仅通过措辞狭隘的例外来保护文化利益。相比之下,文化遗产的"捍卫者",如国际组织、非政府组织和艺术专家,才刚刚开始获得关注并赢得战斗。例如,越来越多的艺术贸易专业人士开始意识到有必要修改他们的收购政策,以符合1970年《联合国教科文组织公约》②或国际博物馆协会博物馆道德准则中关于合法收购定义的标准和规范。的确,现有的证据表明,交易商和收藏者越来越重视这些标准,他们担心自己的收藏在不久的将来会受到挑战,那时公约将得到广泛遵守。只要遵守《联合国教科文组织公约》,他们的收藏也出现了价格倍涨的效应:可以证明在1970年之前合法进入市场的艺术品卖得很好,有时会飞涨到难以想象的高度,而那些不能进入市场的艺术品正在滞销。③ 对于文化法的发展同样重要的是舆论的力量,由学者领导的研究表明,秘密挖掘者对考古遗址的不科学掠夺不仅导致艺术珍品的消失和不可销售物品的破坏,而且还导致历史和教育信息的流失。

在开始调查通用裁判规则之前,需要注意两个事项。第一个问题涉及某些共同裁决规则的性质。如上所述,这些规则不构成规则的新类别。它们也不是解决法律冲突的新"统一规则"。其中一些与软法规定相对应,即在政治道德术语中具有规范性质的规则,但其结构不构成具有法律约束力的规范。另一些则反映了一组越来越多的无定形的非法律原则和政策,它们具有某种"相对规范性"的模式。它们被定义为"暮光准则",位于"硬法"和"软法"两者之间的灰色区域。④ 出现的问题是,裁决人员是否可以参考这

---

① Cavers, *Choice-of-Law Process*, pp. 129-30 (n 7).

② 联合国教科文组织《关于禁止和防止非法进出口文化财产和非法转让其所有权的方法的公约》,1970年11月17日,823 UNTS231。

③ S. Melikian, ' Antiquities, with a Proven Record, Drive Auction Market ', *The New York Times*, 14 June 2013; S. Melikian, ' How UNESCO's 1970 Convention Is Weeding Looted Artifacts Out of the Antiquities Market ', *Artinfo*, 31 August 2012.

④ 这些条款是从以下文献中借来的: U. Beyerlin, ' Different Types of Norms in International Environmental Law. Policies, Principles, and Rules ', in: J. Brunnée et al. (eds) , *The Oxford Handbook of International Environmental Law* (Oxford: Oxford University Press, 2007), pp. 425-48.

些不同类别的规范。鉴于以上关于互通互鉴和法官作用的分析，可以提出这样的规范不应被轻视或忽略。相反，如果情况需要，裁决者应考虑并可能采用这样的准则，作为制定跨国约束规则的初步步骤。在当代国际立法的复杂性和动态性之下，国际法律标准很可能产生于不同文书的相互作用，无论其性质如何。事实上，软法和硬法是相互联系、相互交织的，以至于有时很难在两者之间划清界限。例如，软性法律文书可能具有特定的规范性内容，实际上比某些条约中包含的某些"软性"义务"硬"得多。① 毕竟，软法文书之所以如此定义，是因为尽管它们不能给予索赔的权利，但由于它们的说服力，它们可能具有实质性的实际效果。在这方面，应该记住，大会的决议在国际法的许多领域中起了多边条约的先驱者的作用。② 此外，现有的实践证明，软法已经影响了国内的法学和立法，导致非约束性标准转化为约束性规定。③

　　第二个注意事项涉及包含共同裁决规则的法学渊源。迄今为止，针对盗窃和非法移走文化财产的问题进行的司法实践调查显示，进口国尤其是美国和英国法院的案件数量惊人。乍一看，人们可能会为这一优势构成市场国家的另一个不当优势而感叹。但是，通过仔细检查，可以发现事实并非如此。第一，迄今所分析的文化敏感的法学发展的主角主要是市场国家的法院。因此，应将这一判例法视为一个明确的指示，表明这些国家的法官并非不知道有必要给予文化遗产项目特别的待遇。库达希法官在戈德堡案中的一致意见证实了这一观点：

　　　　《联合国教科文组织公约》似乎主要考虑了政府行政部门应采取的措施，司法部门当然应该努力在其决策中反映美国作为缔约

---

　　① D. Shelton, 'Non-Law and the Problem of "Soft Law"', in: D. Shelton (ed.), *Commitment and Compliance: The Role of Non-Binding Norms in the International Legal System* (Oxford/New York: Oxford University Press, 2000), pp. 10-24.

　　② 从这个意义上讲，请参阅国际法院在尼加拉瓜境内和针对尼加拉瓜的军事和准军事活动中的声明（"法律观点可以……除其他外……各国对大会某些决议的态度……同意此类决议案文的效力……可以理解为对决议本身宣布的规则或规则的有效性的接受"）。迪拉德法官在《国际法院咨询意见西撒哈拉》中的意见（"即使大会的一项特定决议没有约束力，但内容相似时许多决议的累积影响却被绝大多数人投票并在一段时间内经常重复可能会引起一般的法律意见，从而构成习惯国际法的规范"）。

　　③ F. Francioni, 'International "Soft Law": A Contemporary Assessment', in: V. Lowe and M. Fitzmaurice (eds), *Fifty Years of the International Court of Justice. Essays in Honour of Sir Robert Jennings* (Cambridge/New York: Cambridge University Press, 1996), pp. 167-78, 175-6.

国的国际协定的精神和文字。①

第二,美国和英国是世界上最大的艺术市场所在地。因此,当艺术品最终流失到那里(如果它不流向瑞士、日本、俄罗斯或其他主要进口国)时,提起诉讼是合乎逻辑的。

第三,美国和英国的法院在防止被盗物品(在其他法规明确允许的情况下)的进口(和命令归还赔偿金)方面更加活跃。②

以下各节根据不同的规范程度,提供了审判的通用规则(本书希望对这些规则作出贡献)的目录。因此,国际法的一般原则是第一位的。接下来是有效的或形成的标准和法律规范。最后一部分提供了实用的分析方法,说明了通过互通互鉴媒介传播共同裁判规则的含义,并提出了两项加强这一实践的建议。

第一节　与国际法一般原则相对应的共同的裁决规则

一、介绍

关于文化遗产保护的国际法一般原则属于共同的裁决规则。这些是保护文化遗产不受武装冲突影响的义务,并相应禁止对文化遗产的暴力行为;禁止掠夺艺术品,以及随之而来的归还义务。这些规则是战争法历时 1 个世纪演变的结果,战争法从关于被占领土上平民和财产的完全无法无天的状态发展为相当复杂的人道主义法体系。③ 在接下来的章节中,我们将讨论这些原则的起源、发展和确立的主要和次要的来源。

这一证据有力地表明,这种义务可以作为一般国际法的事项强加于各国,因此不受其同意受具体条约的约束,也不考虑有关遗产的地点。事实

---

① Concurring Opinion of Circuit Judge Cudahy, *Autocephalous Greek Orthodox Church of Cyprus v. Goldberg & Feldman Fine Arts Inc.* ,717 F. Supp. ,1374 , S. D. Ind. (1989) , *aff' d* ,917 F. 2d 278 ,7th Cir. (1990).

② L. M. Kaye, ' Art Wars: The Repatriation Battle ' (1998-1999) *New York University International Journal of Law and Politics* pp. 79-94 ,92. See Ch. III ,Pt A ,s 2. 2.

③ S. von Schorlemer, ' Cultural Heritage Law: Recent Developments in the Laws of War and Occupation' ,in: J. A. R. Nafziger and A. M. Nicgorski(eds) , *Cultural Heritage Issues: The Legacy of Conquest, Colonization, and Commerce*(Leiden: Martinus Nijhoff Publishers ,2009) , pp. 137-58.

上,根据国际惯例,它将表明,目前要求各国尊重和保护位于其他国家、在国家管辖范围以外的空间,甚至在其本国境内的文化遗产项目。①

二、发生武装冲突时保护文物的义务

在武装冲突中破坏文化材料并不是什么新鲜事。例如,在 11—13 世纪的军事运动中,十字军消灭了属于非基督教宗教的文物。再举一个时空遥远的例子,在 15 世纪初,阿兹特克皇帝伊兹考特尔命令销毁所有石碑和所有书籍,其唯一原因是根据他自己的观点重写传统。1 个世纪以后,西班牙征服者忙于擦除和焚烧他们所击败的文明的宏伟迹象或痕迹。同样,1991 年至 1995 年在前南斯拉夫领土上发生的巴尔干战争期间,对人类最基本的规则进行的有组织的和可怕的侵犯的数量令人发指。为了实现消灭敌对种族集团的目标,交战各方不仅犯下了最残暴的侵犯人类尊严的罪行,包括大规模屠杀、即决处决和有计划的强奸;他们还故意亵渎或摧毁了拥有宗教信仰的地方,以通过对文化的破坏和屈辱来削弱敌人的抵抗力。② 但是,在这种情况下,国际社会的反应是一致和坚决的:它确定了文化遗产的不可侵犯性,并确认不再允许销毁被遗弃的遗迹和象征的旧做法。

将文化物体作为在战争中应受到特别保护的特定类别的物体的思想起源可以追溯到古代。波利比乌斯说:"这是摧毁这些东西的愤怒的信号,这些东西一旦被破坏,就不会削弱敌人,也不会给破坏它们的人带来好处:这些东西是寺庙、柱廊、雕像等。"③在 16 世纪和 17 世纪,保护艺术品的其他教义举动发生了,当时诸如雅各布·普鲁卢斯基(Jacob Przyluski)和阿尔伯卡·伊根蒂利(Alberico Gentili)等法学家提出了革命思想,即交战者应尊重建筑和艺术遗产。④ 如今,国家实践已确立为适用于国际和非国际武装冲突的习惯国际法规范,该规则规定冲突各方必须保护并避免针对宗教、艺术、

① F. Francioni, 'The Evolving Framework for the Protection of Cultural Heritage in International Law', in: S. Borelli and F. Lenzerini(eds), *Cultural Heritage, Cultural Rights, Cultural Diversity. New Developments in International Law*(Leiden/Boston: Martinus Nijhoff Publishers, 2012), pp. 3-25,7.

② F. Lenzerini, 'The Role of International and Mixed Criminal Courts in the Enforcement of International Norms Concerning the Protection of Cultural Heritage', in: F. Francioni and J. Gordley(eds), *Enforcing Cultural Heritage Law*(Oxford: Oxford University Press, 2013), pp. 40-64,44.

③ Quoted in J. H. Merryman, 'Cultural Property Internationalism'(2005) Vol. 12 *International Journal of Cultural Property* pp. 11-39,14.

④ J. T oman, *The Protection of Cultural Property in the Event of Armed Conflict*(Dartmouth: Aldershot, 1996), pp. 4-5.

科学或教育的建筑,或历史古迹采取破坏行动,除非军事上有必要。①

(一) 国家立法、条约和外交惯例

武装冲突期间规范文化遗产保护的具体努力只有在 19 世纪中叶才出现。最初,这些努力采取了国内立法的形式。第一个值得一提的工具是 1863 年的《利伯守则》。② 这是为了适用于美国内战中联邦军队的行为而起草的。《利伯守则》禁止在武装冲突中针对不动产文化遗产的暴力行为。《利伯守则》对文化财产的处理的影响可以追溯到 1874 年《布鲁塞尔宣言》、③1880 年《国际法学会陆战法规和习惯章程》、④1899 年和 1907 年《海牙公约》⑤和《保护艺术和科学机构及纪念碑的条约》。⑥ 后一项条约宣布,博物馆、纪念碑和科学及文化机构应被视为"中立的,并因此受到交战方的尊重和保护"。⑦ 1907 年《海牙公约》(1907 年《海牙规则》)所附关于陆上战争法律和习惯的条例第 56 条宣布:

> 市政当局的财产,宗教、慈善、教育、艺术和科学机构的财产,即使是国家财产,也应视为私人财产。所有……对这种性质的机构、历史遗迹、艺术和科学作品的破坏或蓄意破坏是被禁止的,应成为法律诉讼的对象。

此外,第 23(g)条规定,在敌对行动期间,除非出于军事理由,不应攻击

---

① ICRC,'Rule 38:Attacks against Cultural Property', *Customary International Humanitarian Law Database*, < http://www.icrc.org/customary-ihl/eng/docs/v1_cha_chapter12_rule38 >, accessed 20 September 2013.

② 1863 年 4 月 24 日第 100 号总令第 34—36 条《根据陆上战争法和惯例授权的战场上军队的作战指南》。奇怪的是,《利伯守则》是基于作者对拿破仑劫掠的直接经历:作为一个年轻的普鲁士人,利伯在滑铁卢战役中幸存下来,并最终移民到美国。

③ International Declaration concerning the Laws and Customs of War,27 August 1874(1907)*American Journal of International Law*(Supp.)p.96.

④ Also known as 'Oxford Manual'. Reproduced in D. Schindler and J. Toman(eds), *The Laws of Armed Conflicts. A Collection of Conventions, Resolutions and Other Documents*(3rd edn., Dordrecht:Martinus Nijhoff Publishers,1988),p.36.

⑤ Hague Convention(II)with respect to the Laws and Customs of War on Land,29 July 1899(1907) Vol.1 *American Journal of International Law* p.66;and Hague Convention(IV)respecting the Laws and Customs of War on Land,18 October 1907(1908)Vol.1 *American Journal of International Law* p.165.

⑥ 15 April 1935,167 LNTS 279. Also known as Roerich Pact.

⑦ Preamble and Art.1(n 27).

或轰炸致力于艺术和科学的纪念碑和建筑物。① 正如 1907 年《海牙规则》第
56 条所指出的那样,尊重这些规定中所指资产的义务源自它们与私有财产
的同化。

　　不幸的是,这些法典准则并没有阻止在两次世界大战期间的大范围破
坏和摧毁,如莱姆大教堂的破坏、卢凡图书馆的焚毁、德累斯顿和伦敦的轰
炸。② 联合国教科文组织通过 1954 年《海牙公约》对此类事件作出了反应。③
该条约要求缔约各方特别注意避免损害"对每个人的文化遗产都具有重要
意义的动产或不动产"。④ 1954 年的《海牙公约》试图通过鼓励在这种财产
上加上蓝白相间的盾牌来加强保护,⑤并将攻击的合法性限制在非常特殊的
情况下,即在"迫切的军事需要"情况下可以援引豁免。⑥ 正如 1993 年联合
国教科文组织大会所指出的那样,所载的基本义务被普遍认为反映了习惯
国际法。⑦

　　自 1954 年以来,引入了其他相关条约,最著名的是 1949 年《日内瓦四公
约》的 1977 年附加议定书。⑧《第一号议定书》涉及国际战争,⑨《第二号议
定书》涉及内部冲突。⑩ 两项议定书都禁止针对"构成人民文化或精神遗产
的历史性纪念碑、艺术品或礼拜场所"的军事行动或用于任何军事用途。⑪

---

　　① 此外,第 27 条规定,在战争期间,必须采取一切必要步骤,尽可能保留用于宗教、艺术、科学
或慈善目的的建筑物和历史纪念碑。

　　② "一战"后成立的责任委员会(Commission on Responsibility)在报告中指出,肆意破坏宗教、
慈善、教育和历史建筑和纪念碑的行为违反了战争的法律和习俗,将受到刑事起诉。ICRC, ' Rule
38 : Attacks against Cultural Property ' , *Customary International Humanitarian Law Database*, < http://
www. icrc. org/customary-ihl/eng/docs/v1_cha_chapter12_rule38 > , accessed 20 September 2013.

　　③ 14 May 1954,249 UNTS 240.

　　④ Art. 1(a).

　　⑤ Arts 6 and 16.

　　⑥ Art. 4(2).

　　⑦ UNESCO General Conference, Res. 3. 5,13 November 1993,Preamble.

　　⑧ 1949 年《关于战时保护平民的公约》第 33 条和第 53 条也是有关的。前者禁止抢劫和对财
产的报复。后者禁止"占领国对个人或集体、国家或其他公共当局或社会或合作组织的不动产或个
人财产的破坏……除非军事行动使这种破坏成为绝对必要"。

　　⑨ 《1949 年 8 月 12 日日内瓦公约关于保护非国际性武装冲突受难者的附加议定书》(第一议
定书)。

　　⑩ 《1949 年 8 月 12 日日内瓦公约关于保护非国际性武装冲突受难者的附加议定书》(第一议
定书)。

　　⑪ 见《第一号议定书》第 53 条和《第二号议定书》第 16 条。另见《关于禁止或限制使用某些常
规武器的公约》所附的《关于禁止或限制使用地雷(水雷)、饵雷和其他装置的议定书》第 7(1)(i)
条,这可能被认为极具伤害力或滥杀滥伤作用,1980 年 10 月 10 日,1342 UNTS 168。

值得注意的是,《第一号议定书》第53条适用于"不影响1954年《海牙公约》条款"的情况。这一点非常重要,因为第一号议定书的规定比海牙公约的规定更严格。事实上,前者禁止对文化财产采取敌对行动,而根据后者,缔约国必须避免采取这种行动。根据许多国家在筹备会议上的要求,1954年《海牙公约第二号议定书》①加强了保护体系,但在有军事需要的情况下仍保留了豁免。但是,该议定书明确而严格地规定了军事需要的限度:

> "出于军事必要性的放弃……仅在以下情况下才可被援引以针对文化财产采取敌对行为:(i)根据其功能将文化财产视为军事目标;(ii)没有可行的替代方法来获得与针对该目标采取敌对行动所提供的类似军事优势。"②

《第二号议定书》进一步要求在一定的指挥级别上确定这种必要性,并在遇有攻击时,在情况许可时发出有效的预先警告。③

在20世纪后期发生的战争中,文化遗产的抢劫和破坏促使国际法的进一步发展,即在国际保护文化遗产与国家和个人责任之间建立了联系。换句话说,国际刑法通过一系列国际和国际化的法庭扩大了国际人道主义法对文化遗产的保护。④

《前南问题国际法庭规约》第3(d)条申明,个人应对违反战争法和习惯的行为负法律责任,包括"破坏或故意破坏致力于宗教、慈善和教育、艺术和科学、历史遗迹以及艺术和科学作品的机构"。国际刑事法院规约第8(2)(b)(ix)条和第8(2)(e)(iv)条是确认个人对侵犯文化资产罪行负有责任的另一个重要法律依据。⑤ 这些涉及国际和非国际武装冲突,并可将针对宗教、教育和艺术目的建筑物或历史纪念碑的任何攻击定性为战争罪,"只要它们不是军事目的"。《关于设立柬埔寨法院特别法庭起诉民主柬埔寨时期犯下的罪行的法律》第7条更为精确。它指出,柬埔寨法院的特别分庭(the Extraordinary Chambers in the Courts of Cambodia,ECCC)将"有权根据1954

---

① 26 March 1999,38 ILM 769(1999).

② Art. 6(a).

③ Art. 6(c)and(d).

④ A. F. Vrdoljak,'Human Rights and Illicit Trade in Cultural Objects',in:Borelli and Lenzerini (eds),*Cultural Heritage,Cultural Rights,Cultural Diversity*,pp. 107-40,116(n 18).

⑤ UN Doc. A/CONF. 183/9. See M. Frulli,'The Criminalization of Offences against Cultural Heritage in Times of Armed Conflict:The Quest for Consistency'(2011)Vol. 22 *European Journal of International Law* pp. 203-17.

年《海牙公约》,对武装冲突中破坏文化财产的所有嫌疑犯进行审判"。① 此外,1954 年《海牙公约》承认,严重违反文化遗产保护规范可能导致国际和个人刑事责任的原则。第 28 条规定:"缔约各方承诺在其普通刑事管辖权框架内采取一切必要步骤,对犯有或命令犯下违法行为的任何国籍的人提起刑事诉讼或进行纪律处分"。《第二号议定书》载有关于个人刑事责任的更多和更详细的规定。它要求各缔约国建立刑事制裁,以惩罚第 15 条第 1 款所列举的"严重侵权行为"。② 此外,第 16 条引入了对第 15 条所列"严重侵权行为"的普遍管辖权原则。第 17 条规定,发现犯罪者在其境内的缔约国有义务起诉或引渡该人。与此相关,必须回顾的是,有关个人刑事责任的规定不影响各国为违反国际人道主义法行为提供赔偿的责任。③

关于有意破坏文化遗产的宣言也与此调查有关。该法案于 2003 年被联合国教科文组织大会通过,以谴责塔利班于 2001 年炸毁巴米扬大佛的雕像。与传统战争对敌人文化财产的破坏不同,在这种情况下,两个砂岩雕像出于宗教原因沦为现代独裁的牺牲品。佛像被炸毁的动机是,他们被认为是违反伊斯兰教义的。因此,这是一个纯粹的宗教问题。④ 联合国教科文组织大会通过了《宣言》,进一步确认了国际法制裁文化遗产的不可侵犯性。实际上,尽管《宣言》仅代表道义上或政治上的承诺,但它确定:(1)故意破坏对人类具有重大意义的文化遗产构成违反习惯国际法的行为;(2)国家责任和个人刑事责任源于故意破坏或未采取适当的保护措施。

有趣的是,安娜·弗多尔亚克(Ana Vrdoljak)认为,尽管在和平时期禁止有意破坏文化遗产的禁令的性质存在不确定性,但 2003 年《联合国教科文组织宣言》与前南问题国际法庭的判例共同强调了战时与和平时期所给予

---

① 见,http://www.eccc.gov.kh/en/document/legal/law-on-eccc,2013 年 8 月 31 日访问。特别法庭是由柬埔寨政府和联合国设立的一个混合刑事法庭,审判红色高棉的高级成员在 1975 年至 1979 年间犯下的反人类罪。ECCC 是柬埔寨法院系统的一部分,适用于有关期间有效的国际法和柬埔寨刑法。

② "任何人如故意违反本公约或本议定书,并有下列行为之一,即构成本议定书所指的犯罪:a. 把加强保护的文化财产作为打击对象;b. 利用受加强保护的文化财产或其周边环境支持军事行动;c. 对《公约》和本议定书保护的文化财产的广泛破坏或侵占;d. 使受《公约》和本议定书保护的文化财产成为攻击目标;e. 针对《公约》保护的文化财产的盗窃、抢劫或盗用或蓄意破坏行为。"

③ 第二号议定书第 38 条。

④ F. Francioni and F. Lenzerini, 'The Destruction of the Buddhas of Bamiyan and International Law' (2003) Vol. 14 *European Journal of International Law* pp. 619-51.

保护之间的鸿沟。① 2003 年的联合国教科文组织宣言针对的是一个国家如何对待其境内的文化遗产,它有助于在战争或军事占领以外的情况下,使领土主权的保护失效。② 换句话说,各国可能不再依靠其主权权力来证明本国遗产遭到破坏是合理的。此外,鉴于《宣言》是国际社会共同通过的,因此可以用来确定塔利班故意破坏对国际法发展的影响。政府可能会违反国际准则,几乎不会受到制裁。但是,明显的有罪不罚现象并不意味着没有违反既定义务,也没有违反规则。相反,如果所有(或大多数)其他国家都谴责这种违反行为,它仍然是一种违反行为,这一规则得到确认。③ 弗朗切斯科·弗朗西奥尼(Francesco Francioni)总结了过去 20 年来有关故意毁坏的法律所发生的事态发展来肯定:任何国家领土上的文化遗产都可以被视为国际社会普遍关心的一个要素,因此,即使在领土国的意愿下也必须予以保护。④ 换句话说,文化遗产项目对于国家、社区和个人身份的重要性,证明了领土国的绝对酌处权的局限性以及国家对故意破坏或未能保护此类项目的责任的相应归属,即使在与武装冲突无关的纯粹国内局势中。费德里科·伦泽里尼(Federico Lenzerini)认为,尽管具有讽刺意味,但 2003 年的《联合国教科文组织宣言》却主张"存在一种普遍的法律权利,即禁止故意破坏具有重大人类价值的文化遗产的行为具有约束力"。⑤ 此外,人们已经提出"保护文化遗产是出于公共利益的考虑……在世界上大多数先进的国内法律体系中得到公认。没有文明国家……承认一项重要艺术品的私人拥有者有权销毁它,这是行使据称无限量的私有财产权的一部分"。⑥ 罗杰·奥基夫(Roger O'Keefe)甚至说,威胁其本国境内某些古迹安全的国家不再有权援引《联合国宪章》第 2 条第 7 款的国内管辖权保护。⑦

---

① A. F. Vrdoljak,'Intentional Destruction of Cultural Heritage and International Law' (2007) XXXV *Thesaurus Acroasium* pp. 377-96,377.

② J. P. Fishman,'Locating the International Interest in Intranational Cultural Property Disputes' (2010) Vol. 35 *Yale Journal of International Law* pp. 347-404,365.

③ Sandholtz,*Prohibiting Plunder. How Norms Change*(New York:Oxford University Press,2007), p. 19.

④ F. Francioni,'Beyond State Sovereignty:The Protection of Cultural Heritage as a Shared Interest of Humanity' (2004) Vol. 25 *Michigan Journal of International Law* pp. 1209-29,1220.

⑤ F. Lenzerini,'The UNESCO Declaration Concerning the Intentional Destruction of Cultural Heritage: One Step Forward and Two Steps Back' (2003) Vol. 13 *Italian Yearbook of International Law* pp. 131-45,134.

⑥ Francioni and Lenzerini,'The Destruction of the Buddhas',p. 635(n 49).

⑦ R. O'Keefe,'World Cultural Heritage Obligations to the International Community as a Whole?' (2004) Vol. 53 *International & Comparative Law Quarterly* pp. 189-209,206.

除国际条约外，许多军事手册还规定了避免损坏建筑物和古迹的义务（前提是它们不用于军事目的）。这些手册还包括非（或当时不是）1954年《海牙公约》缔约国的手册。[①] 此外，许多国家的立法确认，攻击文化资产是应受惩罚的犯罪。[②] 最后，值得一提的是1999年联合国秘书长通函。这禁止联合国武装部队从事军事任务，无论是否在国际冲突中，攻击"构成人民文化或精神遗产的艺术纪念碑、建筑或历史、考古遗址、艺术品、礼拜场所和博物馆和图书馆"。[③] 它还包括禁止将毗邻文化遗产的地区用于军事目的。

（二）司法实践

至于司法实践，前南问题国际法庭在若干情况下对属于第3(d)条范围内的案件进行了审查，指控许多肇事者自愿破坏或故意破坏文化财产，认为这是严重违反战争法和习惯的行为。这个法学体系对于加强联合国教科文组织通过的有关有形和无形文化遗产的公约所载目标至关重要。[④] 由于前南问题国际法庭的判例法在其他地方已有评论，[⑤]在此回顾一下，前南问题国际法庭曾多次申明1907年《海牙公约》及其实施细则和1954年《海牙公约》属于习惯国际法，[⑥]而在1995年它承认1954年《海牙公约》也适用于非国际性武装冲突。[⑦]

---

① See ICRC, 'Practice Relating to Rule 38. Attacks against Cultural Property', *Customary International Humanitarian Law Database*, < http://www. icrc. org/customary-ihl/eng/docs/v2_rul_rule38 >, accessed 20 September 2013; and L. Zagato, 'La protezione dei beni culturali nei conflitti armati: il rapporto tra diritto generale e accordo nel solco del secondo Protocollo 1999', in: *Alberico Gentili, La salvaguardia dei beni culturali nel diritto internazionale*, Atti del Convegno, 22-23 settembre 2006(San Ginesio: Centro internazionale di studi Gentiliani, 2008), pp. 341-76, 362. 这位作者回忆说，在越南冲突期间，美国避免轰炸 Angkhor(位于柬埔寨)和 Hue(位于越南北部)。同样的，在海湾战争期间，没有一个国家对乌尔和尼尼微的目标采取军事必要性的减损。关于联盟部队在第一次海湾战争期间的敌对行动，见下文 Sandholtz, *Prohibiting Plunder*, pp. 194-6(n 52)。

② J. -M. Henckaerts and L. Doswald-Beck(eds), *Customary International Humanitarian Law. Practice* (Vol. II, Pt 1, Cambridge: Cambridge University Press, 2005), p. 730.

③ *Observance by United Nation Forces of International Humanitarian Law*, Secretary-General Bulletin, UN Secretariat, UN Doc. ST/SGB/1999/13, 6 August 1999, S 6. 6.

④ Vrdoljak, 'Human Rights and Illicit Trade', p. 118(n 43)

⑤ See Ch. III, Pt B, s 4. 2. 4.

⑥ See *Prosecutor v. Kordic & Cerkez* (IT-95-14/2-T, 26 February 2001, para. 206), *Prosecutor v. Strugar*(IT-01-42-PT, 31 January 2005, paras 227, 230), *Prosecutor v. Tadic*(IT-94-1-I, 2 October 1995, para. 98), and *Prosecutor v. Hadžihasanovic & Kubura*(IT-01-47, 15 March 2006, paras 57-64). See also the ICJ, *Legal Consequences of the Construction of a Wall* in the Occupied Palestinian Territory, Advisory Opinion, 4 July 2004, ICJ Reports 2004, 136, para. 89.

⑦ *Prosecutor v. Tadic*, (IT-94-1-I, 2 October 1995), paras 127, 268.

关于国家判例法,各种法院都确认,国际人道法以其条约和习惯形式规定了对文化财产的保护。① 例如,以色列最高法院一再强调必须保护被占领土的考古遗址。② 在坎杜案中,③请愿人是约旦河西岸居民,对阻止其建筑工程的考古官员提起诉讼。请愿人希望在自己的土地上盖房子和游泳池。开始挖掘后不久,他发现了一口井。得知此发现后,考古人员下令更改施工计划,因为该井是重要考古结构(所罗门王之池)的一部分。最终,法院维持了对建筑许可的拒绝,并裁定考古官员"根据习惯国际法的规则受约束,以保护被占领领土上的文化宝藏,包括考古宝藏"。④ 该裁决在赫斯案中得到了证实。⑤ 法院在此明确提及 1954 年《海牙公约》。在 *Shahrur* 案中,以色列最高法院根据约旦古物法批准了对罪犯的军事诉讼,依据的是 1907 年《海牙规则》第 56 条对占领国施加的义务。⑥ 重要的是,在这种情况下,最高法院承认 1954 年《海牙公约》适用于约旦河西岸和加沙地带的被占领土。

2004 年 EECC 关于马塔拉石碑破坏的决定也与本次调查有关。厄立特里亚声称,埃塞俄比亚士兵在 1998—2000 年间炸毁了马塔拉碑,这是一座对厄立特里亚具有重要历史和文化意义的约 2500 年历史的方尖碑。欧洲经委会得出结论,埃塞俄比亚作为马塔拉地区的占领国,造成了破坏。特别是,它认为:

> "摧毁石碑是违反习惯国际人道主义法的行为。尽管不适用
> 1954 年《海牙文化遗产保护公约》,因为厄立特里亚和埃塞俄比亚

① See, e. g. Constitutional Case No. C-291/07, Constitutional Court of Colombia(Plenary Chamber) (2007); *Al-Anfal* case, Iraqi High Tribunal(2007); *Kahwa Panga Mandro* case, Military Garrison Court of Ituri at Bunia(2006); *Lingenfelder* case, French Permanent Military Tribunal at Metz(1941). ICRC, 'Practice Relating to Rule 38. Attacks against Cultural Property', and 'Practice Relating to Rule 40. Respect for Cultural Property', *Customary International Humanitarian Law Database*, < http://www. icrc. org/customary-ihl/eng/docs/v2_cha_chapter12 > , accessed 20 September 2013.

② 在这方面,联合国大会一再表示关切以色列部队在包括东耶路撒冷在内的巴勒斯坦被占领土上对宗教、文化和历史遗址的广泛破坏。See, e. g. Res. 58/99 of 9 December 2003; Res. 59/124 of 10 December 2004; Res. 60/107 of 8 December 2005; and Res. 61/119 of 14 December 2006.

③ *Kandu v. Ministry of Defence and Others*, HCJ 270/87, 43(1) PD 738. See F. Domb, 'Judgments of the Supreme Court of Israel relating to the Administered T erritories' (1993) Vol. 23 *Israel Yearbook on Human Rights* pp. 277-287.

④ *Kandu* case, HCJ 270/87, 43(1) PD 742(n 66).

⑤ *Hess and Others v. IDF Commander of the West Bank and Others*, HCJ 10356/02, 58(3) PD 443, 464.

⑥ *Shahrur v. Military Commander of Judea and Samaria and Others*, HCJ 560/88, 44(2) PD 233, 234.

均未加入该公约,但《海牙章程》第 56 条禁止故意破坏历史古迹,该禁令是习惯法的一部分。此外,作为占领区的民用财产,《日内瓦第四公约》第 53 条和《第一议定书》第 52 条也禁止摧毁石碑。"

法院进一步确定,对此索赔的"适当补救"应为金钱赔偿。[①] 该决定之所以相关是因为它确认武装冲突时的文化财产保护属于习惯国际法,因此对未签署本公约的国家具有约束力。

三、禁止在武装冲突中移走文物以及相应的赔偿义务

自 19 世纪末以来,国际社会开始关注武装冲突中出现的另一个问题,即在敌对行动期间或结束时采取破坏行动的做法。掠夺的意义并不主要在于被没收艺术品的经济价值。相反,掠夺宗教物品、军事标志、艺术品和档案是战争的象征意义,胜利者借此赢得了战争的胜利。历史上充斥着侵占事件。[②] 古罗马人把展示战利品作为他们庆祝胜利的主要特征。埃及方尖碑被运到罗马作为地中海地区扩张的战利品。罗马最著名的遗址是罗马广场上的提图斯拱门,它是为了纪念提图斯大帝在公元 70 年占领耶路撒冷而建造的。罗马帝国灭亡后,艺术劫掠继续成为欧洲战争的常态。1204 年威尼斯人洗劫君士坦丁堡时,他们偷走了圣马可的马(*The Horses of Saint Mark*)。基督教士兵也从宫殿、教堂、修道院和图书馆中拿走了其他有价值的艺术品。[③] 在三十年战争期间,瑞典国王古斯塔夫·阿道夫(Gustav Adolf)占领了慕尼黑,并夺取了巴伐利亚公爵(Dukes of Bavaria)的壮观艺术品收藏(1632)。他的女儿克里斯蒂娜(Christina)继续掠夺。1648 年,她征服了布拉格,从那儿取走了皇家艺术品收藏。[④]

到 18 世纪发展起来的国际法理论和实践表明,任何手段在战争中都是合理的,交战方对人身及其敌人的财产拥有无限的权利。罗马法律包含了征服者对战利品的明确权利。根据《古斯提尼亚努斯法典》所规定的"实际财产"的惯例,一旦宣战,敌人的财产就不属于任何一方。十字军东征时,威

---

① Partial Award, Central Front, Eritrea's Claims 2,4,6,7,8 & 22,28 April 2004, ILM 1270(2004), paras 107-14.

② 有关概述,请参见 R. Fraoua, *Le trafic illicite des biens culturels et leur restitution: analyse des réglementations nationales et internationales, critiques et propositions*(Fribourg: Editions universitaires,1985), p. 34.

③ Sandholtz, *Prohibiting Plunder*, pp. 32-3(n 52).

④ Sandholtz, *Prohibiting Plunder*, p. 1(n 52).

尼斯人和其他意大利大国恢复了罗马人确立的模式。后来,马基雅维利坚持认为,最终战胜敌人的唯一方法就是摧毁他们的城市。格罗蒂乌斯承认国家法律允许战斗人员消灭或夺取敌人及其财产,而胜利者获得的头衔在法律上等同于赠予或购买战争中取得的财产。但是,他是第一个建议明确禁止在军事冲突中抢劫文化或宗教物品的人,如果这些物品没有用于军事目的的话。[①]

在 18 世纪,当个人的自然权利开始被纳入政治和法律时,一些哲学家和公关人员开始提出反对掠夺合法性的论据。瑞士法学家兼外交官艾默里奇·德瓦特尔(Emmerich de Vattel)承诺削弱长期存在的艺术品掠夺行为的基础,而不是假定文化古迹享有独特地位。他在《国际法》或《自然法原则》中申明,在不利于合法战争目的的情况下,对人工制品的移走是有罪的。[②]值得注意的是,他在条约实践中获得了启发。尽管仅限于主权国家个人收藏中较重要的物品,但许多条约都体现了这样的观点,即艺术品不是合法掠夺,占领国有义务归还被错误地移走的档案和艺术品。[③] 同样,布朗兹力(Bluntschli)认为:

> 当前的国际法尚未禁止获胜者带走和安装可以运输而没有损坏的艺术品……但是今天,舆论谴责战争期间获胜者出售或捐赠这些物品。目前,相对于文明思想,我们已经在考虑删除旨在满足一个国家知识需求的馆藏或科学仪器和图书馆。[④]

尽管如此,布朗兹力相信:

> "国际法不久将承认,艺术品不能从被征服者手中夺走,因为它们既不能近距离地发动战争,也不能通过夺取艺术品而将其夺走。敌人被迫更快地寻求和平……艺术品是一个民族和一个国家

---

① Sandholtz, *Prohibiting Plunder*, p. 42(n 52).

② Sandholtz, *Prohibiting Plunder*, pp. 44-5(n 52).

③ See, e. g. Treaty of Peace of Nikolsburg(26 January 1622)between Holy Roman Empire and Transylvania;Treaty of Münster(24 October 1648)between France and the Holy Roman Empire(Art. CXIV);Treaty of Osnabrück(24 October 1648)between Sweden and the Holy Roman Empire;Treaty of the Pyrenees(7 November 1659)between France and Spain;Treaty of Oliva(3 May 1660)between Sweden and Poland;Treaty of Whitehall(14 September 1662)between England and the Netherlands;Treaty of Nimeguen(17 July 1677)between France and Holy Roman Empire;Treaty of Nimeguen(17 September 1678)between France and Spain.

④ Cited in Fraoua, *Le trafic illicite*, p. 47(n 71).

知识生活的要素之一,战争只是一种磨难,它必须尽可能地尊重一个国家的永恒权利。"①

这些想法构成了占领国必须防止和禁止从被占领土上掠夺和非法出口文化财产并将其返还给该领土主管当局的规范的基本原理。现有的做法表明,各国认识到该准则属于习惯国际法,并且适用于国际武装冲突。

(一)国家立法,条约和外交惯例

尽管瓦特尔提出将所有战利品归还原籍的想法引起了国际辩论,但法国大革命和随之而来的战争中断了这些事态发展。胜利的法国军队系统地掠夺了被征服的土地。法国通过停战公约和和平条约的形式风使抢劫合法化。② 这种模式在拿破仑战争(1801—1814 年)中继续存在。在滑铁卢之后,1815 年的维也纳会议标志着现代为旧的归还问题建立法律和道德框架而进行的第一项实质性努力。经过长时间的辩论,盟军决定将拿破仑 1796 年和 1797 年战役中掠夺的所有物品归还。确立了这样的规则:国家文化遗产不是战争的战利品,如果他们有家,就应该为了每个国家的文化遗产的完整性而将其归还。用卡斯尔雷格勋爵(Lord Castlereagh)散发的备忘录的话来说,战时掠夺是"与正义的每一项原则和现代战争的使用相悖的"。③ 因此,1815 年公约是对战争掠夺的第一个国际谴责。④ 考虑到没有恢复本国艺术的国家(如英国)也赞成归还本国艺术品,而且与过去相反,协约国也不单独进行掠夺,这就更加说明了这一点。⑤

后来,1899 年和 1907 年的《海牙章程》所附的条例禁止掠夺和没收敌人的财产,但没有明确规定归还财产的义务。如前所述,1907 年《海牙公约》第 56 条规定,所有文化物品,包括国家财产,都应视为私人财产。它从这一"司法虚构"中得出,占领军既不能没收(第 46 条),也不能掠夺(第 47 条)文物。这些规定应根据 1907 年《海牙章程》第 3 条解释。本规范规定交战方对违反本规则任何规范的责任。它特别规定,违反 1907 年《海牙章程》规定的国

---

① Cited in Fraoua, *Le trafic illicite*, p. 47(n 71).

② 所有的条款都规定了法国委员会可以搬走其挑选的艺术品的权利。Sandholtz, *Prohibiting Plunder*, pp. 47-52(n 52).

③ 然而,桑德霍尔兹强调,不能合理地肯定已经存在反对战争掠夺的规范。充其量,盟国正在主张新的规范。Sandholtz, *Prohibiting Plunder*, pp. 66-9(n 52).

④ L. M. Kaye, 'Laws in Force at the Dawn of World War II: International Conventions and National Laws', in: E. Simpson(ed.), *The Spoils of War*(New York: Harry N. Abrams, 1997), pp. 100-5, 101.

⑤ Sandholtz, *Prohibiting Plunder*, pp. 69-70(n 52).

家必须支付赔偿。这一义务已通过许多战后解决办法付诸实施。

归还文物的义务和历史资料属于原产国的原则在第一次世界大战后的和平条约中得到了重申。① 1919 年《凡尔赛条约》第 248 条规定了对在战争期间被拿走的物品进行赔偿的补救办法,这些物品仍然存在,并且证明是可以确定的。②

这一条款为其他条约中有关在帝国解体和承认新独立国家之后重新分配文化物品的类似规定树立了榜样。③

第一次世界大战后,国际联盟试图改善文化财产保护。但是,处理文化财产问题的国际联盟委员会的结论是,保护文物和纪念碑被认为过于复杂,此外,还有其他更重要的问题需要处理。这种态度在西班牙内战(1936—1939 年)后发生了变化。对教堂的大规模破坏和焚烧突然唤醒了国际社会。国际联盟最终决定成立一个委员会。其工作导致拟定了一项关于战时保护历史建筑和艺术品的公约草案。这项草案设法使战争的紧急需要同受威胁的纪念碑和艺术品的最大程度的安全之间达成和解。草案还考虑到军事需要的情况。然而,由于第二次世界大战的爆发,公约草案没有获得通过。④

第二次世界大战后缔结的和平条约包括关于归还文化财产的条款。同意大利的和平协定规定,"意大利接受 1943 年 1 月 5 日《联合国宣言》的各项原则,并应在尽可能短的时间内归还从任何一个国家领土上移走的财产"。⑤ 德国还承担了战争引起的扣押的赔偿和补偿责任。⑥

---

① On this see A. F. Vrdoljak, 'Enforcement of Restitution of Cultural Heritage through Peace Agreements', in: Francioni and Gordley(eds), *Enforcing Cultural Heritage Law*, pp. 22-39(n 19).

② Treaty of Versailles between the Allied Powers and Germany(28 June 1919, 2 Bevans 43). 根据第 245 条的规定,德国被迫将不仅是第一次世界大战期间被移走的文化财产归还给了法国,还被迫将在 1870 年普法战争中被掠夺的物品归还法国。第 247 条首次引入了关于"归还财产"的规定。"实物"作为文化损失时的赔偿形式。结果,德国保证将手稿、印刷的书籍、地图和收藏品的数量和价值与图书馆中被破坏的物品相对应,返回比利时卢旺大学。W. W. Kowalski, 'General Observations: Claims for Works of Art and Their Legal Nature', in: International Bureau of the Permanent Court of Arbitration(ed.), *Resolution of Cultural Property Disputes*(The Hague: Kluwer Law International, 2004), pp. 31-51, 38-9.

③ See, e. g. Treaty of Saint-Germain between the Allied Powers and Austria(1919), Treaty of Trianon between the Allies and Hungary(1920), Treaty of Sèvres between the Allies and the Ottoman Empire (1920), and Treaty of Riga between Poland and Russia(1921).

④ Merryman, 'Cultural Property Internationalism', p. 18(n 20).

⑤ 第 75 条第 1 款。同一条约载有有利于埃塞俄比亚和南斯拉夫的具体归还条款。与保加利亚(第 22 条)、匈牙利(第 24 条)、罗马尼亚(第 23 条)和芬兰(第 24 条)缔结的条约包含类似条款。

⑥ 根据《关于在战后和占领中解决问题的公约》(1952 年),德国将成立一个机构,以搜寻、追回和归还第二次世界大战期间从被占领土获取的文化财产。

　　第二次世界大战之前和期间纳粹掠夺的性质和范围要求国际社会作出特别答复。纳粹对文化对象的剥夺构成了权利、自由和生活的系统剥夺的一个方面,旨在通过消灭犹太人的文化作为"最终解决方案"的一部分来消除犹太人的种族。① 为此,希特勒下令拆除他打算在林茨建立的代表德国"高级"文化的艺术品。纳粹的各个机构系统地对被占领的领土进行了文化价值的梳理。从波兰和苏联到法国和荷兰,德国人抢劫了纪念碑、教堂、博物馆、图书馆和私人收藏。② 由于这些原因,纳粹掠夺不能被视为战争的"传统"战利品,就像当代与大屠杀相关的艺术主张不能被视为仅仅是所有权主张一样。搬迁是通过没收、暴力行为和强迫销售发生的。在战争结束前的1943年,盟军通过了《伦敦宣言》。③ 它警告敌国和中立国,盟国打算"竭尽全力,击败纳粹实行的剥夺方法,并保留以公开抢劫或掠夺为形式的废除转让或交易,以及看似真诚交易的权利"。确立的原则是,在相关日期之后,以后的非法财产购买者将不被视为善意。此外,1946年7月8日,美国、英国和法国签署了控制被掠夺物品的政策声明。这些国家同意采取措施:(1)寻找被掠夺的物品并防止其出口;(2)鼓励解放国提供尚未追回的被掠夺物品清单;(3)将清单分发给艺术品经销商和博物馆;(4)提醒公众鼓励被掠夺的物品归还其合法所有人。④

　　战后的赔偿计划通过领土原则的应用来执行。因此,索赔国不必证明

---

　　① See section 1 of Resolution 1205(1999)on Looted Jewish Cultural Property of the Council of Europe Parliamentary Assembly.

　　② 为了给人以掠夺的规模印象,请考虑一下,在1941年12月根据罗森伯格的建议创立的"Action-M"(Moebel)中,西方掠夺了69619套犹太房屋,仅在巴黎就掠夺了38000套犹太房屋,运送了26984辆有轨电车,将没收的家具运送到德国。此外,截至1944年7月14日,Einsatztab Reichsleiter Rosenberg(EER)在西部缉获了超过21903件艺术品,包括著名的绘画和博物馆作品。*The Trial of German Major War Criminals-Proceedings of the International Military Tribunal sitting at Nuremberg*,Vol. 22,496,cited by M. J. Kurtz,*America and the Return of Nazi Contraband*(Cambridge/New York:Cambridge University Press,2006),p. 26. 仅EER就从巴黎向德国运送了29批主要的绘画、雕塑和艺术品,至少装满了120辆棚车。Sandholtz,*Prohibiting Plunder*, p. 211(n 52).

　　③ Declaration of the Allied Nations against Acts of Dispossession Committed in Territories under Enemy Occupation or Control,London,5 January 1943,(1943,8,Department of State Bulletin 21),signed by 17 governments and by the Comité National Français.

　　④ Agreement between the United States,the United Kingdom and France in respect of the Control of Looted Articles,8 July 1946(1951)25 *Department of State Bulletin* 340,15. D. L. DuBoff,*The Deskbook of Art Law*(Washington:Federal Publications,1977-1984),pp. 161-2.

其国民拥有该物品,而只需证明该物品已从其领土移走。①

关于谴责艺术品掠夺和归还艺术品的强烈国际共识重申了 1815 年和 1919 年制定的准则。② 盟国本身没有进行掠夺,这一事实是对这种规范巩固的关键考验。第二次世界大战结束时,胜利者可以随心所欲地欣赏德国的艺术古迹,但不能控制它们。英国、法国和美国追求的是归还而不是征用。③此外,甚至纳粹提出的夺取文化资产的理由也正在揭示。第三帝国从未宣称胜利者有破坏的权利。相反,纳粹试图通过以下方式为自己的行为辩护:(1)收回德国自身的艺术遗产,该遗产是由于先前战争而被剥夺的;(2)主张对日耳曼艺术家创造的资产或在德国文化影响下的合法控制权。如前所述,如果违反国证明其行为是正当的,例如作为一般规则的允许例外,则其作用是加强规范。④ 在尼加拉瓜一案中,国际法院裁定,如果一国违反习惯国际法规则,但"通过诉诸规则本身所包含的例外或理由来捍卫其行为……无论国家的行为在此基础上是否合理,这种态度的意义在于确认而不是削弱规则"。⑤

1943 年的宣言产生了不同的结果。它是通过一些法律文书执行的,例如 1947 年缔结的和平条约⑥和国内立法。⑦ 这些措施确保了归还原则不会被冲突的国家规范所否定。但是,在最初的热情之后,各国停止了执行这一原则,从而将战利品的归还留给了被剥夺者的倡议。然而,《宣言》所体现的原则在很大程度上影响了纽伦堡的法律程序和 1954 年《海牙公约》的起草。

1954 年的《海牙公约》规定,在武装冲突中盗窃、抢劫或盗用艺术品和其

---

① W. W. Kowalski, *Art T reasures and War* (Leicester: Institute of Art and Law, 1998), p. 81; and A. F. Vrdoljak, *International Law, Museums and the Return of Cultural Objects* (Cambridge: Cambridge University Press, 2006), p. 141.

② Sandholtz, *Prohibiting Plunder*, p. 155(n 52).

③ Sandholtz, *Prohibiting Plunder*, p. 161(n 52).

④ Sandholtz, *Prohibiting Plunder*, pp. 19, 136-44(n 52). See also J. E. Henson, ' The Last Prisoners of War: Returning World War II Art to Its Rightful Owners-Can Moral Obligations Be Translated into Legal Duties?' (2001-2002) Vol. 51 DePaul Law Review pp. 1103-58, 1107.

⑤ *Military and Paramilitary Activities in and against Nicaragua(Nicaragua v. United States of America)*, ICJ Reports 1986, 14, para. 186.

⑥ Such as the T reaty with Italy of 10 February 1947 and the T reaty with Hungary of 10 February 1947.

⑦ 在意大利通过了两项具体法令: Legislative Decree No. 601 of 5 May 1946(' *Norme per il recupero delle opera d' arte sottratte dalla Germania durante la guerra*') and Legislative Decree No. 896 of 24 April 1948(' *Riconsegna dei beni asportati dai tedeschi*').

他公共或私人文化财产的物品是非法的。因此,任何缔约国必须承诺禁止和阻止征用位于另一缔约国领土内的动产。这项义务不受军事必要性的约束。但是,该公约没有关于归还被掠夺艺术品的规定。^①但是,可以断言归还非法获取的文化物品的义务是习惯性的,因为它是尊重文化财产的义务和禁止扣押和掠夺文化财产的固有条件。如果不应该扣押文物,那么,很重要的一点是,如果文物被错误地出口,则应将其归还。^②该结论在《第一议定书》第 1 条第 3 款^③和《第二议定书》第 9 条和第 15 条中得到证实。^④此外,值得注意的是,《第一议定书》第 1 条第 4 款规定,未能阻止文化财产从被占领土出口的占领权"应真诚地向持有人赔偿任何必须退回的文化财产"。^⑤上述关于个人责任原则的 1954 年《海牙公约》第 28 条与这种分析有关,因为该条规定缔约方有义务审判被指控违反公约的任何国籍的人。另一项将被占领国家的文化材料的出口和所有权转让视为非法的条约是 1970 年《联合国教科文组织公约》。其第 11 条规定,"由于外国势力对一个国家的直接或间接占领而导致的强迫文化财产所有权的出口和转让,应视为非法"。另外,第 2 条第 2 款申明,缔约国承诺"运用各种手段,尤其是通过消除原由,停止现行做法并帮助进行必要的赔偿方式",反对文化财产的非法进口、出口或所有权转让。

---

① 在会议期间,英美两国坚持将恢复原状的私法问题不列入《公约》。不幸的结果是,其他国家注意到了这两个国家的立场,并缩小了不同条款的适用范围,要求它们加入《公约》。这就是为什么关于归还的有约束力的条例被归入 1954 年《关于在武装冲突情况下保护文化财产的海牙公约》的《选择议定书》(1954 年 5 月 14 日第一议定书,第 249 项《联合国海洋法公约》第 358 条)的原因。这是徒劳的,因为英国和美国只是签署了《海牙公约》,但由于"冷战"紧张局势加剧,军事上的反对,没有批准该公约。不过,这种安排有利于《海牙公约》的广泛批准,因为各国可以成为《海牙公约》的缔约国,而不必接受《议定书》的规定。L. V. Prott, 'Responding to World War II Art Looting', in: International Bureau(ed.), *Resolution*, pp. 113-37,124(n 84). 美国于 2009 年 3 月 13 日批准了 1954 年《海牙公约》,而英国尚未将该公约纳入国内立法。G. Kendal, 'MA Joins Call for Politicians to Ratify Cultural Property Bill', *Museums Association News*,14 March 2012.

② J. -M. Henckaerts and L. Doswald-Beck(eds), *Customary International Humanitarian Law*, Rules(Vol. I,Cambridge:Cambridge University Press,2003), p. 137.

③ "各缔约国承诺,在敌对行动结束时,如违反第一款所规定的原则出口文化财产,则在其领土内的文化财产将归还先前占领领土的主管当局。这种财产永远不得作为战争赔款保留"。

④ 第 9 条:"占领另一方全部或部分领土的一方应禁止和阻止与被占领领土有关的:a. 非法输出、转移或者转移文化财产所有权的;b. 任何考古发掘……;c. 对旨在隐藏或销毁文化、历史或科学证据的文化财产的任何变更或使用的变更。"第 15 条:"任何人如故意违反本公约或本议定书,并有下列行为之一,即构成本议定书所指的犯罪:……偷窃、抢劫或盗用……受公约保护的文化财产。"

⑤ 如上文所述(Ch. V,A 部分,s 2.1),联合国教科文组织大会在 1993 年通过的一项决议中申明,在武装冲突情况下保护和保存文化财产的基本原则可以视为习惯国际法的一部分。

不出所料,《国际刑事法院规约》载有可用于处理没收或盗用文化资产的各种规定,即第 8(2)(b)(xvi)和第 8(2)(e)(v)条。① 有趣的是,前南问题国际法庭在 Dalalić案中的审判庭将抢劫定义为以个人利益为动机的个人士兵非法挪用公共或私有财产。② 初审法院还强调,掠夺的财产必须具有"足够的货币价值"。③ 但是,有人澄清说,禁令与任何货币门槛无关。对于受害者而言,被抢劫的财产可能仅具有情感价值。④ 20 世纪 90 年代,归还问题的焦点在于解决第二次世界大战⑤和巴尔干战争⑥结束后悬而未决的索赔问题,并解决以色列在所占领土掠夺考古文物⑦以及伊拉克军队洗劫科威特国家博物馆等问题。⑧ 在苏联和捷克斯洛伐克解体时也制定了类似的规则。⑨ 在所有这些案件中,文化物品和档案的归还都是根据领土标准,即割让物某物与割让领土的文化遗产之间的联系。联合国安理会第 1483(2003)号决议进一步确认了原产地法的有效性。⑩

《联合国宪章》第七章通过的这项决议确认了禁止抢劫和贩运的约束性

① 然而,在实践中,《国际刑事法院规约》并没有具体提及可移动的文物。W. Schabas, *The International Criminal Court: A Commentary on the Rome Statute*(Oxford/New York, Oxford University Press, 2010), pp. 241-3.

② *Prosecutor v. Delalic and Others*, IT-96-21-T, Judgment 16 November 1998.

③ *Prosecutor v. Delalic*, IT-96-21-T, Judgment 16 November 1998, para. 1154(n 106).

④ Y. Dinstein, *The International Law of Belligerent Occupation*(Cambridge/New York: Cambridge University Press, 2009), p. 207.

⑤ 见 1990 年 11 月 9 日德意志联邦共和国和苏维埃社会主义共和国联盟关于睦邻政策、伙伴关系和合作的报告(第 16 条);1991 年 6 月 17 日,波兰共和国和德意志联邦共和国就睦邻友好政策和友好合作进行了接触;1992 年 5 月 22 日波兰共和国与俄罗斯联邦关于友好睦邻合作的协定。

⑥ 见 2001 年 6 月 29 日前南斯拉夫五个继承国之间关于继承问题的协定,第 1 号国际法会议(2002 年)。

⑦ See UNGA Res. 46/47 of 9 December 1991(paras 8[h], 25-6).

⑧ 1991 年 3 月 2 日第 686 号决议规定"归还伊拉克占领的所有科威特财产,并在尽可能短的时间内归还"(第 2(d)段)。1991 年 4 月 3 日第 687 号决议(第 15 段)含蓄地重申了同样的要求,其中安全理事会请联合国秘书长就为便利归还被伊拉克占领的所有科威特财产所采取的步骤提出报告。

⑨ W. W. Kowalski, 'Repatriation of Cultural Property following Cession of Territory or Dissolution of Multinational States' (2001) Vol. 6 *Art Antiquity and Law* pp. 139-66, 158-62.

⑩ UN Doc. S/RES/1483, 22 May 2003, ILM 1016(2003). 2003 年,联合国教科文组织文化助理总干事穆尼尔·布赫纳基(Mounir Bouchenaki)解释说,联合国教科文组织敦促安全理事会根据《联合国宪章》第七章通过一项决议,以对所有国家都具有约束力,因为有许多国家不是 1970 年《联合国教科文组织公约》的缔约国。Mounir Bouchenaki, 在 2003 年 5 月 5 日国际刑警组织会议上的讲话, <http://www.interpol.int/en/Internet/News-and-media/Speeches/2003/Bouchenaki-20030505>, 2013 年 9 月 12 日访问。

以及赔偿义务。关键条款载于第 7 段，根据该条款，联合国安理会规定：

> "决定所有成员国应采取适当步骤，便利将伊拉克文化财产和其他从伊拉克国家博物馆、国家图书馆非法移走的考古、历史、文化、稀有科学和宗教重要性的物品安全返回伊拉克机构，和自 1990 年 8 月 2 日第 661(1990)号决议通过以来在伊拉克的其他地点，包括通过禁止贸易或转让此类物品以及存在合理怀疑已被非法移走的物品，并呼吁联合国教育、科学及文化组织，刑警组织和其他国际组织酌情协助执行本款。"

尽管该决议是在 2003 年 4 月美军进入巴格达后，对伊拉克国家博物馆和其他地点的洗劫后而通过的，但它并没有区分和平与战时的情况。劫掠者和破坏者利用国家当局突然崩溃造成的空白，进入博物馆，从收藏品中带走了数千件无价之宝。伊拉克国家博物馆遭到抢劫之后，国际社会强烈抗议，这表明禁止袭击和没收被打败敌人的文化财产的国际规范也暗示了防止其他人进行此类袭击的积极义务。在这方面，1954 年《海牙公约》的措辞很明确，因为它确定了缔约国"承诺禁止、防止并在必要时制止任何形式的盗窃、抢劫或盗用以及任何破坏行为针对文化财产"。[1] 这一条款的语言表明，无论谁负责，都有义务防止或制止被禁止的行为。出于这个原因，许多评论家坚持认为，由于未能防止掠夺，美军违反了 1954 年《海牙公约》所体现的习惯国际法规范。[2]

由于这一行动背后的动机，2007 年从智利归还秘鲁的 3788 本书与本次分析有关。在智利与秘鲁战争期间(1879—1883 年)，这些书于 1881 年从秘鲁利马国家图书馆中被抢走。根据智利 2007 年 11 月的正式声明，转让这些文化财产的决定源于尊重所有人的文化的义务以及假设每个人都有权拥有自己的文化遗产。[3]

除了强硬的法律之外，各种软性法律举措也表明，赔偿是解决不当收购的恰当方法。最能说明问题的例子是关于"二战"期间对犹太文化财产的大

---

① 　Art. 4(3).

② 　See Sandholtz, *Prohibiting Plunder*, pp. 256-7 (n 52), which cites the works by Colwell-Chantaphonh and Piper, Kastenberg, Birov, Roberts and Guelff, and Meyer.

③ 　H. Martínez, '¿Cómo recuperar el patrimonio documental llevado a Chile durante la Guerra del Pacífico?' (May-August 2008) *Revista Peruana de Derecho Internacional* 77, cited in T. Scovazzi, ' Diviser c'est détruire：Ethical Principles and Legal Rules in the Field of Return of Cultural Properties' (2010) Vol. 94 *Rivista di diritto internazionale* pp. 341-95, 364.

规模掠夺的文书。其中包括 1998 年《关于纳粹没收艺术品的华盛顿原则》（*Washington Principles on nazi-Art*）。① 这些原则被用来指导解决"二战"期间被侵夺的文物的索赔问题。虽然不具约束力，但这些原则要求"公正和公平的解决办法"，并要求各国在道义上承诺查明和公布被盗艺术品，并协助归还原主。因此，这些原则可以被视为"叙述规范"，即指导国家实体法的制定和解释的规范。②

（二）司法实践

通常，有人引用萨基勒侯爵夫人一案作为最早报告的司法裁决，该命令下令归还战时没收的文物。大约 2 个世纪前，哈利法克斯英国副海军部法院大法官克罗克博士下令将画作归还费城学院，具体如下：

> "所有文明国家都承认，艺术和科学是战争的基本权利的例外，应该受到保护。它们不被认为是这个国家或那个国家的特性，而被认为是整个人类的财产，属于整个物种的共同利益。"③

第二次世界大战以来的司法实践证实，掠夺文物与归还文物之间的联系是人们普遍接受的。显然，这项判例法在很大程度上借鉴了 1943 年《伦敦宣言》确立的一般原则。在这方面，有必要从《纽伦堡国际军事会议记录》开始。这一定义首次界定了针对文化遗产的个别刑事犯罪，为制定战时禁止掠夺的国际准则作出了贡献。《欧洲国际军事法庭宪章》④第 6 条具体规定了国际法庭所管辖的罪行：（1）危害和平罪；（2）战争罪；（3）危害人类罪。

---

① See also Resolution No. 1205 (1999) on Looted Jewish Cultural Property of the Council of Europe Parliamentary Assembly; the 2000 Vilnius Declaration issued as a result of the International Forum on Holocaust Era Looted Cultural Assets; Resolution A5-0408/2003 of 17 December 2003 of the Legal Affairs and Internal Market Committee of the European Parliament; and the T erezin Declaration on Holocaust Era Assets and Related Issues adopted at the Holocaust Era Assets Conference convened under the auspices of the EU and of the Czech Presidency in 2009.

② E. Jayme, 'Human Rights and Restitution of Nazi-Confiscated Artworks from Public Museums: The *Altmann* Case as a Model for Uniform Rules?' (2007) No. 2 *Kunstrechtsspiegel* pp. 47-51, 47.

③ Nova Scotia Stewart's Vice Admiralty Reports, 21 April 1813, 482. 此案是在 1812 年美国和英国之间的战争期间发生的，当时一艘载有从意大利运往费城的宾夕法尼亚美术学院的美国商船被一艘英国船扣押，并带到了英国新斯科舍省哈利法克斯市的副海军部法院作为奖品。Cited by E. Jayme, 'Antonio Canova, la Repubblica delle arti ed il diritto internazionale' (1992) Vol. 75 Rivista di diritto internazionale pp. 889-902, 893.

④ Agreement by UK, US, France, and the USSR for the Prosecution and Punishment of the Major War Criminals of the European Axis, and Establishing the Charter of the International Military Tribunal, 8 August 1945, 82 UNTS 279.

第二类涉及"违反战争法律或习惯"，包括"掠夺公共或私人财产"。法庭以有系统的掠夺文化物品等罪名判处阿尔弗雷德·罗森伯格死刑。这里的创新之处在于，《宪章》将责任强加于好战大国的个别官员，因为他们以后者的名义对文化资产犯下了罪行。① 《纽伦堡公约》的判决宣布，1907 年《海牙公约》规定的禁止在战时没收艺术品的规则（特别是第 46—56 条）被所有文明国家承认为宣布战争法和战争习俗的规则。1946 年，联合国大会一致通过第 95（Ⅰ）号决议，确认《宪章》所确定的原则和纽伦堡日布纳尔判决是国际法的一部分。②

就国家诉讼程序而言，第一个值得一提的案件是在 1948 年裁决的，当时瑞士最高法院下令归还一批艺术品，理由是这些艺术品是纳粹违反现行国际法在占领法国期间没收的。③ 在 Menzel 诉 List 一案中，纽约最高法院命令除其他外，根据 1907 年《海牙法规》，归还第二次世界大战期间被盗的绘画。④ Altmann 决策与当前分析高度相关。如上所述，法院利用被请求物与美国管辖权之间的脆弱联系来确定，美国司法部门可以取得外国主权国家及其代理人拥有的艺术品，从而创造了一个环境，为收回被掠夺的艺术品提供了更大的机会。Altmann 裁定在 *Malewicz* 案⑤ 和 *Cassirer* 案⑥ 中引起共鸣。罗德岛州美国地方法院在 Vineberg 诉 Bissonnette 案中的立场进一步扩大。⑦ 此案与温特豪德（Winterhalter）的画作《萨宾纳山的女孩》有关，该画的原主人马克斯·斯特恩（Max Stern）在 1935 年被迫清算。该法院确立了这样一个原则：1933 年至 1945 年期间，所有犹太业主的销售行为，不仅被推定是在

----

① 法庭发现罗森博格"对整个被侵略的欧洲国家的公共和私人财产的有组织掠夺体系负有责任"。在希特勒的命令下行动……他组织并指挥了"Einsatzstab Rosenberg"行动，洗劫博物馆和图书馆，没收艺术珍品和收藏品、洗劫私人住宅。《国际军事审判》，德国主要战犯审判：纽伦堡国际军事审判论文集，耶鲁大学法学院阿瓦隆项目，< http：//avalon. law. yale. edu/imt/judrosen. asp >。

② UN Doc. A/236，188. 1950 年，联合国国际法委员会通过了这些原则的提法：《纽伦堡宪章》和《国际法委员会第二届会议工作报告》中确认的国际法原则，5 June-29 July 1950，UN Doc. A/1316（A/5/12），1950.

③ *Rosenberg v. Fischer*，8 June 1948，(1949) *Annuaire suisse de droit international* 139.

④ 267 N. Y. S. 2d 804，809(Supp. Ct. NY 1966)，*rev' d*，246 NE 2d 742(NY 1969).

⑤ *Malewicz et. al. v. City of Amsterdam*，362 F. Supp. 2d 298（D. D. C. 2005）；517 F. Supp. 2d 322（D. D. C. 27 June 2007）.

⑥ *Cassirer v. the Kingdom of Spain and the Thyssen-Bornemisza Collection Foundation*，461 F. Supp. 2d 1157（C. D. Cal. 2006），580 F. 3d 1048(9th Cir. 2009)，590 F. 3d 981(9th Cir. 2009)，616 F. 3d 1019（9th Cir. 2009），2010 WL316970(9th Cir. 12 August 2010).

⑦ *Vineberg and Others v. Maria-Louise Bissonnette and Others*，529 F. Supp. 2d 300，301，27 December 2007.

受到威胁的情况下进行的,因此是无效的,而且应被视为完全盗窃。地方法院承认,被告没有通过任何不当行为获得该艺术品,但由于被告的前辈无权获得这幅画的所有权(因为他是通过强制出售获得的),因此,被告不能断言对这幅画的所有权是有效的。因此,法院得出结论,认为这幅画的法定所有权仍属于斯特恩,并下令将其归还。①

这些及其他与大屠杀有关的艺术纠纷表明,战后时期,纳粹掠夺的艺术品在世界范围内被博物馆、艺术品经销商和收藏家定期交易,而没有详细的出处检查。但是,仔细的调查可能会发现 1933—1945 年间出处的空白,从而警告购买者,一件物品可能已被非法拿走。此外,查询还可以证明艺术品是否曾由曾经与纳粹官员合作的经销商之一处理过。如今,情况没有明显改善。20 世纪 90 年代后期,大屠杀赔偿工作得到有效推动,包括:和解瑞士银行的集体诉讼,设立国际委员会处理大屠杀时期的保险索赔以及在德国、奥地利和法国建立国家基金以惠及奴隶和被强迫的劳工,但这些并没有解决纳粹掠夺的艺术品问题。令人遗憾的是,铁幕的倒塌,以及政府和博物馆档案透明度的提高,都导致了归还要求的增加。无论如何,国内立法措施仍然不充分,而大屠杀案件涉及时间遥远的事实(结果是目击者、证人缺乏证据以及记忆的淡化),这引起了国家和跨时代法律的难题。因此,寻找和找回纳粹盗窃的艺术品就像玩"归还轮盘赌"。② 联合国教科文组织在与大屠杀有关的争端方面进行了干预,拟定了一项关于因第二次世界大战而流离失所的文物的原则宣言草案。③ 这些非约束性原则的目的是在不修改现行有效条约的情况下便利解决争端,④并为各国之间的双边或多边谈判提供一般指导,以便为该领域今后的判例奠定基础。⑤

意大利 *Consiglio di Stato* 关于 *Venus of Cyrene* 一案的 2008 年裁决进一步

---

① *Vineberg*, 307-8 (n 128).

② Expression used by Mr Kline-a partner at Andrews Kurth LLP-at a discussion on 'Final Restitution: Recovering Art Stolen by Hitler', Georgetown University, 7 April 2010.

③ See UNESCO Doc. 34 C/22 Add. 15 October 2007.

④ S. von Schorlemer, 'UNESCO Dispute Settlement', in: AA Yusuf (ed), *Standard-Setting in UNESCO, Normative Action in Education, Science and Culture* (Vol. I, Leiden: Martinus Nijhoff and UNESCO Publishing, 2007), pp. 73-103, 87.

⑤ ayme, 'Human Rights and Restitution', pp. 47-8 (n 119). 遗憾的是,2009 年 3 月的政府间专家会议未就宣言草案的订正本达成全面共识。因此,第 35 届大会邀请"会员国寻求机会利用迄今已完成的工作",并"在确信在联合国政府间会议上寻求共识的所有可能途径后,决定注意宣言草案。迄今为止,专家们已经进行了详尽的探索"。See 35 C/Resolution 41, 6 October-23 October 2009.

确认了归还义务的习惯性质。据确认,意大利有义务根据一般和自治习惯原则将雕塑归还利比亚。这项原则是禁止使用武力的原则与人民自决原则之间相互作用的必然结果。法院解释说,自决权已经包括保护与主权国家领土或受外国政府管辖的人民有关的文化特性和物质文化遗产的权利。因此,艺术品的归还是由这种文化联系的维护决定的,只要它们在战争或殖民统治期间因战争或使用武力而受到损害或消灭。①

(三)对归还在战争时期被移走的文物的责任的批判性评价

前述分析提供了可观的证据,表明自 19 世纪末以来,使文化遗产免于武装冲突的直接和间接影响的想法充其量已得到重视。因此,不容置疑的是,审议中的原则,第一个原则是禁止从被占领土出口艺术品,第二个原则是规定被敌军拿走的文物必须归还原产国,已达到习惯国际法的地位。② 毫无疑问,这一特别保护制度的基本原理是基于对文化遗产的独特性质和对全人类的重要性的认识,以及基于国家文化遗产的完整性比战争状态的环境因素更为重要的观点。③

然而,有学术观点认为,禁止艺术品从被占领土出口的规则和相应的归还义务不属于习惯法。④ 根据这一观点,所审议的准则充其量只是"简化关系"。⑤ 该意见基于国家实践:第一,许多国家不接受此类义务,也没有延迟或沉默地同意它们;第二,诸如反扣押法和时效法之类的国内规则阻碍了赔偿;第三,尽管纳粹的掠夺行为是自拿破仑时代以来最具组织性和最大规模

---

① Associazione nazionale Italia Nostra Onlus v. Ministero per i beni e le attività culturali et al., Consiglio di Stato, No. 3154, 23 June 2008, para. 4. 4.

② See, consistently, Scovazzi, 'Diviser c'est détruire', p. 351 (n 117); F. Francioni, ' Au-delà des traités: l'émergence d'un nouveau droit coutumier pour la protection du patrimoine culturel' (2007) Vol. 111 Revue Générale de Droit International Public pp. 19-41, 29; Sandholtz, Prohibiting Plunder, pp. 223, 256-7 (n 52); M. Frigo, La circolazione internazionale dei beni culturali (Milano: Giuffré, 2001), p. 84; K. Siehr, 'International Art Trade and the Law' (1993-VI) Vol. 243 Collected Courses of the Hague Academy of International Law pp. 9-292, 120; Kowalski, Art Treasures and War, p. 80 (n 93); and Fraoua, Le trafic illicite, pp. 134-5 (n 71).

③ S. Williams, The International and National Protection of Moveable Cultural Property: A Comparative Study (Dobbs Ferry: Oceana Publications, 1978), p. 12.

④ R. Goy, 'La restitution des objets culturels deplacés en relation avec la Second guerre mondiale à l'UNESCO' (2008) Vol. 21 Hague Yearbook of International Law pp. 53-93; G. Carducci, La restitution internationale des biens culturels et des objets d'art. Droit commun, Directive CEE, Convention de l'UNESCO et d'UNIDROIT (Paris: L. G. D. J, 1997), pp. 123-4.

⑤ See Goy, 'La restitution des objets culturels', pp. 60-7 (n 137).

的文物掠夺,但其他国家在第二次世界大战期间违反了现行的国际法。

俄罗斯人的立场需要仔细考虑。第二次世界大战后,苏联人支持掠夺物的归还。但是,甚至在第二次世界大战结束之前,苏联红军就从德国、波兰和匈牙利大规模秘密地转移了一批文化资产。在 20 世纪 90 年代初发现了抢劫艺术品。随后的归还要求遭到拒绝,理由是在战争中被没收的艺术品将补偿苏联在纳粹手中遭受的文化损失。事实上,苏联遭到了严重的掠夺:宫殿、博物馆、图书馆和教堂都被洗劫一空。奇怪的是,即使第二次世界大战后和平条约决定的赔偿金已由战败国支付,俄罗斯也拒绝退还战利品。①

1998 年,俄罗斯国会通过了一部法律(关于文化价值的联邦法律,这些文化价值由于第二次世界大战被移交给苏联,并且将在俄罗斯联邦领土上找到)来规范这一问题。联邦法的基本原则是,除法律明文规定的情况外,所有被视为补偿归还的、位于俄罗斯联邦领土内的被移置的文物都是俄罗斯联邦的财产。② 有趣的是,当时的俄罗斯总统叶利钦否决了该法,但议会在议会两院中以三分之二多数否决了否决权。签署法律后,叶利钦立即向宪法法院提出上诉。他认为该法律不符合俄罗斯宪法和国际法的各项规定,例如:(1)原则必须遵守;(2)1954 年《海牙公约》第 4(3)条及其《第一议定书》第 I(3)条;(3)1964 年 11 月 19 日联合国教科文组织《关于禁止和防止非法出口、进口和转让文化财产所有权的方法的建议》;(4)1970 年《联合国教科文组织公约》第 11 条。宪法法院在 1999 年的判决中维护了 1998 年该法的合宪性,涉及"俄罗斯对通过补偿性归还从前敌国进口到俄罗斯的文化财产的权利"。法院认为,"前敌国以共同赔偿和补偿性赔偿的形式赔偿其受害者的义务是基于"二战"前就已确认的国际法中关于侵略者国家的国际法责任的既定原则"。相反,宪法法院认为,联邦法律中有关从非敌国转移资产的规定是违反宪法的。法院还裁定,私人占有的物品是非法取得的,不能收归国有。③ 因此,联邦法律在 2000 年进行了修订。

---

① J. Geher, 'Le destin juridique des oeuvres d'art hongroises enlevées en Russie' (2004) Vol. 1 *Miskolc Journal of International Law* pp. 290-305.

② W. Fiedler, 'Documents:Russian Federal Law of 13 May 1997 on Cultural Values that Have Been Displaced to the USSR as a Result of World War II and Are to Be Found in the Russian Federation Territory' (1998) Vol. 7 *International Journal of Cultural Property* pp. 512-25.

③ Russia,Constitutional Court, *Law on Removed Cultural Property* case,20 July 1999, reported in Henckaerts and Doswald-Beck(eds), *Customary International Humanitarian Law*. Practice,p. 809.

俄罗斯的坚定立场是苏联"战利队"受害者推动谈判停滞的主要原因。然而,与此同时,俄罗斯的立场支持了反对掠夺的规范。如前所述,如果违约国为其行为辩护,例如作为一般规则的允许例外,其效果是加强规范。① 实际上,以上讨论的俄罗斯联邦法修正案确认:(1)德国有义务归还战争期间从苏联获取的所有文化物品;(2)保留苏军从其他与轴心国作战的国家撤走的资产是非法的;(3)俄罗斯保留被掠夺的艺术品不是基于征服权,而是基于赔偿权(或实物归还)。②

关于归还的义务不属于习惯法的意见也是基于这样一个事实,即这种义务并未适用于在殖民占领期间被移走的材料的索赔人。③ 实际上,禁止纳粹种族灭绝政策和没收财产的习惯并不适用于允许欧洲列强分配和开发非洲、亚洲和南美洲的领土和人民的种族主义规则。正如掠夺权在战争中已经成为一种普遍的做法已有数百年之久,在殖民时代,盗窃文物的行为很普遍。这导致了无数神圣物品和祖先遗骸的分散。④ 人们还可以考虑描述民族学家或考古学家实践的历史记载。他们经常采取强迫和直接偷窃的手段来打破当地社区对交出宝贵财产的抵抗。考古学家还通过分配确保对艺术品的获取。这种做法使西方的博物馆和考古学家能够得到他们想要的任何东西,因为他们资助了这次任务。结果,自非殖民化进程开始以来,新独立的国家就强调了前殖民大国通过对土地和文化材料的物质归还进行赔偿的责任,这一点不足为奇。⑤

萨拉曼卡大学的西班牙律师兼神学教授弗朗西斯科·德·维多利亚(Francisco de Vitoria)率先质疑欧洲对新发现领土的主张的合法性(和道德性),而摆脱了"印第安人"共享理性人类的所有属性的假设。他也是第一个讨论从殖民地人民那里收回文化遗产并控告征服者对南美洲土著人民进行

---

① Sandholtz,*Prohibiting Plunder*,pp. 136-44(n 52).

② Sandholtz,*Prohibiting Plunder*,pp. 158-65,215-22(n 52).

③ G. Carducci,'Beni culturali IV Diritto internazionale e privato'(1999)Vol. V *Enciclopedia Giuridica* 3;F. Coulée,'Quelques remarques sur la restitution interetatique des biens culturels sous l'angle du droit international public'(2000)Vol. 104 *Revue générale de droit international public* pp. 358-92.

④ For specific examples see:J. Greenfield,*The Return of Cultural Treasures*(Cambridge:Cambridge University Press,2007),pp. 371-443;and L. V. Prott(ed.),*Witnesses to History. A Compendium of Documents and Writings on the Return of Cultural Objects*(Paris:UNESCO Publishing,2009),pp. 182-92.

⑤ K. Opuku,'Nefertiti,Idia and other African Icons in European Museums:The Thin Edge of European Morality',*Modern Ghana*,24 March 2008,< http://www. modernghana. com/newsp/160914/42/page-num5/nefertiti-idia-and-other-african-icons-in-european. html >,accessed 3 September 2013.

非法掠夺行为的人。① 因此,自 20 世纪 60 年代以来,联合国采取了各种步骤来实现保留和发展以前殖民地国家文化身份的权利。例如,联合国大会发布了许多决议,鼓励将文化材料归还发展中国家。② 最近,联合国通过了《联合国土著人民权利宣言》,认识到归还对土著人民的重要意义。③ 此外,还有许多国家和博物馆通过谈判或自愿归还文物和人体遗骸的例子。尽管有这些发展,文化资产的返还仍然遇到了当前拥有者的阻力,尽管人们普遍认识到,归还曾经被奴役的人民的文化集体身份至关重要的物件,对于实现其自决权和充分的政治解放权至关重要。

第二节　与现行或正在形成的规则相对应的共同裁决规则

一、介绍

归还战时以外被盗或非法出口的文物是《文化遗产法》的基石之一。但是,界定引起赔偿责任的情况的问题是国际法律界仍在努力的问题。④ 下文审查了有关的外交、法律和司法实践,以便解释为什么归还和平时期被错误地移走的文物的义务的习惯性质受到争议。

二、在和平时期归还错误移走的文物的义务

(一)问题的严重性

至少从 15 世纪以来,由于盗窃和跨国走私而造成的文物损失被认为是

---

① De Vitoria, *De Indi set de iure belli relectiones* 1532, I Carnegie Institute of Washington, 1917, cited in L. V. Prott and P. J. O'Keefe, *Law and the Cultural Heritage*: *Vol. 3-Movement* (London/Edinburgh: Butterworths, 1989), pp. 803-4.

② See Resolution on the Return or Restitution of Cultural Property to the Countries of Origin (UN Doc. A/67/L. 34, 5 December 2012), which lists the relevant resolutions since the first Resolution 3187 (XXVIII) of 18 December 1973 (UN Doc. A/RES. /3187 (1974)). See also A. M. M'Bow, 'Plea for the Return of an Irreplaceable Cultural Heritage to Those Who Created It' (1979) Vol. 31 Museum p. 58.

③ 13 September 2007, ILM 1013 (2007).

④ L. M. Kaye, 'Disputes Relating to the Ownership and Status of Cultural Property', in: Byrne-Sutton Q. and Geisinger-Mariéthoz F. (eds), *Resolution Methods for Art-Related Disputes* (Zürich: Schulthess, 1999), pp. 35-53, 35.

名副其实的祸害。1462 年,教皇庇护二世(Pius II)发布了教皇诏书 *Cum Al-mam Nostram Urbem*。教皇用这种文书试图规范挖掘和保存发掘出的古代艺术品,以保护罗马的世俗和精神贵族。[①] 1602 年,托斯卡纳大公爵(Grand Duke of Tuscany)决定对"好画"的出口发放许可证,并禁止 18 位大师的作品出口。伦巴第大区(1745)、帕尔马公国(1760)和摩德纳公国(1857)也采取了类似的限制性出口措施。除了统一前的意大利外,同一时期其他国家还通过了所有权法,旨在保护遗址并通过关于不可剥夺性和国家的优先购买权的规定来限制被允许的挖掘和发现物的处置。这些国家包括希腊、突尼斯、埃及、墨西哥和奥斯曼帝国。[②]

第二次世界大战结束后的几十年里出现了两个重要的事态发展,它们决定了对可移动文物法律框架的改革:对于文物的需求日益增长(这导致非法贩运的恶化)和许多殖民地的独立。政治解放导致许多国家颁布了出口法律,以阻止文化材料流向前殖民国家。为了响应来源国日益增长的归还要求,联合国教科文组织通过了若干文书,其中最重要的是 1970 年《联合国教科文组织公约》。

如今,有可能区分两种不同类型的非法贸易。第一,博物馆、私人收藏、教堂以及考古建筑群的盗窃导致的人口贩卖。第二,有些物品是非法越境转移的。虽然法律上属于国家以外的人所有,但某些物品的移动可能受到规范性限制。如果它们被合法地卖给另一个主体,并在没有适当许可的情况下从原产国转移过来,则被认为是非法的。当然,有些对象同时属于这两类。被盗物品被非法出口并不罕见。

造成当今国际文化物品非法贩运的原因很多。可以指出的有,艺术领域的开放、冲突和苦难的倍增以及国际艺术市场的繁荣。随着世界各地教育水平和繁荣水平的提高,不仅有更多的人对学习手工艺品以及参观博物馆和美术馆产生了兴趣,而且他们负担得起并有空闲时间来收集艺术品。矛盾的是,世界范围内对文化和艺术的兴趣为文化遗产的完整性带来了风险和威胁。对文化艺术品的需求不断增加,不仅导致了具有国际规模的富裕艺术品市场的发展。它还造成了盗窃和非法出口物资以及对遗址和古迹的不可挽回的破坏,这种现象往往跟腐败、政治动荡以及国家和国际法规的

[①] 　K. Siehr, ʻ Globalization and National Culture:Recent T rends toward a Liberal Exchange of Cultural Objectsʼ (2005) Vol. 38 *Vanderbilt Journal of Transnational Law* pp. 1067-96 ,1074.

[②] 　Fraoua, *Le trafic illicite* , p. 44 (n 71).

不足密切相关。需求越高,各种类型的抢劫者和中间商就越能满足需求。问题的一部分还在于,艺术被许多人视为商品或传统投资的替代品。① 事实上,稀有而昂贵的文物市场正在不断增长。在展览会、拍卖行和画廊,来自金融世界的新财富涌入,不仅因为手工艺品时尚、美观,而且因为它们恰好是一项有利可图的投资。确实,就像在政治和军事动乱时期一样,非法贩运艺术品的机会增加了,而在金融动荡时期对艺术品的投资代表了最好的解决方案之一。

文化物品进入市场的途径始于盗窃或从原产地非法转移。然后,将文物卖给走私者,后者再将其卖给国际经销商。这些人意识到,某些国家在相对较短的时间内为善意购买者提供了慷慨的保护,以防止被剥夺的所有者提出索赔。通过安排这些国家或地区商业伙伴的一项或多项销售,他们可以获得该物品的良好所有权,然后可以不受惩罚地出售这些物品。② 一旦以这种方式获得批准,艺术品就进入了合法的艺术拍卖领域,交易商、画廊馆长、博物馆策展人进行交易,允许未经证实的物品以及伪造的物品增加他们的收藏。通过这种方式,艺术贸易提供了数十亿美元的收入。③ 然而,没有可靠的统计数据可以帮助估计文化财产非法市场的规模。很少有国家有动力或人力整理数据。来自国际刑警组织的信息有助于了解问题的严重性。根据国际刑警组织的统计,2005 年有 1785 件艺术品从宗教场所被盗,主要发生在意大利、法国和俄罗斯。尽管这只是报告的私人住宅盗窃数量的一半,但与博物馆的 281 起和艺术画廊的 232 起相比,这是一个巨大的数字。④ 但是,国际刑警组织已明确表示它"没有任何数字……声称贩运文化财产是

---

① See R. Signer and D. Baumann, ' Art Market Back on Growth T rack ', 12 May 2011, Credit Suisse, News and Expertise, < https://www. credit-suisse. com/ch/it/news-and-expertise/news/economy/sectors-and-companies. article. html/article/pwp/news-and-expertise/2011/05/it/art-market-back-on-growth-track. html > , accessed 1 September 2013.

② J. Ulph and I. Smith, *The Illicit T rade in Art and Antiquities* (Oxford/Portland: Hart, 2012), pp. 2-4.

③ 古董市场不会将资金注入来源国:虽然贫穷的当地掠夺者有被捕的风险,但拍卖行、商人和其他中间人却从中获利而不受惩罚。根据一项研究,在中美洲的 Petén 地区,洗劫者每人可获得约 300 美元的玛雅陶瓷产品,最终经销商可能会以 10 万美元的价格在市场上出售。1979 年非法出土的 Morgantina 灰岩使掠夺者的收入略高于 1000 美元。一年后,它们由瑞士经销商 Robin Symes 出售,价格超过 100 万美元。N. Brodie, J. Doole, and P. Watson, *Stealing History: The Illicit T rade in Cultural Material* (Cambridge: The McDonald Institute for Archaeological Research, 2000), p. 13, < http://www. stanford. edu/group/chr/stealinghistory. pdf > , accessed 8 September 2013.

④ J. Farouky, ' Spirited Away: Art Thieves T arget Europe's Churches ', *Time*, 10 January 2008, p. 38.

第三或第四种最常见的贩运形式"，并且"很难确切了解全世界有多少种文化财产被盗，而且不可能是任何准确的统计信息"。① 无论如何，一项研究估计，伦敦拍卖市场上提供的古董中有 65% 至 90% 的出处是未知的，这是非法来源的可靠迹象。② 有趣的是，伦敦大学学院考古研究所的一位代表说："在我们这一领域工作的人们普遍认为，市场上 80% 到 90% 的文物是非法的。"③ 此外，1993 年，曾任纽约大都会博物馆馆长的托马斯·霍文（Thomas Hoving）在评论美国博物馆的经验时说，"在过去的 20 年里，几乎每一件来到美国的文物都违反了其来源国的法律"。④

　　有组织的犯罪集团越来越多地参与贩运文化物品和有关罪行的所有方面。这些活动是对犯罪收益进行洗钱的重要手段，艺术市场的保密性和私密性为其提供了便利。有证据表明，跨国有组织犯罪是相互关联的，犯罪网络利用相同的途径和手段转移文化财产，就像他们转移毒品和武器一样。⑤ 出于这些原因，经济及社会理事会（the Economic and Social Council，ECOS-OC）和联合国毒品和犯罪问题办公室（the UN Office on Drugs and Crime，UN-ODC）现在正在密切合作，以打击文化财产的贩运。

　　毒品和犯罪问题办公室旨在利用《打击跨国有组织犯罪公约》的潜力，⑥ 处理有组织犯罪集团犯下的与贩运文化财产有关的严重犯罪。⑦ 联合国教科文组织与毒品和犯罪问题办公室联合起来，但指出创造新的规范工具和

---

　　① 详见 < http://www. interpol. int/Crime-areas/T rafficking-in-illicit-goods-and-counterfeiting/Traf-ficking-in-illicit-goods-and-counterfeiting > , accessed 4 September 2013.

　　② G. Elich, 'Spoils of War: The Antiquities T rade and the Looting of Iraq' (2004), http://www. globalresearch. ca/articles/ELI401A. html, accessed 15 September 2013.

　　③ Elich, 'Spoils of War' (n 158).

　　④ E. I. Gegas, 'International Arbitration and the Resolution of Cultural Property Disputes: Navigating the Stormy Waters Surrounding Cultural Property' (1997-1998) Vol. 13 *Ohio State Journal on Dispute Resolution* pp. 129-166, 144, 144, fn 55.

　　⑤ 调查显示，通过非法艺术品市场赚的钱不仅流向了毒品和军火商，还流向了恐怖分子：国际社会扼杀了恐怖组织的传统资金来源，但这些手段是利用文物的非法贸易来部分资助其致命活动。美国海军陆战队上校马修·博格达诺斯（Matthew Bogdanos）证实了古物交易与恐怖分子之间的联系，据称"在一系列袭击中……海军陆战队士兵在地下掩体中逮捕了 5 名恐怖分子，这些掩体中装有从伊拉克博物馆失窃的自动武器、弹药储存、黑色制服、天空面具、夜视镜和 30 个花瓶、钢瓶印章和小雕像"。M. Bogdanos, 'The T errorist in the Art Gallery', *The New York Times*, 10 December 2005.

　　⑥ 15 November 2000, 2225 UNTS 209.

　　⑦ 有关毒品和犯罪问题办公室关于贩运文化物品的任务的概述，请参阅 < http://www. unodc. org/unodc/en/frontpage/2012/October/trafficking-in-cultural-property--organized-crime-and-the-theft-of-our-past. html > , accessed 20 September 2013.

开展与现有的规范工具重叠的活动是有害的。相反,它强调需要增加对1954 年《海牙公约》,1970 年《联合国教科文组织公约》和 1995 年《统一私法》公约的批准,①并加强政府间组织、非政府组织和国家之间的合作。② 经济及社会理事会在 2011 年 7 月 28 日第 2011/42 号决议中回应了这些关切,并认识到需要采取多种不同的战略来打击非法贸易,包括采取以下措施:(1)抑制非法转移文化财产的需求;(2)发展警务及海关等监察机构的能力和人力资源;(3)确保扣押、回收和归还非法获取的人工制品;(4)清点非法移走的文化财产;(5)通过媒体的参与,提高对盗窃和掠夺文化财产的认识;(6)最大化交易者在市场中文化财产活动的透明度。③

近年来,艺术品交易将其兴趣扩展到水下文化遗产。的确,水下文物和遗址每年都会自然消失。但是,水下文化遗产的真正危险源于寻宝者和投机者的不科学搜寻和清除。当今的技术进步提高了商业打捞公司获取位于世界最深处的遗产的能力。具有历史意义的沉船是有价值的考古遗迹:如果沉船不在浅水区,而是在深水区,那么由于缺氧、低温(结果是化学反应缓慢进行)和缺乏波浪作用,沉船很可能被很好地保存下来。④ 它们是特定历史时刻的"时间胶囊"。⑤

非法贩运不仅限于活动物品。令人信服的证据证明,抢劫者经常清除古迹和宗教建筑的宝贵部分。在柬埔寨,小偷经常用金刚石锯切掉雕塑。在 1993 年的一起事件中,一个由 300 名土匪组织的团伙用手榴弹炸开了吴哥保护区的大门,并用火箭发射器炸开了通往主仓库的大门。在墨西哥、危地马拉和伯利兹,玛雅人的纪念碑在 20 世纪 60 年代开始被雕刻和运走。根据一位专家的说法,在秘鲁,"20 世纪最后 50 年被掠夺和破坏的考古证据比

---

① UNIDROIT Convention on Stolen or Illegally Exported Cultural Objects, 24 June 1995, 34 ILM 1322(1995).

② Addendum to the Report of the Secretariat to the ICPRCP , 16th Session, Paris, 21-23 September 2010.

③ 6 Res. 2011/42 of 28 July 2011 on Strengthening Crime Prevention and Criminal Justice Responses to Protect Cultural Property, Especially with Regard to Its T rafficking, preamble, 5th and 7th recitals, and para. 7.

④ A. Strati, *The Protection of the Underwater Cultural Heritage: An Emerging Objective of the Contemporary Law of the Sea*(Leiden: Martinus Nijhoff Publishers, 1995), p. 344.

⑤ A. Strecker, ' Pirates of the Mediterranean? The Case of the "Black Swan" and Its Implications for the Protection of Underwater Cultural Heritage in the Mediterranean Region ', in: A. F. Vrdoljak and F. Francioni(eds), *The Illicit Traffic of Cultural Objects in the Mediterranean* (2009) No. 9 EUI-AEL Working Paper pp. 59-73 ,71.

前 4 个世纪还要多"。① 20 世纪 90 年代后,在拉蒂亚拉(Trajan 皇帝,公元 98 年至公元 117 年统治期间,是多瑙河下游最重要的罗马中心之一,如今是保加利亚最贫穷的地区),寻宝者摧毁了 20 公顷的考古遗址。现在,这里变成了一个覆盖着火山口和丘陵的巨大田野。据当地目击者称,在某一特定时间,有 17 台推土机同时在现场耕种!②

(二)国家和司法实践

1970 年《联合国教科文组织公约》是来源国一致努力争取国际合作以有效保护其遗产免受盗窃和非法出口的结果。该条约已被拥有活跃艺术品市场的许多国家广泛批准。③ 这意味着联合国教科文组织提供的原则和程序可能会越来越多地被使用。例如,过去几十年间缔结的大量国家间和机构间协定证实,人们普遍认识到需要解决归还问题。此外,加拿大、澳大利亚、新西兰和南非等许多国家已经通过了立法,以支持承认和执行 1970 年《联合国教科文组织公约》和 1995 年《统一私法》公约所声称的外国文化财产出口管制。④

其他值得考虑的是国际私法领域的立法举措。这些证据表明,有关法律对文化遗产的不利影响的辩论会影响市场国家的立法。它们也代表着承认文化遗产特殊性质的一步。

首先要考虑的措施是在比利时进行的,比利时是非法贸易中最重要的参与者之一,尤其是作为非洲国家洗钱的主要国家。该措施是制定比利时新的国际私法典。它赞同将起源法用于解决跨国赔偿请求。第 90 条第 1 款规定:

> "如果一国认为已列入其文化遗产的物品以某种方式离开该国领土,该方式在该国的法律出口时被认为是非法的,则由该州受当时适用的该州法律或在该州的选择下,由该物品在保全时所在国家的法律管辖。"⑤

---

① Elich, 'Spoils of War' (n 158).

② I. Dikov, 'Bulgaria's Treasure Hunters and the Lost Rome', *Novinite. com*, 2 June 2011.

③ 截至 2013 年 8 月,共有 123 个国家加入了 1970 年《联合国教科文组织公约》。

④ 但是,这种承认的范围会因宪法、立法和政治因素而有很大差异。ILA、文化遗产法律委员会、《国家控制文化材料出口的报告草案》,海牙,2010,详见 < http://www.ila-hq.org/en/committees/index.cfm/cid/13 >,2013 年 9 月 6 日。

⑤ Loi du 16 Juillet 2004 Portant le Code De Droit International Prive(English translation in[2004] Vol. 6 *Yearbook of Private International Law* p. 319).

　　该规定确定,在非法出口文化物品之后,索偿国在决定应适用哪种法律方面享有很大的酌处权。可能的结果是,适用的法律是原告国的法律,即物体被移走的国家。但是,第 90 条的严格性受到以下因素的限制:(1)只有国家或国家机关才能提出要求;(2)赔偿要求仅限于列出的文化宝藏;(3)该程序不具追溯力;(4)善意购买者有权获得赔偿。1985 年 7 月 6 日第 13 号葡萄牙法律也与此讨论有关。第 31 条宣布,在葡萄牙发生的,与进口的文化财产有关的交易,违反外国关于所有权或所有权的转移的立法,均无效且不具有法律效力。该规定的局限性在于它仅在对等的条件下运作。① 瑞士立法者还反对外国公法不适用的原则。《联邦国际私法法》第 13 条规定,外国法律条文的适用范围并不仅仅因为其被定性为公法就被排除在外。此外,根据第 19 条和适用于该合同的瑞士实体法,违反其禁止出口国宝的外国规则的合同可以视为无效,而不论其有效性如何。② 此外,第 19 条规定,在考虑外国命令规则的前提下,瑞士法律秩序的合法利益和明显压倒一切的利益都需要它。瑞士政府在该法获得通过时发表的报告指出,该规定的目的恰恰是克服了最高法院关于适用外国公法的保留。③

　　如今,联合国教科文组织标准制定工具所施加的影响在市场国家法院的司法实践中得到了进一步证实,也就是说,原始所有人追查了被盗或非法出口的物品。由于国内法院愿意执行外国法规,因此大大简化了归还索赔的程序,尽管有规则禁止一国在外国法院和国际条约准则中提起的诉讼中成功依赖其公法,即使该国政府或立法者尚未制定将其纳入国内法的立法。

　　值得一提的第一个案例是尼日利亚面具事件。它是在 1972 年决定的,当时德国联邦议院在将德国法律应用于保险合同的同时评估了尼日利亚的出口法律。该保险合同涉及将要从尼日利亚运往德国的 3 个带有传统口罩的容器。在运输过程中,其中一些文物消失了。保险人就所蒙受的损失付了款,并起诉船东要求赔偿。被告辩称,受德国法律管辖的保险合同无效,

---

　　① Commented in G. Carducci, 'The Growing Complexity of International Art Law: Conflict of Laws, Uniform Law, Mandatory Rules, UNSC Resolutions and EU Regulations', in: B. Hoffman(ed.) , *Art and Cultural Heritage: Law, Policy and Practice* (Cambridge: Cambridge University Press, 2006) , pp. 68-85, 69.

　　② The Federal Act on Private International Law is available at < http://www. admin. ch/opc/fr/classified-compilation/19870312/index. html > , accessed 20 September 2013. M. -A. Renold, ' An Important Swiss Decision to International Transfer of Cultural Goods: The Swiss Supreme Court's Decision on the Giant Antique Mogul Gold Coins' (2006) Vol. 13 *International Journal of Cultural Property* pp. 361-9, 365.

　　③ Renold, ' An Important Swiss Decision, p. 367(n 175).

因为尼日利亚文物的出口违反了尼日利亚的出口管制法律。德国联邦议院
（Bundesgerichtshof）支持这种观点，并认为运输保险合同不可执行，因为这与
德国的"良好道德"背道而驰。此外，法院通过参考 1970 年《联合国教科文
组织公约》宣布合同处于无效状态。值得注意的是，即使德意志联邦共和国
不是该公约的缔约国，联邦议院也提到了 1970 年《联合国教科文组织公
约》，并裁定如果外国法律奉行国际社会达成共识的政策，则必须考虑到外
国法律：

> "为了维护文化产品国际贸易的道德，违反原产国出口禁令的
> 文物出口不应当受到私法的保护，包括违反该国出口管制从该国
> 领土运输文化产品的保险保护法律。"①

　　这种做法对那些在其国内法中批准和执行了 1970 年《联合国教科文组
织公约》的国家来说，是有道理的。② 在 Danusso 案中，都灵 Tribunale di
Torino 下令根据适用的法律规则和 1970 年《联合国教科文组织公约》，将一
些考古文物归还厄瓜多尔，尽管根据争端的时限不适用。③ 1997 年，瑞士联
邦法院（Swiss Tribunal federal）下令归还在法国被盗的一幅油画，并在瑞士找
到了这幅油画，理由是没有履行对被告的诚信证明责任。至关重要的是，公
约强调，瑞士法官必须考虑到 1970 年《联合国教科文组织公约》和 1995 年
《国际统一私法协会公约》所规定的"瑞士和法国共同的国际公共利益"，以
保护文物。然后肯定了这些条约，它们表达了已生效或正在形成的"国际公
共秩序"，"实现了一场斗争的必要性，有效打击贩运文化财产的国际法律还
为保护善意占有人的合法利益提供了必要的程序保障"。④ 鉴于瑞士当时未
参加这两个公约中的任何一个，因此这项裁定令人瞩目。在另一起瑞士案
件（TürkischeRepublik 诉 Kanton Basel-Stadt）中，每个审理此案的法院都同
意，尽管具有公法性质，也可以适用外国文化遗产法。⑤ 加拿大法院的判决

---

　　① *Allgemeine Versicherungsgesellschaft v. EK*（*The Nigerian masks case*）BGH, 22 June 1972, BGHZ 59 No. 14, 82.

　　② M. Weller, 'Iran v. Barakat' : Some Observations on the Application of Foreign Public Law by Domestic Courts from a Comparative Perspective' (2007) Vol. 12 *Art Antiquity and Law* pp. 279-95, 289.

　　③ *Repubblica dell' Equador v. Danusso*, T ribunal of T orino, 22 February 1982.

　　④ *L. c. Chambre d' accusation du Canton de Genève*, ATF 123 II 134, 1 April 1997, para. 7.

　　⑤ Unpublished decisions, reported by S. Özel, 'The Basel Decision: Recognition of Blanket Legislation Vesting State Ownership over the Cultural Property Found within the Country of Origin' (2000) Vol. 9 *International Journal of Cultural Property* pp. 315-40.

涉及归还大约 6000 种在 20 世纪 80 年代从玻利维亚非法出口的古老纺织品的案件,对 1970 年《联合国教科文组织公约》也有同样的尊重。①

美国是艺术品和文物交易的主要市场,也是大多数艺术品案件的审理地。在美国,法院已表示愿意返还那些可能是被盗或被非法拿走的文化财产。舒尔茨案及其最终判决书②证明,尽管受某些条件制约,如今美国法院仍可以利用反盗窃法(特别是《国家被盗财产法》)来承认和执行外国的继承法和出口法规。③ 巴拉卡特案④的上诉裁决使英国法律与美国法律和判例一致。巴拉卡特案起源于伊朗提出的要求归还据称从该国失窃的古代文物的索赔。初审法院驳回了归还财产的要求,理由是该要求不成立,因为伊朗的立法在英国不可执行。⑤ 几个月后,上诉法院推翻了这一决定,认为 1979 年的伊朗法律否认发现者对古物的拥有权,但同时赋予该国所有权和直接拥有权。然后,它阐明了索赔人提起诉讼要求对商品产生何种类型的权益:⑥ 尽管索赔人在某些情况下必须立即显示出拥有所要求保护的动产的权利,但该占有权不必来自专有权益。⑦ 上诉法院得出这一结论的依据是,除其他外,根据公共政策的论点,即各国应相互协助以防止非法移走包括文物在内的文化物体。法院认为,各国必须借助诸如 1970 年《联合国教科文组织公

---

① *R. v. Yorke*(1998), 166 N. S. R.(2d)130(Nova Scotia Court of Appeal). For a comment see R. K. Paterson, 'Bolivian T extiles in Canada'(1993)Vol. 2 *International Journal of Cultural Property* pp. 359-70.

② *United States v. Schultz*(178 F. Supp. 2d445, S. D. N. Y., 3 January 2002, *aff' d*, 333 F. 3d 393, 2nd Cir. NY, 10 June 2003); *United States v. An Antique Platter of Gold*(991 F. Supp. 222, S. D. N. Y. 1997, aff'd, 184 F. 3d 131, 2d Cir., 1999); *Republic of T urkey v. OKS Partners*(1994 US Dist. LEXIS 17032, D. Mass. 1994); *United States v. Pre-Columbian Artefacts*(845 F. Supp. 544, N. D. III, 1993); *Government of Peru v. Johnson*(720 F. Supp. 810, C. D. Cal. 1989); *United States v. Hollinshead*(495 F. 2d 1154, 9th Cir. 1974); and *United States v. McClain*(545 F. 2d 988, 5th Cir., *reh' g denied*, 551 F. 2d 52, 5th Cir. 1977).

③ S. Urice and A. Adler, 'Unveiling the Executive Branch's Extralegal Cultural Property Policy' University of Miami Legal Studies Research Paper No. 2010-20, http://papers. ssrn. com/sol3/papers. cfm? abstract_id = 1658519, accessed 15 September 2013, 批评美国行政当局通过"扭曲"适用与文化遗产相关的国内法,获得制定"法外文化财产政策"的权力。

④ *Government of the Islamic Republic of Iran v. The Barakat Galleries Ltd.* [2007]EWCA Civ. 1374.

⑤ *Government of the Islamic Republic of Iran v. The Barakat Galleries Ltd.* [2007]EWHC 705 QB.

⑥ 在普通法中,"非法强占"是一种严格责任侵权行为,可以"以与真正所有者的权利不一致的方式处理货物"。*Lancashire & Yorkshire v. MacNicoll*[1919]88 LJKB.

⑦ N. Palmer, 'Waging and Engaging-Reflections on the Mediation of Art and Antiquity Claims', in: M. -A. Renold, A. Chechi and A. L. Bandle(eds), *Resolving Disputes in Cultural Property*(Genève: Schulthess, 2012), pp. 81-105, 91.

约》、1995 年《国际统一私法协会公约》、关于返还从会员国领土非法出口的文物的欧洲指令 93/7① 和英联邦保护物质文化遗产计划②等国际文书进行互通互鉴。

此外，即使在违法行为发生数十年后，美国法院也找到了允许索赔人起诉诚信拥有者的方法。由于艺术品是便携式的并且易于隐藏，因此盗贼可以将其隐藏，直到经过限制时间为止。大多数时效法令规定，法院应从诉讼因由产生之日起计算原告提起诉讼的期限。这样的法规对于时效期限的长短非常具体，但是通常将触发事件的问题留给法院来解决。美国法院利用这一法律空白来制定要求和拒绝规则以及发现规则。③ 后一条规则规定，只有在实际发现物体的下落或拥有者的身份后，才发生追回被盗物体的行动。根据要求和拒绝规则，在原所有者提出要求归还被盗取财产的请求并且所有者拒绝请求之前，真诚地购买被盗财产的人不会提出诉讼。Schwarzschild 诉 Harrods 案中的判决确认了英国采用了要求和拒绝的方法。④ 因此，在纽约和伦敦这两个主要的艺术中心，要求和拒绝规则是适用的，最终的善意占有人不能安全地假定，在当地适用的情况下，超过三至六年的未受干扰的占有将保护他们免受赔偿要求。⑤

（三）评价

尽管由于上述法律和法学的发展，情况有可能发生变化，但目前归还在和平时期被盗或非法出口的文物的义务性质令人怀疑。主要原因是这种做法远非统一。学者和评论员通常会引用以下论点来反对归还义务的惯常地位。

首先，某些文化遗产条约没有得到广泛接受，如 1995 年的《国际统一私法协会公约》公约⑥和 2001 年的《水下文化遗产保护公约》(the 2001 Convention

---

① OJ L74/74, 27 March 1993.

② *Government of the Islamic Republic of Iran v. The Barakat Galleries Ltd.* [2007]EWCA Civ. 1374, paras 155-63. See also Ch. III, Pt A, s 3. 2. 6.

③ See Ch. III, Pt A, s 3. 2. 4.

④ [2008]EWHC 521(QB). 高等法院法官庭确认，在时效期间开始之前，要求退还货物和明确拒绝退还货物都是必须的, *Clayton v. Le Roy*[1911]2 KB 1031 CA.

⑤ A. Tompkins, ' Art Theft: Heralds of Change in the International Legal Landscape ', in: N. Charney (ed), *Art and Crime*(Santa Barbara: Praeger, 2009), pp. 187-96, 192.

⑥ 截至 2013 年 9 月, 已有 33 个国家批准了 1995 年的《国际统一私法协会公约》。

on the Protection of the Underwater Cultural Heritage, UCH Convention)。[①] 这意味着,即使是艺术丰富的国家也可能不愿遵守这些规则,这些规则虽然影响深远,有利于保护国家遗产,但可能影响它们的私法制度,并将《联合国海洋法公约》等综合国际法规则置之一边。但是,鉴于联合国教科文组织其他文书的批准过程,林德尔·普罗特(Lyndel Prott)正确地指出,对现有规则进行实质性更改的条约往往需要很长时间才能得到许多国家的充分认可,因为它们需要在资源和调整现有国内立法方面作出更多承诺。[②]

其次,现有的司法实践表明,联合国教科文组织条约所规定的标准和国内法院所采用的创新的法学解决办法可能被忽视。例如,在 *Union de l' Indie c. Crédit Agricole Indosuez* 案中,瑞士联邦瑞银联邦信贷银行(CréditAgricole Indosuez)拒绝了原告有关两个金雕像的主张。尽管它不反对文化财产领域国际公共秩序的存在,正如 1997 年对上述 *L. c. Chambre d'Account du Canton de Genève* 一案的裁决所确认的那样,法院确认,瑞士法院没有义务执行外国公法。[③] 这一决定令人遗憾,因为法院提到了奥尔蒂斯一案,但没有提到其他当局,因此与 *L. c. Chambre d'Accounting du Canton de Genève* 一案相比,后退了一步。[④] 这种精神分裂般的做法在英国法律秩序中也可见一斑。2007 年,法院作出了两项相互矛盾的判决。在伊朗诉伯伦德案中,[⑤]原告要求归还据称从伊朗非法出口的石灰石浮雕碎片。伊朗试图说服法院,根据联合国教科文组织和统一私法协会的公约,救济的所有权应根据艺术品的原产地法律确定,而不应根据艺术品购买地的法律确定。最终,伊朗因法院适用奥尔蒂斯判例而败诉。支持原告索赔的唯一让步是确认通过实施原产国法律来保护国宝和古迹是"由政府决定的事情"。[⑥] 同年晚些时候,这一"保守"裁决与上述巴拉卡特案的上诉法院的裁决相矛盾。

为了结束对司法实践的调查,在判例法中没有发现与艺术品征收有关的矛盾。强制性财产的征收似乎通过适用国家法令得到了全面保护。这一

---

① 2 November 2001,41 ILM 37(2002). As of September 2013,45 States are parties to the UCH Convention.

② See L. V. Prott, 'The UNIDROIT Convention on Stolen or Illegally Exported Cultural Objects-T en Years On' (2009) Vol. 14 *Uniform Law Review* pp. 215-37,229-33.

③ ATF 131 III 418,8 April 2005.

④ 瑞士判例不一致的其他例子涉及对诚信的评估:请参阅 Ch. V ,Pt B,s 3.7.

⑤ *Government of the Islamic Republic of Iran v. Berend* [2007] EWHC 132 QB. See Ch. III,Pt A,s 3.2.6.

⑥ *Iran v. Berend*,para. 30(n 199).

点在 20 世纪早期布尔什维克在俄罗斯实施的征用中表现得尤为明显。① 相比之下，盟国凭借 1943 年《伦敦宣言》以及德国和其他地区的各种决定（由于第三帝国的倒台）与纳粹反人类罪有关联，纳粹政权采取的剥夺性措施的有效性已被否认。②

三、和平时期恢复和保护文化遗产的共同裁决规则

本节总结了迄今为止文化遗产领域利益相关者的立法、司法、合同、外交和行政实践，以指出裁决的共同规则越来越多地用于保障和平时期对不可移动遗产的保护和被错误地移走的文化物品的归还。如前所述，其中一些规则已经确立，而其他规则仍在形成中。更重要的是，鉴于归还被盗或走私文物的义务的性质是一个法律问题，远未解决，这组规则应被理解为协助索赔人追回丢失的艺术品的一种手段。

（一）保护各国文化遗产的完整

每个国家都应能够保留和追回对其遗产继承完整必不可少的，对国家的历史、特征和记忆至关重要的文化资产，以保存文化血统、将民族文明传给子孙后代、唤醒民族意识、增强地方学术水平和提升民族文明。一位作者认为，各种决定支持以下原则：一个国家应被视为代表性文化物品的所有者，而其他国家应合作确保返还非法清除的"核心遗产"。③ 所有有关非法艺术品交易的国际法律文书都确认了这一原则，例如 1970 年《联合国教科文组织公约》和 1995 年《统一私法》公约。此外，2004 年《联合国国家及其财

---

① 庭审国的法院使用"国家行为原则"来宣布其他国家在其边界内实施的"法律上的统治权行为"是不可受理的。因此，外国政府对其本国公民下令征收的位于其领土内的财产不受司法审查。虽然各国对涉及外国人财产的伤害仍然负有国际责任，但关于本国国民财产的决定基本上仍然是内政。在 Stroganoff-Sherbatoff 诉 Weldon（420 F. Supp. 18，1976）一案中，亚历山大·谢尔盖维奇·斯特罗加诺夫伯爵的后裔申诉，他的两件艺术品先被苏维埃政府征用，随后在第二次世界大战爆发后不久又被重新拍卖。法院裁定，只有在占领军在战时没收了私人艺术品的情况下，才能给予赔偿，但在主权国家在其领土上合法地没收的情况下，则不能给予赔偿。在 Paley Olga 公主诉 Weisz 等人（[1929]1 KB 718，[1929] All ER 513）一案中，法院驳回了俄罗斯难民收回苏维埃政府所占有并随后通过拍卖出售的文化资产的主张。这种趋势的唯一一例外是早期的 Etat Russe 诉 Cie La Ropit 案（Clunet，1928，674）。该案涉及布尔什维克对一些在马赛避难的船只的国有化。法国最高法院裁定，根据要求公共利益和对国有化的公正迅速赔偿的规定，它不能承认与法国公共秩序背道而驰的外国规定。其他相关情况，请参见 Fishman，'Locating the International Interest'，pp. 353-354（n 51）.

② B. Schönenberger，*The Restitution of Cultural Assets*（Berne：Stämpfli，2009），pp. 199-206.

③ N. Palmer，'Itinerant Art and the Architecture of Immunity from Legal Process：Questions of Policy and Drafting'（2011）Vol. 16 *Art Antiquity and Law* pp. 1-23，7.

产的司法管辖豁免公约》也确认了这一点。这明确了构成国家文化遗产一部分的财产不受限制措施约束。①

(二)促进文化资产的原环境重置

归还请求权的解决应考虑到将错误移走的物体重新置于原环境中的必要性。从原环境中盗窃或秘密挖掘出的艺术品然后进行交易以获得商业利益,这些艺术品几乎无法提供有关(通常未知的)产地和所属文明的历史和文化的信息。除了大量的判例法和关于秘密归还挖掘出的文物的双边协定外,值得一提的是1995年《国际统一私法协会公约》。其第5条第3款规定:

> "如果提出请求的国家确定将非法出口的文化物品从其领土上移走严重损害……(a)实物或其内容的保存;(b)复杂物体的完整性;(c)保存例如科学或历史性质的资料。"

重新确定情境的重要性不仅被国际条约列为优先事项。各种软法律文书和国内法律都包含设想了本地社区、少数民族和前殖民地所要求的文化物品的重新语境化的条款。

(三)归还原产国的法律

裁决人员应承认外国索偿国的法律所授予的头衔。各种因素导致违约规则遭到破坏,从而不利于原籍国保护法律的执行:(1)颁布实施超国家文书的国内措施,例如1970年《联合国教科文组织公约》,1995年《统一私法》公约和第93/7号指令;(2)通过(或修订)有利于原籍国法律的法律冲突立法;(3)遵循索赔国的保护法发展国内法理学。

(四)优先保护和访问

由于国家和国际法将保存和传播科学和历史信息列为优先事项,因此,陪审员应确定争端对相关资产的保护和获取的影响。各种法律资料都规定,应在其范围内保存通过陆地发掘或水下搜索发现的考古材料。黑天鹅案就是例证。② 据回忆,2011年,美国第11巡回上诉法院承认了西班牙对这艘代号为"黑天鹅"的沉船的所有权,并确认打捞公司奥德赛海洋勘探公司(Odyssey Marine Exploration)必须将发现物移交给西班牙。在这种情况下,法院开创了先例,反对寻宝者利用救助法,并支持 UCH 公约提出的原则和

---

① See Arts 19 and 21.
② See Ch. III, Pt A, s 5.

UCH 公约附件所含规定。① 该规则似乎适用于保护不动产。正如两起涉及纽约市两处不同房产的美国案件所表明的那样,立法机关或司法机关均可限制私有制的权利,以保障代表财产的保存,造福社会。②

（五）尊重土著民族对文化遗产的整体概念

在处理土著人民的财产归还要求时,裁决者应摆脱传统的观点,根据传统观点,对土地和可移动物体的要求最终是所有权要求。正如国际法委员会一贯的判例和《土著人民权利宣言》的创新规定所证明的那样,土著社区赞成一种全面的观点,包括土地、不可移动和可移动的遗产、有形和无形的因素。因此,裁判员应在其推理中纳入文化遗产和财产这一不同的概念。这可能导致土著人民的利益与其他利益相关者的利益之间的和解（如果不是优先）,即根据他们的习俗和生活传统重新占有和使用被剥夺的土地和文物。

（六）支付的补偿

归还错误移走的艺术品必须同时向诚信拥有者支付赔偿。这一规则首先起源于 1970 年的《联合国教科文组织公约》③和 1995 年《国际统一私法协会公约》。④ 如果索赔人不愿（或无力）支付赔偿,则赔偿应由负责搬迁的人或卖方支付。因此,原始所有者对拥有者提起的诉讼可能导致作为第三方被告的卖方提起诉讼。⑤

（七）更严格地评估所有者的所有权

由于善意获取可能会导致被盗或走私艺术品的所有权丧失,因此裁决者应严格评估善意辩护。该规则可以追溯到 1943 年的《伦敦宣言》,并在1995 年的统一私法公约中得到了权威性的确认。⑥ 该条约限制了被盗艺术

---

① 值得注意的是,许多国家,甚至是反对《联合卫生公约》的国家毫无保留地批准了该附件。它的成功可能是因为它包含了广泛认可的考古学标准。

② See *Figarsky v. Historic District Commission* (A. 2d 163 , Conn. , 1976) and *Penn Central Transportation Co. v. City of New York* (438 US 104 , 1978).

③ Art. 7 (b) (ii).

④ Arts 4 and 6.

⑤ 据报道,在亨利·马蒂斯（Henri Matisse）的油画 *Odalisque* 一案中,西雅图艺术博物馆要求罗森博格家族提起诉讼,以便对卖家、交易商诺德勒公司（Knoedler & Co.）提起诉讼,指控其欺诈、疏忽大意的失实陈述和违反默示保证。

⑥ L. V. Prott, ' Principles for the Resolution of Disputes Concerning Cultural Heritage Displaced During the Second World War ', in: Simpson (ed.), *The Spoils of War*, pp. 225-30 , 227 (n 81).

品的真诚购买者的权利。第4条第4款规定了一项国际勤勉标准,用于灵活评估收购情况:

> "在确定拥有人是否进行了尽职调查时,应考虑到收购的所有情况,包括当事方的性格、所支付的价格、拥有人是否咨询了任何可合理获取的被盗文化物品登记簿以及任何其他相关事宜可能合理地获得的信息和文件,以及拥有者是否咨询了无障碍机构或采取了合理的人在这种情况下应采取的任何其他措施。"

在非法出口问题上,1995年《国际统一私法公约》第6(2)条规定了这一点:"在确定占有人是否知道或应当合理地知道该文化物品曾被非法出口时,应注意获得该物品的情况,包括有没有根据请求国法律所要求的出口证书。"

这种纠正的重要性取决于各国法律制度对诚信规则的保护。在英美法系国家,诚信原则只在特殊情况下才得到承认,而大陆法系国家对诚信的保护更为广泛,因此,与大陆法系国家相比,英美法系国家对诚信原则的重视程度较低。[1]

区分业余爱好者和专业人士也是必要的。在前一种情况下,应仔细检查买方的行为,以确认他们是否已采取步骤调查他们感兴趣的艺术品的来源和转让人的地位,以及是否已得到合法处理。不进行合理的努力来调查所买卖艺术品的来源,就意味着未达到尽职调查的护理标准。鉴于人们在购买一块土地或一辆汽车时需要所有权证明,所以这不是一个不合理的负担。对于艺术专业人员,评估应考虑到他们还必须遵守法定规范或道德守则所确立的更高的行为标准。[2] 盗窃的受害者也应该采取措施寻找丢失的财产。索赔人寻找遗失艺术品的努力程度和索赔的公开程度应该成为予以考虑的因素。[3] 虽然还没有确定研究和查询的义务实际上包括什么,但一般认为它们包括对拍卖商品目录和拍卖行商品目录的咨询,以及政府当局、[4]

---

① See Ch. III, Pt A, s 3.2.5.
② 专业的警惕性使许多文物得以复原:大英博物馆和埃及之间的相互合作,发现了舒尔茨和奥克利-帕里策划的走私活动;哥德堡第一次向盖蒂博物馆提供帕纳吉亚卡那卡利亚(Panagia Kanakaria)马赛克的博物馆,立即通知了塞浦路斯共和国;也是盖蒂博物馆(Getty Museum)向西班牙政府通报了画作《圣克鲁兹的马克萨》(La Marquesa de Santa Cruz)在非法出口后的下落。
③ Schönenberger, The Restitution, p. 191(n 202).
④ 法国文化部长建立了一个网站,上面有"二战"后未归还艺术品的文件。

犯罪专家小组①和独立机构建立的数据库。② 在今天的互联网时代，这些信息可以用相对较少的努力获得。

　　严格评估诚信的这一规则似乎有用，不仅因为艺术品市场上交易的文化物品通常具有很高的商业价值。还应考虑加强尽职调查通常是恢复被掠夺的考古文物的唯一途径。实际上，在没有附带出口许可证的物品的情况下，应假定该物品是违反原产国法律出口的。③ 另一个原因是艺术品市场容易受到犯罪侵害。戈德堡和舒尔茨等案例表明，可疑情况的存在需要提高调查或质询的水平。在波特诉沃茨案中，④纽约上诉法院（New York Court of Appeal）表示，有诚意的买家不能对艺术品的出处漠不关心，也不应宽恕或原谅某些有问题的交易行为，即使这些行为很普遍。因此，它认为，未能调查艺术品来源的商人不是真正的买家。1996 年，瑞士联邦法庭就一起枪支被盗案件作出了判决。它规定，高水平的尽职调查应适用于古董买家。根据法庭的规定，买方的查询义务不仅存在于特定的怀疑案件中，也存在于有合理怀疑理由的情况中。在本案中，由于买方没有尽一切合理努力来确定卖方是否拥有良好的所有权，因此，仲裁庭毫不费力地判定，他不可能被视为具有善意，因此不可能获得被盗收藏品的财产。⑤ 在 De Prevail 诉 Adrian Alan Ltd. 案中，原告要求归还古董商所发现的两个失窃的烛台。英国法院裁定，由于这些物品的独特特征和独特功能，被告应将这些物品的可疑来源提请注意，并且不应在未进一步确认卖方资格的情况下购买这些物品。考虑到所有这些因素，法院裁定被告人不是善意的，因此被要求归还两个烛台。⑥

---

　　① 最大的数据库是意大利卡拉比尼文化遗产保护办公室的数据库。

　　② 例如，艺术损失登记册；与纳粹时代相关的互联网门户；大屠杀索赔处；以及关于被掠夺文化财产信息的中央登记处。

　　③ I. A. Stamatoudi, *Cultural Property Law and the Restitution of Cultural Property: A Commentary to International Conventions and European Union Law* (Northampton: Edward Elgar Publishing, 2011), pp. 226-7.

　　④ 416 N. Y. S. 2d 254, 259 (App. Div. 1979).

　　⑤ *Insurance X v. A. M.*, ATF 122 III 1, 5 March 1996. 但是，两年后，瑞士联邦法院并未坚持这种提高尽职调查标准的趋势，该案件涉及萨德侯爵（Les 120 Journéesde Sodome）的手稿，该手稿在法国被盗（N. de N. v. N. and others, SJ 1999 1, 1998 年 5 月 28 日）。法院确认，购买者是真诚地购买了手稿，因为所支付的价格相对较高。然而，法院拒绝考虑购买者（一位著名的收藏家）应该知道法国法律将该手稿视为"不可出口的"国宝。M. A. Renold, 'Stolen Art: The Ubiquitous Question of Good Faith', in: International Bureau (ed.), *Resolution*, pp. 251-63, 255-6 (n 84).

　　⑥ *De Préval v. Adrian Alan Ltd.* (1997, unreported), commented by R. Redmond-Cooper, 'Good Faith Acquisition of Stolen Art' (1997) Vol. 2 *Art Antiquity and Law* pp. 55-61. 在 *Menzel v. List* 案，上诉法院谴责了一种广为流传的做法，即在与信誉良好的贸易商打交道时，假定所有权有效，而进行调查将是对卖方的一种侮辱（267 NYS2d 804, 809, Supp. Ct., NY 1966, rev'd, 246 NE 2d 742, NY 1969）。

2010 年,在 Bakalar 案中,上诉法院在处理所有权主张时裁定适用纽约法律。法院通过"利益分析"作出这一决定,得出的结论是,纽约市在法律实施方面具有令人信服的利益,以防止"该州成为被盗商品的市场",并说服"纽约的艺术品购买者谨慎确保自己购买物的合法来源""反过来,这可能会对瑞士画廊在域外的销售产生不利影响"。[①]

这些案件[②]证明,购买者有加强查询和研究义务的趋势,并且尽职调查水平的提高会影响举证责任的分配:索赔人仅须证明买方没有调查可疑情况,而被告则必须出示证明他已遵守所有尽职调查义务的证据。[③]

(八)承认针对豁免艺术的归还索赔

根据这一规则,如果出现出借人的所有权无效情况,法官应裁定国家当局对借为临时展览的艺术品免于扣押的行为无效。确切地说,这一规则的目的是允许法官通过法定豁免的司法无效来裁定赔偿请求的是非曲直。[④]

可用的法律资源有助于定义此规则的范围。它适用于:(1)不属于贷款国文化遗产的资产;[⑤](2)国家为商业目的的使用或打算供国家使用的物体;[⑥](3)(i)被抢劫或掠夺的物品,(ii)以与当时所在地区有效法律相抵触的方式被挪用,或以符合法律的方式被挪用或司法或行政措施,承认这种措施会违反人道原则和公共良心;(iii)是根据一项交易而转移的,即使该交易声称是自愿进行的,但该交易表面上是合法的,但实际上并不合法,或因任何理由而无效;或(iv)在被认为违反人道主义原则和公众良心要求的情况下,放弃对个人或实体的占有。[⑦]

该规则旨在排除对索赔人的所有权及其诉诸法院权利的干扰。此外,其目的是避免对艺术品和文物进行国际交流以使公众享有利益的兴趣优先于遏制非法贸易和修复以往犯罪的利益。此外,考虑到不道德的机构在进

---

① 550 F. Supp. 2d 548(S. D. N. Y. 2008);*vacated and remanded*,619 F. 3d 136(2d Cir. 2010);*on remand*,819 F. Supp. 2d 293(S. D. N. Y. 2011),aff'd,No. 11-4042(2d Cir. N. Y. 11 October 2012),*reh'g denied*,No. 114042(2d Cir. NY 28 December 2012). See Ch. III,Pt A,s 3. 2. 5.

② See also *Demartini v. Williams*,6 July 2001(unreported);OG München,10 January 1973;Cass. 16 June 1971,Dalloz 1971,566.

③ Schönenberger,The Restitution,pp. 192-3(n 202).

④ See Ch. III,Pt A,s 2. 5.

⑤ Art. 21(1)(d)(e)UNCSI.

⑥ See the cases *Maria Altmann v. Republic of Austria*(see Ch. III,Pt B,s 2);and *Malewicz et. al. v. City of Amsterdam*(362 F. Supp. 2d 298,D. D. C. ,2005;517 F. Supp. 2d 322,D. D. C. ,2007).

⑦ 联合国教科文组织关于因第二次世界大战而流离失所的文物的原则宣言草案原则二。

入全球利润丰厚的艺术贷款体系时会遇到问题，这一规定将使保留有邪恶过去的艺术品的动机失效。

（九）通过不适用时间限制来接受赔偿要求

最后一个共同的裁决规则规定，法官不应通过适用时限来取消赔偿要求。在某些国家/地区，即使所有者无法确定失窃的艺术品在何处以及所有者是否已努力尝试找到艺术品，也要遵守时间限制。正当的理由是，应该防止罪犯、鲁莽的艺术专业人士和不诚实的收藏者利用没有考虑到文物特征的时间限制。它们耐用、便携、独特、相对容易隐藏、有价值（而且随着时间的推移可能变得更有价值）。这些特点使艺术作品在被认为被毁或永远消失多年后，有可能重新出现。出于这些原因，罗伯特·帕特森（Robert Paterson）主张对与反人类罪有关的盗用案件不适用时效限制法规，这是对此类案件中涉及的道德和伦理问题的尊重，也是参照当前国际法对国家法律有意义的解释。诉讼时效制度的政策目标（终结和失效证据）与财产被盗相关的犯罪行为的严重性不一致。[1] 同样，诺曼·帕尔默建议各国政府考虑延长适用于涉及与大屠杀有关的艺术品的赔偿要求的案件的时效。按照他的说法，不仅应对有争议的人工制品的持有者施加时间限制，而且还应对那些在交易链中可以追溯到最初受害者的人施加时间限制，以防止每个人从纳粹的掠夺中获利，即使他们的行为是无辜的。[2]

这些理论观点不是孤立的，必须与国家法律和国际文书一起看待。一方面，许多国内法律规定，构成国家文化遗产的物品是不可剥夺的（额外商品）。[3] 另一方面，诸如第93/7号指令和1995年的UNIDROIT公约之类的法律文本对特殊类别的文化物品规定了一般以及延长的时间限制。[4] 还值得考虑的是，欧洲委员会关于被掠夺的犹太文化财产的大会第1205（1999）号决议第13（i）条要求"法律变更，尤其要注意……延长或取消法定时效期限"，而1968年《关于不对战争罪及危害人类罪适用法定时效公约》第1条

---

① R. K. Paterson,'Resolving Material Culture Disputes：Human Rights,Property Rights,and Crimes against Humanity',in：Nafziger and Nicgorski(eds),*Cultural Heritage Issues*,pp. 371-87,374,379(n 17). See also J. Anglim Kreder,'The Holocaust,Museum Ethics and Legalism'(2008)Vol. 18 *Review of Law and Social Justice* pp. 1-43,5.

② N. Palmer,'Spoliation and Holocaust-Related Cultural Objects. Legal and Ethical Models for the Resolution of Claims'(2007)Vol. 12 *Art Antiquity and Law* pp. 1-15,14-15.

③ Stamatoudi,*Cultural Property Law*,p. 249(n 218).

④ See Art. 7 of Directive 93/7 and Art. 3(4)and(5)of the 1995 UNIDROIT Convention.

规定,根据《纽伦堡宪章》的规定,不论实施日期如何,对构成战争罪的公共或私人财产的掠夺,不适用任何法定限制。[①]

第三节　实施共同裁决规则

一、两点建议

上述考察表明,裁判的一般规则并不是凭空捏造出来的,更不是作为理论建构或学术阐述随意引入的。它们可以从法律本身、判例法、具体和重要的需求以及政策原因中汲取,上述内容由国家、国际组织、社区和公民社会通过各种法律来源,包括国际条约以及私人道德准则,随着时间推移而界定并发展。

此外,上述分析表明,裁决人员应认识到,与多个利益和司法管辖区有复杂联系的索赔要求需要得到充分的答复。实现这一目标的一个主要途径是,裁决者应努力在其推理中加入对文化敏感的规则和政策原因,以克服现有法律制度的弱点。在这方面,必须强调的是,不能仅仅因为裁决的"人为因素"带来一定程度的不确定性就可以贬低或排除互通互鉴的作用和共同裁决的作用,或因为文化遗产领域中的互通互鉴案例不如其他法律领域那么多。的确,对互通互鉴实践的评估不能由对实际采用该实践的决策进行总结的算术运算得出。同样,反映出解决文化遗产纠纷的通用方法的规则的出现也不能受到批评,因为这些规则缺乏普遍性或具有法律约束力。毕竟,我们应该记住,国际文化遗产法的历史相对较短。因此,不能排除的是,在不太遥远的将来,共同裁决规则将交织在司法推理的结构中。

在这方面,再次必须回顾,这项研究不主张确立具有约束力的义务,即采用互通互鉴的观点来制定和传播共同裁决规则,以解决国际文化遗产纠纷的特征。相反,它假定裁判员有权解释、应用和发展共同裁判规则,因为鉴于最终目的,这些规则是有用且决定性的权威。虽然互通互鉴发生在结

---

① UNGA Res. 2391(XXIII) of 26 November 1968.

构系统之外,但它仍然是保护共同利益的重要工具。[1] 这种不拘形式的互通互鉴回答了这样一个问题,即法院和诉讼之外的争端解决方法是否可以保持分散,或者是否应该将它们结合起来,以提供一个协调的国际司法制度。实际上,并非所有系统都需要集成到一个通用结构中,也不需要建立严格的法院体系或其他专用方法。这将破坏当前局势的积极特征,即在特定活动和问题的背景下选择的自由和诉诸特定争端解决手段的灵活性。[2]

考虑到这一点,值得提出两个相互关联的建议,以促进传播共同裁决规则和更广泛地采用互通互鉴的方法。两项建议都涉及联合国教科文组织。这些微不足道的建议旨在为联合国教科文组织以及其他国际组织、国家和非政府组织所声称的任务和政策目标提供支持。显而易见,这些提议为联合国教科文组织提供了进一步的机会,使其能够回顾文化遗产争端不仅涉及法律和政治问题,而且还涉及文化和情感问题。

首先,联合国教科文组织应通过其一个或多个机构制定一系列规则,以指导仲裁员处理文化遗产纠纷。不用说,本书中讨论的共同裁决规则可以用作此类列表的基础。重要的是,联合国教科文组织应强调,该目录旨在防止通过针对普通物品制定的规则解决争议。可以说,这个列表可能会对所有利益相关者产生威慑作用,因为它们可能会形成对其行为(或遗漏)可能后果的预期。联合国教科文组织已经制定了类似的文书,例如,《实施〈世界遗产公约〉操作指南》《实施〈保护非物质文化遗产公约〉的业务指南》《因第二次世界大战而流离失所的文化物品相关原则宣言草案》和 2001 年 UCH 公约所附有关水下文化遗产活动的规则。

其次,联合国教科文组织应该考虑建立一个免费的归还成功范例数据库,连同《文化遗产法》数据库一起,[3]并向所有的评审人员开放。这将为在这一领域发展一致的法律制度奠定基础。该数据库应提供:(1)案件的事实背景和所涉核心问题;(2)涉及的文物和可能的图像资料;(3)争端解决过程的描述(例如,ICPRCP 是否参与)以及解决的条款(例如,归还是否属于争端各方之间的大型文化合作的一部分)。此外,特别是在案件没有得到友好解

---

[1] A.-M. Slaughter, 'A Typology of Transjudicial Communication' (1994-1995) Vol. 29 *University of Richmond Law Review* pp. 99-137, 102, 132

[2] F. Orrego Vicuña, *International Dispute Settlement in an Evolving Global Society: Constitutionalization, Accessibility, Privatization* (Cambridge: Cambridge University Press, 2004), p. 119.

[3] 联合国教科文组织的国家文化遗产立法数据库于 2005 年启动。参见 < http://www.unesco.org/culture/natlaws >, 于 2013 年 9 月 20 日访问。

决,而是由中立的第三方裁决的情况下,数据库应提供以下信息:(1)裁决人员必须处理的法律上和非法律上、国内和国际上的障碍;(2)有关审裁员所采用的以硬法或软法为基础的规则;(3)有关审裁官有否引用国际文书及/或外国决定。这些参数将有助于裁决人员将争端的解决与制定文化敏感规则的国际文书和其他司法管辖区的经验联系起来。此外,该数据库将提高其他文书的效力,例如联合国教科文组织《国家文化遗产法》数据库,《促使文化财产返还原主国或归还非法占有文化财产政府间委员会》的调解与调解规则,艺术品贸易协会通过的道德准则以及各国和国际组织部署的争端解决倡议。

ICPRCP 已经采取了一些步骤,以建立一个归还示例数据库。在 2003年,它邀请"联合国教科文组织秘书处向委员会提供返回和补偿的例子,以此为基础建立一个数据库,委员会可以从中获得灵感"。① 它还敦促"联合国教科文组织成员国支持这一倡议,除其他外,向秘书处提供有代表性的归还或恢复的例子"。② 不幸的是,迄今为止,会员国仅偶尔向秘书处通报了有关归还或恢复文物的谈判或法律程序。秘书处经常通过新闻媒介获悉这些情况。此外,值得考虑经社理事会第 2011/42 号决议。该决议第 9 段请毒品和犯罪问题办公室、联合国教科文组织、刑警组织和其他有关国际组织"探讨制订预防犯罪和刑事司法反应的具体准则","探讨收集、分析和传播数据的可能性","促进包括国际合作的良好做法"。③ 这些建议似乎是要为一个多功能数据库奠定基础,这个数据库可协助审判涉及偷窃或非法出口文物的刑事和民事案件。

二、国际难民法法官协会:联合国教科文组织的范例吗

可以通过考虑国际难民法官协会(the International Association of Refugee Law Judges ,IARLJ)提供的范例来评价这些建议的价值和可行性。为了确定其工作方法并质疑联合国教科文组织是否可以复制这种模式,有必要对此协会进行更仔细的研究。

IARLJ 于 1997 年由 12 名法官在波兰华沙建立,其主要目标是通过裁决

---

① Recommendation No. 3 , Annex III , UNESCO Doc. 32 C/REP/15 ,12th Session ,25-8 March 2003.

② Recommendation No. 3 , Annex III , UNESCO Doc. 32 C/REP/15 ,12th Session ,25-8 March 2003.

③ Res. 2011/42 of 28 July 2011 on Strengthening Crime Prevention and Criminal Justice Responses to Protect Cultural Property , Especially with Regard to Its Trafficking , para. 9 , letters(a) ,(b) , and(d).

人员之间更有系统的协调来进一步保护难民。① 难民法受到由许多国际和区域文书组成的复杂法律框架的管制。仅这一点就表明,难民法所带来的问题和挑战是超越国界的。主要的法律来源是《关于难民地位的公约》。② 这项公约的基本原则是,任何声称是难民的人在原籍国以外的任何东道国都应得到对其案件的同样司法评价。因此,法官和准司法决策者在确保寻求保护的人受到公正、一贯和法治待遇方面可发挥特殊作用。③ 根据 1951 年《公约》第 1(A)(2)条(标题为"难民"的定义),IARLJ 规定,该协会的主要目标是"确认保护难民不受种族、宗教、国籍、某一特定社会群体成员身份或政治观点的迫害是根据国际法确立的个人权利,确定难民地位及其终止应遵守法治"。④ 此外,IARLJ 章程规定,协会承诺:

> "1. 在全世界的司法和准司法决策者中促进对难民法原则的共识,并鼓励使用公平的做法和程序确定难民法问题;2. 促进司法独立,并促进将司法原则应用于难民法问题的独立机构在国家法律体系内的发展;3. 鼓励与寻求庇护者的原籍国和过境国的条件有关的信息和数据库的共享;4. 鼓励发展寻求庇护者进入符合国际法标准的司法系统的规范。"⑤

因此,设立 IARLJ 是为了在世界各地的法官和准司法决策者之间进一步交流和传播有关难民地位的资料。IARLJ 旨在完成这一任务的主要工具是一个基于网络的、多语言的、多国家的判例法数据库。该数据库于 2005 年启动,在向裁决人员传播庇护和难民决定方面具有巨大的潜力,并有助于形成连贯的判例。

IARLJ 提供了其他工具。一是继续与欧盟委员会、欧洲理事会、联合国难民事务高级专员公署、红十字国际委员会等地区和国际机构开展合作;二是为法官和决策者提供培训和专业发展机会;三是 IARLJ 组织了工作组,其

---

① IARLJ 的成员资格向法官或准司法决策者开放。IARLJ 章程将这些定义为"以下任何人:(1)行使司法权力以就难民地位的主张作出法律或法律及事实的决定,无论是在一审、上诉或司法复审中;(2)不行使司法权,在发现与难民身份有关的法律或事实时运用法律原则;并且在行使作出此类决定或调查结果的权力时享有或应享有与政府行政部门独立的权力"。IARLJ 章程和其他信息可从 < http://www. iarlj. org/general > 获得。

② 28 July 1951,189 UNTS 150.

③ IARLJ Constitution, Preamble.

④ Pt 1(2).

⑤ Pt 1(2).

目的是研究国际庇护和难民法中有问题的领域,以便了解问题的性质和程度,并就如何解决这些问题提出建议;四是组织各种会议,这些会议是其成员交流思想和意见以及促进使用"最佳做法"的法庭。在 IARLJ 会议上发表的论文发表在学术法律期刊上,也促进了这种"最佳做法"的使用。

IARLJ 似乎是一个很有吸引力的模式,可以移植到文化遗产领域。至少可以确定难民法与文化遗产法之间的三个共同点,尽管必须确认一种观点,即艺术品无论多么有价值,但并不像人类那么重要,并且对艺术品的命运的考虑应始终次于减轻人类痛苦的考虑。

首先,难民受到特殊待遇,因为他们被迫离开家园回到祖国,就像文化遗产不同于普通财产一样,可以由被错误地移走的原籍国索回。其次,由于在国家、地区和国际各级采用了多种方法,因此,规范这两个领域的法律框架既复杂又零散。最后,在这两个领域,裁判官在法律的适用和发展中都扮演着特殊的角色。

当然,不能指望联合国教科文组织或其一个或多个机构在文化遗产法领域资助建立类似于 IARLJ 的组织。但是,它可以提供准则和基于网络的法学数据库以及上面建议的赔偿成功案例。这些工具可以通过扩大裁决者可以使用的解释性参数来提高争端解决的质量。

三、解决文化遗产纠纷的多层次合作

从所有这些先例看来,互通互鉴似乎构成了一种程序性工具,使裁决者能够突出共同的裁决规则,通过积累和加强权威法学的过程,促进一种新的文化法的发展。这是因为,跨文化融合需要将文化因素和优先级有效地引入决策过程,并在最终决策中给予权重。

话虽如此,看来这里所主张的解决争端办法既有实际的一面,也有理论的一面。很明显,判例法的使用、传播和发展对有效和连贯地解决争端具有重大的实际意义。到目前为止,已经讨论了这方面。理论方面同样重要。它在于合作的价值和利益相关者可以选择的协作方法。这方面将在以下段落中讨论。

(一)合作:国际文化遗产法的精神

从上面的分析中可以汲取的教训之一是,针对文化遗产的缺失而开展合作的目标构成了共同裁决规则的基本宗旨。换种说法,共同裁决规则不过是一种新兴合作趋势的必然结果,这种合作趋势旨在阻止对涉及文化遗

产的争端"不加批判"地应用法律。

合作的概念在法律论述中并不陌生。《联合国宪章》第 1 条第 3 款把 "在解决经济、社会、文化或人道主义等国际问题上实现国际合作"作为联合国宗旨之一。《联合国宪章》第 13 条规定,"大会应开展研究并提出建议,以……促进经济、社会、文化、教育和卫生领域的国际合作"。联合国教科文组织的宗旨,如其章程所述,是促进各国在教育、科学和文化领域的合作,以促进各国人民、文化和文明之间更好地了解,并具体落实教育和文化方面的人权[第 1(2)(c)条]。联合国教科文组织自 1954 年以来拟定的所有文书都在不同程度上主张在保护文化遗产和打击非法贩运方面进行国际合作。1970 年的《联合国教科文组织公约》就是一个例证。序言不仅宣称"只有在国家和国际间紧密合作的情况下,保护文化遗产才能有效"。第 2(1)条规定缔约国"承认国际合作是保护各国文化财产的最有效手段之一"。此外,1995 年《国际统一私法协会公约》序言部分宣布,各缔约国"认识到本公约本身不能解决非法贸易所引起的问题,但它开启了一个进程,将加强国际文化合作,并保持合法贸易和国家间文化交流协议的适当作用"。

话虽如此,过去 20 年来在文化遗产领域越来越多地使用合作也就不足为奇了。实际上,国际社会早就致力于将国际合作制度化,以解决共同关心的问题,例如维护和平与安全、预防和惩治国际恐怖主义和国际罪行以及保护人权、地球环境和文化遗产。以下的调查提供了一些介绍,说明如何增加和创造性的合作已成为当代国际文化遗产法律和实践的最佳选择。[①]

多边协议是最重要的合作形式。正如已经强调的那样,联合国教科文组织关于有形遗产的三项核心公约正向着广泛参与的方向迈进。[②] 双边协议是另一种重要的合作形式,等同于非对抗性的庭外和解,有关各方可通过该协议谈判除归还被要求保护的物体外的互惠互利。例如,意大利和其他来源国与著名的进口国家和博物馆在过去 10 年中缔结的协定规定了合作方案,包括互惠贷款、分享关于未来可能的收购的资料以及在学术、保护和考古调查领域的合作。这些也提供了直接归还的替代解决方案,如交换、复制、共享管理和控制以及数字化。此外,联合国大会不再在决议中立即恢

---

① On this aspect, see Francioni, ' Au-delà des traités ', p. 30(n 135); and Scovazzi, ' *Diviser c'est détruire* ', pp. 384-9(n 117).

② 请参阅 < http://portal. unesco. org/en/ev. php-URL_ID = 12025&URL_DO = DO_TOPIC&URL_SECTION = -471. html > ,2013 年 9 月 15 日访问。

复,而是呼吁各国通过谈判达成双边协议,作为对殖民占领期间造成的损害给予赔偿的一种手段。①

国家间合作的一个不太明显的例子是通过法院命令越来越多地认可原籍国的保护法,尽管该规则阻止一国在向外国法院提起的诉讼中成功地依靠本国的公法。此外,国际合作旨在通过刑事和民事诉讼将非法活动定为犯罪。关于这一点,经社理事会强调,《联合国打击跨国有组织犯罪公约》的生效为这一领域的国际合作创造了新的动力。② 随后的努力建立在这些基础上。经社理事会在第 2011/42 号决议中确认,充分利用《联合国打击跨国有组织犯罪公约》,"为了在打击贩运文化财产和相关犯罪的所有形式和方面进行广泛的国际合作"需要所有国家都将《公约》第 2 条所界定的"贩卖文化财产,包括在考古和其他文化遗址偷窃和抢劫"列为"严重罪行"。③

广泛使用非对抗性解决争端方法是合作作用日益提高的又一个迹象。过去 20 年的实践,事实上,大多数索赔都是通过谈判、仲裁和调解解决的。并非偶然地,新闻媒体每周都会报道新的自愿归还或友好解决的案例。作为这一趋势的一部分,像《华盛顿原则》这样的软法原则经常被法外机构引用。④

另一种重要的合作形式是在执法方面。许多有争议的案件表明,非法贩运文物的跨国性质要求在防止抢劫、协助追回文物和起诉罪犯方面进行合作。例如,由于有关国家当局的合作,对贾科莫·美第奇(Giacomo Medici)、弗雷德里克·舒尔茨(Frederick Schultz)和乔纳森·奥克利-帕里(Jonathan Tokeley-Parry)的定罪得以实现。在这方面,有必要强调三个方面。第一,国际刑警组织在打击盗窃和贩运文物的斗争中起着带头作用。该国际

---

① 见《关于将文化财产归还原属国的决议》(UN Doc. A/67/L. 34,2012),其中列出了自1973 年 12 月 18 日第 3187(XXVIII)号决议以来的相关决议(UN Doc. A/RES. /3187,1974)。

② See Res. 2008/23 of 24 July 2008 on Protection against Trafficking in Cultural Property,para. 11,and Res. 2010/19 of 22 July 2010 on Crime Prevention and Criminal Justice Responses to Protect Cultural Property,Especially with regard to its Trafficking.

③ Res. 2011/42 of 28 July 2011 on Strengthening Crime Prevention and Criminal Justice Responses to Protect Cultural Property,Especially with Regard to its Trafficking,para. 6. 该决议于 2011 年 12 月 19 日由联合国大会正式通过:A/RES/66/180;GA 11198,66th General Assembly Plenary of 19 December 2011.

④ See the SAP Reports in respect of 'Three Rubens Paintings now in the possession of the Courtauld Institute of Art,London' (28 November 2007),'Four drawings now in the possession of the British Museum' (27 April 2006),and 'A painting now in the possession of Glasgow City Council' (24 November 2004).

警察组织成立于 1923 年,旨在促进不同国家警察合作,支持和协助所有以预防和打击国际犯罪为使命的当局和服务机构。此外,刑警组织还发展了一个通过数据库传播信息的有效系统。这突出显示了最近向国际刑警组织报告的被盗艺术品、警方在调查中发现的艺术品以及失主身份不明的艺术品、已被追回的艺术品以及最受欢迎的被盗艺术品。① 值得考虑的第二个方面是许多国家建立了特别犯罪小组。② 尽管如此,涉及文化财产的犯罪仍然没有得到应有的重视,每当出现更严格的目标时,就减少了对发现这些文化财产的努力。执法人员对现行法律的知识、培训和认识似乎也不够。此外,海关部门在处理毒品贸易和洗钱方面往往压力太大,无法拨出足够的资源来搜查被盗或非法出口的文物。③ 第三个方面是,国际刑警组织与国家特别犯罪队和其他国内执法当局之间的合作是必不可少的。

最后,合作作为解决文化遗产相关争端的工具的作用,体现在国际移民组织和国际法院文化遗产法委员会的工作上。例如,国际博物馆协会《博物馆道德守则》第 6(3)条规定:

> "当一个原籍国或人民要求归还一件可以证明是违反国际和国家公约的原则出口或以其他方式转让的物品或标本,并证明是该国或人民的文化或自然遗产的一部分时,有关博物馆如有法律上的自由,应立即采取负责任的步骤,配合归还文物。"④

2006 年,国际法院文化遗产法委员会通过了一套相互保护和转让文化资料的合作原则。⑤ 这些原则为预防或成功解决争端提供了法律框架,并强调需要一种"合作方式来处理文化材料的转让请求,以便在双方之间建立更富有成效的关系;……通过国际合作在私营和公共行为者之间建立伙伴关系的精神;……合作的方式来照顾文化材料"。

---

①　参见, < http://www. interpol. int/Public/WorkOfArt/Default. asp > ,2013 年 9 月 6 日访问。

②　这些机构包括:意大利的武警文化遗产保护办公室、美国联邦调查局(FBI)艺术品盗窃项目办公室、法国打击文物抽奖中心办公室、西班牙国家警察局历史遗产大队以及伦敦警察艺术和古董队(英国)。

③　J. A. R. Nafziger, ' Cultural Heritage Law: The International Regime ', in: J. A. R. Nafziger and T. Scovazzi(eds) , *The Cultural Heritage of Mankind* (Leiden/Boston: Martinus Nijhoff Publishers, 2008) , pp. 145-247 ,155-6 ,217.

④　See also ICOM Resolution No. 4 , *Preventing Illicit Traffic and Promoting the Physical Return* , *Repatriation* , *and Restitution of Cultural Property* (2007).

⑤　国际法协会,文化遗产法律委员会,《相互保护和文化材料转让中的合作原则》,多伦多,2006 年,请参见,http://www. ila-hq. org/en/committees/index. cfm/cid/13,于 2013 年 9 月 10 日访问。

（二）合作在解决文化遗产纠纷中的作用

根据上述分析,有理由肯定,私人和公共行为者之间的合作已成为处理文化遗产争端的关键程序工具。这源于一种假设,即除非通过合作努力,否则共同的利益和价值无法得到保护或服务。正如所强调,保护文化资产所包含的价值需要的不仅仅是明确和可执行的裁决。事实上,诉讼允许中立的法官根据严格的法律提出额外的解决办法并不一定是一种优势。普通法律的文化不敏感性,即使是公正地适用,也会带来负面的结果。据报道,许多决定表明,将旨在保护普通财产的立法适用于涉及具有独特性质的物品或涉及严重的伦理和历史问题的争端是很尴尬的。① 此外,其他案例表明,文化宝藏往往成为难以理解的政治争论的人质。

纠纷因此最好应通过系统能够解决考虑艺术和文化的特异性和特色的国际艺术市场,能够平衡双方的利益与正义和公平的问题,并能够协调各种道德、历史、文化、金融和法律问题。换句话说,要有效、连贯地解决文化遗产纠纷,就必须从过渡的法律主义方法和对抗程序转向策略,这些策略应更加侧重于信息交流、利他主义、协商、建立共识和共享,即合作。② 豪尔赫·桑切斯·科尔德罗（Jorge Sanchez Cordero）甚至断言,在文化遗产领域合作的日益使用表明“新文化的存在”的出现。③ 据推测,这种“新文化秩序”的主要目的是从概念上考虑容纳与文化遗产有关的各种利益的必要性,而又不会忽视对其保护和保护的最高利益。

通过合作战略解决争端,有可能带来公平、透明、创造性和灵活性。它可以帮助同行根据道德和法外原则,而不是通过合法性,以最低成本在法庭外谈判互利解决方案。因此,合作似乎适合处理文化遗产案件中通常出现的非常有争议的问题。例如,迄今所审查的做法表明,合作和善意的缔约方强调允许每个国家恢复具有代表性的国家文化遗产,尽管原来的移走是合法的。从本质上说,这是可能的,因为采用合作的手段可以使对应者放弃法律上的抗辩,例如刑法和文化遗产条约的不可追溯性。相反,通过关注所谓的合法获取,有关材料对要求归还的国家或社区的文化意义将被忽视。对

---

① Paterson, 'Resolving Material Culture Disputes', p. 379（n 229）.

② Nafziger, 'Cultural Heritage Law', pp. 226-9（n 253）.

③ J. A. Sanchez Cordero, 'Vers la création d'un nouvel ordre culturel international', in: F. Marrella（ed.）, *Le opere d'arte tra cooperazione internazionale e conflitti armati*（Padova: CEDAM, 2006）, pp. 85-104, 103.

于代表一个国家不可替代的文化遗产的艺术品,应根据盗用的非法性来评估归还财产的好处,但也应符合使作品与家园重聚的目标。文化遗产对于创造它的人、为谁创造它的人或与它有着特殊身份和历史联系的人来说,是最重要的。这种文化关系无法与买家的学术或灵感兴趣相提并论。

现有的证据也表明,合作行为允许对所要求的艺术的当前拥有者的地位进行评估。一方面,持有人,无论是国家博物馆还是私人收藏家,都可能保存了数十年甚至数百年的物品,如果这些物品留在原籍国的话可能会被破坏或变质。另一方面,由于数百年的过去,同样的艺术品可能已经获得了与位置状态的"文化联系"。① 在这种情况下,合作可能使人们能够找出除了彻底归还之外的其他解决办法,而这些办法又不会使博物馆的文物空空如也。例如,过去几十年由拥有著名博物馆的来源国缔结的协定规定了文化合作方案,包括互惠贷款、分享关于未来收购的信息以及在学术、保护和考古调查领域的合作。

至关重要的是,个人、博物馆和国家是否仅仅为了自身利益而采取合作的观点并不重要。重要的是,利益相关者同意进行协商,并不再依赖拥有和所有权法规定的权利。可以说,国家和非国家实体之间日益加强的合作努力将有助于确认一项原则,即强加合作义务以解决与古代因盗窃、非法出口或掠夺而损失的文物有关的争端。② 公众态度和道德宣言的发展通常先于法律规则的发展。联合国教科文组织和其他组织或非政府组织通过的文书,不论其法律性质如何,总的来说产生了深远的影响：

"通过三四十年的渐进和累积过程,它们帮助将最初被认为是关于一个几乎难以辨别的国际社会的共同利益和价值（即公共产品）的遥远和抽象的主张转变为国际舆论广大部门所熟悉的明显概念。"③

（三）"文化民族主义"与"文化国际主义"的合作与对抗

合作可以完成另外两个相互关联的功能。首先,国家、博物馆和其他艺术专业人员的合作促进了合法文物贸易的顺利发展,促进了国际艺术借贷与交流体系的发展。因此,它已经成为一种自己的文化,是满足全世界公众

---

① Scovazzi, '*Diviser c'est détruire*', p. 392（n 117）.

② Scovazzi, '*Diviser c'est détruire*', pp. 384-94（n 117）; Francioni, 'The Evolving Framework', pp. 16-18（n 18）.

③ G. Abi-Saab, 'General Conclusions', in: Yusuf（ed.）, *Standard-Setting in UNESCO*, pp. 395-401（n 132）.

对艺术的兴趣和促进联合国教科文组织所提倡的文化之间对话的最佳方式。换句话说,合作是确保在教育、历史、科学和文化需要的基础上适当分配艺术作品的最佳工具。

其次,涉及艺术品的流通问题,但侧重于"文化民族主义"与"文化国际主义"的对立,这有时被称为"拜伦主义诉埃尔金主义"的冲突,引起了英国文化的两位杰出代表拜伦勋爵和埃尔金勋爵在此问题上的对立。在约翰·梅里曼(John Merryman)提出的例证中,文化国际主义的概念表明了这样一种信念,即艺术品是人类共同文化遗产的一部分,与财产权或国家管辖权无关。结果,文化国际主义的拥护者鼓吹艺术品的流通不受阻碍,其理由是自由贸易促进了文化之间的对话,并改善了在来源国无法得到充分保护和展示的文化材料的保存。换句话说,共同文化遗产的概念涉及对文物的照顾,这反过来又允许将文物从其原产国移出并移至最需要照顾的地方。相反,文化民族主义则认为文化对象是发现它们或与之有历史联系的国家文化的一部分。在大多数情况下,这意味着一个主张,即今天包括那个地理区域的国家,或其人民是那个文化的后裔的国家,可以正当地要求这些物品。①

迈瑞曼(Merryman)提出的区分看起来毫无意义,因为它过分简化了国家和文化遗产环境的其他利益相关者的多方面利益。此外,它没有考虑文化遗产法律文书的目的和宗旨:(1)促进和维护国际社会的普遍利益之一;(2)预防和处罚战争、外国统治、秘密挖掘、非法出口、盗窃造成的破坏和亵渎;(3)提供公正有效的规则和救济,纠正过去的错误。换句话说,有人认为,呼吁"普遍主义"、"世界主义"或"国际主义"不应用来掩盖利用政策的历史,通过这些政策,文物和人种学材料最终被市场国家的博物馆收藏。②从这个意义上讲,帕蒂·格斯滕布利斯指出:

> "国际主义的观点起源于18世纪和19世纪发展起来的习惯国际法,以限制掠夺作为战利品的文化和艺术物品。国际主义的这一方面并不是要作掠夺的全权委托,也不是要作对旨在保存文化物品的国家法律原则的任何减损。因此,今天利用国际主义的这

---

① J. H. Merryman, 'Two Ways of Thinking about Cultural Property' (1986) *American Journal of International Law* pp. 831-53.

② A. Audi, 'A Semiotic of Cultural Property Argument' (2007) Vol. 14 *International Journal of Cultural Property* pp. 131-50,149.

一方面作为不受约束的市场的理由是对习惯国际法这一原则的滥用。"①

此外,文化国际主义概念所暗示的二分法(来源国与市场国,共同遗产与国家遗产等)抑制了建设性话语以及对文化遗产纠纷采取非对抗性方法。② 由于这些原因,有人指出,文化国际主义旨在通过不受阻碍的流通来保护艺术品的目的仅仅是掩盖艺术品商人和收藏家的贪婪欲望,并掩饰西方国家博物馆对文化材料的保留。③ 并非偶然的是,艺术总是朝着相同的目的地发展,这有利于那些能够投入巨额资金购买外国文化财产的人,而不利于原产国。④ 因此,从这个角度来看,"国际主义"实际上是一种变相的民族主义。⑤ 同样,批评家认为,《关于世界博物馆重要性和价值的宣言》⑥是另一个变相的企图,目的是保护市场国家的博物馆不受来源国要求归还的影响。这份由欧洲和北美19家主要博物馆的馆长于2002年签署的声明承认,必须制止非法贩运古代艺术品,但它也呼吁放弃对博物馆早些时候获得的物品的所有权。通过这样做,它掩盖了关于取得的合法性和要求恢复原状的价值的问题。

总之,合作在当代国际文化遗产法律和实践中所起的作用表明,文化国际主义的意义应予转变。文化国际主义不仅要成为无限制国际艺术品贸易的座右铭,还应该表明整个人类首先应该获得文化遗产,而又不会造成原籍国遗产的恶化。而且,通过国际技术和财政援助,帮助穷国和发展中国家预防和制裁非法贸易的责任。⑦ 至于后一个方面,塔拉特·哈尔曼(Talat Halman)提议创建一个基金,该基金的收入除其他外应得自所有博物馆的总收入的百分比以及所有博物馆对博物馆的销售收入,用于创建和博物馆的翻

---

① P. Gerstenblith, 'The Public Interest in the Restitution of Cultural Objects' (2000-2001) Vol. 16 *Connecticut Journal of International Law* pp. 197-246, 200-1.

② J. A. R. Nafziger and A. M. Nicgorski, 'Introduction', in: Nafziger and Nicgorski(eds), *Cultural Heritage Issues*, pp. xvii-xxi, xx(n 17).

③ D. Rudenstine, 'The Rightness and Utility of Voluntary Repatriation' (2001) Vol. 19 *Cardozo Arts & Entertainment Law Journal* pp. 69-82.

④ Scovazzi, '*Diviser c'est détruire*', p. 28(n 117).

⑤ Nafziger, 'Cultural Heritage Law', p. 203(n 253).

⑥ Reproduced in Prott(ed.), *Witnesses to History*, p. 116(n 145).

⑦ See T. Scovazzi, 'La notion de patrimoine culturel de l'humanité dans les instruments internationaux', in: Nafziger and Scovazzi(eds), *The Cultural Heritage of Mankind*, pp. 3-144, 75(n 253).

新、场地和物体的修复、巡回展览、文献资料数字化,等等。① 诚然,设立一个基金可以抵消非法贸易文化材料所造成的一些不公正后果。它直接通过销售为进口国创造财政收入,而通过增加博物馆和市场部门的就业间接为进口国创造财政收入,而出口国却蒙受了文化遗产的损失,长期经济资源的减少以及犯罪的社会危害性后果。②

---

① T. Halman, 'From Global Pillage to Pillars of Collaboration', in: J. H. Merryman(ed.), *Imperialism*, *Art and Restitution*(Cambridge/New York: Cambridge University Press,2006), pp. 37-46,45.

② L. J. Borodkin, 'The Economics of Antiquities Looting and a Proposed Legal Alternative' (1995) Vol. 95 *Columbia Law Review* pp. 377-417. See also T. Loulanski, 'Revising the Concept for Cultural Heritage: The Argument for a Functional Approach' (2006) Vol. 13 *International Journal of Cultural Property* pp. 207-33,224.

第六章

结　论

前面的章节表明,关于有形文化遗产的争议经常发生。其中包括:(1)关于被盗或非法出口的文物的国家间和私人赔偿要求;(2)在武装冲突和军事占领期间掠夺的文物的法律诉讼;(3)有关将礼仪物件和祖传土地归还给土著人民的争议;(4)关于建筑遗产的争议。并不是所有的争端都涉及违反现行法律被转移的物体。事实上,许多行动与遥远的过去所采取的人工制品有关,因此提出了一个问题,即今天的法律是否应适用于数十年前(有时是几个世纪前),因为当时的法律并没有禁止这种行为。

这些争端有三个主要特点。首先,尽管涉及不同的法律问题,但文化遗产的特殊性始终是此类纠纷的核心。[①] 艺术品、古物和文化空间的重要性并不仅仅在于它们的美学意义、金钱价值或脆弱的特性。这样的有形方面是完整的,并伴随着无形的维度。这是由某一群体或民族的文明、成就和信仰以及文化遗产的每一具体表现形式所蕴含的历史、科学和教育价值构成的。克里斯多夫·伯恩(Christopher Byrne)正确地指出,"标准化的、容易被取代的商品与被赋予情感、精神或文化品质的商品之间存在根本的区别",因为只有后者"保留了赋予其内在价值的独特而卓越的文化意义"。[②]

其次,在文化遗产环境中进行的讨论不仅受到国家的影响,而且也受到一些其他利益相关者的影响,如个人、土著和少数群体、非政府组织、博物馆和艺术专业人士,以及政治家、律师和法官。这些利益攸关方同意保护过去文明的所有宝贵证据并打击与这些证据有关的非法活动的总体目标。然而,这项研究表明,他们的利益可能会在种源、所有权和赔偿等问题上发生

---

① Q. Byrne-Sutton,' Introduction:Alternative Paths to Explore ',in:Q. Byrne-Sutton and F. Geisinger-Mariéthoz(eds),*Resolution Methods for Art-Related Disputes*(Zürich:Schulthess,1999),pp. 3-13,5.

② C. S. Byrne,' *Chilkat Indian Tribe v. Johnson* and NAGPRA:Have We Finally Recognized Communal Property Rights in Cultural Objects?' (1993)Vol. 8 *Journal of Environmental Law & Litigation* pp. 109-31,118.

冲突。

最后,现有规范框架的缺陷影响了文化遗产纠纷的解决。至少从 19 世纪末开始,为了保护文化遗产,人们就采用了一些法律手段。在国家层面,几乎所有国家都颁布了立法,承认文化物品的特殊性,并决定文化材料是否、在何种程度上以及在何种形式和内容下应受具体法律制度的管辖。这些法律包括各种职能:(1)保护文物不受非法贩运,所提供的面向贸易的规则少于通常适用于普通商品的制度;(2)监督发掘工作,保护历史古迹,禁止更改或毁坏古迹及遗址;(3)要求采取保护措施。在国际层面,由于人们认为国内法不足以应对现有挑战,国际社会已采取行动,通过了规范和保护文化遗产的规则和原则。更具体地说,区域组织和国际组织的行动使文化遗产的保护超出了国际人道主义法的专业范畴,并将其转变为国际法的重要组成部分。这一渐进过程的结果是,关于文化遗产的国际法已经成为国际法的一个独特领域。这一法律框架已包括:(1)在武装冲突前和武装冲突期间、在交战国占领期间和冲突后保护文化财产;(2)归还武装冲突期间被盗的文化物品;(3)归还因盗窃、非法挖掘和非法贸易而从陆地或水下地点损失的文物;(4)保护和保存建筑遗产。

然而,这一法律制度已被证明不适合容纳与文化遗产有关的不同利益。国内法和国际条约没有追溯力。此外,就归还非法转让的文物而言,联合国教科文组织的各项条约并未规定适用法律的问题或各国法律的适用范围。结果,盗窃者可以从违法行为中获利,他们将偷来的物品跨越国界转移至一些国家/地区,而这些地方可以通过保护善意购买者或时效期限届满的规范将其洗白。① 另一个陷阱是缺乏或缺乏执行机制。现有的任何条约都没有设立一个特别法庭或充分的管制制度,以确保其规范的一贯适用。因此,争端应通过政治或外交谈判解决,如果这些谈判失败或无法解决,则应通过传统的争端解决机制解决,包括在国内法院或国际法庭进行调解、仲裁和诉讼。一方面,这种处理国际文化遗产纠纷的特别方式导致案件的结果总是取决于当事人选择的争端解决方式。另一方面,它带来了以下风险:通过不一致的决定,建立有害的先例以及法律的零散发展。这些影响表明,尽管对保护文化遗产的关注正在进行国际化进程,而且认为这种关注不能脱离人权的实现,但要改善目前的状况还有很长的路要走。

---

① K. Siehr, 'The Protection of Cultural Heritage and International Commerce' (1997) Vol. 6 *International Journal of Cultural Property* pp. 304-25, 305-7.

在制定解决国际文化遗产争端问题的方案时,必须要考虑一个重要方面,也就是说,并非所有可用的争端解决机制似乎都能够适当考虑到文化遗产的特殊性质以及在这一领域相互斗争的各种利益和竞争利益。司法机制受到许多障碍的制约。第一,诉讼法庭并不总是可用。法院可以以各种理由驳回缺乏管辖权的法律诉讼。此外,非国家实体在向各种国际法庭提出索赔时受到限制。第二,证明所有权的负担。对于那些试图从未知考古地点找回秘密挖掘的文物的国家来说,这可能是一项艰巨任务。第三,判决的执行是另一个主要缺点。在作出最终决定后,胜诉方可能必须继续进行判决,以在外国管辖区进行承认和执行。第四,值得一提的是诉诸诉讼需要大量的经济和人力支出。第五,法官可能缺乏文化遗产方面的经验。尤其是,并非所有人权法院都对文化遗产的集体层面以及为今世后代的利益都表示尊重。例如,在许多情况下,欧洲人权法院所拥护的方法中弥漫着一种个人主义的人权观念,这种观念可能阻挠为捍卫共同利益而提出的请愿,例如涉及具有代表性的国家艺术珍品的赔偿要求。另一方面,司法解决之外的争端解决方式为解决文化遗产争端提供了必要的灵活性和创造性。然而,它们并非没有缺陷。主要问题在于,由于其自愿性质,它们不能保证所有案件的有效解决。在合同纠纷领域之外,在缺乏重大激励的情况下,当事人可能不愿诉诸谈判、调解、和解或(特别或制度化的)仲裁。① 通常的情况是,只要不能通过诉讼达成协议,任何一方都没有兴趣坐在谈判桌前。

基于这一事实和法律背景,本书讨论了一个关键问题,即改善处理争端的方式能否同时加强对文化遗产的保护和促进现有法律框架的实施。换句话说,问题是文化遗产纠纷的裁决是否与过去几十年国家和司法实践的发展相适应。最后一章旨在描述促使该研究的思想,以及为何需要对解决有形文化遗产国际争端所涉及的实质性和程序性问题进行全面分析的原因。此外,它提供了对两种选择的评估,这些选择旨在倡导对法律不完善状态造成的问题作出具体回应。

这项研究基于四个主要论点。第一个论点是文化遗产环境中的利益相关者不应满足于当前的状况。保护文化资产中所包含的价值,需要根据中立裁决者的特别解释作出更明确和可执行的裁决。确实,诉讼可以导致中立法官根据严格的法律提出解决方案这一事实并不一定是优势。文化不敏

---

① I. Fellrath Gazzini, *Cultural Property Disputes: The Role of Arbitration in Resolving Non-Contractual Disputes* (Ardsley: T ransnational Publishers, Inc. , 2004), pp. 124-25.

感的普通法律,即使是公正的应用,也会带来负面的结果。据报道,许多裁决表明,将旨在保护普通财产的立法适用于涉及具有独特性质的历史文物的争端,是十分尴尬的。① 本书认为,应通过考虑艺术和文化的细微差别和特殊性以及国际艺术市场的复杂特征的机制来解决国际文化遗产纠纷;可以平衡当事方的利益与正义及公平之间的关系;并且可以调和通常与艺术纠纷有关的各种历史、道德、文化、财务和法律问题。

第二个论点是,在满足以下条件的所有情况下,给予赔偿是合理合法的:(1)有证据表明,被请求赔偿的艺术品是被非法移走的,通过武力、不平等条约、盗窃或欺骗的形式,即使在被移走时,法律并不认为此行为是非法的。(2)在"文化语境"中,遗产可以有意义地回归——例如一个自然人或法人的遗产(不管是纪念碑、遗址还是收藏品),或者一个集体团体的遗产(不管是一个国家还是一个国家中的一个社区);(i)根据适用的国家法律,可以对其进行保护,但不一定要向公众或专家开放;(ii)可以根据物品所来自的文化和信仰体系在仪式中使用该物品,即使该仪式可能导致其消耗或破坏。

第三个论点源于以下认识,即为保护不动产地和动产,以将其传播给后代,必须重新构想国家主权和领土管辖权的概念。根据有关保护人权和环境的国际法的发展,主权不能再被认为是对领土的绝对统治,而是一种涉及尊重和保护文化遗产等国际公共产品的责任和积极义务的职能。

第四个论点是本书基于这样的思想,即争端不应被视为异常,而应视为积极的规范性变化的来源。确实,争端代表了将适用范围和现有规则的含义调整为应对新挑战的机会,也就是说,使法律以普遍的或新的社会信仰和超国家利益来更新。从这个意义上讲,值得回顾一种观点,根据该观点,国内法官可以使用国内法提供的手段,不仅可以确保国际利益凌驾于国家利益之上,而且可以促进国际法的进一步发展。②

在确定了研究的目的和理论基础之后,研究了两种解决文化遗产纠纷缺乏有效和连贯的制度的选择。首先是建立了专门的国际法院。或者,对现有超国家法院之一的任务授权进行修订。人们发现有各种理由支持这一

---

① R. K. Paterson, 'Resolving Material Culture Disputes: Human Rights, Property Rights, and Crimes against Humanity', in: J. A. R. Nafziger and A. M. Nicgorski(eds), *Cultural Heritage Issues: The Legacy of Conquest, Colonization, and Commerce*(Leiden: Martinus Nijhoff Publishers, 2009), pp. 371-87, 379.

② B. Conforti, 'The Role of the Judge in International Law' (2007) Vol. 1 *European Journal of Legal Studies* No. 2, p. 6; and B. Conforti, Diritto *internazionale*(7th edn., Napoli: Editoriale Scientifica, 2006), pp. 8, 216.

解决方案,特别是需要对国际争端采取一致和公正的方法。也有人认为,许多来源国都渴望成为这样一个法院的赞助者。然而,反对这种全面而彻底的制度改革的理由有很多。对一个新的法院将面临的挑战所作的现实评估表明,这一办法目前几乎是不可行的。除了财政限制之外,还有同样重大的法律和政治障碍。国家主权原则是其中一个问题。一般来说,各国不愿意对国际法院的强制管辖权作出承诺。此外,国际实践表明,设立新的法庭如果影响到重要的国内利益,必然会遭到国家的反对。第二个需要考虑的因素是文化遗产争端的多面性。这类纠纷很复杂,通常会引发其他法律分支的问题。因此,各国和其他利益攸关方可能不愿意接受一个专门法庭的管辖,因为它们认为它无法理解和照顾它们的非文化关切。最后,可以认为,一个新的机构可能会受到现有国际法庭在执行方面遇到的同样困难的影响。实际上,必须回顾,国际人权法庭的数目和管辖范围的增加并没有同时增加其执行力和遵守率。

根据这些调查结果,现有的解决争端手段似乎是唯一值得研究的机制,以便拟订可行的解决办法来处理正在审查的问题。另一种选择是承认没有办法解决令人沮丧的事态。本质上,第二种选择建议重新思考司法和非司法程序如何考虑国家、国际组织和其他利益相关者的文化遗产政策背后的价值观和优先事项。

这项研究被分成两个独立的调查。这些使人们看到了两种不同但又相互交织的趋势。

第一种趋势,证明了国家和国际法院以及仲裁庭以各种形式和程度参与法学的交流和联系。由于审裁人员经常面临缺乏立法指导、经验、特定培训或专业知识的问题,他们越来越多地参与跨领域工作,以了解其他司法管辖区如何处理这些问题。利用过去的决定在确保裁决者之间的辩证过程中发挥了重要作用,这可能有助于法律的统一、稳定和法律解释的演变。[1] 用加拿大最高法院法官拉福里斯特的话说,"更多地使用外国材料提供了另一种来源,另一种构建更好的判决的工具……各国法院和律师更多地使用外国材料……只会提高他们的有效性和复杂度"。[2]

---

[1]　C. Schreuer and M. Weiniger, 'Conversations Across Cases-Is There a Doctrine of Precedent in Investment Arbitration?' (2008) Vol. 5 *Transnational Dispute Management* No. 3, p. 1.

[2]　G. V. La Forest, 'The Use of American Precedents in Canadian Courts' (1994) Maine Law Review pp. 211-20, 216, cited in A. -M. Slaughter, *A New World Order* (Princeton: Princeton University Press, 2004), p. 65.

　　这项研究强调,在等级制度之外还没有出现提及外国当局的程序义务。此外,它承认互通互鉴的做法存在一些缺陷。这些缺点主要来自解决程序的"人为因素"。实际上,诉诸于互通互鉴始终取决于审判员的教育、准备、偏见、个性以及部门力量对其施加的影响。但是,有人指出,即使没有互通互鉴的情况,每个程序都会受到裁决者行为的影响。因此,这种类型的问题并不能决定性地排除使用互通互鉴的方法。相反,事实证明,裁判官可以利用外国当局来提高其推理的质量并增强其决定的合法性。

　　第二种趋势表明,仲裁员确实采用了具有文化背景的决定。这些植根于国家、国际和区域组织、博物馆和非政府组织通过的文书中。这些范围从具有法律约束力的处方到软法律规范、内部准则和技术标准。本研究过程,对一些实例进行了检验和讨论。本结论部分将不会重述前面几章中提出的分析。相反,重要的是要强调一套对文化敏感的原则和标准——共同裁决规则——已经从这个多方面的实践中被识别出来。共同裁决规则远非代表一种新的规范类别,而是构成了一种"法律盒子",能够容纳文化遗产领域利益相关者在司法、合同、外交和行政实践中产生的规范。结果;它们不具有相同的法律价值:有些反映国际惯例义务;其他具有约束力的国内或条约规范;而其他的则构成了新生的(习惯的)义务、原则和标准,或者仅仅是软性的法律规定。

　　这两个趋势带来了一个良性循环:国际文化遗产法为裁判员提供了形成对话的共同参考点;对话有助于赋予这些规范以内容和法律效力;裁决者采用互通互鉴的观点,导致在文化遗产问题上逐渐确立了共同裁决规则和国际公共政策;随着裁判员熟悉文化遗产法律和政策的目标以及共同裁判规则,他们越来越多地采用互通互鉴来证明对文化敏感的决定;随后的判例法增强了所有利益相关者诉诸文化敏感解决方案的决心,增强了文化遗产法的执行力,并巩固了跨国公共政策。因此,审裁人员之间日益增加的相互作用和共同裁决规则的发展是相互支持的,有助于有效和连贯地解决文化遗产争端。

　　本书重建了这种模式,并阐述了这种良性循环的影响。它表明,互通互鉴有助于解决影响决策过程的知识碎片化问题。这是由于以下事实:由于裁判员可使用的解释性参数的扩大,这种改革方案有望提高争端解决的质量。

　　上述良性循环的另一个影响是,共同裁决规则要求拒绝纯粹的国内文化上不健全的方法,而赞成基于新兴国际公共政策的解决方案。因此,法官对此类规则的日益认可可能有助于将国际规则转化为政府政策、国家法规和国内判例法。各种司法裁决表明,当法官考虑国际文化遗产法时,他们可以影响国内法的拟定和实施,并通过解释或敦促立法改革来消除目前使文化遗产纠纷解决复杂化的法律障碍。

最后,本书假设,越来越多地诉诸于共同裁决规则可能最终导致文化法的发展,也就是说,通过加强保护性规则的适用,并排除机械性地适用于涉及普通货物的交易而制定的规范的规则,旨在加强对文化遗产的保护。然而,这种"跨国文化遗产法"只有在共同的裁决规则得到适当传播的情况下才能发展并最终巩固成为一种自治的专门法。在这方面,联合国教科文组织,或其一个或多个机构,可以发挥决定性作用。如所解释的那样,它可以引入两种新工具来反映本书中探讨的两种趋势:一个指导裁决者处理文化遗产纠纷的规则列表,另一个共同的裁决规则可以用作该列表的基础,以及裁决成功案例的数据库。如果这些建设性的解决方案得到正确的创造和应用,那么它们将成为促进解决国际文化遗产争端和保护并延续文化遗产的关键。

参考书目

Abi-Saab, G. , ' General Conclusions ' , in: Yusuf, A. A. (ed) , *Standard-Setting in UNESCO*, *Normative Action in Education*, *Science and Culture* (Vol. I, Leiden: Martinus Nijhoff andU-NESCO Publishing, 2007) , 395-401.

Åhrén, M. , ' Protecting Peoples' Cultural Rights: A Question of Properly Understanding the Notion of Statesand Nations? ' , in: Francioni, F. and Scheinin, M. (eds) , *Cultural Human Rights* (Leiden/Boston: Martinus Nijhoff Publishers, 2008) , 91-118.

Alberge, D. , ' Curators Rubbish Minister's Vision of "Hidden Heritage" ' , *The Times*, 27 January 2005.

Alberge, D. , ' Roman Sculptures Withdrawn from Auction Amid Fears They Are Stolen ' , *The Guardian*, 27 April 2010.

Almqvist, J. , *Human Rights*, *Culture*, *and the Rule of Law* (Oxford: Hart Publishing, 2005).

Amerasinghe, C. , *Jurisdiction of International Tribunals* (The Hague: Kluwer Law International, 2003).

Anglim Kreder, J. , ' A Nazi-Looted Art Tribunal ' (2007) Vol. 1 *World Arbitration and Mediation Review* 693-700.

Anglim Kreder, J. , ' Reconciling Individual and Group Justice with the Need for Repose in Nazi-Looted ArtDisputes: Creation of an International Tribunal ' (2008) Vol. 13 *Art Antiquity and Law* 243-296.

Anglim Kreder, J. , ' The Holocaust, Museum Ethics and Legalism ' (2008) Vol. 18 *Review of Law and Social Justice* 1-43.

Audi, A. , ' A Semiotic of Cultural Property Argument ' (2007) Vol. 14 *International Journal of Cultural Property* 131-150.

Bailey, M. , ' Could the "Greenland Example" Help Resolve the Parthenon Marbles Dispute? ' , *The Art Newspaper*, 24 February 2007.

Bailey, M. , ' Guardis Seized by British Police Following Request from Italy ' , *The Art Newspaper*, 27 March 2008.

Bailey, M. , ' Parthenon Fragment Returned to Greece ' , *The Art Newspaper*, 20 February 2006.

Barak, A. , *The Judge in a Democracy* (Princeton: Princeton University Press, 2006).

Barelli, M. , 'The Role of Soft Law in the International Legal System: The Case of the United Nations Declaration on the Rights of Indigenous Peoples' (2009) Vol. 58 *International &Comparative Law Quarterly* 957-983.

Barker, I. , 'Thoughts of an Alternative Dispute Resolution Practitioner on an International ADR Regime for Repatriation of Cultural Property and Works of Art', in: Hoffman,

B. (ed.), *Art and Cultural Heritage* (Cambridge/New York: Cambridge University Press, 2006), 483-487.

Baslar, K. , *The Concept of the Common Heritage of Mankind in International Law* (The Hague/ Boston/London: Martinus Nijhoff Publishers, 1998).

Bator, P. , 'An Essay on the International Trade in Art' (1982) Vol. 34 *Stanford Law Review* 275-384.

Baudenbacher, C. , 'Judicial Globalization: New Development or Old Wine in New Bottles?' (2003) Vol. 38 *Texas International Law Journal* 505-526.

Bazyler, J. M. , *Holocaust Justice: The Battle for Restitution in America's Courts* (New York: New York University Press, 2003).

Bazyler, J. M. , 'Nuremberg in America: Litigating the Holocaust in United States Courts' (2000) Vol. 34 *University of Richmond Law Review* 1-283.

Bazyler, J. M. and Everitt, K. G. , 'Holocaust Restitution Litigation in the United States: An Update', (2004) *ACLU International Civil Liberties Report* 1-16.

Beck, R. , 'Is "Binding Mediation" A New Solution?', *Virginia Lawyers Weekly*, 2 February 2009.

Bedjaoui, M. , 'The Reception by National Courts of Decisions of International Tribunals', in: Franck, T. M. and Fox, G. H. (eds), *International Law Decisions in National Courts* (New York: Transnational Publishers, Inc, 1996).

Behrendt, L. , 'Cultural Conflict in Colonial Legal Systems: An Australian Perspective', in: Bell, C. and Kahane, D. (eds), *Intercultural Dispute Resolution in Aboriginal Contexts* (Vancouver/Toronto: University of British Columbia Press, 2004), 116-127.

Benvenisti, E. , 'Reclaiming Democracy: The Strategic Uses of Foreign and International Law by National Courts' (2008) Vol. 102 *American Journal of International Law* 241-274.

Benvenisti, E. and Downs, G. W. , 'Going Global to Preserve Domestic Accountability: The New Role of National Courts', in: Muller, S. and Richards, S. (eds), *Highest Courts and Globalization* (The Hague: Hague Academic Press, 2010), 163-92.

Bessieres, M. , 'We Have to Change the Buyer's Attitude', *UNESCO Courrier*, 1 April 2001.

Beyerlin, U. , 'Different Types of Norms in International Environmental Law. Policies, Principles, and Rules', in: Brunnée, J. et al. (eds) *The Oxford Handbook of International Environ-*

mental Law (Oxford: Oxford University Press, 2007) , 425-448.

Bianchi, A. , 'Globalization of Human Rights: The Role of Non-State Actors' , in: Teubner, G.
(ed.) , *Global Law without a State* (Aldershot: Brookfield, 1997) , 179-212.

Bibas, S. , 'The Case against Statutes of Limitations for Stolen Art' (1993-1994) Vol. 103 *Yale Law Journal* 2437-2469.

Biondi, A. , 'The Merchant, the Thief and the Citizen: The Circulation of Works of Art within the EU' (1997) Vol. 34 *Common Market Law Review* 1173-1188.

Blake, J. , 'On Defining the Cultural Heritage' (2000) Vol. 49 *International & Comparative Law Quarterly* 61-85.

Bloom, J. , 'Collector to Return Antiquities to Greece' , *The New York Times* , 12 July 2008.

Bodansky, D. and Brunnée, J. , 'The Role of National Courts in the Field of International Environmental Law' (1998) Vol. 7 *Review of European Community and International Environmental Law* 11-20.

Boehm, M. , 'The Getty Museum Is in a Legal Fight over Armenian Bible Pages' , *Los Angeles Times* , 4 November 2011.

Boesten, E. , *Archaeological and/or Historic Valuable Shipwrecks in International Waters* (The Hague: T. M. C. Asser, 2002).

Bogdanos, M. , 'The Terrorist in the Art Gallery' , *The New York Times* , 10 December 2005.

Boisson de Chazournes, L. , 'Monitoring, Supervision and Coordination of the Standard-Setting Instrumentsof UNESCO' , in: Yusuf, A. A. (ed.) , *Standard-Setting in UNESCO , Normative Action in Education , Science and Culture* (Vol. I , Leiden: Martinus Nijhoff and UNESCO Publishing, 2007) , 51-72.

Borodkin, L. J. , 'The Economics of Antiquities Looting and a Proposed Legal Alternative' (1995) Vol. 95 *Columbia Law Review* 377-417.

Bouchenaki, M. , Speech at INTERPOL international conference, 5 May 2003, availableat < http://www. interpol. int/Public/ICPO/speeches/Bouchenaki20030505. asp > (accessed12 September 2013).

Brandon, S. G. F. , *Man and God in Art and Ritual: A Study of Iconography , Architecture and Ritual Action as Primary Evidence of Religious Belief and Practice* (New York: Scribner, 1975).

Brodie, N. , 'Historical and Social Perspectives on the Regulation of the International Trade in ArchaeologicalObjects: The Examples of Greece and India' (2005) Vol. 38 *Vanderbilt Journal of Transnational Law* 1051-1066.

Brodie, N. , Doole, J. and Watson, P. , *Stealing History: The Illicit Trade in Cultural Material* (Cambridge: The McDonald Institute for Archaeological Research, 2000) , available at < http://www. stanford. edu/group/chr/stealinghistory. pdf > (accessed 8 September 2013).

Brown, C. , *A Common Law of International Adjudication* (Oxford: Oxford University Press,

2007).

Burris, D. S. and Schoenberg, E. R. , 'Reflections on Litigation Holocaust Stolen Art Cases' (2005) Vol. 38 *Vanderbilt Journal of Transnational Law* 1041-1049.

Buzzini, G. P. and Condorelli, L. , 'Article 11: List of World Heritage Sites in Danger and Deletion of a Propertyfrom the World Heritage List', in: Francioni, F. (ed. , with the assistance of Lenzerini, F.), *The 1972 World Heritage Convention. A Commentary* (Oxford: Oxford University Press, 2008), 175-199.

Byrne, C. S. , '*Chilkat Indian Tribe v. Johnson* and NAGPRA: Have We Finally Recognized Communal Property Rights in Cultural Objects?' (1993) Vol. 8 *Journal of Environmental Law & Litigation* 109-131.

Byrne-Sutton, Q. , 'Introduction: Alternative Paths to Explore', in: Byrne-Sutton, Q. and Geisinger-Mariéthoz, F. (eds), *Resolution Methods for Art-Related Disputes* (Zürich: Schulthess, 1999), 3-13.

Byrne-Sutton, Q. , *Le trafic international des biens culturels sous l' angle de leur revendication par l' Etat d' origine: aspects de droit international privé* (Zürich: Schulthess, 1988).

Cadogan, G. , 'Bronzes Bequeathed to BM', *The Financial Times*, 30 January 1993.

Cançado Trindade, A. A. , 'International Law for Humankind: Towards a New *Jus Gentium*. General Course of Public International Law' (2005) Vol. 316 *Collected Courses of the Hague Academy of International Law* 9-440.

Canivet, G. , 'Trans-Judicial Dialogue in a Global World', in: Muller, S. and Richards, S. (eds), *Highest Courts and Globalization* (The Hague: Hague Academic Press, 2010), 21-40.

Carducci, G. , 'Beni culturali IV Diritto internazionale e privato' (1999) Vol. V *Enciclopedia Giuridica* 3.

Carducci, G. , *La restitution internationale des biens culturels et des objets d' art. Droit commun, Directive CEE, Convention de l' UNESCO et d' UNIDROIT* (Paris: L. G. D. J, 1997).

Carducci, G. , 'The Growing Complexity of International Art Law: Conflict of Laws, Uniform Law, MandatoryRules, UNSC Resolutions and EU Regulations', in: Hoffman, B. (ed.), *Art and Cultural Heritage* (Cambridge/New York: Cambridge University Press, 2006), 68-85.

Carl, M. H. , 'Legal Issues Associated with Restitution-Conflict of Law Rules Concerning Ownership andStatutes of Limitation', in: International Bureau of the Permanent Court of Arbitration (ed.), *Resolution of Cultural Property Disputes* (The Hague: Kluwer Law International, 2004), 185-192.

Carman, J. , *Against Cultural Property* (London: Duckworth, 2005).

Casini, L. , 'I beni culturali e la globalizzazione', in Casini, L. (ed.), *La globalizzazione dei beni culturali* (Bologna: Il Mulino, 2010), 11-26.

Cassese, A. , 'A Plea for a Global Community Grounded in a Core of Human Rights', in: Cassese,A. (ed.) *Realizing Utopia-The Future of International Law* (Oxford: Oxford University Press,2012) ,136-143.

Cassese,A. ,'Remarks on Scelle's Theory of "Role Splitting" (*dédoublement fonctionnel*) in International Law' (1990) Vol. 1 *European Journal of International Law* 210-231.

Cavallaro,J. L. and Brewer, S. E. , ' Reevaluating Regional Human Rights Litigation in the Twenty-FirstCentury: The Case of the Inter-American Court' (2008) Vol. 102 *American Journal of International Law* 768-827.

Cavers,D. F. , *The Choice-of-Law Process*(Ann Arbor: The University of Michigan Press,1965).

Charney,J. I. ,'The Impact on the International Legal System of the Growth of International Courts andTribunals' (1998-1999) Vol. 31 *New York University Journal of International Law and Politics* 697-708.

Charters,C. ,'Reparations for Indigenous Peoples: Global International Instruments and Institutions' , in: Lenzerini, F. (ed.) , *Reparations for Indigenous Peoples: International and Comparative Perspectives*(Oxford/New York: Oxford University Press,2007) ,163-195.

Chechi,A. ,'Evaluating the Establishment of an International Cultural Heritage Court' (2013) Vol. 18*Art Antiquity and Law* 31-57.

Chechi,A. , ' New Rules and Procedures for the Prevention and the Settlement of Cultural Heritage Disputes: A Critical Appraisal of Problems and Prospects' , in: Lenzerini, F. and Vrdoljak, A. F. (eds) *International Law for Common Goods: Normative Perspectives on Human Rights, Culture and Nature*(Oxford: Hart Publishing, forthcoming).

Chechi,A. ,'The Return of Cultural Objects Removed in Times of Colonial Domination and International Law: The Case of the Venus of Cyrene' (2008) Vol. 18 *Italian Yearbook of International Law* 159-181.

Christoffersen,J. ,'Senator Christopher Dodd Says Artefacts Held by Yale Belong to Peru' , *Artdaily. org*, 10 June 2010, available at < http://www. artdaily. org/index. asp? int _ sec = 2&int_new = 38572 > (accessed 30 June 2010).

Coggins,C. C. ,'A Licit International Traffic in Ancient Art: Let There Be Light!' (1995) Vol. 4*International Journal of Cultural Property* 61-80.

Cohen,P. ,'Museums Faulted on Restitution of Nazi-Looted Art' , *The New York Times*,30 June 2013.

Collier,J. and Lowe,V. , *The Settlement of Disputes in International Law*(Oxford: Oxford University Press,1999).

Collins,L. et al. (eds) , *Dicey and Morris on the Conflict of Laws*(Vol. 1,11th edn, London: Stevens,1987).

Conforti,B. , *Diritto internazionale*(7th edn, Napoli: Editoriale Scientifica,2006).

Conforti,B. ,'National Courts and the International Law of Human Rights' , in: Conforti, B. and

Francioni, F. (eds), *Enforcing International Human Rights in Domestic Courts* (TheHague/ Boston: Martinus Nijhoff Publishers, 1997), 3-14.

Conforti, B. , 'The Role of the Judge in International Law' (2007) Vol. 1 *European Journal of Legal Studies* No. 2.

Cornu, M. and Renold, M. -A. , 'Le renouveau des restitutions de biens culturels: les modes alternatifs dereglement des litiges' (2009) 2 Vol. 136 *Journal du Droit International* 493-532.

Coulée, F. , 'Quelques remarques sur la restitution interetatique des biens culturels sous l'angle du droitinternational public' (2000) Vol. 104 *Revue générale de droit international public* 358-392.

Craven, M. C. R. , *The International Covenant on Economic, Social, and Cultural Rights: A Perspective on Its Development* (Oxford: Clarendon Press, 1998).

Crawford, J. , *The International Law Commission's Articles on State Responsibility: Introduction, Text, and Commentaries* (Cambridge: Cambridge University Press, 2002).

Crumpton, N. , 'Cultural Property Law Theory and *United States v. Schultz*', available at < http://www. savingantiquities. org/cultural-property-law-theory-and-united-states-v-schultz/ > (accessed 12 September 2013).

Cuno, J. , *Who Owns Antiquity? Museums and the Battle Over Our Ancient Heritage* (Princeton: Princeton University Press, 2008).

Daly, B. W. , 'The Potential for Arbitration of Cultural Property Disputes: Recent Developments at thePermanent Court of Arbitration' (2005) Vol. 4 *The Law and Practice of International Courts and Tribunals* 261-280.

Das, H. , 'Claims for Looted Cultural Assets: Is There a Need for Specialized Rules of Evidence?' , in: International Bureau of the Permanent Court of Arbitration (ed.) , *Resolution of Cultural Property Disputes* (The Hague: Kluwer Law International, 2004), 193-249.

Davis, A. , 'Italy Repatriates EU15 Million of Antiquities from Switzerland', *Bloomberg. com*, 16 July 2010.

De Witte, B. , 'Law and Cultural Diversity: A Troublesome Relationship-Introduction', in: Donders, Y. et al. (eds), *Law and Cultural Diversity* (Utrecht: Studie-en Informatiecentrum Mensenrechten, 1999), 1-6.

Dennis, M. J. and Stewart, D. P. , 'Justiciability of Economic, Social, and Cultural Rights: Should There Be anInternational Complaints Mechanism to Adjudicate the Right to Food, Water, Housing, and Health?' (2004) Vol. 98 *American Journal of International Law* 462-491.

Desch, T. , 'Problems in the Implementation of the Convention from the Perspective of International Law', in: Micewski, E. R. and Sladek, G. (eds), *Protection of Cultural Property in the Event of Armed Conflict-A Challenge in Peace Support Operations* (Vienna: Austrian Military Printing Press, 2002), 1-8.

Dikov, I. , 'Bulgaria's Treasure Hunters and the Lost Rome', *Novinite. com*, 2 June 2011.

Dinstein, Y. , *The International Law of Belligerent Occupation* (Cambridge/New York: Cambridge University Press, 2009).

Dobrzynski, J. H. , 'Museum Exchanges Looted Art for a Show', *The New York Times*, 23 April 1998.

Dobrzynski, J. H. , 'Seattle Museum Is Sued for a Looted Matisse', *The New York Times*, 4 August 1998.

Dolzer, R. and Schreuer, C. , *Principles of International Investment Law* (Oxford/New York: Oxford University Press, 2008).

Domb, F. , 'Judgments of the Supreme Court of Israel relating to the Administered Territories' (1993) Vol. 23 *Israel Yearbook on Human Rights* 286-287.

Donders, Y. , 'A Right to Cultural Identity in UNESCO', in: Francioni, F. and Scheinin, M. (eds), *Cultural Human Rights* (Leiden/Boston: Martinus Nijhoff Publishers, 2008), 317-340.

Donnelly, J. , *Universal Human Rights in Theory and Practice* (Ithaca: Cornell University Press, 1989).

Dromgoole, S. , *Underwater Cultural Heritage and International Law* (Cambridge: Cambridge University Press, 2013).

DuBoff, D. L. , *The Deskbook of Art Law* (Washington: Federal Publications, 1977-1984).

Dupuy, P. -M. , 'A Doctrinal Debate in the Globalisation Era: On the "Fragmentation" of International Law' (2007) Vol. 1 *European Journal of Legal Studies* No. 1.

Dupuy, P. -M. , 'L'unité de l'ordre juridique international: cours général de droit international public (2000)' (2002) Vol. 297 *Collected Courses of the Hague Academy of International Law* 9-490.

Dupuy, P. -M. , 'The Danger of Fragmentation or Unification of the International Legal System and theInternational Court of Justice' (1998-1999) Vol. 31 *New York University Journal of International Law and Politics* 791-807.

Dupuy, R. -J. , *La communauté internationale entre mythe et l'histoire* (Paris: Economica-UNESCO, 1986).

Duxbury, N. , *The Nature and Authority of Precedent* (Cambridge: Cambridge University Press, 2008).

Dworkin, R. M. , *Justice in Robes* (Cambridge: Belknap Press of Harvard University Press, 2006).

Dworkin, R. M. , 'The Judge's New Role: Should Personal Convictions Count?' (2003) Vol. 11 *Journal of International Criminal Justice* 4-12.

Edwardes, C. and Milner, C. , 'Egypt Demands Return of the Rosetta Stone', *The Daily Telegraph*, 20 July 2003.

Efrat, A. , *Governing Guns, Preventing Plunder. International Cooperation against Illicit Trade* (Oxford: Oxford University Press, 2012).

Elia, R. J. , 'Greece v. Ward: The Return of Mycenaean Artifacts' (1995) Vol. 4 *International Journal of Cultural Property* 119-128.

Elich, G. , 'Spoils of War: The Antiquities Trade and the Looting of Iraq' (2004) , available at < http://www. globalresearch. ca/articles/ELI401A. html > (accessed 15 September 2013).

Epstein, J. G. , 'The Hazards of Common Law Adjudication', in: Fitz Gibbon, K. (ed.) , *Who Owns the Past?: Cultural Policy, Cultural Property, and the Law* (Brunswick: Rutgers University Press, 2005), 123-128.

Farouky, J. , 'Spirited Away: Art Thieves Target Europe's Churches', *Time*, 10 January 2008.

Felch, J. , 'Charges Dismissed against ex-Getty Curator Marion True by Italian Judge', *Los Angeles Times*, 13 October 2010.

Felch, J. , 'Italian Court Upholds Claim on Getty Bronze', *Los Angeles Times*, 4 May 2012.

Felch, J. , 'Robert Hecht Jr. Dies at 92', *Los Angeles Times*, 9 February 2012.

Fellrath Gazzini, I. , *Cultural Property Disputes: The Role of Arbitration in Resolving Non-Contractual Disputes* (Ardsley: Transnational Publishers, 2004).

Ferentinou, A. , 'The Euphronios Vase Case-Could It Be an Example for Pergamon?', *Turkish Daily News*, 1 March 2006.

Feuer, A. , 'A Lawsuit Will Determine the Fate of 2 Picassos', *The New York Times*, 18 December 2007.

Fiedler, W. , 'Documents: Russian Federal Law of 13 May 1997 on Cultural Values that Have Been Displaced to the USSR as a Result of World War II and Are to Be Found in the Russian Federation Territory' (1998) Vol. 7 *International Journal of Cultural Property* 512-525.

Fincham, D. , 'How Adopting the *Lex Originis* Rule Can Impede the Flow of Illicit Cultural Property' (2008) Vol. 32 *Columbia Journal of Law and the Arts* 111-150.

Fincham, D. , 'Rejecting *Renvoi* for Movable Cultural Property: The Islamic Republic of Iran v. Denyse Berend' (2007) Vol. 14 *International Journal of Cultural Property* 111-120.

Fishman, J. P. , 'Locating the International Interest in Intranational Cultural Property Disputes' (2010) Vol. 35 *Yale Journal of International Law* 347-404.

Fitz Gibbon, K. , 'The Elgin Marbles: A Summary', in: Fitz Gibbon, K. (ed.) , *Who Owns the Past?: Cultural Policy, Cultural Property, and the Law* (Brunswick: Rutgers University Press, 2005), 109-121.

Fitzmaurice, G. , 'Hersch Lauterpacht-The Scholar as Judge (Part I)' (1961) Vol. 37 *British Yearbook of International Law* 1-71.

Fitzmaurice, M. , 'Intergenerational Equity Revisited', in: Buffard, I. et al. (eds) , *International Law between Universalism and Fragmentation. Festschrift in Honour of Gerhard Hafner* (Leiden/Boston: Martinus Nijhoff Publishers, 2008), 195-230.

Forrest, C. , *International Law and the Protection of Cultural Heritage* (London/ New York: Routledge, 2010).

Forrest, C. , 'Strengthening the International Regime for the Prevention of the Illicit Trade in Cultural Heritage' (2003) Vol. 4 *Melbourne Journal of International Law* 592-610.

Fox, H. , *The Law of State Immunity* (Oxford: Oxford University Press, 2008).

Francioni, F. , 'A Dynamic Evolution of Concept and Scope: From Cultural Property to Cultural Heritage', in: Yusuf, A. A. (ed.), *Standard-Setting in UNESCO, Normative Action in Education, Science and Culture* (Vol. I, Leiden: Martinus Nijhoff and UNESCO Publishing, 2007), 221-236.

Francioni, F. , 'Au-dela des traités: l'émergence d'un nouveau droit coutumier pour la protection du patrimoineculturel' (2007) Vol. 111 *Revue Générale de Droit International Public* 19-41.

Francioni, F. , 'Beyond State Sovereignty: The Protection of Cultural Heritage as a Shared Interest of Humanity' (2004) Vol. 25 *Michigan Journal of International Law* 1209-1229.

Francioni, F. , 'Culture, Heritage and Human Rights: An Introduction', in: Francesco, F. and Scheinin, M. (eds), *Cultural Human Rights* (Leiden/Boston: Martinus Nijhoff Publishers, 2008), 1-15.

Francioni, F. , 'International Law for Biotechnology: Basic Principles', in: Francioni, F. and Scovazzi, T. (eds), *Biotechnology and International Law* (Oxford/Portland: Hart Publishing, 2006), 3-27.

Francioni, F. , 'International "Soft Law": A Contemporary Assessment', in: Lowe, V. and Fitzmaurice, M. (eds), *Fifty Years of the International Court of Justice. Essays in Honour of Sir Robert Jennings* (Cambridge/New York: Cambridge University Press, 1996), 167-178.

Francioni, F. , 'Le commerce illicite d'objets d'art et son contrôle: la convention d'UNIDROIT de 1995' (1998) Vol. 8 *Revue du Marché Unique Européen* 69-88.

Francioni, F. , 'Principi e criteri ispiratori per la protezione internazionale del patrimonio culturale', in: Francioni, F. et al. (eds), *Protezione internazionale del patrimonio culturale: interessinazionali e difesa del patrimonio comune della cultura* (Milano: Giuffre, 1999), 11-20.

Francioni, F. , 'Public and Private in the International Protection of Global Cultural Goods' (2012) Vol. 23 *European Journal of International Law* 719-730.

Francioni, F. , 'Reparation for Indigenous Peoples: Is International Law Ready to Ensure Redress for HistoricalInjustices?', in: Lenzerini, F. (ed.), *Reparations for Indigenous Peoples. International and Comparative Perspectives* (Oxford: Oxford University Press, 2007), 28-45.

Francioni, F. , 'The Evolving Framework for the Protection of Cultural Heritage in International Law', in: Borelli, S. and Lenzerini, F. (eds), *Cultural Heritage, Cultural Rights, Cultural Di-

versity. New Developments in International Law (Leiden/Boston: Martinus Nijhoff Publishers, 2012), 3-25.

Francioni, F. , ' The Human Dimension of International Cultural Heritage Law: An Introduction ' (2011) Vol. 22 *European Journal of International Law* 9-16.

Francioni, F. , ' The Right of Access to Justice under Customary International Law ' , in: Francioni, F. (ed.) , *Access to Justice as a Human Right* (New York: Oxford University Press, 2007) , 1-55.

Francioni, F. , ' Thirty Years On: Is the World Heritage Convention Ready for the 21st Century? ' (2002) Vol. 12 *Italian Yearbook of International Law* 13-38.

Francioni, F. and Lenzerini, F. , ' The Destruction of the Buddhas of Bamiyan and International Law ' (2003) Vol. 14 *European Journal of International Law* 619-651.

Francioni, F. and Lenzerini, L. , ' The Future of the World Heritage Convention: Problems and Prospects ' , in: Francioni, F. (ed. , with the assistance of Lenzerini, F.) , *The 1972 World Heritage Convention. A Commentary* (Oxford: Oxford University Press, 2008) , 401-410.

Franck, T. M. and Fox, G. H. , ' Introduction: Transnational Judicial Synergy ' , in: Franck, T. M. and Fox, G. H. (eds) , *International Law Decisions in National Courts* (New York: Transnational Publishers, Inc, 1996) , 1-12.

Fraoua, R. , *Le trafic illicite des biens culturels et leur restitution: analyse des réglementations nationales et internationales, critiques et propositions* (Fribourg: Editions universitaires, 1985).

Frey, B. S. , *Arts and Economics* (Berlin/New York: Springer, 2000).

Frey, L. , ' *Bakalar v. Vavra* and the Art of Conflicts Analysis in New York: Framing a Choice of Law Approach for Moveable Property ' (2012) Vol. 112 *Columbia Law Review* 1055-1095.

Friedland, P. , ' The Amicus Role in International Arbitration ' , in: Mistelis, L. and Lew, J. D. M. (eds) , *Pervasive Problems in International Arbitration* (Alphen aan den Rijn: Kluwer Law International, 2006) , 321-328.

Friedmann, W. , *The Changing Structure of International Law* (London: Stevens, 1964).

Frigo, M. , ' Cultural Property v. Cultural Heritage: A " Battle of Concepts " in International Law? ' (2004) Vol. 86 *International Review of the Red Cross* 367-378.

Frigo, M. , *La circolazione internazionale dei beni culturali* (Milano: Giuffre, 2001).

Frulli, M. , ' Advancing the Protection of Cultural Property through the Implementation of Individual CriminalResponsibility: The Case Law of the International Criminal Tribunal for the Former Yugoslavia ' (2005) Vol. 15 *Italian Yearbook of International Law* 196-216.

Frulli, M. , ' The Criminalization of Offences against Cultural Heritage in Times of Armed Conflict: The Questfor Consistency ' (2011) Vol. 22 *European Journal of International Law* 203-217.

Galgano, F. , *Lex Mercatoria* (Bologna: il Mulino, 2001).

Galtung, J. , *Transcend and Transform: An Introduction to Conflict Work* (London: Pluto Press, 2004).

Garabello, R. and Scovazzi, T. (eds) , *The Protection of the Underwater Cultural Heritage: Before and After the* 2001 *UNESCO Convention* (Leiden: Martinus Nijhoff Publishers, 2003).

Gattini, A. , ' The International Customary Law Nature of Immunity from Measures of Constraint for StateCultural Property on Loan' , in: Buffard, I. et al. (eds) , *International Law between Universalism and Fragmentation* (Leiden/Boston: Martinus Nijhoff Publishers, 2008) , 421-440.

Gattini, A. , ' Un regard procédural sur la fragmentation du droit international' (2006) Vol. 110*Revue générale de droit international public* 303-306.

Gayford, M. , ' Yale Fight for Van Gogh's "Night Cafe" May Open More Battles' , *Bloomberg. com*, 29 June 2009.

Gegas, E. I. , ' International Arbitration and the Resolution of Cultural Property Disputes: Navigating the StormyWaters Surrounding Cultural Property' (1997-1998) Vol. 13 *Ohio State Journal on Dispute Resolution* 129-166.

Geher, J. , ' Le destin juridique des oeuvres d' art hongroises enlevées en Russie' (2004) Vol. 1*Miskolc Journal of International Law* 290-305.

Gerstenblith, P. , ' Acquisition and Deacquisition of Museum Collections and the Fiduciary Obligations ofMuseums to the Public' (2003) Vol. 11 *Cardozo Journal of International and Comparative Law* 409-465.

Gerstenblith, P. , ' Controlling the International Market in Antiquities: Reducing the Harm, Preserving the Past' (2007-2008) Vol. 8 *Chicago Journal of International Law* 169-195.

Gerstenblith, P. , ' *Schultz* and *Barakat*: Universal Recognition of National Ownership of Antiquities' (2009) Vol. 14 *Art Antiquity and Law* 21-48.

Gerstenblith, P. , ' The McClain/Schultz Doctrine: Another Step against Trade in Stolen Antiquities' (2003) 13*Culture without Context*, available at < http://www. mcdonald. cam. ac. uk/ projects/iarc/culturewithoutcontext/contents. htm > (accessed 12 September 2013).

Gerstenblith, P. , ' The Public Interest in the Restitution of Cultural Objects' (2000-2001) Vol. 16*Connecticut Journal of International Law* 197-246.

Gerstenblith, P. , Lopez, L. and Roussin, L. , ' Public International Law, International Art and Cultural Heritage' (2009) Vol. 43 *International Lawyer* 811-824.

Gillman, D. , *The Idea of Cultural Heritage* (Leicester: Institute of Art and Law, 2006).

Ginsburg, T. , ' Bounded Discretion in International Judicial Lawmaking' (2005) Vol. 45*Virginia Journal of International Law* 631-673.

Gioia, A. , ' The Development of International Law Relating to the Protection of Cultural Property in the Eventof Armed Conflict: The Second Protocol to the 1954 Hague Convention' (2001) Vol. 11 *Italian Yearbook of International Law* 25-57.

Glenn, D. , 'Peru v. Yale:A Battle Rages Over Machu Picchu. Lawsuit Claims University Must ReturnArtefacts' , *The Chronicle of Higher Education* , 3 April 2009.

Glenn, H. P. , 'Persuasive Authority' (1987) Vol. 32 *McGill Law Journal* 261-299.

Glod, M. , 'Arlington Man Pleads Guilty to Selling Protected Artifacts' , *The Washington Post* , 25 September 2003.

Golove, D. , 'The Supreme Court, the War on Terror, and the American Just War Constitutional Tradition' , in:Sloss, D. L. et al. (eds) , *International Law in the US Supreme Court-Continuity and Change* (Cambridge:Cambridge University Press, 2011), 561-574.

Gombrich, E. H. , *The Story of Art* (London:Phaidon, 1998).

Gordley, J. , 'The Enforcement of Foreign Law' , in:Francioni, F. and Gordley, J. (eds) , *Enforcing Cultural Heritage Law* (Oxford:Oxford University Press, 2013), 110-24.

Goy, R. , 'La restitution des objets culturels deplacés en relation avec la Second guerre mondiale a l' UNESCO' (2008) Vol. 21 *Hague Yearbook of International Law* 53-93.

Greenfield, J. , *The Return of Cultural Treasures* (Cambridge:Cambridge University Press, 2007).

Grigera Naon, H. A. , 'The UN Convention on Contracts for the International Sale of

Goods' , in:Horn, N. and Schmitthoff, C. M. (eds) , *The Transnational Law of International Commercial Transactions* (Deventer/Boston:Kluwer, 1982), 89-124.

Gryseels, G. , 'Assuming Our Responsibilities in the Present' (2004) No. 1 *ICOM News*. Hahn, M. , 'A Clash of Cultures? The UNESCO *Diversity Convention* and International Trade Law' (2006) Vol. 9 *Journal of International Economic Law* 515-552.

Halman, T. , 'From Global Pillage to Pillars of Collaboration' , in:Merryman, J. H. (ed.) , *Imperialism, Art and Restitution* (Cambridge/New York:Cambridge University Press, 2006), 37-46.

Hamilakis, Y. , 'Responses' (2007) Vol. 14 *International Journal of Cultural Property* 160-162.

Harding, S. , 'Value, Obligation and Cultural Heritage' (1999) Vol. 31 *Arizona State Law Journal* 291-354.

Harris, G. , 'German Court Orders Return of Ancient Vessel to Iraq' , *The Art Newspaper* , 18 November 2009.

Harten van, G. , *Investment Treaty Arbitration and Public Law* (Oxford/New York:Oxford University Press, 2007).

Henckaerts, J. -M. and Doswald-Beck, L. (eds) , *Customary International Humanitarian Law* , Vol. I , *Rules* (Cambridge:Cambridge University Press, 2003).

Henckaerts, J. -M. and Doswald-Beck, L. (eds) , *Customary International Humanitarian Law* , Vol. II , Part 1 , *Practice* (Cambridge:Cambridge University Press, 2005).

Henson, J. E. , 'The Last Prisoners of War:Returning World War II Art to Its Rightful Owners-Can MoralObligations Be Translated into Legal Duties?' (2001-2002) Vol. 51 *DePaul Law*

Review 1103-1158.

Hey, E. , 'Reflections on an International Environmental Court' , in: International Bureau of the PermanentCourt of Arbitration(ed.) , *International Investments and Protection of the Environment* (The Hague/Boston: Kluwer Law International, 2001) , 271-301.

Hey, E. , 'The World Bank Inspection Panel and the Development of International Law' , in: Boschiero, N. etal. (eds) , *International Courts and the Development of International Law* (The Hague: T. M. C. Asser Press, 2013) , 727-738.

Hickley, C. , 'Nazi Victims Family Sues Germany for Looted El Greco, Pissarro' , *Bloomberg. com* , 27 October 2008.

Higgins, R. , 'National Courts and the International Court of Justice' , in: Andenas, M. and Fairgieve, D. (eds) , *Tom Bingham and the Transformation of the Law: A Liber Amicorum* (Oxford: Oxford University Press, 2009) , 405-418.

Hladik, J. , 'UNESCO's Ability to Intervene in Crises and Conflict' , in: Micewski, E. R. and Sladek, G. (eds) , *Protection of Cultural Property in the Event of Armed Conflict-A Challenge in Peace Support Operations* (Vienna: Austrian Military Printing Press, 2002) , 15-18.

Horn, N. , 'Uniformity and Diversity in the Law of International Commercial Contracts' , in: Horn, N. andSchmitthoff, C. M. (eds) , *The Transnational Law of International Commercial Transactions* (Deventer/Boston: Kluwer, 1982) , 3-18.

Horváth, E. , 'Cultural Identity and Legal Status: Or, the Return of the Right to Have (Particular) Rights' , in: Francioni, F. and Scheinin, M. (eds) , *Cultural Human Rights* (Leiden/Boston: Martinus Nijhoff Publishers, 2008) , 169-191.

Hoxhaj, E. , 'The Protection of Cultural Property: "The Right of Stones and Monuments" ' , in: Micewski, E. R. and Sladek, G. (eds) , *Protection of Cultural Property in the Event of Armed Conflict-A Challenge in Peace Support Operations* (Vienna: Austrian Military Printing Press, 2002) , 46-48.

Hurst, K. J. , 'The Empty(ing) Museum' (2006) Vol. 11*Art Antiquity and Law* 55-83.

ICOM, Press release, 'ICOM and WIPO to Join Forces in Cultural Heritage and Museum Fields' , 3 May 2011, available at < http://icom. museum/press-releases/press-release/article/icom-and-wipo-to-join-forces-in-cultural-heritage-and-museum-fields/L/0. html > (accessed 12 September 2013).

ICOM, Press release, 'Makonde Mask-Signing of an Agreement for the Donation of the Makonde Maskfrom the Barbier-Mueller Museum of Geneva to the National Museum of Tanzania' , 10 May 2010, available at < http://archives. icom. museum/press/MM_ PressFile_eng. pdf > (accessed 22 September 2013).

Indianapolis Museum of Art, Press release, 'Italy to Loan Roman Sculptures to the Indianapolis Museum of Art' , available at < http://www. imamuseum. org/sites/default/files/VignaCodiniFinal. pdf > (accessed 12 September 2013).

International Military Tribunal, *The Trial of German Major War Criminals: Proceedings of the International Military Tribunal sitting at Nuremberg*, the Avalon Project at Yale Law School, available at < http://avalon. law. yale. edu/imt/judrosen. asp > (accessed 19 September 2013).

Isman, F. and Harris, G. , ' Smuggler's Final Appeal Fails ' , *The Art Newspaper*, No. 233 , March 2012.

Israely, J. , ' The Museum World's Italian Sheriff ' , *Time Magazine*, 5 October 2007.

Janis, M. W. et al. (eds), *European Human Rights Law. Text and Materials* (Oxford/New York: Oxford University Press, 2008).

Janis, M. W. , ' The International Court ' , in: Janis, M. W. (ed.) , *International Courts for the Twenty-First Century* (Dordrecht/Boston: Martinus Nijhoff Publishers, 1992) , 13-41.

Jara, A. , ' WTO Dispute Settlement: A Brief Reality Check ' , in: Sacerdoti, G. et al. (eds) , *The WTO at 10: The Role of the Dispute Settlement System* (Cambridge: Cambridge University Press, 2006) , 81-85.

Jayme, E. , ' Antonio Canova, la Repubblica delle arti ed il diritto internazionale ' (1992) Vol. 75 *Rivista di diritto internazionale* 889-902.

Jayme, E. , ' Globalization in Art Law: Clash of Interests and International Tendencies ' (2005) Vol. 38 *Vanderbilt Journal of Transnational Law* 928-945.

Jayme, E. , ' Human Rights and Restitution of Nazi-Confiscated Artworks from Public Museums: The AltmannCase as a Model for Uniform Rules? ' (2007) 2 *Kunstrechtsspiegel* 47-51.

Jennings, R. and Watts, A. (eds) , *Oppenheim's International Law* , Vol. 1 *Peace* (9th edn, Harlow: Longman, 1992).

Jessup, P. C. , *Transnational Law* (New Haven: Yale University Press, 1956).

Jones, A. , ' Has Arbitration Become More Burdensome than Litigation? ' , *Wall Street Journal*, 1 September 2010.

Joyner, C. C. , ' Legal Implications of the Concept of the Common Heritage of Mankind ' (1986) Vol. 35 *International & Comparative Law Quarterly* 190-199.

Juenger, F. K. , *Choice-of-Law and Multistate Justice* (Dordrecht/Boston: Martinus Nijhoff Publishers, 1993).

Kahn, J. , ' Coin Collectors Sue US State Department Over Import Rules ' , *The New York Times*, 17 November 2007.

Karydis, G. S. , ' Le juge communautaire et la préservation de l' identité nationale ' (1994) Vol. 30 *Revue Trimestrelle de Droit Européen* 551-560.

Katz Cogan, J. , ' Competition and Control in International Adjudication ' (2008) Vol. 48 *Virginia Journal of International Law* 411-449.

Kaye,L. M. ,'Art Loans and Immunity from Seizure in the United States and the United King-dom' (2010)Vol. 17 *International Journal of Cultural Property* 335-359.

Kaye,L. M. , ' Art Wars:The Repatriation Battle' (1998-1999) Vol. 31*New York University Journal of International Law and Politics* 79-94.

Kaye,L. M. ,'Disputes Relating to the Ownership and Status of Cultural Property' , in:Byrne-Sutton, Q. andGeisinger-Mariéthoz, F. (eds), *Resolution Methods for Art-Related Disputes* (Zürich:Schulthess,1999) ,35-53.

Kaye,L. M. ,'Laws in Force at the Dawn of World War II:International Conventions and Na-tional Laws ' , in: Simpson, E. (ed.), *The Spoils of War* (New York: Harry, N. Abrams, 1997) ,100-105.

Keim,R. ,'Filling the Gap Between Morality and Jurisprudence:The Use of Binding Arbitration to ResolveClaims of Restitution Regarding Nazi-Stolen Art' (2002-2003) Vol. 3 *Pepperdine Dispute Resolution Law Journal* 295-315.

Kendal,G. ,'MA Joins Call for Politicians to Ratify Cultural Property Bill' , *Museums Associa-tion News*,14 March 2012.

Kessedjian,C. ,'Determination and Application of Relevant National and International Law and Rules' ,in:Mistelis,L. and Lew,J. D. M. (eds),*Pervasive Problems in International Arbitra-tion*(Alphen aan den Rijn:Kluwer Law International,2006) ,71-88.

Klabbers, J. , *An Introduction to International Institutional Law* (Cambridge/New York: Cam-bridge University Press,2002).

Knox,C. K. ,'They' ve Lost Their Marbles:2002 Universal Museums' Declaration, the Elgin Marbles and theFuture of Repatriation Movement' (2005-2006)Vol. 29 *Suffolk Transnational Law Review* 315-336.

Koch,C. H. ,'Judicial Dialogue for Legal Multiculturalism' (2003-2004) Vol. 25*Michigan Journal of International Law* 879-902.

Koopmans,S. ,*Diplomatic Dispute Settlement:The Use of Inter-State Conciliation*(The Hague: T. M. C. Asser,2008).

Koskenniemi,M. ,*Fragmentation of International Law:Difficulties Arising from the Diversifica-tion and Expansion of International Law*,*Report of the Study Group of the International Law Commission*,UN Doc. A/CN. 4/L. 682 13 April 2006, available at < http://legal. un. org/ ilc/guide/1_9. htm > (accessed 12 September 2013).

Kowalski,W. W. ,*Art Treasures and War*(Leicester:Institute of Art and Law,1998).

Kowalski,W. W. ,'General Observations:Claims for Works of Art and Their Legal Nature' , in: InternationalBureau of the Permanent Court of Arbitration(ed.),*Resolution of Cultural Prop-erty Disputes*(The Hague:Kluwer Law International,2004) ,38-39.

Kowalski,W. W. ,'Repatriation of Cultural Property following Cession of Territory or Dissolution ofMultinational States' (2001) Vol. 6 *Art Antiquity and Law* 139-166.

Kowalski, W. W. , 'Restitution of Works of Art Pursuant to Private and Public International Law' (2001) Vol. 288 *Collected Courses of the Hague Academy of International Law* 17-228.

Kowalski, W. W. , 'Types of Claims for Recovery of Lost Cultural Property' (2004) Vol. 57 ,4 , No. 228*Museum* 85-102.

Kozma, J. , Nowak, M. and Scheinin, M. , *A World Court of Human Rights-Consolidated Statute and Commentary*(Wien: Neuer Wissenschaftlicher Verlag,2010).

Kurtz, M. J. , *America and the Return of Nazi Contraband*(Cambridge/New York: Cambridge University Press,2006).

Kurzweil, H. , Gagion, L. V. and de Walden, L. , 'The Trial of the Sevso Treasure: What a Nation Will Do inthe Name of Its Heritage' , in: Fitz Gibbon, K. (ed.), *Who Owns the Past?: Cultural Policy, Cultural Property, and the Law* (Brunswick: Rutgers University Press,2005) , 83-95.

Lalive P. , 'Themes and Perspectives: Litigation-A Declining Solution to Holocaust-Related Claims?' , paperpresented at the conference *Dispute Resolution and Holocaust-Related Art Claims: New Principles and Techniques*, London, 18 October 2006.

Lanciotti, A. , 'The Dilemma of the Right to Ownership of Underwater Cultural Heritage: The Case of the"Getty Bronze" ' , in: Borelli, S. and Lenzerini, F. (eds) , *Cultural Heritage, Cultural Rights, Cultural Diversity. New Developments in International Law* (Leiden/Boston: Martinus Nijhoff Publishers,2012) ,301-326.

Landes, W. A. and Posner, R. A. , 'The Economics of Legal Disputes over the Ownership of Works of Art andOther Collectibles' , in: Ginsburgh, V. A. et al. (eds) , *Economics of the Arts: Selected Essay*(Amsterdam/New York: Elsevier, 1996) ,177-219.

Laporte, C. , 'Les archives belges quittent Moscou' , *Le Soir*, 24 March 2001.

Lenzerini, F. , 'Conclusive Notes: Defining Best Practices and Strategies for Maximizing the Concrete Chancesof Reparation for Injuries Suffered by Indigenous Peoples' , in: Lenzerini, F. (ed.), *Reparations for Indigenous Peoples. International and Comparative Perspectives* (Oxford: Oxford University Press,2007) ,605-622.

Lenzerini, F. , 'Indigenous Peoples' Cultural Rights and the Controversy over Commercial Use of TheirTraditional Knowledge' , in: Francioni, F. and Scheinin, M. (eds) , *Cultural Human Rights*(Leiden/Boston: Martinus Nijhoff Publishers,2008) ,119-149.

Lenzerini, F. , 'Reparations for Indigenous Peoples in International and Comparative Law: An Introduction' , in: Lenzerini, F. (ed.), *Reparations for Indigenous Peoples. International and Comparative Perspectives*(Oxford: Oxford University Press,2007) ,3-26.

Lenzerini, F. , 'The Role of International and Mixed Criminal Courts in the Enforcement of InternationalNorms Concerning the Protection of Cultural Heritage' , in: Francioni, F. and Gordley, J. (eds), *Enforcing Cultural Heritage Law* (Oxford: Oxford University Press, 2013), 40-64.

Lenzerini, F., 'The Tension between Communities' Cultural Rights and Global Interests: The Case of theMāori *Mokomokai*', in: Borelli, S. and Lenzerini, F. (eds), *Cultural Heritage, Cultural Rights, Cultural Diversity. New Developments in International Law* (Leiden/Boston: Martinus Nijhoff Publishers, 2012), 157-177.

Lenzerini, F., 'The UNESCO Declaration Concerning the Intentional Destruction of Cultural Heritage: OneStep Forward and Two Steps Back' (2003) Vol. 13 *Italian Yearbook of International Law* 131-145.

Leow, C., 'Treasure from a Shipwreck Off Java Up for Auction', *The International Herald Tribune*, 15 October 2006.

Levin, M. A., 'Japan: Kayano et al. v. Hokkaido Expropriation Committee (the Nibutani Dam Decision) 27 March 1997' (1999) Vol. 38 *International Legal Materials* 394-396.

Liptak, A., 'US Supreme Court's Global Influence Is Waning', *The International Herald Tribune*, 17 September 2008.

Lixinski, L., *Intangible Cultural Heritage in International Law* (Oxford: Oxford University Press, 2013).

Llamzon, A. P., 'Jurisdiction and Compliance in Recent Decisions of the International Court of Justice' (2007) Vol. 18 *European Journal of International Law* 815-852.

Logan, W., 'Closing Pandora's Box: Human Rights Conundrums in Cultural Heritage Protection', in: Silverman, H. and Fairchild Ruggles, D. (eds), *Cultural Heritage and Human Rights* (New York: Springer, 2007), 33-51.

Lopez, L., 'Should National Treasures be Subject to the Judicial Auction?: The Implications of Rubin v. Iran' (2011) Vol. 3 Issue 2 *Art & Cultural Heritage Law Newsletter* 17-20.

Loulanski, T., 'Revising the Concept for Cultural Heritage: The Argument for a Functional Approach' (2006) Vol. 13 *International Journal of Cultural Property* 207-233.

Lowenthal, D., 'Recovering Looted Jewish Cultural Property', in: International Bureau of the Permanent Courtof Arbitration (ed.), *Resolution of Cultural Property Disputes* (The Hague: Kluwer Law International, 2004), 139-157.

Lowenthal, D., *The Heritage Crusade and the Spoils of History* (Cambridge: Cambridge University Press, 1998).

Lowenthal, D., 'Why Sanctions Seldom Work: Reflections on Cultural Property. Internationalism' (2005) Vol. 12 *International Journal of Cultural Property* 393-423.

Lufkin, M., 'Greek Bronze Will Stay in the Getty Villa', *The Art Newspaper*, 14 April 2010.

Lufkin, M., 'Stedelijk Returns Five Malevich Works to Artist's Heirs', *The Art Newspaper*, 1 June 2008.

M' Bow, A. -M. , 'Plea for the Return of an Irreplaceable Cultural Heritage to Those Who Created It' (1979) Vol. 31 , 1 , No. 236 , *Museum* 58.

Macchia, M. , 'La tutela del patrimonio culturale mondiale : strumenti , procedure , controlli' , in : Casini, L. (ed.) , *La globalizzazione dei beni culturali* (Bologna : Il Mulino , 2010) , 57-85.

MacCormick, N. and Summers, R. S. , *Interpreting Statutes. A Comparative Study* (Dartmouth : Aldershot , 1991).

Macfarlane, J. , 'Commentary : When Cultures Collide' , in : Bell, C. and Kahane, D. (eds) , *Intercultural Dispute Resolution in Aboriginal Contexts* (Vancouver/Toronto : University of British Columbia Press , 2004) , 94-103.

Mackenzie, S. , *Going , Going , Gone : Regulating the Market in Illicit Antiquities* (Leicester : Institute of Art and Law , 2005).

Makkonen, T. , 'Minorities' Right to Maintain and Develop Their Cultures : Legal Implications of SocialScience Research' , in : Francioni, F. and Scheinin, M. (eds) , *Cultural Human Rights* (Leiden/Boston : Martinus Nijhoff Publishers , 2008) , 193-206.

Manacorda, S. and Chappell, D. , 'Introduction' , in : Manacorda, S. and Chappell, D. (eds) , *Crime in the Art and Antiquities World. Illegal Trafficking in Cultural Property* (New York/Dordrecht : Springer , 2011) , 1-15.

Mann, J. , 'Government Sues to Seize St. Louis Museum's Mummy Mask' , *St. Louis Today* , 17 March 2011.

Marek, L. , 'DOJ Urges 7th Circuit to Shield Iranian Artefacts from Seizure by Terrorism Victims' , *The National Law Journal* , 2 November 2009.

Markesinis, B. and Fedtke, J. , *Judicial Recourse to Foreign Law. A New Source of Inspiration?* (London : University College London Press , 2006).

Marks, P. , 'The Ethics of Art Dealing' (1998) Vol. 7 *International Journal of Cultural Property* 116-127.

Marston Danner, A. , 'When Courts Make Law : How the International Criminal Tribunals Recast the Laws of War' (2006) Vol. 59 *Vanderbilt Law Review* 2-65.

Mason, A. , 'Mediation and Art Disputes' (1998) Vol. 3 *Art Antiquity and Law* 31-37.

Mastalir, R. W. , 'A Proposal for Protecting the "Cultural" and "Property" Aspects of Cultural Property under International Law' (1992-1993) Vol. 16 *Fordham International Law Journal* 1033-1093.

Mayer, P. , 'Effect of International Public Policy in International Arbitration' , in : Mistelis, L. and Lew, J. D. M. (eds) , *Pervasive Problems in International Arbitration* (Alphen aan den Rijn : Kluwer Law International , 2006) , 61-69.

McCaffrey, S. C. and Main, T. O. , *Transnational Litigation in Comparative Perspective* (New York : Oxford University Press , 2010).

McCrudden, C. , ' Human Rights and Judicial Use of Comparative Law' , in: Orücü, E. (ed.), *Judicial Comparativism in Human Rights Cases* (London: The United Kingdom National Committee of Comparative Law, 2003) , 1-22.

McElroy, D. , ' British Museum under Pressure to Give Up Leading Treasures' , *The Daily Telegraph*, 7 April 2010.

Melikian, S. , ' Antiquities, with a Proven Record, Drive Auction Market' , *The New York Times*, 14 June 2013.

Melikian, S. , ' How UNESCO's 1970 Convention Is Weeding Looted Artifacts Out of the Antiquities Market' , *Artinfo*, 31 August 2012.

Melish, T. J. , ' Introductory Note to the Optional Protocol to the International Covenant on Economic, Socialand Cultural Rights' (2009) Vol. 48 *International Legal Materials* 256-261.

Mensah, T. A. , ' Using Judicial Bodies for the Implementation and Enforcement of International EnvironmentalLaw' , in: Buffard, I. et al. (eds) , *International Law between Universalism and Fragmentation. Festschrift in Honour of Gerhard Hafner* (Leiden/Boston: Martinus Nijhoff Publishers, 2008) , 797-816.

Merrills, J. , *International Dispute Settlement* (Cambridge/New York: Cambridge University Press, 2005).

Merryman, J. H. , ' A Licit International Trade in Cultural Objects' (1995) Vol. 4 *International Journal of Cultural Property* 13-60.

Merryman, J. H. , ' A Licit International Trade in Cultural Objects' , in: Fitz Gibbon, K. (ed.), *Who Owns the Past? Cultural Policy, Cultural Property, and the Law* (New Brunswick: Rutgers University Press, 2005) , 269-289.

Merryman, J. H. , ' Cultural Property Internationalism' (2005) Vol. 12 *International Journal of Cultural Property* 11-39.

Merryman, J. H. , ' Cultural Property, International Trade and Human Rights' (2001) Vol. 19 *Cardozo Arts & Entertainment Law Journal* 51-67.

Merryman, J. H. , ' The Nation and the Object' (1994) Vol. 3 *International Journal of Cultural Property* 61-76.

Merryman, J. H. , ' The Public Interest in Cultural Property' (1989) Vol. 77 *California Law Review* 339-364.

Merryman, J. H. , ' Two Ways of Thinking about Cultural Property' (1986) Vol. 80 *American Journal of International Law* 831-853.

Merryman, J. H. and Elsen, A. E. , *Law, Ethics and the Visual Arts* (London/New York: Kluwer Law International, 2002).

Merryman, J. H. , Elsen, A. E. and Urice, S. K. , *Law, Ethics and the Visual Arts* (Alphen aan den Rijn: Kluwer Law International, 2007).

Mills, A. , *The Confluence of Public and Private International Law. Justice, Pluralism and Subsidiarity in the International Constitutional Ordering of Private Law* (Cambridge/ New York: Cambridge University Press, 2009).

Muller, A. S. , ' The Triple Helix of Culture, International Law, and the Development of International Law ' , in: Meerts, P. (ed.), *Culture and International Law* (The Hague: T. M. C. Asser, 2008), 43-52.

Muller, S. and Richards, S. , ' Introduction: Globalisation and Highest Courts ' , in: Muller, S. and Richards, S. (eds), *Highest Courts and Globalization* (The Hague: Hague Academic Press, 2010), 1-19.

Mullins, R. , ' Sunken Treasure Case Headed To Federal Appeals Court ' , *The Tampa Tribune*, 23 December 2009.

Murphy, B. , ' Museums(Re) mediating History' (2006) No. 3 ICOM News 4-5.

Murphy, S. D. , ' Does the World Need a New International Environmental Court?' (2000) Vol. 32 *George Washington Journal of International Law and Economics* 333-349.

Nafziger, J. A. R. , ' Cultural Heritage Law: The International Regime ' , in: Nafziger, J. A. R. and Scovazzi, T. (eds) , *The Cultural Heritage of Mankind* (Leiden/ Boston: Martinus Nijhoff Publishers, 2008), 145-247.

Nafziger, J. A. R. , ' Towards a More Collaborative Regime of Transnational Cultural Property Law ' , in: Basedow, J. et al. (eds) , *Private Law in the International Arena: From National Conflict Rules towards Harmonization and Unification-Liber Amicorum Kurt Siehr* (The Hague: T. M. C. Asser, 2000), 497-509.

Nafziger, J. A. R. and Nicgorski, A. M. , ' Introduction ' , in: Nafziger, J. A. R. and Nicgorski, A. M. (eds) , *Cultural Heritage Issues: The Legacy of Conquest, Colonization, and Commerce* (Leiden: Martinus Nijhoff Publishers, 2009), xvii-xxi.

Nafziger, J. A. R. , Paterson, R. K. and Renteln, A. D. , *Cultural Law. International, Comparative and Indigenous* (Cambridge: Cambridge University Press, 2010).

Natali, A. , ' Maxi ingorgo nei piccoli Uffizi' , *Il Sole* 24 *Ore*, 19 July 2009.

Neuhold, H. , ' Variations on the Theme of " Soft International Law" ' , in: Buffard, I. et al. (eds) , *International Law between Universalism and Fragmentation. Festschrift in Honour of Gerhard Hafner* (Leiden/ Boston: Martinus Nijhoff Publishers, 2008), 343-360.

Nicholas, L. H. , *The Rape of Europa* (New York: Alfred A. Knopf, 1994).

Nikken, P. , ' Balancing of Human Rights and Investment Law in the Inter-American System of Human Rights ' , in: Dupuy, P. -M. et al. (eds) , *Human Rights in International Investment Law and Arbitration* (Oxford: Oxford University Press, 2009), 246-271.

O' Connell, A. , ' Immunity from Seizure: An Overview' (2006) Vol. 11 *Art Antiquity and Law* 1-22.

O'Donnell,T. ,'The Restitution of Holocaust Looted Art and Transitional Justice:The Perfect Storm or theRaft of the Medusa?' (2011) Vol. 22 *European Journal of International Law* 49-80.

O'Keefe,P. J. ,'Codes of Ethics and the Art Trade' , in:Francioni, F. et al. (eds) , *Protezione internazionale del patrimonio culturale: interessi nazionali e difesa del patrimonio commune della cultura*(Milano:Giuffre,2000) ,141-154.

O'Keefe,P. J. ,*Commentary on the UNESCO 1970 Convention on Illicit Traffic*(Leicester:Institute of Art and Law,2000).

O'Keefe, P. J. , *Commentary on the UNESCO 1970 Convention on Illicit Traffic* (2nd edn, Leicester:Institute of Art and Law,2007).

O'Keefe, P. J. , 'Foreign Investment and the World Heritage Convention' (1994) Vol. 3*International Journal of Cultural Property* 259-266.

O'Keefe,P. J. , 'Repatriation of Sacred Objects' (2008) Vol. 13*Art Antiquity and Law* 225-243.

O'Keefe, R. , 'Tangible Cultural Heritage and International Human Rights Law' , in:Prott, L. V. ,Redmond-Cooper,R. and Urice,S. (eds) , *Realising Cultural Heritage Law. Festschrift for Patrick O'Keefe*(Pentre Moel:Institute of Art and Law,2013) ,87-95.

O'Keefe, R. , *The Protection of Cultural Property in Armed Conflict* (Cambridge/New York: Cambridge University Press,2006).

O'Keefe,R. ,'The "Right to Take Part in Cultural Life" under Article 15 of the ICESCR' (1998)Vol. 47*International & Comparative Law Quarterly* 904-923.

O'Keefe, R. , 'World Cultural Heritage Obligations to the International Community as a Whole?' (2004)Vol. 53 *International & Comparative Law Quarterly* 189-209.

Opoku,K. ,'Declaration on the Importance and Value of Universal Museums:Singular Failure of an ArrogantImperialist Project' ,*Modern Ghana*, 27 January 2013, available at < http:// www. modernghana. com/news/441891/1/declaration-on-the-importanceand-value-of-univers. html > (accessed 12 September 2013).

Opuku,K. , 'Nefertiti,Idia and other African Icons in European Museums:The Thin Edge of EuropeanMorality' ,*Modern Ghana*, 24 March 2008, available at < http://www. modernghana. com/newsp/160914/42/pagenum5/nefertiti-idia-and-other-african-icons-in-european. html > (accessed 12 September 2013).

Orrego Vicuna,F. ,*International Dispute Settlement in an Evolving Global Society:Constitutionalization, Accessibility, Privatization* (Cambridge/New York: Cambridge University Press, 2004).

Özel,S. , 'The Basel Decision:Recognition of Blanket Legislation Vesting State Ownership over the CulturalProperty Found within the Country of Origin' (2000)Vol. 9 *International Journal of Cultural Property* 315-340.

Palmer, N. , *Art Loans* (Dordrecht: Kluwer Law International and International Bar Association, 1997).

Palmer, N. , ' Extra-Curial Resolution of Contract Issues Involving Art and Antiquities ' , in: Byrne-Sutton, Q. and Geisinger-Mariéthoz, F. (eds) , *Resolution Methods for Art-Related Disputes* (Zürich: Schulthess, 1999) , 55-81.

Palmer, N. , ' Itinerant Art and the Architecture of Immunity from Legal Process: Questions of Policy andDrafting ' (2011) Vol. 16 *Art Antiquity and Law* 1-23.

Palmer, N. , ' Memory and Morality: Museum Policy and Holocaust Cultural Assets ' (2001) Vol. 6*Art Antiquity and Law* 259-292.

Palmer, N. , *Museums and the Holocaust: Law, Principles and Practice* (Leicester: Institute of Art and Law, 2000).

Palmer, N. , ' Repatriation and De-accessioning of Cultural Property: Reflections on the Resolution of ArtDisputes ' (2001) Vol. 54 *Current Legal Problems* 477-532.

Palmer, N. , ' Spoliation and Holocaust-Related Cultural Objects. Legal and Ethical Models for the Resolutionof Claims ' (2007) Vol. 12 *Art Antiquity and Law* 1-15.

Palmer, N. , ' Statutory, Forensic and Ethical Initiatives in the Recovery of Stolen Art and Antiquities ' , in: Palmer, N. (ed.) , *The Recovery of Stolen Art* (Leicester: Institute of Art and Law, 1998) , 1-31.

Palmer, N. , ' The Spoliation Advisory Panel and Holocaust-Related Cultural Objects ' , in: Weller, M. , Kemle, N. and Dreier, T. (eds) , *Raub-Beute-Diebstahl* (Baden-Baden: Nomos, 2013) , 119-140.

Palmer, N. , ' Waging and Engaging-Reflections on the Mediation of Art and Antiquity Claims ' , in: Renold, M. -A. , Chechi, A. and Bandle, A. L. (eds) , *Resolving Disputes in Cultural Property* (Geneve: Schulthess, 2012) , 81-105.

Palmer, N. and Chesterfield, W. , ' Family Disputes over Cultural Material: *Tandy v. Kidner* ' (2007) Vol. 12 *Art Antiquity and Law* 305-308.

Parish, M. , *Mirages of International Justice. The Elusive Pursuit of a Transnational Legal Order* (Cheltenham: Edward Elgar, 2011).

Parkhomenko, K. , ' Taking Transnational Cultural Heritage Seriously: Towards a Global System for ResolvingDisputes over Stolen and Illegally-Exported Art ' (2011) Vol. 16 *Art Antiquity and Law* 145-160.

Paterson, R. K. , ' Bolivian Textiles in Canada ' (1993) Vol. 2*International Journal of Cultural Property* 359-370.

Paterson, R. K. , ' Resolving Material Culture Disputes: Human Rights, Property Rights, and Crimes againstHumanity ' , in: Nafziger, J. A. R. and Nicgorski, A. M. (eds) , *Cultural Heritage*

Issues: The Legacy of Conquest, Colonization, and Commerce (Leiden: Martinus Nijhoff Publishers, 2009), 371-387.

Paulson, C. , ' Compliance with Final Judgments of the International Court of Justice since 1987 ' (2004) Vol. 98 *American Journal of International Law* 434-461.

Paulus, A. L. , ' Dispute Resolution ' , in: Ulfstein, G. , Marauhn, T. and Zimmermann, A. (eds) , *Making Treaties Work: Human Rights, Environment and Arms Control* (Cambridge: Cambridge University Press, 2007), 351-372.

Pauwelyn, J. , *Conflict of Norms in Public International Law* (Cambridge: Cambridge University Press, 2003).

Pavoni, R. , ' Sovereign Immunity and the Enforcement of International Cultural.

Property Law ' , in: Francioni, F. and Gordley, J. (eds) , *Enforcing Cultural Heritage Law* (Oxford: Oxford University Press, 2013), 79-109.

Pearlstein, W. G. , ' Cultural Property, Congress, the Courts, and Customs: The Decline and Fall of theAntiquities Market? ' , in: Fitz Gibbon, K. (ed.) , *Who Owns the Past?: Cultural Policy, Cultural Property, and the Law* (Brunswick: Rutgers University Press, 2005), 9-31.

Peers, S. , ' The European Court of Justice and the European Court of Human Rights: Comparative Approaches ' , in: Orücü, E. (ed.) , *Judicial Comparativism in Human Rights Cases* (London: The United Kingdom National Committee of Comparative Law, 2003), 107-129.

Pell, O. C. , ' Using Arbitral Tribunals to Resolve Disputes Relating to Holocaust-Looted Art ' , in: InternationalBureau of the Permanent Court of Arbitration (ed.) , *Resolution of Cultural Property Disputes* (The Hague: Kluwer Law International, 2004), 307-326.

Pescatore, P. , ' Le commerce de l' art et le Marché commun ' (1985) Vol. 21 *Revue Trimestrielle de Droit Européen* 451-462.

Petersmann, E. -U. , ' Do Judges Meet Their Constitutional Obligation to Settle Disputes in Conformity with " Principles of Justice and International Law " ? ' (2007) Vol. 1 *European Journal of Legal Studies* No. 2.

Petersmann, E. -U. , ' Judging Judges: From " Principal-Agent Theory " to " Constitutional Justice " in Multilevel " Judicial Governance " of Economic Cooperation among Citizens ' (2008) Vol. 11 *Journal of International Economic Law* 827-884.

Phelan, M. , ' Legal and Ethical Considerations in the Repatriation of Illegally Exported and Stolen CulturalProperty: Is There a Means to Settle the Disputes? ' , available at < http://media. rcip-chin. gc. ca/ac/intercom/phelan. html > (accessed 12 September 2013).

Pineschi, L. , ' Cultural Diversity as a Human Right? General Comment No. 21 of the Committee on Economic, Social and Cultural Rights ' , in: Borelli, S. and Lenzerini, F. (eds) , *Cultural Heritage, Cultural Rights, Cultural Diversity. New Developments in International Law* (Leiden/Boston: Martinus Nijhoff Publishers, 2012), 29-53.

Plessis du, M. , ' Reparations and International Law: How Are Reparations To Be Determined (Past Wrong orCurrent Effects), against Whom, and What Form Should They Take?', in Plessis du, M. and Peté, S. (eds), *Repairing the Past?* (Antwerpen: Intersentia, 2007), 147-177.

Posner, E. , ' Diplomacy, Arbitration, and International Courts ', in: Baudenbacher, C. and Busek, E. (eds), *The Role of International Courts* (München: German Law Publishers, 2008),51-60.

Posner, E. A. , ' The International Protection of Cultural Property: Some Skeptical Observations ' (2007) Vol. 8*Chicago Journal of International Law* 213-233.

Posner, E. , *The Perils of Global Legalism* (Chicago: University of Chicago Press, 2009).

Povoledo, E. , ' Collector Returns Art Italy Says Was Looted ', *The New York Times*, 18 January 2008.

Prott, L. V. , *Commentary on the UNIDROIT Convention on Stolen and Illegally Exported Cultural Objects* (Leicester: Institute of Art and Law, 1997).

Prott, L. V. , ' Principles for the Resolution of Disputes Concerning Cultural Heritage Displaced During theSecond World War ', in: Simpson, E. (ed.), *The Spoils of War* (New York: Harry, N. Abrams, 1997),225-230.

Prott, L. V. , ' Problems of Private International Law for the Protection of the Cultural Heritage ' (1989) Vol. 217/V *Collected Courses of the Hague Academy of International Law* 215-317.

Prott, L. V. , ' Responding to World War II Art Looting ', in: International Bureau of the Permanent Court ofArbitration (ed.), *Resolution of Cultural Property Disputes* (The Hague: Kluwer Law International, 2004),113-137.

Prott, L. V. , ' Sanggurah Stone: Java or Scotland? ', in: Prott, L. V. (ed), *Witnesses to History. A Compendium of Documents and Writings on the Return of Cultural Objects* (Paris: UNESCO Publishing, 2009),200-201.

Prott, L. V. , ' The History and Development of Processes for the Recovery of Cultural Heritage ' (2008) Vol. 13 *Art Antiquity and Law* 175-198.

Prott, L. V. , ' The UNIDROIT Convention on Stolen or Illegally Exported Cultural Objects-Ten Years On ' (2009) Vol. 14 *Uniform Law Review* 215-237.

Prott, L. V. , ' Understanding One Another on Cultural Rights ' (1999) Vol. 4*Art Antiquity and Law* 229-241.

Prott, L. V. (ed.), *Witnesses to History. A Compendium of Documents and Writings on the Return of Cultural Objects* (Paris: UNESCO Publishing, 2009).

Prott, L. V. and O' Keefe, P. J. , ' "Cultural Heritage" or "Cultural Property"? ' (1992) Vol. 1*International Journal of Cultural Property* 307-320.

Prott, L. V. and O' Keefe, P. J. , *Law and the Cultural Heritage: Vol. 3-Movement* (London: Butterworths,1989).

Prunty,T. , 'Toward Establishing an International Tribunal for the Settlement of Cultural Property Disputes: How to Keep Greece from Losing its Marbles' (1983-1984) Vol. 72 *Georgetown Law Journal* 1155-1182.

Ramier,T. P. , ' Agent Judiciaire du Trésor v. Walter; Fait du Prince and a King's Ransom ' (1997) Vol. 6*International Journal of Cultural Property* 337-342.

Rao,P. S. , ' The Concept of International Community in International Law: Theory and Reality ' , in: Buffard, I. et al. (eds), *International Law between Universalism and Fragmentation. Festschrift in Honour of Gerhard Hafner* (Leiden/Boston: Martinus Nijhoff Publishers, 2008),85-105.

Rau,S. , 'Mediation in Art-Related Disputes' , in: Byrne-Sutton,Q. and Geisinger-Mariéthoz,F. (eds),*Resolution Methods for Art-Related Disputes*(Zürich: Schulthess,1999),153-198.

Redmond-Cooper,R. , 'Good Faith Acquisition of Stolen Art' (1997) Vol. 2*Art Antiquity and Law* 55-61.

Redmond-Cooper,R. , 'Limitation of Actions in Art and Antiquity Claims' (2000) Vol. 5*Art Antiquity and Law* 185-206.

Reiner,C. and Schreuer,C. , 'Human Rights and International Investment Arbitration' , in: Dupuy,P. -M. et al. (eds),*Human Rights in International Investment Law and Arbitration*(Oxford/New York: Oxford University Press,2009),82-96.

Renfrew,C. , 'Collectors Are the Real Looters' (1993) Vol. 46*Archaeology* 16-17.

Renold,M. -A. , 'An Important Swiss Decision to International Transfer of Cultural Goods: The Swiss SupremeCourt's Decision on the Giant Antique Mogul Gold Coins' (2006) Vol. 13 *International Journal of Cultural Property* 361-369.

Renold,M. -A. , 'Claims for the Restitution of Looted Art: Some Preliminary Reflections' , in: Renold,M. -A. and Gabus,P. (eds), *Claims for the Restitution of Looted Art*(Zurich: Schulthess,2004),11-16.

Renold,M. -A. , 'Le droit de l'art et des biens culturels en Suisse: questions choisies' (2010) Vol. 129*Revue de droit suisse* 137-220.

Renold,M. -A. , 'Stolen Art: The Ubiquitous Question of Good Faith' , in: International Bureau of thePermanent Court of Arbitration (ed.), *Resolution of Cultural Property Disputes* (The Hague: Kluwer Law International,2004),251-263.

Rest,A. , 'The Indispensability of an International Environmental Court' (1998) Vol. 7*Review of European Community and International Environmental Law* 63-67.

Reynolds,C. , 'Lawsuit Seeks To Block LACMA's Pushkin Show' , *Los Angeles Times*, 16 July 2003.

Rigaux, F. , ' Avantages possibles de l' arbitrage ' , in: Byrne-Sutton, Q. and Geisinger-

Mariéthoz, F. (eds), *Resolution Methods for Art-Related Disputes* (Zürich: Schulthess, 1999), 117-22.

Romano, C. P. R., *The Peaceful Settlement of International Environmental Disputes: A Pragmatic Approach* (The Hague/Boston: Kluwer Law International, 2000).

Romano, C. P. R., 'The Rule of Prior Exhaustion of Domestic Remedies: Theory and Practice in InternationalHuman Rights Procedures', in: Boschiero, N. et al. (eds), *International Courts and the Development of International Law* (The Hague: T. M. C. Asser Press, 2013), 561-572.

Romano, C. P. R. et al. (eds), *International Organizations and International Dispute Settlement: Trends and Prospects* (Ardsley/New York: Transnational, 2002).

Ross, M., 'Cultural Protection: A Matter of Union Citizenship or Human Rights?', in: Neuwahl, N. A. and Rosas, A. (eds), *The European Union and Human Rights* (The Hague/Boston: Martinus Nijhoff Publishers, 1995), 235-248.

Rudenstine, D., 'The Rightness and Utility of Voluntary Repatriation' (2001) Vol. 19 *Cardozo Arts & Entertainment Law Journal* 69-82.

Ruiz, C., 'My Life as a Tombarolo', *The Art Newspaper*, No. 200, March 2001, 36.

Sacerdoti, G., 'Discussion', in: Baudenbacher, C. and Busek, E. (eds), *The Role of International Courts* (München: German Law Publishers, 2008), 203-206.

Sanchez Cordero, J. A., 'Vers la création d'un nouvel ordre culturel international', in: Marrella, F. (ed.), *Le opere d'arte tra cooperazione internazionale e conflitti armati* (Padova: CEDAM, 2006), 85-104.

Sandholtz, W., *Prohibiting Plunder. How Norms Change* (New York: Oxford University Press, 2007).

Sandholtz, W., 'The Iraqi National Museum and International Law: A Duty to Protect' (2005-6) Vol. 44 *Columbia Journal of Transnational Law* 185-240.

Sands, P., 'International Environmental Litigation and Its Future' (1999) Vol. 32 *University of Richmond Law Review* 1619-1641.

Sands, P., 'Litigating Environmental Disputes: Courts, Tribunals and the Progressive Development ofInternational Environmental Law', in: Ndiaye, T. M. and Wolfrum, R. (eds), *Law of the Sea, Environmental Law and Settlement of Disputes* (Leiden/Boston: Martinus Nijhoff Publishers, 2007), 313-325.

Sarat, A. and Kearns, T. R. (eds), *Law in the Domains of Culture* (Ann Arbor: The University of Michigan Press, 2003).

Savarese, E., '*Amicus Curiae* Participation in Investor-State Arbitral Proceedings' (2007) Vol. 17 *Italian Yearbook of International Law* 99-121.

Sax, J. L., *Playing Darts with a Rembrandt: Public and Private Rights in Cultural Treasures* (Ann Arbor: The University of Michigan Press, 1999).

Scelle, G. , ' Regles générales du droit de la paix' (1933) Vol. 46 *Collected Courses of the Hague Academy of International Law* 327-704.

Schabas, W. , *The International Criminal Court*: *A Commentary on the Rome Statute* (Oxford/ New York: Oxford University Press, 2010).

Schachter, O. , *International Law in Theory and Practice* (Dordrecht: Martinus Nijhoff Publishers, 1991).

Schairer, S. L. , ' The Intersection of Human Rights and Cultural Property Issues under International Law' (2001) Vol. 11 *Italian Yearbook of International Law* 59-99.

Schindler, D. and Toman, J. (eds) , *The Laws of Armed Conflicts. A Collection of Conventions, Resolutions and Other Documents* (3rd edn, Dordrecht: Martinus Nijhoff Publishers, 1988).

Schneider, M. , ' The 1995 UNIDROIT Convention on Stolen or Illegally Exported Cultural Objects' , paperpresented at the Ninth Mediterranean Research Meeting, Florence & Montecatini, 12-15 March 2008, organised by the Mediterranean Programme of the Robert Shuman Centre for Advanced Studies at the European University Institute.

Schneider, M. , ' Unidroit Convention on Stolen or Illegally Exported Cultural Objects: Explanatory Report' (2001) Vol. 6 *Uniform Law Review* 476-564.

Schönenberger, B. , *The Restitution of Cultural Assets* (Berne: Stämpfli, 2009).

Schorlemer von, S. , ' Cultural Heritage Law: Recent Developments in the Laws of War and Occupation' , in: Nafziger, J. A. R. and Nicgorski, A. M. (eds) , *Cultural Heritage Issues: The Legacy of Conquest, Colonization, and Commerce* (Leiden: Martinus Nijhoff Publishers, 2009) , 137-158.

Schorlemer von, S. , ' UNESCO Dispute Settlement' , in: Yusuf, A. A. (ed.) , *Standard-Setting in UNESCO, Normative Action in Education, Science and Culture* (Vol. I, Leiden: Martinus Nijhoff and UNESCO Publishing, 2007) , 73-103.

Schreuer, C. , ' What is a Legal Dispute?' , in: Buffard, I. et al. (eds) , *International Law between Universalism and Fragmentation. Festschrift in Honour of Gerhard Hafner* (Leiden/ Boston: Martinus Nijhoff Publishers, 2008) , 959-980.

Schreuer, C. and Weiniger, M. , ' Conversations Across Cases-Is There a Doctrine of Precedent in InvestmentArbitration?' (2008) Vol. 5 *Transnational Dispute Management* No. 3.

Schrijver, N. , ' UNESCO's Role in the Development and Application of International Law: An Assessment' , in: Yusuf, A. A. (ed.) , *Standard-Setting in UNESCO, Normative Action in Education, Science and Culture* (Vol. I, Leiden: Martinus Nijhoff and UNESCO Publishing, 2007) , 365-384.

Scovazzi, T. , ' Bilan de recherches de la section de langue française du Centre d'étude et de recherche del' Académie' , in: Académie de droit international de La Haye (ed.) , *Le patrimoine culturel de l' humanité* (Leiden/Boston: Martinus Nijhoff Publishers, 2007) , 19-177.

Scovazzi, T. , '*Diviser c' est détruire*: Ethical Principles and Legal Rules in the Field of Return of Cultural Properties' (2010) Vol. 94 *Rivista di diritto internazionale* 341-395.

Scovazzi, T. , 'La notion de patrimoine culturel de l'humanité dans les instruments internation-aux' , in: Nafziger, J. A. R. and Scovazzi, T. (eds) , *The Cultural Heritage of Mankind* (Lei-den/Boston: Martinus Nijhoff Publishers, 2008) , 3-144.

Sedykh, I. , ' Noga's Arrest a No Go' , *Kommersant*, 17 November 2005.

Shahabuddeen, M. , *Precedent in the World Court* (Cambridge/New York: Cambridge University Press, 1996).

Shany, Y. , ' No Longer a Weak Department of Power? Reflections on the Emergence of a New InternationalJudiciary' (2009) Vol. 20 *European Journal of International Law* 73-91.

Shany, Y. , *The Competing Jurisdictions of International Courts and Tribunals* (Oxford/New York: Oxford University Press, 2003).

Shapiro, D. , ' Litigation and Art-Related Disputes ' , in: Byrne-Sutton, Q. and Geisinger-Mariéthoz, F. (eds) , *Resolution Methods for Art-Related Disputes* (Zürich: Schulthess, 1999) , 17-34.

Shapiro, D. , ' Repatriation: A Modest Proposal' (1998-1999) Vol. 31 *New York University Jour-nal of International Law and Politics* 95-108.

Shaw, M. N. , *International Law* (6th edn, Cambridge: Cambridge University Press, 2008).

Shelton, D. , ' Non-Law and the Problem of "Soft Law" ' , in: Shelton, D. (ed.) , *Commitment and Compliance: The Role of Non-Binding Norms in the International Legal System* (New York: Oxford University Press, 2000) , 10-24.

Shelton, D. , *Remedies in International Human Rights Law* (Oxford/New York: Oxford University Press, 2005).

Shelton, D. , ' Reparations for Indigenous Peoples: The Present Value of Past Wrongs' , in: Lenz-erini , F. (ed.) , *Reparations for Indigenous Peoples. International and Comparative Perspec-tives* (Oxford: Oxford University Press, 2007) , 47-72.

Shengchang, W. and Lijun, C. , ' The Role of National Courts and *Lex Fori* in International Com-mercial Arbitration' , in: Mistelis, L. and Lew, J. D. M. (eds) , *Pervasive Problems in Interna-tional Arbitration* (Alphen aan den Rijn: Kluwer Law International, 2006) , 155-183.

Shyllon, F. , ' The Recovery of Cultural Objects by African States through the UNESCO and UNIDROITConventions and the Role of Arbitration ' , 2000, available at < http:// www. unidroit. org/English/publications/review/articles/2000-2-shyllon-e. pdf > (accessed 12 September 2013).

Shyllon, F. , ' Unraveling History: Return of African Cultural Objects Repatriated and Looted in ColonialTimes' , in: Nafziger, J. A. R. and Nicgorski, A. M. (eds) , *Cultural Heritage Issues: The Legacy of Conquest, Colonization, and Commerce* (Leiden: Martinus Nijhoff Publishers,

2009),159-168.

Sidorsky,E. ,'The 1995 UNIDROIT Convention on Stolen or Illegally Exported Cultural Objects:The Roleof International Arbitration'(1996) Vol. 5 *International Journal of Cultural Property* 19-72.

Siehr,K. ,'Chronicles'(2007) Vol. 14*International Journal of Cultural Property* 477-557.

Siehr,K. ,'Commercial Transactions and the Forfeiture of State Immunity under Private International Law'(2008) Vol. 13 *Art Antiquity and Law* 339-349.

Siehr,K. ,'Conference Reports,Resolution of Disputes in International Art Trade'(2001) Vol. 10*International Journal of Cultural Property* 122-126.

Siehr,K. ,'Globalization and National Culture:Recent Trends toward a Liberal Exchange of Cultural Objects'(2005) Vol. 38 *Vanderbilt Journal of Transnational Law* 1067-1096.

Siehr,K. ,'International Art Trade and the Law'(1993-VI) Vol. 243*Collected Courses of the Hague Academy of International Law* 9-292.

Siehr, K. , 'The Protection of Cultural Heritage and International Commerce'(1997) Vol. 6*International Journal of Cultural Property* 304-325.

Signer,R. and Baumann,D. ,'Art Market Back on Growth Track',12 May 2011,Credit Suisse, News andExpertise, available at < https://www. credit-suisse. com/ch/it/news-and-expertise/news/economy/sectors-and-companies. article. html/article/pwp/news-and-expertise/2011/05/it/art-market-back-on-growth-track. html > (accessed 12 September 2013).

Silverman,H. and Fairchild Ruggles,D. ,'Cultural Heritage and Human Rights',in:Silverman,H. andFairchild Ruggles,D. (eds),*Cultural Heritage and Human Rights*(New York: Springer,2007),3-22.

Simma, B. , 'From Bilateralism to Community Interest in International Law'(1994) Vol. 250*Collected Courses of the Hague Academy of International Law* 217-384.

Slaughter,A. -M. ,*A New World Order*(Princeton/Oxford:Princeton University Press,2004).

Slaughter,A. -M. ,'A Typology of Transjudicial Communication'(1994-1995) Vol. 29*University of Richmond Law Review* 99-137.

Slaughter,A. -M. ,'Judicial Globalization'(1999-2000) Vol. 40*Virginia Journal of International Law* 1103-1124.

Slaughter,A. -M. ,'The Real New World Order'(1997) Vol. 76*Foreign Affairs* 183-197.

Smithey,S. I. ,'A Tool,Not a Master. The Use of Foreign Case Law in Canada and South Africa'(2001) Vol. 34 *Comparative Political Studies* No. 10 1188-1211.

Sornarajah,M. ,*The Settlement of Foreign Investment Disputes*(The Hague/Boston:Kluwer Law International,2000).

Ssenyonjo,M. ,*Economic,Social and Cultural Rights in International Law*(Oxford/Portland: Hart Publishing,2009).

St. Hilaire, R. A. , 'Cassirer Case Stays the Dispute Between The Getty and Armenian Church over the Zeyt' unGospel Pages' , *Cultural Heritage Lawyer*, 25 October 2012, available at http://culturalheritagelawyer. blogspot. ch/2012_10_01_archive. html(accessed 15 September 2013).

St. Hilaire, R. A. , 'Ka Nefer Nefer Forfeiture Case: SLAM Appellate Brief Strongly Criticizes Government' , *Cultural Heritage Lawyer*, 6 August 2013, available at < http://culturalher-itagelawyer. blogspot. ch/2013/08/ka-nefer-nefer-forfeiture-case-slam. html > (accessed 12 September 2013).

Stamatoudi, I. A. , *Cultural Property Law and the Restitution of Cultural Property: A Commentary to International Conventions and European Union Law* (Northampton: Edward Elgar Publish-ing, 2011).

Steinhardt, R. , 'Corporate Responsibility and the International Law of Human Rights: The New*Lex Mercatoria*' , in: Alston, P. (ed.) , *Non-State Actors and Human Rights* (Oxford: Ox-ford University Press, 2005) , 177-226.

Stephens, M. , 'A Common Thief Does Not Obtain Ownership of Stolen Goods, and It Is No Dif-ferent Whenthe Thieves Are the Bolsheviks' , *The Art Newspaper*, 31 January 2008.

Stoll, P. -T. and von Hahn, A. , 'Indigenous Peoples, Indigenous Knowledge and Indigenous Re-sources inInternational Law' , in: von Lewinski, S. (ed.) , *Indigenous Heritage and Intellectu-al Property* (The Hague/New York: Kluwer Law International, 2004) , 5-43.

Strati, A. , *The Protection of the Underwater Cultural Heritage: An Emerging Objective of the Con-temporary Law of the Sea* (Leiden: Martinus Nijhoff Publishers, 1995).

Strecker, A. , 'Pirates of the Mediterranean? The Case of the "Black Swan" and Its Implica-tions for theProtection of Underwater Cultural Heritage in the Mediterranean Region' , in: Vr-doljak, A. F. and Francioni, F. (eds) , *The Illicit Traffic of Cultural Objects in the Mediterra-nean* (2009) No. 9 *EUI-AEL Working Paper* 59-73.

Symeonides, S. C. , 'A Choice-of-Law Rule for Conflicts Involving Stolen Cultural Property' (2005) Vol. 38 *Vanderbilt Journal of Transnational Law* 1177-1198.

Symonides, J. , 'Cultural Rights: A Neglected Category of Human Rights' (1998) Vol. 50 *International Social Science Journal* 559-572.

Tanzi, A. , 'Recent Trends in International Water Law Dispute Settlement' , in: International Bureau of thePermanent Court of Arbitration(ed.) , *International Investments and Protection of the Environment* (The Hague/Boston: Kluwer Law International, 2001) , 133-174.

Taylor, K. , 'Yale and Peru Sign Accord on Machu Picchu Artifacts' , *The New York Times*, 11 February 2011.

Terris, D. , Romano, C. P. R. and Swigart, L. (eds) , *The International Judge: An Introduction to the Men and Women Who Decide the World's Cases* (Waltham: Brandeis University Press,

2007).

The Art Law Group of Herrick, Feinstein LLP, Press release, 'The United States of America, the Estate of LeaBondi Jaray and the Leopold Museum Settle the Long-Standing Case Involving "Portrait of Wally" by Egon Schïele', 20 July 2010, available at < http://info. herrick. com/rs/vm. ashx? ct = 24F76A15D4AE4EE0CDD881AFD42F921E91907ABFDA9818CF5AE 175767CEAC80BDF416 > (accessed 12 September 2013).

The Detroit Institute of Arts/Toledo Museum of Art, Press release, 'Nathan Heirs Drop Claims on Paintingsin Toledo and Detroit Museums', 10 May 2007, available at < http://www. toledomuseum. org/press/downloadable-press-releases/ > (accessed 12 September 2013).

The Getty, Press release, 'The, J. Paul Getty Museum and the Museo Archeologico Nazionale di FirenzeAnnounce Long-Term Cultural Collaboration', 23 March 2009, available at < http://www. getty. edu/news/press/center/florence_announcement. html > (accessed 12 September 2013).

Theurich, S. , 'Designing Tailored Alternative Dispute Resolution in Intellectual Property: The Experience ofWIPO', in: De Werra, J. (ed.), *Resolution of Intellectual Property Disputes* (Geneve/Zurich: Schulthess, 2010), 175-193.

Theurich, S. , 'The Role of International Institutional Dispute Resolution in Art and Cultural Heritage Matters: The World Intellectual Property Organization (WIPO) and Its Arbitration and Mediation Center', in: Renold, M. -A. , Chechi, A. and Bandle, A. L. (eds) *Resolving Disputes in Cultural Property* (Geneve: Schulthess, 2012), 31-50.

Timor-Leste Commission for Reception, Truth and Reconciliation, Recommendation 3. 7. 6, 11, available at < http://www. cavr-timorleste. org/chegaFiles/finalReportEng/11-Recommendations. pdf > (accessed 12 September 2013).

Toman, J. , *The Protection of Cultural Property in the Event of Armed Conflict* (Dartmouth: Aldershot, 1996).

Tompkins, A. , 'Art Theft: Heralds of Change in the International Legal Landscape', in: Charney, N. (ed.), *Art and Crime* (Santa Barbara: Praeger, 2009), 187-196.

Tomuschat, C. , 'Obligations Arising for States Without or Against Their Will' (1993-IV) Vol. 241 *Collected Courses of the Hague Academy of International Law* 199-374.

Torsen, M. A. , 'From the Aegean to the Baltic and Beyond: An Analysis of Cultural Property Dispersion' (2004) Vol. 9 *Art Antiquity and Law* 143-177.

Trachtman, J. P. , 'The Domain of WTO Dispute Resolution' (1999) Vol. 40 *Harvard International Law Journal* 333-377.

Trampitsch, G. W. , 'The Parthenon Marbles from the British Museum and the Greek Claims for Restitution', available at < www. culture-and-development. info/issues/marbles. htm > (accessed 12 September 2013).

Trechsel, S. , 'A World Court for Human Rights?' (2003) Vol. 1 *Northwestern University Journal of International Human Rights* i-xviii.

Treves, G. , 'Il valore del precedente nella giustizia costituzionale italiana', in: Treves, G. (ed.), *La dottrina del precedente nella giurisprudenza della Corte costituzionale* (Torino: UTET, 1971), 3-29.

Ulfstein, G. , Marauhn, T. and Zimmermann, A. , 'Introduction', in: Ulfstein, G. , Marauhn, T. and Zimmermann, A. (eds), *Making Treaties Work: Human Rights, Environment and Arms Control* (Cambridge: Cambridge University Press, 2007), 3-13.

Ulph, J. and Smith, I. , *The Illicit Trade in Art and Antiquities* (Oxford/Portland: Hart, 2012).

Urice, S. and Adler, A. , 'Unveiling the Executive Branch's Extralegal Cultural Property Policy', University of Miami Legal Studies Research Paper No. 2010-20, available at < http://papers. ssrn. com/sol3/papers. cfm? abstract_id = 1658519 > (accessed 12 September 2013).

Vadi, V. , 'Cultural Heritage and International Investment Law: A Stormy Relationship' (2008) Vol. 15 *International Journal of Cultural Property* 1-24.

Vadi, V. , 'Culture, Development and International Law: The Linkage between Investment Rules and the Protection of Cultural Heritage', in: Borelli, S. and Lenzerini, F. (eds), *Cultural Heritage, Cultural Rights, Cultural Diversity. New Developments in International Law* (Leiden/ Boston: Martinus Nijhoff Publishers, 2012), 413-434.

Van Alebeek, R. , *The Immunity of States and their Officials in International Criminal Law and International Human Rights Law* (Oxford/New York: Oxford University Press, 2008).

Van Beurden, J. , 'A Disputed Cuirass: Italy v. the Netherlands' National Museum of Antiquities in Leiden' (2006) 18 *Culture Without Context*, available at http://www. mcdonald. cam. ac. uk/projects/iarc/culturewithoutcontext/issue18/van_beurden. htm (accessed 12 September 2013).

Van Kirk, R. , 'International Transactions in the Art Market', in: Kaufman, R. S. (ed.), *Art Law Handbook* (New York: Aspen Law & Business, 2000), 447-485.

Vasak, K. , 'Pour une troisieme génération des droits de l'homme', in: Swinarski, C. (ed.), *Essays on International Humanitarian Law and Red Cross Principles in Honour of Jean Pictet* (The Hague: Martinus Nijhoff Publishers, 1984), 837-845.

Verhoeven, S. , 'The Art of War: Protecting Art in War', in: Demarsin, B. et al. (eds), *Art & Law* (Brugge: die Keure, 2008), 376-413.

Vespa, A. , 'An Alternative to an International Environmental Court? The PCA's Optional Arbitration Rules for Natural Resources and/or the Environment' (2003) Vol. 2 *The Law and Practice of International Courts and Tribunals* 295-331.

Vogel, C. , 'A Schiele Going, a Schiele Staying', *The New York Times*, 5 May 2011. Vrdoljak,

A. F. , ' Enforcement of Restitution of Cultural Heritage through Peace Agreements ' , in: Francioni, F. and Gordley, J. (eds) , *Enforcing Cultural Heritage Law* (Oxford: Oxford University Press, 2013) , 22-39.

Vrdoljak, A. F. , ' Human Rights and Illicit Trade in Cultural Objects ' , in: Borelli, S. and Lenzerini, F. (eds) , *Cultural Heritage, Cultural Rights, Cultural Diversity. New Developments in International Law* (Leiden/Boston: Martinus Nijhoff Publishers, 2012) , 107-140.

Vrdoljak, A. F. , ' Intentional Destruction of Cultural Heritage and International Law ' (2007) XXXV *Thesaurus Acroasium* 377-396.

Vrdoljak, A. F. , *International Law, Museums and the Return of Cultural Objects* (Cambridge: Cambridge University Press, 2006).

Vrdoljak, A. F. , ' Reparations for Cultural Loss ' , in: Lenzerini, F. (ed.) , *Reparations for Indigenous Peoples: International and Comparative Perspectives* (Oxford/New York: Oxford University Press, 2007) , 197-228.

Waldron, J. , ' Foreign Law and the Modern *Ius Gentium* ' (2005) Vol. 119 *Harvard Law Review* 129-147.

Waters, M. A. , ' Judicial Dialogue in *Roper*: Signaling the Court's Emergence as a Transnational Legal Actor? ' , in: Sloss, D. L. et al. (eds) , *International Law in the US Supreme Court-Continuity and Change* (Cambridge: Cambridge University Press, 2011) , 523-529.

Watson, P. and Todeschini, C. , *The Medici Conspiracy* (New York: Public Affairs, 2006).

Weller, M. , ' Immunity for Artworks on Loan? A Review of International Customary Law and Municipal Anti-Seizure Statutes in Light of the *Liechtenstein* Litigation ' (2005) Vol. 38 *Vanderbilt Journal of Transnational Law* 997-1024.

Weller, M. , ' *Iran v. Barakat*: Some Observations on the Application of Foreign Public Law by Domestic Courts from a Comparative Perspective ' (2007) Vol. 12 *Art Antiquity and Law* 279-295.

Weller, M. , ' The Safeguarding of Foreign Cultural Objects on Loan in Germany ' (2009) Vol. 14 *Art Antiquity and Law* 63-77.

Wichard, J. K. and Wendland, W. B. , ' Mediation as an Option for Resolving Disputes between Indigenous/Traditional Communities and Industry Concerning Traditional Knowledge ' , in: Hoffman, B. (ed.) , *Art and Cultural Heritage: Law, Policy and Practice* (Cambridge: Cambridge University Press, 2006) , 475-482.

Williams, S. , *The International and National Protection of Moveable Cultural Property: A Comparative Study* (Dobbs Ferry: Oceana Publications, 1978).

Wittich, S. , ' The Judicial Functions of the International Court of Justice ' , in: Buffard, I. et al. (eds) , *International Law between Universalism and Fragmentation. Festschrift in Honour of Gerhard Hafner* (Leiden/Boston: Martinus Nijhoff Publishers, 2008) , 981-1000.

World Commission on Culture and Development, *Our Creative Diversity*, 1996.

Woudenberg van, N. , ' Displaced Cultural Property: The Tug-of-War between Restitution and Compensation' (2004) Vol. 17 *Hague Yearbook of International Law* 77-94.

Woudenberg van, N. , *State Immunity and Cultural Objects on Loan* (Leiden/Boston: Martinus Nijhoff Publishers, 2012).

Wouters, J. and De Meester, B. , ' UNESCO's Convention on Cultural Diversity and WTO Law: Complementary or Contradictory?' , in: Demarsin, B. et al. (eds) , *Art & Law* (Brugge: die Keure, 2008) , 342-373.

Wyatt, E. , ' Four California Museums Are Raided' , *The New York Times*, 25 January 2008.

Yellin, E. , ' North Carolina Art Museum Says It Will Return Painting Tied to Nazi Theft' , *The New York Times*, 6 February 2000.

Zagato, L. , ' La protezione dei beni culturali nei conflitti armati: il rapporto tra diritto generale e accordo nelsolco del secondo Protocollo 1999 ' , in: *Alberico Gentili, La salvaguardia dei beni culturali nel diritto internazionale, Atti del Convegno*, 22-23 *settembre* 2006 (San Ginesio: Centro internazionale di studi Gentiliani, 2008) , 341-376.

Zedde, K. , ' UNESCO's Intergovernmental Committee on Return and Restitution of Cultural Property and theMediation and Conciliation of International Disputes ' , in: Renold, M. -A. , Chechi, A. and Bandle, A. L. (eds) , *Resolving Disputes in Cultural Property* (Geneve: Schulthess, 2012) , 107-129.

Zimmermann, A. , ' Dispute Resolution, Compliance Control and Enforcement in Human Rights Law' , in: Ulfstein, G. , Marauhn, T. and Zimmermann, A. (eds) , *Making Treaties Work: Human Rights, Environment and Arms Control* (Cambridge: Cambridge University Press, 2007) , 15-47.

Zimmerman, A. et al. (ed.) , *The Statute of the International Court of Justice: A Commentary* (Oxford/New York: Oxford University Press, 2006).

案件索引

非洲人权委员会

Centre for Minority Rights Development（Kenya）and Minority Rights Group International on behalf of Endorois Welfare Council v. Kenya，Comm. 276/2003（2009）

澳大利亚

Australia Conservation Foundation Incorporated v. Commonwealth of Australia，［1979-80］28 ALR 257

Commonwealth v. Tasmania（the *Tasmanian Dam* case），［1983］46 CLR 1

*Nulyarimma v. Thompson*and *Buzzacott v. Hill*，Federal Court of Australia，1 September 1999，39 ILM 20（2000）

Queensland v. Commonwealth，［1989］167 CLR 232

Richardson v. Commonwealth，［1987-88］164 CLR 261

Robinson v. The Western Australian Museum，［1977-78］138 CLR 283

比利时

L'Etat du Pérou v. Kreglinger，Tribunal de Commerce d'Anversand Cour de Bruxelles，1857，PB 1857，2，348

SA des Chemins de Fer liégeois-luxembourgeouis v. l'Etat néerlandais，Cour de Cassation，1903，PB 1903，I，294

伯利兹①

Aurelio Cal and Others v. The Attorney General of Belize and the Minister of

---

① 伯利兹:国名,位于北美洲。——译者注

Natural Resources and Environment, Claim Nos 171/2007 and 172/2007, Judgment of 18 October 2007

加拿大

Houshang Bouzari and Others v. Islamic Republic of Iran, Ontario Superior Court of Justice[2002]OJ No. 1624, 1 May 2002

R. v. Yorke(1998), 166 N. S. R. (2d)130(Nova Scotia Court of Appel)

欧洲人权法院

Banković v. Belgium et al, Application No. 52207/99, decision of 12 December 2001

Baysayeva v. Russia, Application No. 74237/01, judgment of 5 April 2007

Bazorkina v. Russia, Application No. 69481/01, judgment of 27 July 2006

Behrami v. France, Application No. 71412/01, decision of 2 May 2007

Beyeler v. Italy, Application No. 33202/1996, judgment of 5 January 2000

Broniowski v. Poland, Application No. 31443/96, judgment of 22 June 2004

Chrysostomos v. Turkey, Application No. 66611/2009, decision of 4 January 2011

Debelianovi v. Bulgaria, Application No. 61951/00, judgment of 29 March 2007

Kalogeropoulou and Others v. Greece and Germany, Application No. 59021/00, decision of 12 December 2002

Kopecky v. Slovakia, Application No. 44912/98, judgment of 28 September 2004

Loizidou v. Turkey (*Preliminary Objections*), Application No. 1518/89, judgment of 23 March 1995

López Ostra v. Spain, Application No. 16798/90, judgment of 9 December 1994

Mamatkulov and Abdurasulovic v. Turkey, Application Nos 46827/99, 46951/99, judgment of 6 February 2003

Prince Hans-Adam II of Liechtenstein v. Germany, Application No. 42527/98, decision of 12 July 2001

Soering v. United Kingdom, Application No. 14038/88, judgment of 7 July 1989

The Former King of Greece and Others v. Greece, Application No. 25701/94, judgment of 23 November 2000

Waite and Kennedy, Application No. 26083/94, judgment of 18 February 1999

欧洲法院

Case 7/68, *EC Commission v. Italian Republic* [1968] ECR 423

Case 155/84, *Reinhard Onnasch v Hauptzollamt Berlin-Packhof* [1985] ECR II1449

Case 23/77, *Westfälischer Kunstverein v. Hauptzollamt Münster* [1977] ECR 1985

法国

Agent Judiciare Du Tresor v. Walter, Cour de Cassation, 29 February 1996, JCP 1996, II, 22672

Association action culturelle v. le Ministre de la culture et de la communication, Tribunal administratif de Paris, No. 0701946, 18 December 2009

Christiane Gentili di Giuseppe and Others v. Musèe du Louvre, Cour d'Appel de Paris, No. 1998/19209, 2 June 1999

Demartini v. Williams, Tribunal Correctionnel, 18th Chamber, 6 July 2001

Duc de Frias v. Baron Pichon, Tribunal civil de la Seine, 17 April 1885, 1886, Clunet

Etat Russe v. Cie La Ropit, 1928, Clunet,

Minister of Public Education of Italy v. Prince Colonna di Sciarra, 1892, Clunet 973; 1894 Clunet, 311

Ministre de la culture v. Consorts Genty, Conseil d'Etat, 7 October 1987

République fédérale du Nigeria v. Montbrison, Court of Appel de Paris, No. 2002/09897, 5 April 2004; Cour de Cassation, 20 September 2006

Shchukin v. le Centre National d'Art et de Culture Georges Pompidou and Others, TGI, 1eme Ch., 1 Sect., 16 July 1993

德国

Allgemeine Versicherungsgesellschaft v. EK, BGH, 22 June 1972, BGHZ 59 No. 14,82

S. and Others v. Federal Republic of Germany (*Distomo* case), III ZR 294/ 98,26 June 2003

人权委员会

Apirana Mahuika et al v. New Zealand, Communication No. 547/1993,27 October 2000

Bernard Ominayak, Chief of the Lubicon Lake Band v. Canada, Communication No. 167/1984,26 March 1990

Hopu and Bessert v. France, Communication No. 549/1993,29 July 1997

Ilmari Länsman et al v. Finland, Communication No. 511/1992,14 October 1993

Ivan Kitok v. Sweden, Communication No. 197/1985,27 July 1988

Jouni E. Länsman et al v. Finland, Communication No. 671/1995,30 October 1996

国际投资争端解决中心

AES v. Argentine Republic, Case No. ARB/02/17, Decision on Jurisdiction of 26 April 2005

Aguas del Tunari S. A. v. Republic of Bolivia, Case No. ARB/02/3, NGO Petition to Partecipate as Amici Curiae of 29 August 2002

Amco Asia Corporation and Others v. Republic of Indonesia, Case No. ARB/ 81/1, Decision on Annulment of 16 May 1986

Biwater Gauff (Tanzania) Ltd. v. United Republic of Tanzania, Case No. ARB/05/22, Procedural Order No. 3 of 29 September 2006

*Compañia del Desarrollo de Santa Elena S. A. v. Republic of Costa*Rica, Case No. ARB/96/1, Award of 17 February 2000

Impregilo v. Pakistan, Case No. ARB/03/3, Decision on Jurisdiction of 22 April 2005

Lucchetti v. Peru, Case No. ARB/03/4, Award of 7 February 2005

Malaysian Historical Salvors SDN, BHD v. The Government of Malaysia, Case No. ARB/05/10, Decision on the Application for Annulment of 16 April 2009

Malaysian Historical Salvors SDN, BHD v. The Government of Malaysia, Case No. ARB/05/10, Award of 17 May 2007

Marvin Roy Feldman v. United Mexican States, Case No. ARB/99/1, Award of 16 December 2002

Parkerings Compagniet AS v. Republic of Lithuania, Case No. ARB/05/08, Award of 11 September 2007

Saipem SpA v. The People's Republic of Bangladesh, Case No. ARB/05/07, Decision on Jurisdiction and Recommendation on Provisional Measures of 21 March 2007

Southern Pacific Properties (Middle East) Limited v. The Arab Republic of Egypt, Case No. ARB/84/3, Award on the Merits of 20 May 1992

Suez, Sociedad General de Aguas de Barcelona, SA and Vivendi Universal, SA v.

The Republic of Argentina, Case No. ARB/03/19, Order in Response to a Petition for Transparency and Participation as Amicus Curiae of 19 May 2005

Técnicas Medioambientales Tecmed, S. A. v. United Mexican States, Case No. ARB(AF)/00/2, Award of 29 May 2003

印度

Milirrpum v. Nabalco Pty. Ltd, (1971) 17 FLR

Mullick v. Mullick, (1925) LR LII Indian Appeals 245

Zia v. WAPDA, PLD 1994 Sup. Ct. 693

美洲人权法院

Awas Tingni Mayagna (Sumo) Indigenous Community v. Nicaragua. Merits, Reparations, and Costs. Judgment of 31 August 2001, Series C No, 79

Moiwana Village v. Suriname. Preliminary Objections. Merits, Reparations, and Costs. Judgment of 15 June 2005, Series C No. 124165

Saramaka People v. Suriname, Preliminary Objections. Merits, Reparations, and Costs.

Judgment of 28 November 2007, Series C No. 172

Sawhoyamaxa Indigenous Community v. Paraguay. Preliminary Objections. Merits, Reparations, and Costs. Judgment of 29 March 2006. Series C No

Yakye Axa Indigenous Community v. Paraguay. Merits, Reparations, and Costs.

Judgment of 17 June 2005, Series C No

国际法院

Ahmadou Sadio Diallo (*Republic of Guinea v. Democratic Republic of the Congo*) , Judgment of 30 Novembre 2010

Avena and Other Mexicans Nationals (*Mexico v. United States*) , Judgment of 31 March 2004, ICJ Reports 2004, 12

Barcelona Traction, Light and Power Company, Limited (*Belgium v. Spain*) , Judgment of 5 February 1970, ICJ Reports 1970, 3

Case concerning Jurisdictional Immunities of the State (*Germany v. Italy: Greece intervening*) , Judgment of 3 February 2012

Case concerning the Application of the Convention on the Prevention and Punishment of the Crime of Genocide (*Bosnia and Herzegovina v. Serbia and Montenegro*) , Judgment of 26 February 2007

Certain Property (*Liechtenstein v. Germany*) , Judgment of 10 February 2005, ICJ Reports 2005, 6

Corfu Channel (*United Kingdom of Great Britain and Northern Ireland v. Albania*) , Judgment of 9 April 1949, ICJ Reports 1949, 4

Fisheries Jurisdiction (*Federal Republic of Germany v. Iceland*) , Judgment of 25 July 1974, ICJ Reports 1974

Fisheries Jurisdiction (*Spain v. Canada*) , Judgment of 4 December 1998, ICJ Reports 1998

Fisheries Jurisdiction (*United Kingdom v. Iceland*) , Judgment of 25 July 1974, ICJ Reports 1974, 3

Gabčíkovo-Nagymaros Project (*Hungary/Slovakia*) , Judgment of 25 September 1997, ICJ Reports 1997, 3

Interpretation of Peace Treaties with Bulgaria, Hungary and Romania, Advisory Opinion of 30 March 1950, ICJ Reports 1950

LaGrand(Germany v. United States), Judgment of 27 June 2001, ICJ Reports 2001

Land and Maritime Boundary between Cameroon and Nigeria, Judgment of 10 October 2002, ICJ Reports 2002

Legal Consequences for States of the Continued Presence of South Africa in Namibia (South West Africa) notwithstanding Security Council Resolution 276 (1970), Advisory Opinion of 21 June 1971, ICJ Reports 1971, 56

Legal Consequences of the Construction of a Wall in the Occupied Palestinian Territory, Advisory Opinion of 9 July 2004, ICJ Reports 2004

Legality of the Threat or Use of Nuclear Weapons, Advisory Opinion of 8 July 1996, ICJ Reports 1996, 226

Military and Paramilitary Activities in and against Nicaragua (Nicaragua v. United States of America), Judgment of 26 June 1986, ICJ Reports 1986

Monetary Gold Removed from Rome in 1943(Italy v. France, United Kingdom of Great Britain and Northern Ireland and United States of America), Judgment of 15 June 1954, ICJ Reports 1954, 19

Reparation for Injuries Suffered in the Service of the United Nations, Advisory Opinion of 11 April 1949, ICJ Reports 1949, 177

Temple of Preah Vihear(Cambodia v. Thailand), Judgment of 15 June 1962, ICJ Reports 1962

United States Diplomatic and Consular Staff in Tehran(United States of America v. Iran), Judgment of 24 May 1980, ICJ Reports 1980, 43

Western Sahara, Advisory Opinion of 16 October 1975, ICJ Reports 1975, 6

南斯拉夫问题国际刑事法庭

Prosecutor v. Delalić and Others, Case No. IT-96-21-T, Judgment of 16 November 1998

Prosecutor v. Hadžihasanović & Kubura, Case No. IT-01-47, Judgment of 15 March 2006

Prosecutor v. Jokić, Case No. IT-01-42/1-S, Judgment of 18 March 2004

Prosecutor v. Kordic & Cerkez, Case No. IT-95-14/2-T, Judgment of 26 February 2001 *Prosecutor v. Krstić*, Case No. IT-98-33-T, Judgment of 2 August 2001

Prosecutor v. Strugar, Case No. IT-01-42-PT, Judgment of 31 January 2005

Prosecutor v. Tadić, Case No. IT-94-1-I, Judgment of 2 October 1995 .

爱尔兰

Webb v. Ireland, [1988] IR, 353

以色列

Hess and Others v. IDF Commander of the West Bank and Others, HCJ 10356/02, 58 (3) PD, 443

Kandu v. Ministry of Defence and Others, HCJ 270/87, 43 (1) PD, 738257

Shahrur v. Military Commander of Judea and Samaria and Others, HCJ 560/88, 44 (2) PD, 233

意大利

A. V. v. D. and V. S., *Corte di Cassazione*, No. 10741, 11 May 2009

Associazione nazionale Italia Nostra Onlus v. Ministero per i beni e le attività culturali et al., *Tribunale Amministrativo Regionale del Lazio (Sez. II-quarter)*, No. 3518, 28 February 2007

Associazione nazionale Italia Nostra Onlus v. Ministero per i beni e le attività culturali et al., *Consiglio di Stato*, No. 3154, 23 June 2008

Englaro v. Avv. Alessio et al., *Corte di Cassazione*, No. 21748, 16 October 2007

Federal Republic of Germany v. Mantelli, *Corte di Cassazione (Sez. Unite)*, No. 14201, 29 May 2008

Ferrini v. Federal Republic of Germany, *Corte di Cassazione (Sez. Unite)*, No. 5044, 11 March 2004

Grecia v. Di Capone, *Corte di Appello di Napoli*, 1926

Mazzoni v. Finanze dello Stato, *Tribunale di Venezia*, 8 January 1927

Ministero Francese dei Beni culturali v. Ministero dei beni culturali e ambien-

tali e De Contessini, Corte di Cassazione, No. 12166, 24 November 1995

Pagenstecher v. Provincia Autonoma di Bolzano, Consiglio di Stato, 24 January 1989

Repubblica dell'Equador v. Danusso, Tribunale di Torino, 22 February 1982.

Romania v. Trutta, Corte di Cassazione(Sez. Unite), 13 March 1926

Wildenstein v. Pazzaglia et al. , Corte d'Appello di Bologna, 17 July 1998

日本

Kayano et al. v. Hokkaido Expropriation Committee(Nibutani Dam case), 27 March 1997

X and Others v. The Government of Japan, 25 November 1997

北美自由贸易区

Glamis Gold Ltd. v. United States, Award of 8 June 2009

International Thunderbird Gaming Corporation v. United Mexican States, Separate Opinion of Thomas Wälde of 26 January 2006

Methanex v. United States, Decision of the Tribunal on Petitions from Third Persons to Intervene as 'Amicus Curiae' of 15 January 2001

Pope & Talbot Inc. v. Canada, Final Award on the Merits of 10 April 2001

S. D. Myers, Inc. and Canada, Partial Award of 12 November 2000

荷兰

Autocephalous Greek Orthodox Church in Cyprus v. Willem O. A. Lans, District Court, Rb Rotterdam, NJkort 1999/37, 4 February 1999

国际常设法院

Eastern Carelia, Advisory Opinion of 23 July 1923, Series B, No. 5, 1923

Mavrommatis Palestine Concessions(Greece v. Great Britain), Judgment of 30 August 1924, Series A, No. 2

The Factory at Chorzów (Germany v. Poland), Judgment of 13 September 1928, Series A, No. 17, 1928

瑞士

A v. B,Case No. 1C 22/2012,30 August 2012

Insurance X v. A. M. ,ATF 122 III 1,5 March 1996

L. c. Chambre d' accusation du Canton de Genève,ATF 123 II 134,1 April 1997

N. de N. v. N. and Others,SJ 1999 1,28 May 1998

Rosenberg v. Fischer,8 June 1948,unreported

Türkische Republik v. Kanton Basel Stadt,1999,unreported

Union de l'Indie v. Crédit Agricole Indosuez(Suisse) SA,ATF 131 III 418,8 April 2005

英国

Attorney General of New Zealand v. Ortiz,[1982]3 QB 432,*rev'd* [1983]All ER 432,*add'd*[1983]2 All ER

Bumper Development Corporation Ltd. v. Commissioner of Police of the Metropolis,[1991]4 All ER 638,[1991]1 WLR 1362(CA)

City of Gotha v. Federal Republic of Germany v. Sotheby's and Cobert Finance SA,9 September 1998,unreported

de Préval v. Adrian Alan Ltd. ,24 January 1997,unreported *Government of the Islamic Republic of Iran v. Berend*,[2007]EWHC 132(QB)

Government of the Islamic Republic of Iran v. The Barakat Galleries Ltd. ,[2007]EWHC 705(QB),[2007]EWCA Civ. 1374,[2009]QB 22(CA)

Jones and Others v. Ministry of Interior Al-Mamlaka Al-Arabiya AS Saudiya (the Kingdom of Saudi Arabia) and Others,[2006]UKHL,26

King of Italy and Italian Government v. Marquis de Medici and Christie's,[1918]34TLR

Marcq v. Christie Manson & Woods Ltd,[2004]QB 286(CA)

Margaret Elizabeth Tandy v. Edward Kidner,1996,unreported

Princess Paley Olga v. Weisz and Others,[1929]1 KB 718,[1929]All ER 513

R. v. Tokeley-Parry,[1999]Crim. LR 578(CA)

Tavoulareas v. Lau, [2007] EWCA Civ. 474

Troughear v. Council of the City of York, 2005, unreported

Winkworth v. Christie, Manson & Woods Ltd., [1980] 1 All ER, 1121, 1136.

美国

Agudas Chasidei Chabad of United States v. Russian Federation and Others, Civil No.

05-1548 (RCL); 466 F. Supp. 2d 6 (D. D. C. 2006), 528 F. 3d 934 (D. C. Cir. 2008);

2010 U. S. Dist. LEXIS 78552 (D. D. C. 2010); 16 January 2013, 2013 U. S. Dist. LEXIS 6244

Altmann v. Republic of Austria, 142 F. Supp. 2d 1187 (C. D. Cal. 1999), *aff'd*, 317 F. 3d 954 (9th Cir. 2002), as amended, 327 F. 3d 1246 (9th Cir. 2003), 541 U. S. 677 (2004)

Ancient Coin Collectors Guild v. US Department of State, No. 1: 2007 Civ. 02074, D. D. C. 2007 filed 15 November 2007

Andrew Orkin v. The Swiss Confederation and Others, Case No. 09 Civ. 10013 (LAK), 2011 U. S. Dist. Lexis 4357 (2011), 770 F. Supp. 2d 612, 2011 U. S. Lexis 24507 (S. D. N. Y.), 2011 U. S. App. Lexis 20639 (2011)

Autocephalous Greek Orthodox Church of Cyprus v. Goldberg & Feldman Fine Arts Inc., 717 F. Supp., 1374, S. D. Ind. (1989), *aff'd*, 917 F. 2d 278, 7th Cir. (1990)

Bakalar v. Vavra & Fischer, 550 F. Supp. 2d 548 (S. D. N. Y. 2008); *vacated and remanded*, 619 F. 3d 136 (2d Cir. 2010); *on remand*, 819 F. Supp. 2d 293 (S. D. N. Y. 2011), *aff'd*, No. 11-4042 (2d Cir. N. Y. 11 October 2012), *reh'g denied*, No. 114042 (2d Cir. NY 28 December 2012)

Campuzano and Others v. Islamic Republic of Iran and Others, 281 F. Supp. 2d 258 (D. D. C. 2003)

Claude Cassirer v. The Kingdom of Spain and the Thyssen-Bornemisza Collection Foundation, 461 F. Supp. 2d 1157 (C. D. Cal. 2006), 580 F. 3d 1048 (9th Cir. 2009), 590 F. 3d 981 (9th Cir. 2009), 616 F. 3d 1019 (9th Cir. 2009), 2010 WL316970 (9th Cir. 12 August 2010)

David de Csepel and Others v. Hungary and Others, Case No. 1 : 2010CV01261

Figarsky v. Historic District Commission, A. 2d 163 , Conn. , 1976

Fred Westfield v. Federal Republic of Germany, No. 03-0204 U. S. Dist. Lexis 65133 (M. D. Tenn. 2009)

Government of Peru v. Johnson, 720 F. Supp. 810 , C. D. Cal. 1989 .

Jeanneret v. Vichey, 541 F. Supp. 80 , 84 , S. D. N. Y. 1982

Kunstsammlungen zu Weimar v. Elicofon, 478 F. 2d 231 (1973) ; 536 F. Supp. 829 (E. D. N. Y. 1981) , *aff' d* , 678 F. 2d 1150 (2d Cir. 1982)

Malewicz and Others v. City of Amsterdam, 362 F. Supp. 2d 298 (D. D. C. 2005) ; 517F. Supp. 2d 322 (D. D. C. 27 June 2007)

Menzel v. List, 267 N. Y. S. 2d 804 , 809 (Sup. Ct. NY 1966) , *rev' d* , 246 NE 2d 742 (NY 1969)

Naftzger v. American Numismatic Society, 42 Cal. App. 4th 421 (1996)

Odyssey Marine Exploration, *Inc. v. The Unidentified*, *Shipwrecked Vessel or Vessels*, No. 8 : 2006 cv01685 , 13 September 2006 ; 10-10269 , D. C. Docket 8 : 07-cv-00614-SDM-MAP , 21 September 2011

Penn Central Transportation Co. v. City of New York, 438 U. S. 104 (1978)

Porter v. Wertz, 416 N. Y. S. 2d 254 (App. Div. 1979)

Republic of Croatia and Others v. The Trustee of the Marques of Northampton, 203 A. D. 2d

Republic of Peru v. Yale University, No. 3 : 09-CV-01332 (D. Conn. 9 October 2009) ; *transferring* No. 1 : 08-CV-02109 (D. D. C. 30 July 2009)

Republic of Turkey v. Metropolitan Museum of Art, 762 F. Supp. 44 (S. D. N. Y. 1990)

Republic of Turkey v. OKS Partners, 1994 U. S. Dist. LEXIS 17032 , D. Mass. 1994

Rubin v. Islamic Republic of Iran, 456 F. Supp. 2d 228 , 230 (D. Mass. 2006)
Sea Hunt Inc. v. Unidentified Shipwrecked Vessel or Vessels (*Juno* and *La Galga* case) , 221 F. 3d 634 , 4th Cir. 2000

Solomon R. Guggenheim Foundation v. Lubell, 153 AD 2d 143 , 550 NYS 2d 618 (1990) ; *aff' d* 77 NYS 2d 311 , 569 NE 2d 426 , 567 NYS 2d 623 (1991)

Stroganoff-Sherbatoff v. Weldon, 420 F. Supp. 18 (1976)

Subaqueous Exploration & Archaeology, *Ltd. v. The Unidentified*, *Wrecked and Abandoned Vessel*, 577 F. Supp. 598, D. Md. 21 December 1983

The Detroit Institute of Arts v. Claude George Ullin (E. D. Mich. 2007)

The Marquis de Someruelescase, Nova Scotia Stewart's Vice Admiralty Reports, 21 April 1813

The Toledo Museum of Art v. Claude George Ullin (477 F. Supp. 2d 802)

United States v. An Antique Platter of Gold, 991 F. Supp. 222 (S. D. N. Y. 1997), *aff'd*, 184 F. 3d 131 (2d Cir. 1999)

United States v. An Archaic Etruscan Pottery Ceremonial Vase v. Late 7th Century, *BC*, No. 1:96-cv-09437 (S. D. N. Y. 24 March 1997)

United States v. Hollinshead, 495 F. 2d 1154, 9th Cir. 1974

United States v. McClain, 545 F. 2d 988 (5th Cir.), *reh' g denied*, 551 F. 2d 52 (5th Cir. 1977), 593 F. 2d 658 (5th Cir. 1979).

United States v. Melnikas, 929 F. Supp. 276 (S. D. Ohio 1996)

United States v. Portrait of Wally, 105 F. Supp. 2d 288 (S. D. N. Y. 2000); 2002 U. S. Dist.

LEXIS 6445, 11 April 2002; 663 F. Supp. 2d 232 (S. D. N. Y. 2009)

United States v. Pre-Columbian Artefacts, 845 F. Supp. 544, N. D. III, 1993

United States v. Schultz, 178 F. Supp. 2d445 (S. D. N. Y. 3 January 2002), *aff' d*, 333 F. 3d 393 (2nd Cir. (NY) 10 June 2003)

United States v. Then, 56 F. 3d 464, 468 (1995)

Vineberg and Others v. Maria-Louise Bissonnette and Others, 529 F. Supp. 2d 300, 301, 27 December 2007

世界贸易组织

Canada-Certain Measures Concerning Periodicals, WT/DS31/AB/R

Canada-Measures Affecting Film Distribution Services, WT/DS117/1

China-Measures Affecting Trading Rights and Distribution Services for Certain Publications and Audiovisual Entertainment Products, WT/DS363/AB/R

European Communities-Measures Affecting Asbestos and Products Containing Asbestos, WT/DS135/AB/R, Report of the Appellate Body of 12 March 2001

European Communities-Measures Affecting the Approval and Marketing of Bio-

tech Products, WT/DS291-293/R, Reports of the Panel of 29 September 2006

European Community-Measures Concerning Meat and Meat Products (*Hormones*) (*Beef Hormones* case) , WT/DS26/AB/R, Report of the Appellate Body of 16 January 1998

India-Patent Protection for Pharmaceutical and Agricultural Chemical Products, WT/DS50/AB/R, Report of the Appellate Body of 19 December 1997

Japan-Taxes on Alcoholic Beverages, WT/DS8/AB/R, WT/DS10/AB/R, WT/DS11/AB/R, Report of the Appellate Body of 4 October 1996

Turkey-Taxation of Foreign Film Revenues, WT/DS43/3 *United States-Import Prohibition of Certain Shrimp and Shrimp Products*, WT/DS58/AB/R, Report of the Appellate Body of 12 October 1998

United States-Standards for Reformulated and Conventional Gasoline, WT/DS2/AB/R, Report of the Appellate Body of 29 April 1996

法律文件索引

国际层面

African Charter on Human and Peoples' Rights(1981)

Agreement between the United States, the United Kingdom and France in respect of the Control of Looted Articles(1946)

Agreement by the United Kingdom, United States, France, and USSR for the Prosecution and Punishment of the Major War Criminals of the European Axis, and Establishing the Charter of the International Military Tribunal(1945)(Charter of the International Military Tribunal)

Agreement Establishing the World Trade Organization(1994)(WTO Agreement)

Agreement on the Importation of Educational, Scientific and Cultural Materials(1950)(Florence Agreement)

American Convention on Human Rights(1969)(ACHR)

American Declaration of the Rights and Duties of Man(1949)(ADRDM)

Charter of the United Nations(1945)

Commission Regulation 752/93 of 30 March 1993 laying down implementing provisions for Council Regulation(EEC)No 3911/92 on the export of cultural goods

Committee on Economic, Social and Cultural Rights(CESCR), General Comment No. 21 on The Right of Everyone to Take Part in Cultural Life(2009)

Commonwealth Scheme for the Protection of the Material Cultural Heritage (1993)

Constitution of the United Nations Educational, Scientific and Cultural Organization(1945)

Convention (II) with respect to the Laws and Customs of War on Land

(1899)

Convention(IV)Respecting the Laws and Customs of War on Land(1907)

Convention against Torture and other Cruel, Inhuman or Degrading Treatment or Punishment(1984)

Convention against Transnational Organized Crime(2000)

Convention Concerning the Protection of the World Cultural and Natural Heritage(1972) (WHC)

Convention for the Peaceful Settlement of International Disputes(1907)

Convention for the Protection of Cultural Property in the Event of Armed Conflict(1954) (1954 Hague Convention)

Convention for the Safeguarding of the Intangible Cultural Heritage(2003)

Convention on Biological Diversity(1992)

Convention on Stolen or Illegally Exported Cultural Objects (1995) (1995 UNIDROIT Convention)

Convention on the Means of Prohibiting and Preventing the Illicit Import, Export and Transfer of Ownership of Cultural Property(1970) (1970 UNESCO Convention)

Convention on the Non-Applicability of Statutory Limitations to War Crimes and Crimes against Humanity(1968)

Convention on the Prevention and Punishment of the Crime of Genocide (1948)

Convention on the Protection and Promotion of the Diversity of Cultural Expressions(2005)

Convention on the Protection of the Underwater Cultural Heritage (2001) (UCH Convention)

Convention on the Recognition and Enforcement of Foreign Arbitral Awards (1958) (New York Convention)

Convention on the Settlement of Investment Disputes between States and Nationals of Other States(1965) (ICSID Convention)

Convention on the Settlement of Matters Arising Out of the War and the Occupation(1952)

Convention Relating to the Status of Refugees(1951)Council Directive 93/7 on the Return of Cultural Objects Illegally Exported from the Territory of a Member State(1993)

Council Framework Decision 2003/577/JHA on the Execution in the European Union of Orders Freezing Property or Evidence(2003)

Council of Europe Recommendation on Measures to Promote the Integrated Conservation of Historic Complexes Composed of Immovable and Movable Property(1988)

Council Regulation 116/2009 on the Export of Cultural Goods(2009) Council Regulation 3911/92 on the Export of Cultural Goods(1992)

Declaration Concerning the Intentional Destruction of Cultural Heritage (2003)(2003 UNESCO Declaration)

Declaration of the Allied Nations against Acts of Dispossession Committed in Territories under Enemy Occupation or Control(1943)(London Declaration)

Declaration on the Rights of Indigenous Peoples(2007)(DRIP)273,287 Economic and Social Council(ECOSOC)Resolution 2008/23 on Protection against Trafficking in Cultural Property(2008)

Economic and Social Council(ECOSOC)Resolution 2010/19 on Crime Prevention and Criminal Justice Responses to Protect Cultural Property, Especially with regard to its Trafficking(2010)

Economic and Social Council(ECOSOC)Resolution 2011/42 on Strengthening Crime Prevention and Criminal Justice Responses to Protect Cultural Property, Especially with Regard to its Trafficking(2011)

European Convention for the Protection of Human Rights and Fundamental Freedoms(1950)(ECHR)

European Convention on Offences relating to Cultural Property(1985)

European Convention on the Protection of the Archaeological Heritage (1992)

European Cultural Convention(1954)

General Agreement on Tariffs and Trade(1947)(GATT)

Geneva Convention relative to the Protection of Civilian Persons in Time of War(1949)(Geneva IV)

Human Rights Committee(HRC),General Comment No. 23 on The Rights of

Minorities(Article 27) (1994)

International Covenant on Civil and Political Rights(1966) (ICCPR)

International Covenant on Economic , Social and Cultural Rights(1966) (IC-
ESCR)

International Declaration concerning the Laws and Customs of War (1874)
(Brussels Declaration)

International Law Commission Articles on Responsibility of States for Inter-
nationally Wrongful Acts(2001)

Memorandum of Understanding between the Government of the United States
and the Government of the Republic of Italy Concerning the Imposition of Import
Restrictions on Categories of Archaeological Material Representing the Pre-Classi-
cal , Classical , and Imperial Roman periods of Italy(2001)

North American Free Trade Agreement(1992) (NAFTA)

Optional Protocol to the International Covenant on Civil and Political Rights
(1966)

Optional Protocol to the International Covenant on Economic , Social and Cul-
tural Rights(2008)

Protocol Additional to the Geneva Conventions of 12 August 1949 , and Rela-
ting to the Protection of Victims of International Armed Conflict(1977) (Protocol
I)

Protocol Additional to the Geneva Conventions of 12 August 1949 , and rela-
ting to the Protection of Victims of Non-International Armed Conflicts (1977)
(Protocol II)

Protocol for the Protection of Cultural Property in the Event of Armed Con-
flict(1954) (First Protocol)

Protocol No. 1 to the European Convention for the Protection of Human
Rights and Fundamental Freedoms(1952)

Regulations Respecting the Laws and Customs of War on Land annexed to
Hague Convention(IV) Respecting the Laws and Customs of War on Land(1907)
(1907 Hague Regulations)

Second Protocol to the Hague Convention for the Protection of Cultural Prop-
erty in the Event of Armed Conflict(1999) (Second Protocol)

Statute of the Council of Europe(1949)

Statute of the International Court of Justice(1945)Statute of the International Criminal Court(1998)

Statute of the International Criminal Tribunal for the former Yugoslavia (1993)

Statute of the International Tribunal for the Law of the Sea(ITLOS)(Annex VI of the United Nations Convention on the Law of the Sea)

Treaty Establishing the European Economic Community(1957)(EEC Treaty or Treaty of Rome)

Treaty of Lisbon(2007)

Treaty of Peace with Italy(1947)

Treaty on European Union(1992)(EU Treaty)Treaty on the Functioning of the European Union(2008)(TFEU)

Treaty on the Protection of Artistic and Scientific Institutions and Monuments (1935)(Roerich Pact)

Understanding on Rules and Procedures Governing the Settlement of Disputes(DSU)

UNESCO Draft Declaration of Principles Relating to Cultural Objects Displaced in relation to the Second World War(2007)

UNESCO Operational Guidelines for the Implementation of the World Heritage Convention(2008)

UNESCO Recommendation Concerning the International Exchange of Cultural Property(1976)

UNESCO Recommendation on Participation by People at Large in Cultural Life and their Contribution to it(1976)

UNESCO Recommendation on the Means of Prohibiting and Preventing the Illicit Export,Import and Transfer of Ownership of Cultural Property(1964)

UNESCO Recommendation on the Protection of Traditional Culture and Folklore(1989)

United Nations Convention on the Law of the Sea(1982)(UNCLOS)

United Nations Convention on Jurisdictional Immunities of States and Their Property(2004)(UNCSI)

United Nations Human Rights Council Resolution 6/1 on the Protection of Cultural Rights and Property in Situations of Armed Conflict(2007)

United Nations Human Rights Council Resolution 6/11 on the Protection of CulturalHeritage asan important Component of the Promotion and Protection of Cultural Rights(2007)

United Nations Human Rights Council Resolution S/12. 1 on the Human Rights Situation in the Occupied Palestinian Territory and East Jerusalem(2009)

United Nations Security Council Resolution 686(1991)

United Nations Security Council Resolution 687(1991)

United Nations Security Council Resolution 1483(2003)

Universal Declaration of Human Rights(1948)(UDHR)150,227 Universal Declaration on Cultural Diversity(2001)(UDCD)Vienna Convention on Consular Relations(1963)

Vienna Convention on the Law of Treaties(1969)(VCLT)

国家层面

澳大利亚

Protection of Movable Cultural Heritage Act(1986)

埃及

Law on the Protection of Antiquities No. 117(1983)

俄罗斯

Federal Law on Cultural Values that have been Displaced to the USSR as a Result of World War II and are to be Found in the Russian Federation Territory (1998)

瑞士

Loi sur le Transfert des Biens Culturels(2003)(LTBC)

Ordonnance sur les douanes, No. 631. 01(2006)

英国

Dealing in Cultural Objects(Offences)Act(2003)

Holocaust(Return of Cultural Objects)Act(2009)

Human Rights Act(1998)

Tribunals, Courts and Enforcement Act(2007)

美国

Archaeological Resources Protection Act(1979)(ARPA)Convention on Cultural Property Implementation Act(1983)(CCPIA)

Federal Immunity from Seizure Act(1965)

Foreign Sovereign Immunities Act(1976)(FSIA)Instructions for the Government of Armies in the Field as Authorized by the Laws and

Usages of War on Land(1863)(Lieber Code)

National Stolen Property Act(1976)(NSPA)Native American Graves Protection and Repatriation Act(1990)(NAGPRA)

Regulation of Importation of Pre-Columbian Monumental or Architectural Sculpture or Murals(1972)

Terrorism Risk Insurance Act(2002)

其他相关法律文件

Institute of International Law, Basel Resolution on International Sale of Works of Art from the Angle of the Protection of the Cultural Heritage(1991)

Institute of International Law, Laws and Customs of War on Land(1880)

Institute of International Law, Wiesbaden Resolution on the Inter-Temporal Problemin Public International Law(1975)

International Council of Museums(ICOM), Code of Ethics for Museums (2004)International Council of Museums(ICOM), Legal Affairs & Properties StandingCommittee, Report on the International Process for the Resolution of Disputes over the Ownership of Objects in Museum Collections(2005)

International Council of Museums(ICOM), Resolution No. 4 on Preventing IllicitTraffic and Promoting the Physical Return, Repatriation, and Restitution of Cultural Property(2007)

Parliamentary Assembly of the Council of Europe Resolution No. 1205 on Looted Jewish Cultural Property(1999)

Terezin Declaration on Holocaust Era Assets and Related Issues adopted at theHolocaust Era Assets Conference(2009)

Vilnius Declaration issued as a result of the International Forum on Holocaust Era Looted Cultural Assets(2000)

Washington Conference Principles on Holocaust-Era Assets (1998) (Washington Principles)

World Commission on Culture and Development, Our Creative Diversity (1996)

缩略语表

英文缩写	英文全称	中文全称
AB	Appellate Body	上诉机构
ACHR	American Convention on Human Rights	美洲人权公约
ADR	Alternative Dispute Resolution	替代性纠纷解决方式
ADRDM	American Declaration of the Rights and Duties of Man	美洲人的权利和义务宣言
BITs	Bilateral Investment Treaties	双边投资协定
CEM	Chamber for Environmental Matters	环境事务庭
CESCR	Committee on Economic, Social and Cultural Rights	经济、社会和文化权利委员会
CETS	Council of Europe Treaty Series	欧洲委员会条约汇编
CCPIA	Convention on Cultural Property Implementation Act	文化财产实施法公约
DRIP	Declaration on the Rights of Indigenous Peoples	联合国土著人民权利宣言
DSB	Dispute Settlement Body	争端解决机构
DSU	Understanding on Rules and Procedures Governing the Settlement of Disputes	关于争端解决规则和程序的谅解
EC	European Communities	欧洲共同体
ECCC	Extraordinary Chambers in the Courts of Cambodia	柬埔寨法院特别法庭
ECHR	European Convention for the Protection of Human Rights and Fundamental Freedoms	欧洲保护人权和基本自由公约
ECJ	European Court of Justice	欧洲法院
ECOSOC	United Nations Economic and Social Council	联合国经济及社会理事会
ECtHR	European Court of Human Rights	欧洲人权法院

续表

英文缩写	英文全称	中文全称
EEC	European Economic Community	欧洲经济共同体
EECC	Eritrea-Ethiopia Claims Commission	厄立特里亚—埃塞俄比亚索赔委员会
EFTA	European Free Trade Association	欧洲自由贸易联盟
ETS	European Treaty Series	欧洲条约汇编
EU	European Union	欧洲联盟
FSIA	Foreign Sovereign Immunities Act	外国主权豁免法案
GATT	General Agreement on Tariffs and Trade	关税及贸易总协定
HRC	Human Rights Committee	人权委员会
IACommHR	Inter-American Commission on Human Rights	美洲人权委员会
IACtHR	Inter-American Court of Human Rights	美洲人权法院
IARLJ	International Association of Refugee Law Judges	国际难民法法官协会
ICC	International Criminal Court	国际刑事法院
ICCPR	International Covenant on Civil and Political Rights	公民权利及政治权利国际公约
ICESCR	International Covenant on Economic, Social and Cultural Rights	经济、社会及文化权利国际公约
ICJ	International Court of Justice	国际法院
ICOM	International Council of Museums	国际博物馆协会
ICOMOS	International Council for Monuments and Sites	国际古迹遗址理事会
ICPRCP	Intergovernmental Committee for Promoting the Return of Cultural Property to its Countries of Origin or its Restitution in Case of Illicit Appropriation	促进文化财产归还原属国或返还非法占有文化财产政府间委员会
ICSID	International Centre for Settlement of Investment Disputes	国际投资争端解决中心
ICTY	International Criminal Tribunal for the former Yugoslavia	前南斯拉夫问题国际刑事法庭
ILA	International Law Association	国际法协会
ILC	International Law Commission	国际法律委员会
ITLOS	International Tribunal for the Law of the Sea	国际海洋法法庭

续表

英文缩写	英文全称	中文全称
ITO	International Trade Organization	国际贸易组织
NAFTA	North American Free Trade Agreement	北美自由贸易协定
NAGPRA	Native American Graves Protection and Repatriation Act	美国原住民墓葬与赔偿法案
NGO	Non-Governmental Organization	非政府组织
NSPA	National Stolen Property Act	国家被盗财产法
OAS	Organization of American States	美洲国家组织
OECD	Organization for Economic Cooperation and Development	经济合作与发展组织
PCA	Permanent Court of Arbitration	海牙仲裁常设委员会
PCIJ	Permanent Court of International Justice	国际常设法庭
SAP	Spoliation Advisory Panel	掠夺品咨询委员会
TFEU	Treaty on the Functioning of the European Union	欧洲联盟运作条约
UCH	Underwater Cultural Heritage	水下文化遗产
UDCD	Universal Declaration on Cultural Diversity	世界文化多样性宣言
UDHR	Universal Declaration of Human Rights	世界人权宣言
UK	United Kingdom	英国
UN	United Nations	联合国
UNCITRAL	United Nations Commission on International Trade Law	联合国国际贸易法委员会
UNCLOS	United Nations Convention on the Law of the Sea	联合国海洋法公约
UNCSI	United Nations Convention on Jurisdictional Immunities of States and Their Property	联合国国家及其财产管辖豁免公约
UNCTAD	United Nations Commission on Trade and Development	联合国贸易和发展委员会
UNESCO	United Nations Educational, Scientific, and Cultural Organization	联合国教科文组织
UNGA	United Nations General Assembly	联合国大会
UNHRC	United Nations Human Rights Council	联合国人权理事会

续表

英文缩写	英文全称	中文全称
UNIDROIT	International Institute for the Unification of Private Law	国际统一私法协会
UNODC	United Nations Office on Drugs and Crime	联合国毒品与犯罪问题办公室
UNTS	United Nations Treaty Series	联合国条约集
US	United States	美国
VCLT	Vienna Convention on the Law of Treaties	维也纳条约法公约
WHC	Convention Concerning the Protection of the World Cultural and Natural Heritage	保护世界文化和自然遗产公约
WIPO	World Intellectual Property Organization	世界知识产权组织
WTO	World Trade Organization	世界贸易组织